읽기 교육의 고원들 ❶

유목적 읽기 교육론

읽기 교육의 고원들 ❶

유목적 읽기 교육론

김도남

역락

머리말

　이 책의 내용은, 들뢰즈와 과타리가 쓴 『천 개의 고원』(김재인 역, 2003) 12장(1227년: 유목론-전쟁기계)을 토대로, 필자가 텍스트 이해와 읽기 교육의 과제를 탐구한 결과를 수정·보완한 것이다. 『천 개의 고원』은 전체 15장으로 구성되어 있는데, 이 책은 12장의 내용만을 토대로 논의한 결과로 엮었다. 다른 장이 아닌 12장이 중심인 이유는 텍스트 이해와 관련지어 볼 때, 이 장의 내용이 거시적 관점을 제공해주고 있기 때문이다. 12장의 내용은 독자의 텍스트 이해를 유목적 관점이나 생성적 관점에서 바라보게 한다. 텍스트 이해를 해명할 때, 거시적 관점을 먼저 밝히고, 미시적 관점으로 구체화할 필요가 있다. 그래서 이 책은 『천 개의 고원』에 기초한 첫째 권으로, 텍스트 이해에 대한 거시적 접근 관점을 견지한다. 구체적으로, 텍스트 이해를 유목론에 토대를 두고 탐구한 내용을 담고 있다.

　들뢰즈와 과타리의 『천 개의 고원』 12장은 관습적 의식과 탈관습적 의식의 대립을 다루고 있다. 관습적 의식을 벗어나 탈관습적 의식을 지향해야 한다는 것이다. 이는 의식의 변화와 발전을 의미한다. 대상에 대한 관습적 의식에서 벗어나기 위해서는 탈관습적 의식이 무엇인지 알고, 탈관습적 의식을 위한 방법으로 실천을 해야 한다. 『천 개의 고원』에서 관습적 의식을 대표하는 말이 '국가장치'이고, 탈관습적 의식을 대표하는 말이 '전쟁기계'이다. 전쟁기계에 대한 인식이 있을 때, 우리는 관습적 의식에 벗어날 수 있다. 그렇지 않으면 국가장치의 관습적 의식에 갇혀 동일성을 반복하게 된다. 들뢰즈와 과타리가 탈관습적 의식의 속성을 발견한 대상이 유목민의 삶이다.

유목민은 초원, 사막, 빙원 등에서 정착하지 않고 유랑하는 삶을 산다. 이들은 관습적 삶을 반복하기보다는 이동한 곳의 환경에 맞게 탈관습적 삶을 산다. 이들의 탈관습적 삶에는 탈관습적 의식이 내속되어 있다. 이들의 탈관습적 삶을 가능하게 하는 것이 '전쟁기계'이다. 전쟁기계는 현재의 관습적 의식을 절단하고(기계) 창의적인 새로운 의식(전쟁)을 갖는 것을 지시하는 말이다. 유목민의 삶 속에는 이 전쟁기계가 내재해 있다. 그렇기에 유목민은 늘 탈관습적 삶이 가능하다. 전쟁기계가 이를 가능하게 하는 것이다. 들뢰즈와 과타리는 유목민의 삶에 내재한 탈관습적 의식을 가능하게 하는 전쟁기계를 찾아내 분석했다. 이를 통하여 탈관습적 의식의 방법을 구체화했다.

독자의 텍스트 이해도 탈관습적으로 할 필요가 있다. 독자도 유목민과 같이 탈관습화된 삶이 필요하기 때문이다. 관습화된 책 읽기는 다른 사람과 동일한 텍스트 이해를 지향하게 한다. 그 관습화된 동일성 지향의 텍스트 이해는 독자가 자기를 잃어버리고 잊게 만든다. 독자는 탈관습화된 텍스트 이해로 자기를 찾고, 밝히고, 지키고, 가꾸어야 한다. 자기가 누구이고, 어떤 삶을, 어떻게 살아야 하는지를 밝히고, 그 삶을 살아야 한다. 그러기 위해서는 탈관습화된 텍스트 읽기가 필요하다. 독자가 탈관습화된 텍스트 읽기를 하기 위해서는 '읽기 전쟁기계'가 필요하다. 읽기 전쟁기계는 동일성을 반복하는 텍스트 이해가 아니라, 독자만의 고유함이 있고 개체성이 내속한 이해를 실행하게 한다. 독자는 읽기 전쟁기계로 탈관습화된 텍스트 이해를 실천하여 자기만의 절대적 삶을 생성해야 한다.

읽기 국가장치는 텍스트 이해에 필요한 기본적이고 공통적인 것을 강조한다. 읽기 국가장치는 모든 독자에게 필요하고, 모든 독자가 갖추어야 하는 것, 관습적인 것을 강조한다. 그렇기에 독자의 텍스트 이해에 필수적으로 요구되는 것이다. 읽기 국가장치의 작동으로 우리는 글을 읽고 이해할 수 있다. 그렇지만 읽기 국가장치는 독자만의 개체성을 지닌 이해를 위한 읽기는 돕지 못한다. 우리는 공통성만을 추구하면서 삶을 살 수 없다. 기계의 부품이 아니기 때문이다. 누구나 자기만의 삶의 목적이 있고, 추구하는 가치가 있으며, 계획과 방법이 있고, 바라는 생활이 있다. 이 삶은 국가장치에 의존한 텍스트 이해만으로는 이룰 수 없다. 독자는 개체성 있는 자기만의 삶을 생성할 텍스트 이해를 할 수 있어야 한다. 즉 읽기 전쟁기계를 활용한 텍스트 이해가 필요한 것이다.

이 책은 독자가 자기의 고유함을 생성하는 읽기를 탐구한 내용을 담고 있다. 그런 점에서 이 책의 내용은 기존의 읽기 연구와는 다른 접근 관점을 취한다. 들뢰즈와 과타리가 제시한 여러 가지 개념과 용어에 의존하여 논의를 전개한다. 그렇기에 기존의 텍스트 이해 이론이나 읽기 교육의 관점을 따른 논의에서 보지 못하던 생소한 개념과 용어가 등장한다. 들뢰즈와 과타리의 논의를 만나보지 않은 독자에게는 낯선 개념이나 용어들이 사용된다. 선행 연구자들이 들뢰즈와 과타리가 자신들만의 독특한 개념을 전달하기 위한 용어를 신중하게 우리말로 번역하였다. 이 번역에서 기존에 없던 개념을 표현하기 위해 선택된 우리말이 낯선 것도 있다. 추상기계, 국가장치, 전쟁기계, 몰(mole 그램분자), 분자, 탈주(도주), 특개성(이것임), 일관성의 구도(고른판) 등이 대표적이다. 이들 용어는 사용된 지 20년 이상의 시간이 흘렀고, 대체할 용어도 마땅한 것이 없는 실정이다. 그렇기에 이 논의에서는 선행 연구자들의 우리말 용어를 필자의 기호에 따라 선택하여 사용한 점이 있다.

이 책의 각 장의 내용 전개는 『천 개의 고원』의 내용 전개를 준용하면서 일부를 변경했다. 『천 개의 고원』에는 공리 3개, 명제 9개, 문제 3개가 있고, 이들을 겹쳐 논의하지만 각 항목 내에서는 순서를 따른다. 이 책의 각 장의 내용은 이들 순서를 따랐으나, 논의 내용과 성격을 고려해 일부를 뒤로 들렸다. 대표적인 것이 12장이다. 독자들이 이 책의 내용을 『천 개의 고원』 12장의 내용 전개와 비교하면서 읽을 때, 이를 고려할 필요가 있다. 그리고 필요에 따라 각 장의 관련된 공리, 명제, 문제를 본문이나 각주로 밝혀 놓았다. 이를 참조하면 도움이 될 것이다.

이 책의 논의 내용은 들뢰즈와 과타리의 『천 개의 고원』(김재인 역, 2003) 12장에 제한된 내용을 토대로 하였다. 들뢰즈나 과타리가 각자 집필했거나 들뢰즈와 과타리가 함께 집필한 다른 책은 참조하지 못했다. 그렇기에 개념이나 용어, 내용과 표현 등이 들뢰즈와 과타리의 전체적인 사유를 담아내지 못한 점이 있다. 이 점은 필자의 개인적인 한계에서 비롯된 것이다. 들뢰즈와 과타리의 『천 개의 고원』 한 권만 이해하는 데도 많은 시간이 걸렸기 때문이다. 이 책을 계기로 『천 개의 고원』 관련된 책을 두 권을 더 출판할 계획을 하고 있다. 이 책들도 마찬가지의 한계가 있을 것이다. 이에 대해서는 들뢰즈와 과타리를 연구하는 여러 연구자의 질정이 필요하다.

이 책에 실린 글의 논의 과정에 함께 해준 여러 교수님께 감사를 전한다. 늦은 밤까지 전화로 토론하고, 넋두리에 가까운 이야기를 들어 주시고, 학술대회에서 부족한 글에 대한 진지한 토론으로 의견을 주시고, 격려해 주신 것에 감사드린다. 또한 바쁘고 어려운 공부 과정에서 원고를 검토하고 내용에 대한 의견을 개진하며, 함께 관련된 생각을 키우며 노력하고 있는 여수현, 김예진 박사과정 선생님들께도 감사드린다. 이분들에게는 이 책을 구성하는 여러 편 논문에 함께 이름을 올릴 만큼 많은 도움을 받았다. 끝으로 이 책이 대중적이지 못할 것을 알면서도, 어떤 책보다 많은 정성으로 책을 만들어 주신 역락 출판사 대표님과 편집 담당자 및 마케팅 담당자분들께 감사의 마음을 전한다.

2023년 8월 21일
김도남

차례

제1장

읽기의 추상기계

1. 추상과 기계

공리1. 전쟁기계는 국가장치 외부에 존재한다.
명제1. 이러한 외부성은 먼저 신화, 서사시, 연극 그리고 각종 놀이에 의하여 확인된
     다.(김재인 역, 2003: 671)
문제1. 국가장치(또는 하나의 집단에서의 이것 등가물)의 형성을 방지할 수 있는
     수단이 존재하는가?
명제2. 전쟁기계와 외부성은 민속학에 의해서도 똑같이 확인된다.(피에르 클라스트
     르를 기리며)(김재인 역, 2003: 683)

들뢰즈와 과타리는 『천 개의 고원』 12장에서 공리 3개, 명제 9개,[1] 문제
3개를 제시한다. 12장의 제목 '유목론 또는 전쟁기계'와 장의 내용으로 볼
때, 유목성을 설명하기 위하여 국가장치(appaveil d' Etat)와 전쟁기계(machine
de guerre)라는 개념을 활용한다. 이를 위해 '공리·명제·문제'를 설정하고 있
다. 여기 제시된 '공리·명제·문제'의 내용을 보면, 유목성은 국가장치 및

---

[1]   13장에서 명제만 5개를 더 제시한다. 그래서 명제는 모두 14개이다.

전쟁기계와 관련이 있다. 공리1과 명제1·2의 내용으로만 보면, 전쟁기계는 국가장치의 외부에서 외부성으로 국가장치와 연결된다. 국가장치의 외부성을 갖는 전쟁기계의 속성은 신화, 서사시, 연극, 놀이, 민속학 등 다양한 것에서 확인할 수 있다. '문제1'을 보면, 국가장치의 형성[2]을 전쟁기계가 막을 수 있고, 그 전쟁기계의 속성이 유목성과 관련이 있음을 짐작할 수 있다.

들뢰즈와 과타리는 국가장치와 전쟁기계를 '추상기계(machine abstratie)'의 하위 범주로 논의한다. 그리고 국가장치와 전쟁기계의 접속 관계를 위하여 원국가를 설정한다. 추상기계에서 '추상'은 두 가지 의미를 갖는다. 하나는 '다양한 것들에 공통된 어떤 형식적 통일성을 추출하는 것'이다. 다른 하나는 '형식이나 형상을 변형시키는 것, 그리하여 모든 형식 자체로부터 탈형식화 되는 것'이다.(이진경, 2003a: 202-204) 전자는 유사한 것 사이에서 공통성을 발견하고 그런 공통성을 보편성으로 일반화하는 추상이다. 후자는 유사한 것 사이에서 형식 내지 형상적 특성을 변형시키면서 하나에서 다른 하나로 넘어가는 추상이다. 그리고 '기계'라는 말은 '어떤 것과 접속하여 어떤 흐름을 절단하고 채취하는 방식으로 작동하는 모든 것'(이진경, 2003a: 131)을 지칭한다. 추상기계는 '접속하는 어떤 것들의 공통성을 보편성의 형식으로 일반화하는 의식의 흐름'과 '형식을 변형시켜 탈형식화하는 방식으로의 의식의 흐름'을 가리킨다. 전자를 형식적 추상, 후자를 탈형식적 추상이라 할 수 있다. 이를 유목론과 관련지으면 전자는 국가장치와 관련되고, 후자는 전쟁기계와 관련된다.

위의 '명제1·2'에서 볼 때, 국가장치와 전쟁기계의 관계는 일반적인 텍스트에서도 확인할 수 있음을 유추할 수 있다. 이는 텍스트의 생성(구성)이나

2　문제1에서의 국가장치의 형성이라는 말은 국가장치가 완전하게 실현된 전체주의 국가(닫힌 꽃병 상태의 국가)로 흐르는 의식의 작용을 의미한다.

텍스트 이해에서도 확인할 수 있음을 뜻한다. 또한 텍스트의 생성이나 텍스트의 이해가 유목성을 내포할 수 있음을 짐작할 수 있다. 텍스트 이해로 관심을 좁혀서 볼 때, 독자의 텍스트 이해도 국가장치와 전쟁기계와의 관계를 내포하고 있고, 이를 확인할 수 있다. 명제1·2에서 유추해 보면, 텍스트 이해도 국가장치의 내부적 속성(내부성)과 관련하여 전쟁기계를 외부성으로 갖는다. 또한 텍스트 이해에도 내부성의 존재로 인해 국가장치의 형성이 있을 수 있고, 이 국가장치의 내부성 형성을 방지할 수 있는 수단이 필요하다. 공리1과 명제1·2로 국가장치의 형성을 방지하는 수단이 전쟁기계임을 짐작할 수 있다. 그리고 국가장치의 형성을 방지하는 전쟁기계의 속성이 유목성이라는 것도 예상할 수 있다. 이는 텍스트 이해가 국가장치에 종속되는 것을 방지하기 위하여 전쟁기계가 지닌 유목성을 활용해야 함을 의미한다.

텍스트 이해의 측면에서, 국가장치와 전쟁기계에 대한 논의를 살필 필요가 있다. 텍스트 이해에 작용하고 있는 관습화된 이해에 대한 의식을 밝히기 위해서이다. 이는 텍스트 이해가 어떻게 이루어져야 하는지를 밝히기 위한 것이기도 하다. 텍스트 이해가 특정한 관념(관점)이나 관습으로 제한되어서는 안 되기 때문이다. 독자의 텍스트 이해는 다양한 관념에서 다양한 방식으로 이루어져야 한다. 이를 위해서는 텍스트 이해가 어떤 관념과 관습에서 이루어지는지를 알아야 한다. 이는 텍스트 이해 교육을 위해서이기도 하다. 더불어 텍스트 이해 교육의 관점이나 제도 또는 장치가 특정한 속성 또는 의식적 흐름으로 수렴되는 것을 방지하기 위해서이다.

이 장에서는 들뢰즈와 과타리의 추상기계의 유목성에 대한 논의를 텍스트 이해와 관련하여 살펴본다. 특히 추상기계의 주요 기제인 국가장치와 전쟁기계의 속성에 주목하여 탐구한다. 국가장치와 전쟁기계가 내포한 속성이 독자의 텍스트 이해와 어떻게 연결되어 있는지, 텍스트 이해의 어떤 점이 이들 속성에서 비롯되었는지를 살핀다. 아울러 이들의 상호작용의 관계를 '원국가^{,3}의 속성을 중심으로 검토한다. 이를 토대로 독자의 텍스트 이해와 텍스트 이해 교육의 과제를 점검한다. 국가장치와 전쟁기계의 속성을 탐구하는 일로부터 시작하여 독자의 텍스트 이해 교육의 방향을 점검한다.

2. 추상기계

들뢰즈와 과타리는 의식의 흐름을 설명하기 위하여 추상기계를 설정한다. 추상기계는 국가장치와 전쟁기계로 구분된다.(김재인 역, 2003: 424) 국가장치는 구심점을 향하여 수렴되는 의식 기계를, 전쟁기계는 구심점에서 발산되는 의식 기계를 의미한다. 우리의 의식과 생활은 국가장치와 전쟁기계의 접속에 의한 상호작용 속에서 이루어진다. 독자의 텍스트 이해도 의식의 흐름을 토대로 이루어진다. 독자의 의식 작용은 국가장치와 전쟁기계를 지향하거나 이들의 접속을 지향한다. 이에 대한 논의를 위해 국가장치와 전쟁기계, 국가장치의 형성(전체주의 국가의 형성)을 저지하는 원국가의 속성을 살펴본다.

가. 국가장치

2022 교육과정의 성격(총론)

이 교육과정은 초·중등교육법 제23조 제2항에 의거하여 고시한 것으로, 초·중등학교의 교육 목적을 달성하기 위해 초·중등학교에서 운영하여야 할 학교 교육과정의 공통적이고 일반적인 기준을 국가 수준에서 제시한 것이다.
이 교육과정 기준의 성격은 다음과 같다.

---

3   원국가(Urstaat)는 전체주의 국가 개념에 대응되는 것으로 외부와의 접속으로 변이 가능성이 있는 국가이다.

가. 국가 수준의 공통성을 바탕으로 지역, 학교, 개인 수준의 다양성을 추구할 수 있도록 학교 교육과정의 기준과 내용에 관한 기본사항을 제시한다.

나. 학교 교육과정이 학생을 중심에 두고 주도성과 자율성, 창의성의 신장 등 학습자 성장을 지원할 수 있도록 교육과정의 기준과 내용을 제시한다.

다. 학교의 전반적인 교육 체제를 교육과정 중심으로 운영할 수 있도록 교육과정의 기준과 내용을 제시한다.

라. 학교 교육과정이 추구하는 교육 목적의 실현을 위해 학교와 시·도 교육청, 지역사회, 학생·학부모·교원이 함께 협력적으로 참여하는 데 필요한 사항을 제시한다.

마. 학교 교육의 질적 수준을 국가와 시·도 교육청, 학교 수준에서 관리하고 개선하기 위해 기반으로 삼아야 할 교육과정의 기준과 내용을 제시한다.(http://ncic.re.kr)

교육은 교육과정에 의하여 이루어진다. 위의 글은 2022 교육과정 총론에 제시된 '교육과정의 성격'의 내용이다. 2022 교육과정의 법률적 근거를 밝히면서, 이 교육과정이 국가 수준에서 초·중·고교의 교육 기준이 될 기본적인 사항임을 밝히고 있다. 그 세부 내용으로, 학생의 주도성, 자율성, 창의성 신장을 지원하고, 학교 교육이 이 교육과정을 중심으로 운영될 수 있도록 하는 기준과 내용을 담고 있음을 밝힌다. 그러면서 교육과정이 추구하는 목적 실현을 위해 교육 관련 기관과 단체, 개인이 협력할 사항을 제시하고 있다. 또한 교육과정이 학교 교육에 대한 질적 수준을 관리하고 개선할 토대로서의 기준과 내용임을 강조하고 있다.

교육과정은 주요 국가장치 중 하나이다. 국가장치는 국가 구성원들이 따르는 공통의 기준이다. 국가는 이 공통의 기준이 실현될 수 있게 하는 제도와 권한을 가지고 있다. 국가의 구성원들은 이 공통의 기준에 따라 인식하고 행동한다. 우리의 교육 현실을 떠올려 보면, 교육과정에 따른 교육의 제도가 구비되어 있어, 이에 따라 각급 학교의 교육이 실행되고 있다. 각 학교의 교사와 학생은 교육과정의 실행을 당연하게 받아들인다. 교육과 직접·간접으로 관련된 모든 이들의 일체의 교육 행위와 교육 관련 의식의 흐름은 교육과정으로 수렴된다. 교육과정은 모든 관련자의 교육적 행동을 이끌고 제어한다. 교육의 목표와 내용이 무엇인지에 대한 인식부터 교육 행위의 과정과 결과의 타당성은 교육과정에 근거하여 판단된다. 교육과정은 강력한 국가장치이다.

한편에는 덧코드화의 추상적인 기계가 있다. 바로 이 기계가 견고한 절편성, 거시-절편성을 규정한다. 이 기계가 절편들을 두 개씩 대립시키고, 절편들의 모든 중심들을 공명시키고, 등질적이고, 분할 가능하며 홈이 패인 공간을 모든 방향으로 연장시키면서 절편들을 생산, 아니 차라리 재생산하기 때문이다. 이러한 종류의 추상적인 기계는 국가장치를 가리킨다. (김재인 역, 2003: 424)

위 인용문의 내용을 구체적으로 살펴보면, 국가장치의 개념과 속성을 알수 있다. 국가장치는 초코드(덧코드)화[4]된 추상기계이다. 국가장치는 견고한 거시적 절편성(선분성)[5]을 실행 특성으로 갖는다. 여기서 절편성이라는 말은 '대상을 나누어 분할하는 속성'을 뜻한다. 학교가 교실, 교무실, 음악실, 미술실 등으로 절편되고, 한 교실도 교사 공간, 학생 공간, 공용 공간, 학생 개인 공간, 교구 공간, 통로 공간 등으로 절편화(선분화) 된다. 국가장치는 우리가

---

4 '덧코드화'는 surcodage를 번역한 말로, 김재인 역(2003)에서 사용하는 용어이고, 이진경(2003)에서는 '초코드화'라는 용어를 사용한다. '다른 코드를 넘어서는(sur), 혹은 다른 코드들 위에(sue) 선 국가적 코드로 단일하게 통합하는 코드화가 바로 초코드화입니다.'(이진경a, 2003: 724)

5 '절편성'은 segmentarité를 번역한 말로 김재인 역(2003)에서 사용한 용어이고, 이진경(2003)에서는 '선분성'으로 번역한다. 절편성은 구분되고 나누어짐을 의미한다. '이는 우리가 사는 집만 봐도 쉽게 알 수 있지요. 침실, 거실, 부엌, 화장실 이런 식으로 집은 공간적으로 선분화되어 있습니다.'(이진경a, 2003: 654)

시공간 속의 모든 것을 나누고 구분하게 하는 의식 작용의 기준 역할을 한다. 사실 어떤 대상을 무엇이라고 규정하는 것은 우리의 의식 작용이 그렇게 하는 것이지 대상이 원래 그런 것이 아니다. 대상의 절편화는 초코드화된 우리 의식의 흐름에 따른 결과이다. 이 국가장치에 기초한 우리의 의식 작용에 의한 대상의 절편화는 견고하고 거시적이다. 국가장치는 우리 모두가 특정 대상을 특정한 방식으로 어떠한 것으로 인식하고 해석하게 한다. 우리의 의식 활동은 국가장치에 의하여 초코드화된 상태로 일어난다.

국가장치에 의한 의식은 남자와 여자, 교사와 학생, 부르주아와 프롤레타리아 등 대상을 이분된 절편으로 나누어 대립시킨다. 국가장치에 의한 인식 작용은 따라야 할 분명한 기준에 의하여 일어난다. 기준이 분명하다는 것은 '무엇인 것'과 '무엇이 아닌 것'으로 구분하는 것을 뜻한다. 절편을 미와 추, 선과 악, 참과 거짓, 정답과 오답으로 규정하는 것이다. 그러면서 국가장치는 각 절편의 중심들을 공명시켜 특정한 관계 속에 놓이게 한다. 국가장치는 공통된 어떤 형식적 통일성을 내세워 각 절편을 얽어매는 것이다. 국가장치에 속하게 된 각 절편은 공명해야 하는 중심성에 이끌려 동일성을 갖게 된다.

국가장치는 등질적이고, 분할 가능하고, 홈 패인 공간을 생성한다. 국가장치는 공통성을 강조하여 이질성을 배제함으로써 절편들의 등질성을 띠게 한다. 그러면서 명료한 기준을 제시하여 무엇이든 분할한다. 분할 기준은 국가장치 속에 내재되어 있고, 국가장치에 이끌린 우리는 그 기준에 따라 분할된다. 동질적이고 명료한 기준은 고착성을 띠게 되고, 고착성은 홈 패인 공간을 생성한다. 홈 패인 공간은 이동하지 않고 변화하지 않으며 그 자리에 정주한다. 그러면서 절편들을 늘려 세력을 확장한다. 발달한 오래된 도시의 특성이 홈 패인 공간을 대표한다. 물론 대상을 인식하고 이해하는 데 관여하는 특정 관점, 관념, 방식도 마찬가지이다.

국가장치란 특정한 한계와 특정한 조건 속에서 덧코드화의 기계를 실행하는 재영토화의 배치물일 뿐이다. 단지 국가장치는 이 장치가 실행하는 추상적인 기계와 다소간 동일화되는 경향이 있다고 말할 수 있을 뿐이다. 바로 여기서 전체주의 국가라는 개념이 의미를 갖게 된다. 즉 하나의 국가가 전체주의 국가가 되는 것은, 국가가 자기 자신의 한계 내에서 덧코드화의 세계적 기계를 실행하는 대신 "자족적 체제(autarcie)"의 조건을 창출해 내고 진공의 책략 속에서 "닫힌 꽃병 상태(vase clos)"를 통해 재영토화를 수행하면서 덧코드화의 세계적 기계와 동일화될 때이다. (김재인 역, 2003: 424-425)

위 글에서 보면, 국가장치는 재영토화의 배치물이다. 원래부터 존재하는 것이 아니라 특정 조건에서 선택된 것이다. 국가장치는 특정한 한계와 조건들 속에서 초(덧)코드화하는 기계를 실행하는 배치물인 것이다. 국가장치는 추상적인 기계와 동일화되어 다른 기계를 상정하지 않을 때도 있다. 이때 국가장치는 '전체주의 국가'의 의미로 실현된다. 전체주의 국가는 초코드화를 세계적으로 실행하는 것이 아니라, 특정 지층에서 '자족적인 체계' 속에 갇히고, 다른 코드화 전략이 없어 '닫힌 꽃병 상태'를 이룬 경우이다. 전체주의는 국가장치의 극점 실행성을 전제한다. 극점 실행성은 내부성만으로 만족하고, 외부성에 대한 일체의 관심을 배제한 상태이다.

국가장치는 권력의 중심을 가정한다.(김재인 역, 2003: 426) 국가장치는 권력의 속성을 가지고 있으며, 그 권력은 시작점이면서 수렴점이 되는 중심이 있을 것으로 여겨진다. 한 국가의 국민은 국가장치에서 비롯된 특정 기준을 준수한다.[6] 국민에게는 국가장치인 특정 기준을 관리하는 중심이 되는 무언

---

6   절편적인 부분들과 중앙 집중화된 장치 간에는 아무런 모순이 없다. 한편으로 가장 견고한 절편성조차 중앙 집권화를 방해하지 않는다. 공통의 중심점은 다른 점들을 혼용하는 점으로 작용하는 것이 아니라 지평선에서, 다른 점들 뒤에서 공명하는 점으로 작용하기 때문이

가가 있다는 믿음이 있다. 그래서 이 기준을 따르지 않거나 무시하면 국가가 존립할 수 없게 된다. 그러하기에 국가장치는 권력의 구심점 역할을 한다. 교육과정은 교육 관련 국민이 심리적으로 준수해야 하는 강력한 기준이다. 교육과정을 부정하거나 자신과 관계없는 것으로 생각하는 경우는 없다. 교육과정은 교육의 기준으로 이를 관리하는 중심이 되는 곳이 있다고 여겨지는 강력한 국가장치이다. 마찬가지로 국어과 교육과정도, 교육과정이 선택한 텍스트 이해 관점(관념과 방법)도 국가장치이다. 학생들의 텍스트 이해 학습과 독자의 텍스트 이해는 국가장치에 의하여 실행되고 통제된다.

나. 전쟁기계

전쟁기계는 국가장치에 대립하는 추상기계이다. 전쟁기계는 국가장치 안에서 작용하기도 하고 밖에서 작용하기도 한다. 전쟁기계가 군대조직과 연계하여 사용되기도 하지만 군대조직이 전쟁기계는 아니다. 전쟁기계는 구체적 대상물이 아니라 국가장치와 같이 배치에 따른 의식적 흐름이다. 좀 더 구체적으로 말하면, 탈주선 상에서 탈주선을 그리는 배치가 전쟁기계인 것이다. (이진경, 2003a: 738) 전쟁기계의 탈주는 그 자체의 속성이지만 국가장치와의

다. 국가는 다른 점들을 받아들이는 하나의 점이 아니라 모든 점들의 공명 상자이다. 그리고 국가가 전체주의적인 경우라도 각각의 중심들과 절편들을 위한 공명 기능은 바뀌지 않는다. 이 기능은 그것의 내적인 효력을 증가시키거나 "강제적 운동"의 "공명"을 배가시키는 닫힌 꽃병 상태라는 조건에서만 이루어진다. 따라서 다른 한편에서는 반대로 가장 엄밀한 중앙 집중화라도 중심들과 절편들과 원들의 구별을 억제하지 않는다. 실제로 덧코드화하는 선이 그어지면 이 선은 반드시 한 절편의 다른 절편에 대한 우위성을 확보하게 되고(이항성의 절편성의 경우), 다른 중심들에 대해 상대적인 공명의 권력을 특정한 중심에 부여하게 되며(원형적 절편성의 경우), 덧 코드화하는 선 자체가 통과하게 되는 지배적인 절편을 강조하게 된다.(선형적 절편의 경우) 이러한 의미에서 중앙 집중화는 항상 위계적이지만 그 위계는 항상 절편적이다.(김재인 역, 2003: 426-427)

관계에서 보면, 국가장치의 몰성[7]에 대한 탈주성을 갖는다.

전쟁기계라는 말에서 '전쟁'과 '기계'가 주는 어감은 불편하고 껄끄럽다. 먼저 '전쟁'이라는 말은, 두 국가의 군대조직이 무장하여 목숨을 걸고 싸우는 '전투'를 연상하게 한다. '기계'도 이 '전쟁'과 결합되어, 전장에서 사람의 목숨을 빼앗기 위한 무자비한 전투 장비의 이미지로 다가온다. 이런 불편한 어감의 용어를 사용하는 것은 용어 사용자들이 전달하고자 하는 개념을 강조하기 위한 것이라 할 수 있다. 들뢰즈와 과타리가 말하는 '전쟁'은 경직된 것, 낡은 것, 홈 패인 것에서 탈주하기 위한 의식 작용을 의미한다. 즉 '새로운 것을 창조함으로써 낡은 것과 벌이는 전쟁이고, 그런 만큼 포연이 없는 전쟁이다.'(이진경, 2003a: 739) 기계는 몰적, 중심적, 형식적인 것을 지향하는 의식적 흐름을 절단하고, 양자적,[8] 탈주적, 탈형식적인 것을 지향하도록 이끄는 의식의 흐름이다. 그래서 전쟁기계는 새로움, 변화, 창조를 향한 의식의 흐름인 것이다. 그렇더라도 이 전쟁기계가 국가의 군대조직과 결합되어 작용할 때는 파괴와 멸망을 이끄는 흐름이 될 수도 있다.[9]

---

7   '몰성'이라는 말은, '분자적인 것'과 대비되는 것으로, 개별적인 움직임이 아니라 통계적 평균에 의해 표시되는 것과 동일하게 움직인다고 가정되는 분자들의 거대한 집합체인 '몰 (mole)'(이진경, 2003a: 608)의 속성을 의미한다. 몰성은 국가장치의 작용에서 비롯된 동일성을 지향하는 경직된 의식 작용의 특성이다. 김재인(2003)은 몰(mole)을 '그램분자'로 번역하여 사용한다.

8   양자이론에서 양자들은 파동으로 표시되는 흐름이면서 동시에 불연속성을 갖는 '입자'라고 하지요. 그리고 이 입자는 벽에 부딪히면 일부는 튕겨 나오지만 일부는 그것을 통과합니다. 이를 '터널링'이라고 부르지요.(이진경, 2003a: 614) '터널링'하는 양자들처럼 분자적인 운동 또한 선분의 절단된 끄트머리, 그 선분의 벽에 일부분 갇히기는 하지만 일부분은 통과하면서 흘러간다는 점에서, 그래서 분자적인 선은 몰적 선분의 영향을 받지만, 거기에 갇히지 않고 그것과 어긋나는 새로운 선분을 만들어 낼 수 있다는 점에서, 분자적인 선분이 양자를 갖는다고 할 수 있을 것입니다.(이진경, 2003a: 615)

9   전쟁기계는 [국가장치와는] 다른 기원을 가지며 국가장치와는 다른 배치물이라는 것을 보여주는 많은 근거들이 존재한다. 전쟁기계는 유목적인 기원을 가지며 국가장치에 맞선다. 국가의 근본적인 문제들 중의 하나는 국가에 이질적인 이 전쟁기계를 자신의 것으로 삼아

(추상기계의 국가장치에) 다른 한편, 다른 한쪽 극에는 탈코드화와 탈영토화에 의해 작동하는 변이의 추상적인 기계가 있다. 바로 이 기계가 도주선들을 그리는 것이다. 이 기계는 양자들로 이루어진 흐름들을 인도하고, 흐름들은 연결접속-창조를 확보하고, 새로운 양자들을 방출한다. 이 추상적인 기계 자체도 도주 상태에 있으며, 자신의 선들 위에 전쟁기계를 설치한다. 이것이 다른 극을 구성하는 까닭은 견고한 또는 그램분자적인 절편들을 끊임없이 도주선으로 막고 봉쇄하고 차단하는 반면 이 변이의 추상적인 기계는 항상 견고한 절편들 "사이"로 분자보다 작은 또 다른 방향으로, 도주선들을 끊임없이 흐르게 하기 때문이다. (김재인 역, 2003: 425)

윗글은 전쟁기계에 대한 설명이다. 전쟁기계는 국가장치와 구분되어 다른 한쪽 극에 존재한다. 국가장치와는 대립적인 관계를 이루고 있음을 뜻한다. 국가장치가 통일되고, 경직되고 중심이 강조되는 수목적 사유의 속성을 가진다면, 전쟁기계는 부분 또는 개별적이고, 유연하고 탈중심이 강조되는 리좀적 사유의 속성을 가진다. 국가장치가 덧(초)코드화하고 재영토화하는 몰적인 흐름의 지향이라면, 전쟁기계는 탈코드화와 탈영토화하는 양자적 흐름의 지향이다. 그렇기 때문에 전쟁기계는 국가장치와 대척점에서 작동한다. 국가장치의 관점에서 보면 변이의 추상적인 계기가 전쟁기계인 것이다.

이 전쟁기계는 도주선(탈주선)을 속성으로 한다. 전쟁기계는 그 내재적 속성으로 탈주성을 가지고 있지만[10] 특히 국가장치와 대립점에서 탈주의 속성을 드러낸다.[11] 추상기계의 속성은 자체적으로 드러나는 것이 아니라 다른

고착된 군사 기구의 형태로 국가장치의 부품으로 만드는 것이다. 그리고 이 점에서 국가는 언제나 언제나 커다란 어려움을 만난다.(김재인 역, 2003: 436)

10   전쟁기계의 탈주는 양자의 속성과 결합되어 있다. '양자적인 것이 탈주선과 결부된다는 것은 양자라는 개념의 특성과 연관되어 있습니다.'(이진경, 2003a: 614)

것과 접속될 때 드러난다. 국가장치도 절편들과의 접속에서 작용하듯 전쟁기계도 마찬가지이다. 이는 전쟁기계가 국가장치와 절편을 공유하면서 서로 대립의 방식으로 작동함을 의미한다. 전쟁기계가 탈주선을 그리는 것은 국가장치의 영토에서 일어나는 일임을 뜻한다. 즉 탈주는 국가장치와 다른 방식으로 같은 영토 속에서 절편들의 새로운 흐름을 생성하는 것이다.

전쟁기계는 국가장치에 의한 절편들의 흐름을 절단하여 바꾼다. 국가장치의 획일적인 흐름에 다른 흐름의 방식(양자)으로 접속하여 흐름을 절단하고, 새로움을 창조하는 흐름으로 바꾼다. 동질성과 평균성이 강조되는 절편들의 속박된 흐름에 끼어들어 이질성과 개별성이 강조되는 탈주적 흐름을 만들어낸다. 이 전쟁기계의 흐름은 끊임없이 새로운 흐름을 생성해낸다. 그렇기 때문에 전쟁기계는 고정성을 가질 수 없다. 전쟁기계의 흐름의 결과가 국가장치에 포획되고, 귀속될 수는 있다. 그렇게 된 결과는 국가장치의 일부가 되어 고정성을 가지고 작용하게 된다. 그렇지만 전쟁기계는 언제나 국가장치의 대척점에 존재한다.

윗글에서 보면, 전쟁기계가 국가장치의 대척점에 있게 되는 것은 서로 다른 흐름의 경향성 때문이다. 국가장치는 절편들을 견고한 몰적(그램분자적) 흐름에 가두려는 경향이 있는 반면, 전쟁기계는 탈주적 흐름으로 나가려는 경향이 있다. 전쟁기계는 국가장치와 대립하는 경향성을 갖는 것이다. 그렇기 때문에 서로 대척점을 가지고 작용한다. 전쟁기계는 국가장치가 절편들의 이질적 흐름의 탈주를 봉쇄하고 차단하더라도, 절편들 사이에서 새로운 탈주

---

11   (탈주선은) '기존의 몰적 선분을 흔드는 진동이나 그 벽을 넘는 유연한 양자적 흐름에 멈추는 것이 아니라, 그 선분적인 선에서 벗어나 새로운 창조의 선을 그리는 것, 삶의 관성이나 타성에서 벗어나는 새로운 선을 그리는 것, 그리하여 경직된 선분적 삶에서 벗어나는 출구를 발견하는 것, 비록 언젠가 다시 새로운 몰적 선분이 되고 말지라도, 새로운 방향성을 갖는 것을 그리는 것이 그것입니다.'(이진경, 2003a: 619)

선을 찾아낸다. 그리고 절편들 사이에서 탈주의 단서와 방향을 찾아낸다. 그래서 탈주는 멈추지 않는다. 전쟁기계는 국가장치가 작동할 때 함께 작동하기 때문이다.

전쟁기계는 국가장치의 외부성을 갖는다. 전쟁기계의 외부성은 세 가지 의미를 갖는다. 첫째는 국가장치와의 관계성이다. 전쟁기계는 국가장치와는 서로 별개의 독립적인 것이 아니라는 것이다. 특정한 방식으로 접속하고 교섭한다. 둘째는 국가장치와의 대립성이다. 국가장치는 학생과 교사, 내용과 방법 등과 같이 두 극을 갖는데, 전쟁기계는 이들 두 극 모두와 대립한다는 것이다. 국가장치의 어느 한 극을 선택하거나 함께 하지 않는다. 셋째는 국가장치로의 비환원성이다. 비환원성은 전쟁기계를 국가장치로 바꿀 수 없음을 의미한다. 국가가 군사제도로 전쟁기계를 전유할 수는 있지만 군사제도가 전쟁기계는 아니다. 국가에 전유된 전쟁기계는 그 속성을 유지하기에 쿠데타(coup d'État)와 같은 일이 발생할 수 있다.[12]

독자의 텍스트 이해도 이들 두 추상기계의 흐름에서 살펴볼 수 있다. 국가장치의 특성을 강조한 텍스트 이해는 정해진 기준(코드)을 따르는 흐름의 방식이 될 수 있다. 전쟁기계의 특성을 강조하는 텍스트 이해는 접속하는 조건에 따르는 흐름의 방식이 될 수 있다. 국가장치의 특성을 반영하는 읽기는 기준에 충실한 이해를 이루어야 하고, 전쟁기계의 특성을 반영하는 읽기는 접속 조건에 따른 이해를 이루어야 한다. 국가장치로의 텍스트 이해가 통일성과 동일성을 지향한다면, 전쟁기계로의 텍스트 이해는 창조성과 이질

---

[12] 전쟁기계는 두 개의 머리 사이에 또는 국가의 두 분절 사이에 위치하며, 한쪽에서 다른 쪽으로 이동하려면 필연적으로 그래야만 한다고 말해야 할 것이다. 그러나 이 "사이"가 설령 전광석화와 같은 순간, 덧없는 일순간에 지나지 않더라도 전쟁기계는 스스로 환원 불가능성을 적극적으로 표출한다. 국가 자체는 전쟁기계를 갖고 있지 않다. 국가는 단지 군사제도 형태로서만 전쟁기계를 전유할 수 있지만 이 전쟁기계는 끊임없이 국가에 문제를 제기한다.(김재인 역, 2003: 678)

성을 지향한다.

다. 원국가

국가장치와 전쟁기계의 흐름은 대립적이지만 전쟁기계의 작용 속성 중에는 국가장치로의 변이를 지향하는 면이 있다. 예를 들어, 텍스트에 대한 새로운 해석 방식은 기존의 국가장치의 흐름을 벗어난 전쟁기계의 특성을 띤다. 이 새로운 텍스트 해석 방식은 늘 새로운 것으로 머물기보다는 통일되고, 공동의 해석 방식이 될 것을 지향하는 측면이 있다. 문학비평의 관점에서 보면, 역사·전기적 비평과 대척점에서 신비평이 등장하고, 신비평의 대척점에서 독자반응비평이 등장했다. 각 비평의 방법은 시작점에서 보면 전쟁기계의 특성을 띠고 있지만 시간이 지나면서 보편화되어 국가장치의 특성으로 변이하였다. 전쟁기계의 지향적 속성의 일부는 국가장치로의 변이를 내포하고 있다.

전쟁기계도 국가장치로의 변이를 추구한다면 국가장치가 완전하게 실현되는 국가도 있을 수 있다. 국가장치가 완전하게 실현된 국가에서는 전쟁기계와의 교섭이 불가능하게 된다. '닫힌 꽃병 상태'의 전체주의 국가는 외부와의 접속을 단절하기 때문이다. 들뢰즈와 과타리는 국가장치가 완전하게 작동하는 국가가 언제나 존재해 왔다고 본다. '국가는 항상 존재해 왔다고, 게다가 완전한 상태, 아주 완벽한 모습으로 존재해 왔다고 말하는 쪽이 더 정확할 것이다.'(김재인 역, 2003: 689) 완벽한 국가가 존재한다면 전쟁기계의 역할이 일어날 수 없다. 그렇지만 그런 국가가 있었다고 해도 변이는 일어나고 있다. 국가들은 늘 외부성으로 인하여 변이한다. 이 변이를 설명하기 위한 기제가 원국가(Urstaat)이다.[13]

명시된 적은 없지만, 저자들은 '원국가'란 권력의 집중이 '극한'을 향해 진행하지만 '문턱'을 넘기 전에 격퇴되고 방지되는 그런 국가로 정의하고 있는 듯합니다. 즉 아직은 국가장치로서 확고하게 지배력을 획득하지는 못했지만 권력의 집중이 극한에 이른 그런 상태를 바로 '원국가'로 부르는 듯합니다. 그렇다면 국가 저지 메커니즘은 극한에 선 이 국가, 하지만 아직 문턱을 넘지 못했다는 점에서 격퇴하고, 제거할 수 있는 이 국가를 겨냥하여 작용하는 것입니다. 여기에 '원국가'도 있어야 하지만, 그것의 문턱을 넘지 못하게 하는 '국가 저지 메커니즘' 또한 있어야 합니다. (이진경, 2003b: 338)

이 설명에서 보면, 원국가는 국가장치가 완전하게 실현된 국가가 되기 직전의 변이 가능한 국가이다. 원국가로 인하여 전쟁기계는 외부성으로 작용할 수 있고, 국가 저지 메커니즘으로 기능할 수 있다. 원국가는 권력의 집중이 극한의 문턱을 넘지 않은 국가이다. 권력의 집중이 극한의 문턱을 넘게 된 국가(닫힌 꽃병 상태 국가)는 내부성만 존재하여 획일화된 흐름만 있어 변화될 수 없다. 이러한 국가는 단기간 존속할 수 있지만 지속성을 가질 수 없다. 그래서 들뢰즈와 과타리는 원국가 가설을 언급하고 있다. 원국가는 외부성을 용인하고 있어 외부와 접속할 수 있고 변이할 수 있다. 원국가의 외부성 요소의 예로는, 국가 밖에 존재하는 다국적 기업이나 종교적 구성체와 국가 안에 존재하는 패거리, 주변부 집단, 소수자 집단 등을 들 수 있다.(김재인 역, 2003: 689) 다시 말하면, 원국가는 획일적 국가장치를 가지고 있지만 전쟁

13　원국가(Urstaat)라는 가설은 사실임이 입증된 것처럼 보인다.-"잘 생각해 보면 국가라고 하는 것은 인류의 가장 먼 시대까지 거슬러 올라간다." 주변부나 지배의 촉수가 거의 뻗치지 않았던 지역이라도 제국과 접촉하지 않았던 원시사회는 거의 상상할 수 없다. 그러나 이와 정반대의 사실이 이것보다 훨씬 더 중요하다. 즉, 국가 자체는 항상 바깥과 관계를 맺어 왔으며 따라서 이러한 관계를 빼고는 국가를 생각할 수도 없다는 가설 말이다.(김재인 역, 2003: 689)

기계를 외부성으로 둘 수 있는 국가이다.

　원국가의 속성은 다양하게 존재한다고 할 수 있다. 일단 지구상에 어느 국가도 고립되어 자족적으로 존재하는 국가는 없다. 어떤 교육학 이론도 완벽해서 다른 어떤 것도 필요로 하지 않는 것은 없다. 문학비평이론도, 텍스트 이해 이론도 마찬가지이다. 원국가의 속성이 내재하고 있어 외부성이 존재한다. 외부성으로 인하여 국가장치와 전쟁기계는 견제하고 경쟁하면서 변화하고 발전한다.[14] 텍스트 이해에 대한 관념과 실제도 마찬가지이다.

3. 읽기와 추상기계

　독자의 텍스트 이해도 추상기계들의 유목적 특성을 지니고 있다. 텍스트 이해는 국가장치의 속성을 토대로 하기도 하지만 전쟁기계의 속성을 토대로 하기도 한다. 또한 이들의 상호작용 속에서 새로운 길을 모색하기도 한다.[15] 추상기계의 어떤 속성으로 텍스트를 읽는가에 따라 텍스트 이해의 과정과 결과는 달라진다. 국가장치의 속성을 가진 이해와 전쟁기계의 속성을 가진 텍스트 이해의 특성을 살피면서, 추상기계의 속성으로 이루어지는 텍스트

14　두 극 사이에는 또한 순전히 분자적인 협상, 번역, 변환의 영역이 있어, 거기서는 때로 그램 분자적인 선들이 이미 균열되고 파열되기도 하며, 때로 도주선이 이미 검은 구멍들로 끌려 들어 가기도 하고, 흐름들의 연결접속이 이미 제한적인 접합접속에 의해 대치되기도 하며, 양자들의 방출들이 중심-점들로 변환되기도 한다. 그리고 이 모든 것은 동시에 일어난다. 즉 도주선들은 자신의 강렬함들을 연결접속하고 계속시키며, 그와 동시에 입자-기호들을 검은 구멍들 바깥으로 분출시키고, 그것들이 선회하는 거대한 검은 구멍들로, 그것들을 가로막는 그램분자적인 접합접속들로 급선회하며, 또 이항화되고, 집중되고, 중심의 검은 구멍에 축을 세우고 덧코드화된 안정적인 절편들 속으로 들어간다.(김재인 역, 2003: 425-426)

15　이와 관련된 논의로 여수현(2019, 2020), 김도남(2020, 2021a, 2021b)을 참조할 수 있다.

이해의 유목성을 검토한다.

가. 재간성: 장기 수와 바둑 수

국가장치와 전쟁기계가 실현되는 실체적인 한 예를 장기와 바둑 놀이에서 찾을 수 있다. 장기와 바둑을 두는 사람은 각자의 재간으로 놀이를 한다. 장기와 바둑을 두는 사람의 재간은 장기말과 바둑돌의 속성에 따라 달라진다. 장기와 바둑 놀이를 잘하든 못하든 놀이 참여자는 장기말과 바둑돌의 속성을 따라야 한다. 장기말과 바둑돌의 속성을 바탕으로 게임을 하지 않으면 놀이는 진행될 수 없다. 놀이자의 재간은 기물들의 속성에 의존하여 이루어지게 된다.

> 장기의 말들은 모두 코드화되어 있다. 즉 행마나 포석 그리고 말끼리의 적대 관계를 규정하는 내적 본성 또는 내적 특성을 구비하고 있다. 즉 각각의 내재적 성질을 부여받고 있다. 마(馬)는 마이고, 졸은 졸이며, 포(包)는 포이다. 말 하나 하나는 소위 상대적 권력을 부여받은 언표의 주체와 비슷하며, 이러한 언표 주체들은 언표 행위의 주체, 즉 장기를 두는 사람 또는 놀이의 내부성 형식 속에서 조합된다. (김재인 역, 2003: 674)

장기 놀이의 수(手)[16]는 국가장치를 닮아있다. 장기말들은 각자 정해진 코드 값에 따라 움직인다. 장기 놀이자는 이들 장기말의 코드 값을 바꿀 수 없다. 장기말은 바꾸거나 변경할 수 없는, 부여된 내적 속성(내부성)을 지니고 있다. 그래서 장기말들은 주어진 코드값, 즉 내적 성질에 따라서만 이동할

---

16 바둑이나 장기 따위를 두는 기술(표준국어대사전).

수 있다. 이는 텍스트를 읽는 언표 행위 주체인 독자가 텍스트 내용인 언표 주체를 인식하고 해석하는 것과 같다. 독자는 텍스트의 내용 요소들이 가진 속성에 맞게 해석해야 하는 것이다. 언표 행위 주체가 언표 주체의 속성을 반영하지 않게 되면 언표 행위, 즉 텍스트 이해는 일어나지 않는다. 따라서 언표 행위 주체인 독자의 텍스트 이해는 텍스트의 내용, 즉 언표 주체의 성질에 토대를 두고 일어나게 된다.

> 바둑은 작은 낟알 아니면 알약이라고 할까, 아무튼 단순한 산술 단위에 지나지 않으며, 익명 또는 집합적인 3인칭적인 기능밖에 하지 못한다. "그것"은 오로지 이리저리 움직일 뿐이며 그것이 한 명의 남자나 여자 또는 한 마리의 벼룩이나 코끼리도 상관이 없다. 바둑알은 주체화되어 있지 않은 기계적 배치물의 요소들로서 내적 특성 같은 것은 전혀 지니고 있지 않으며 오직 상황적 특성만을 갖고 있을 뿐이다. (김재인 역, 2003: 674)

바둑 놀이의 수는 전쟁기계를 닮아있다. 바둑돌은 내재된 코드 값이 없다. 바둑돌은 단순 산술 단위이고, 장기말과 달리 정해진 이름이 없다. 때문에 바둑돌은 그것이 무엇이 되었든 상관이 없다. 벼룩도 바둑돌로 쓰일 수 있고, 코끼리도 바둑돌로 쓰일 수 있다. 그래서 바둑돌로 수를 펼칠 때는 제한이 없다. 바둑판의 특정한 지점에서 상대와 싸울 수도 있고, 싸우지 않고 자기 영역만을 견고히 하면서 확장할 수도 있다. 물론 장기와 같이 서로 한 번씩 번갈아 두어야 한다든가 선의 교차점에 두어야 한다는 최소한의 규칙은 따라야 한다. 언표 주체는 있지만 언표 주체에게 주어진 성질은 없다. 언표 행위 주체는 언표 주체에게 어떠한 성질도 부여할 수 있다. 싸움을 걸거나 방어하게 할 수 있고, 침투하여 집을 부수거나 집을 지을 수 있고, 집의 수를 늘리거나 견고하게 할 수도 있다. 언표 행위 주체는 언표 주체의 의미를 다양하게 부여할 수 있다. 독자의 텍스트 읽기는 미리 정해진 값이 없는 텍스트의 내용을 해석하는 일이 된다. 무엇으로 해석하든 제한받지 않는다. 텍스트 내용의 요소에 정해진 코드값이 없기 때문이다.

바둑과 장기는 국가장치와 전쟁기계의 작용적 특성을 잘 보여준다. 이는 독자의 텍스트 이해에서의 두 가지 방식에 대한 유추적 이해를 가능하게 한다. 먼저 국가장치의 특성을 반영한 장기 재간에 따른 텍스트 이해의 특성을 몇 가지 정리하면 다음과 같다.[17] 첫째, 초(덧)코드화이다. 텍스트는 초코드화에 따라 절편으로 나누어지고, 각 절편은 절편화 과정에서 내적 성질을 부여받게 된다. 텍스트 이해는 초코드화로 부여된 절편들의 성질을 인식함으로써 이루어진다. 둘째, 내부성 형식의 조합이다. 내부성 형식은 장기의 각 기물에 내재된 정해진 특성과 같은 것이다. 제한적이고, 고정적이며, 상대적이다. 이 점에서 보면, 텍스트 이해도 텍스트의 각 절편의 내부성 형식을 조합하여 이루어진다. 셋째, 통시적이다. 독자 개인의 현재 문제가 아니라 과거로부터 현재로 이어지는 텍스트 이해의 흐름을 따른다. 넷째, 전선성(戰線性)이다. 전선은 싸움이 일어나는 현장이다. 독자는 외부적 목표와 필요에 의해 텍스트 이해의 전선을 형성한다. 다섯째, 제도적 규칙성이다. 관습적, 논리적, 이론적으로 정해놓은 규칙을 따른다. 독자는 텍스트 이해에 지배적 이해 이론의 규칙을 실행한 읽기를 한다. 여섯째, 닫힘성이다. 닫힘은 정해진 것으로 한정하는 특성이다. 독자의 텍스트 이해는 특정한 지향(목적)이나 특정한 길(방법)로 특정한 의미를 구성하도록 제한된다. 텍스트나 독자, 읽기 기능, 독자의 배경지식에 의한 의미 구성으로 제한된다. 일곱째, 기호론적이다. 기호의 기표는 고정되어 있고, 합의적이고, 공통적인 기의를 지향한다. 텍스트 이해는 기호가 고정할 수 있는 의미의 이해를 지향한다.

---

17 이는 김재인 역(2003: 674-675)에 제시된 내용을 참고하여 정리한다.

다음 전쟁기계의 특성을 반영한 바둑의 재간에 따른 텍스트 이해의 특성을 몇 가지 정리하면 다음과 같다. 첫째, 탈코드화이다. 텍스트에 내재된 기존의 코드화 작용을 배제하는 것이다. 탈코드화는 나누어진 절편을 연결 통합하거나 절편 내의 새로운 틈을 절편화한다. 이로써 텍스트의 절편들은 기존의 내적 성질을 잃거나 새로운 내적 성질을 임시로 가지게 된다. 텍스트 이해는 탈코드화된 절편들의 성질을 밝힘으로써 이루어진다. 둘째, 익명성이다. 익명성은 바둑돌과 같이 단순 산술 단위이고, 집합적 또는 3인칭적 기능을 지닌 특성이다. 정해진 이름을 갖지 않기에 개방적이고, 유동적이며, 절대적이다. 이 관점에서 보면, 텍스트 이해는 따라야 하거나 정해진 규정이 없다. 셋째, 공시적이다. 텍스트 이해는 따라야 할 흐름이 없는 독자 개인의 현재 문제이고, 주변 상황에 따른 의미 해석의 문제이다. 넷째, 무전선성이다. 무전선은 싸움이 일어나는 특별한 장소가 없음이다. 리좀적, 탈공간적, 접속적, 연기(緣起)적으로 읽기를 한다. 다섯째, 탈제약성이다. 상황적, 과제적, 통찰적, 통합적으로 규칙을 선택한다. 텍스트 이해를 이해해야 할 상황에 따라 필요한 규칙을 선택하여 적용한다. 여섯째, 열림성이다. 미리 정해진 목표나 따라야 할 방법, 생성해야 할 의미를 한정하지 않는다. 텍스트에 따라, 읽는 상황에 따라, 독자에 따라 의미를 생성한다. 일곱째, 순수 전략이다. 순수 전략은 적극적 방법으로, 텍스트의 잠재적이고, 숨겨지고, 미끄러지는 기의로 낚아채는 방법이다. 텍스트 이해는 순수 전략으로 기표에서 낚아채는 기의에 따라 달라진다.

장기의 재간은 코드화된 장기 기물을 탈코드화하는 방식으로 운영된다. 상대 기물의 움직임을 방어하기 위하여 탈코드화를 지향한다. 텍스트 읽기로 보면, 독자가 학습한 읽기 기능(코드)을 텍스트에 따라 적용(탈코드)하는 일이다. 바둑의 재간은 익명의 바둑돌로 영토의 공간을 탈영토화하는 방식으로 이루어진다. 텍스트 읽기로 보면, 독자는 순수 전략으로 정해진 텍스트 의미의 영토를 재분배하여 탈영토화하는 문제이다. 국가장치에 기초를 둔 읽기는 읽기 코드에 집착하고, 전쟁기계에 기초를 둔 읽기는 독자가 생성해야 할 의미에 집착한다.

나. 역량성: 권력과 능력

독자의 텍스트 이해는 역량을 요구한다. 역량은 텍스트를 이해하는 내적(사유)인 힘과 관련된다. 여기서의 역량은 힘의 크기의 문제가 아니라 힘의 출처와 힘의 내적 속성의 문제이다. 독자가 어떤 출처를 가진 어떤 속성의 힘을 사용하느냐는 텍스트 이해의 특성을 달리하게 한다. 국가장치에서 비롯된 힘의 출처와 속성 및 전쟁기계에서 비롯된 힘의 출처와 속성은 텍스트 이해에도 작용한다. 텍스트 이해의 측면에 작용하는 국가장치의 역량적 특성을 '권력'이라고 보고, 전쟁기계의 역량적 특성을 '능력'이라고 본다. 권력과 능력의 출처와 그 내적 속성을 살펴본다.

국가장치의 역량인 권력은 주어진 것이다. 국가장치는 운영하고 관리하는 주체가 있고, 이를 수용하고 따르는 객체(주체)[18]가 있다. 권력은 국가장치의 관리 주체에게 주어진 것이다. 그런데 관리의 주체나 수용의 주체 모두 국가장치를 점유하지는 못한다. 국가장치를 관리하는 주체는 정치적 주권, 또는 지배권을 가진 자들이다. 들뢰즈와 과타리는 신화를 분석하여 주권이나 지배권을 가진 자들을 '마법사-왕'과 '판관-사제'라고 말한다. 그러면서 예시로 국왕과 사제, 전제군주와 입법자, 묶는 자와 조직하는 자 등을 들고 있다.(김

---

18 권력을 관리한다는 측면에서 주체는 권력을 관리하는 자이고, 객체는 관리받은 자이다. 권력을 활용한다는 점에서는 관리받는 자도 주체라 할 수 있다. 텍스트 이해의 측면에서 보면, 개별 독자는 읽기와 관계된 국가장치의 속성을 적극적으로 활용한다는 점에서 주체이다.

재인 역, 2003: 671) 물론 이들은 동일체가 아니고 서로 대립하는 존재이다. 이들이 정치적 주권이나 지배권을 가졌다고 해서 국가장치가 그들의 전유물은 아니다. 다만 관리의 차원에서 주어진 권한을 권력으로 사용하고 있는 것이다. 결국 권력은 위임받은 것이고, 차용된 것이다. 교육과정을 교육부가 개발하였다고 하여, 교육과정이 교육부와 개발자의 것이 아닌 것이다. 국가장치에서 비롯된 역량은 소유가 아닌 관리(위임, 차용)라는 측면에서 권력이 발생한 것이다. 권력은 국가나 정부가 국민에게 행사하는 강제력으로, 남을 지배하여 복종시키는 힘이다.(표준국어대사전) 권력은 지배권을 가지고 그 지배권을 행사함으로써 생긴다. 이를 좀 더 깊이 생각해 보면, 국가장치의 지배권은 그것을 수용하여 사용하는 자들에게도 마찬가지로 존재한다. 전유가 아닌 관리이기 때문이며, 그 권한의 정도에 차이가 있을 뿐이다.

반면 전쟁기계의 역량인 능력은 주체가 획득한 것이다. 전쟁기계의 운영과 실행에는 관리하는 주체와 활용하는 주체가 동일하다. 이는 전쟁기계는 그것을 사용하는 자가 점유할 수 있음을 함의한다. 그렇다고 개인이 전쟁기계를 완전하게 전유한다는 의미는 아니다. 개인이 완전하게 전유한다면 다른 사람들과의 공유가 불가능한 것으로 여길 수 있다. 전쟁기계도 칭기즈 칸의 군대 조직에서처럼 집단적이고 넓은 장소에서 작용할 수 있기 때문이다. 어찌되었든 전쟁기계에서 비롯된 능력은 전쟁기계의 실행 주체가 전쟁기계를 점유하고 있음에서 비롯된다. 전쟁기계의 점유는 각 주체들에 의하여 이루어지고, 각 주체들 의식에 내재하게 됨으로써 능력으로 실현된다.

텍스트 이해의 측면에서 권력의 특성과 능력의 특성을 정리해 볼 필요가 있다. 먼저 국가장치의 속성에서 비롯된 읽기의 권력적 특성을 들면 다음과 같다. 첫째는 집중성이다. 권력의 집중성은 권력을 행사하는 주권자에게 대중의 의식이 수렴되는 특성이다. 텍스트 이해에서 독자들의 이해는 권력이 있다고 인정되는 이론이나 관점에 수렴된다. 둘째는 이분성이다. 이분성이라는 말은 단일성으로도 볼 수 있다. 바름과 그름, 맞음과 틀림, 정답과 오답 등으로 구분하는 것이다. 독자들의 텍스트 이해의 결과가 맞고 틀림으로 판단되는 경향이 있다. 셋째, 고착성이다. 고착성은 동일성과 관련된 특성이다. 독자들의 텍스트 이해가 의미의 동일성을 지향하고 통일되는 것을 추구하는 특성이 있다. 넷째, 규율성이다. 규율성은 주어지거나 정해진 규칙이나 방법을 따르는 것이다. 규칙의 중요성이 부각되고, 규칙을 따르는 것을 중요 가치로 여긴다. 텍스트 이해에서 독자가 익히거나 따라야 할 다양한 규칙을 강조하는 경향이 있다. 다섯째, 통제성이다. 통제는 감시하고 평가하고 확인하는 것이다. 규칙을 따르는지, 규칙을 잘 지켜 실행하는지, 규칙에 맞는 결과를 구성했는지를 따진다. 독자의 텍스트 이해에도 다양한 통제가 작용하고 있다. 여섯째, 폭력성이다. 폭력은 사고와 활동의 자율성을 강제하는 것을 의미한다. 권력을 지향하는 읽기는 권력이 요구하는 읽기 실행을 위해서 폭력적으로 이루어진다.

다음 전쟁기계의 속성에서 비롯된 읽기의 능력적 특성을 들면 다음과 같다. 첫째는 창조성이다. 창조성은 기존의 의식에 얽매이지 않고 자유롭게 새로운 것을 추구하는 특성이다. 텍스트 이해에서 독자가 기존에 해석되고 이해된 의미와는 다른 의미의 생성을 추구하는 성향이다. 둘째는 탈주성이다. 탈주성은 확정적인 것, 고정적인 것, 동일한 것을 벗어남을 지향하는 특성이다. 텍스트의 확정된 의미나 고정적 의미에서 벗어난 의미를 생성하는 것이다. 셋째, 변이성이다. 변이성은 이질인 것을 추구하고 생성하는 특성이다. 독자의 텍스트 이해는 기존의 의미와는 이질적이며 상황에 따른 의미 생성을 지향하는 특성이 있다. 넷째, 무규율성이다. 무규율성은 주어지거나 정해진 규칙이나 방법을 상정하지 않는 특성이다. 텍스트와 독자가 만나는 상황과 접속되는 이웃항들이 부각된다. 규칙은 그때그때 정해지고, 달라진다. 다섯째, 변용성이다. 변용은 촉발과 관련되어 다르게 인식하는 특성이다.

대상에 따라, 어떤 감응이 촉발되느냐에 따라 인식의 결과가 달라진다. 수레를 끄는 말을 보면, 사람을 태우고 초원을 질주하는 말보다는 사람을 도와 일을 하는 소의 범주로 변용하여 인식한다. 텍스트 내용도 어떤 감응을 촉발하느냐에 따라 생성되는 의미가 변용된다. 여섯째, 의지성이다. 의지성은 관심을 집중하여 의도적으로 실행하는 특성이다. 능력을 지향하는 읽기는 새로움과 변이를 이루기 위한 의지를 가지고 도전할 때 이루어진다.

권력을 강조하는 읽기는 수동적이다. 국가장치가 제공하는 규칙에 따라 텍스트를 이해해야 하기 때문이다. 능력을 강조하는 읽기는 능동적이다. 전쟁기계의 흐름에 직접 참여해 텍스트를 이해해야 하기 때문이다. 권력에 의한 읽기는 순응적이다. 자기 주체를 드러낼 기제를 가지고 있지 못하기 때문이다. 능력에 의한 읽기는 도전적이다. 주체적으로 자기의 능력을 실현해야 하기 때문이다. 권력에 의한 텍스트 이해는 수용적이고 구성적이다. 주어진 의미를 수용하거나 조건과 규칙에 맞게 텍스트의 내용(절편)들이 공명하게 하기 때문이다. 능력에 의한 텍스트 이해는 생성적이고 변이적이다. 상황에 따라 텍스트에 따라 이웃항에 따라 새로운 의미를 찾아내야 하고, 각 의미는 그 자체로 다름을 내포하기 때문이다.

다. 접속성: 내부성과 외부성

전쟁기계는 국가장치의 외부성이다. 외부성은 독립적 각자성을 의미하지 않는다. 외부성은 무엇의 외부에 존재하는 속성이면서 그 무엇의 내부의 필요에 의하여 드러나는 속성이다. 전쟁기계는 국가장치의 외부성이므로 국가장치가 있으므로 전쟁기계가 있고, 전쟁기계가 있으므로 국가장치가 있는 것이다. 그러므로 외부성은 내부성과 다른 속성을 의미하는 것이고, 내부성을 인식할 수 있게 해주는 기제로 작용한다. 또 한편으로는 외부에서 내부에 영향을 미치는 특성이 외부성이다. 국가장치와 전쟁기계가 상보적인 영향 관계 속에 존재하면서, 국가장치(관념)가 끊임없이 변이하게 하는 것이 외부성인 것이다. 이로 원국가의 속성이 존재하게 된다.

접속은 두 개 이상의 이질적인 대상의 만남이다. 단순히 마주침이 아니라 무엇인가를 주고받는 내적 교섭이 있는 만남이다. 이 접속은 국가장치와 전쟁기계와의 만남과도 관련된다. 외부성의 특성이 접속인 것이다. 접속은 여러 가지 기능을 한다. 첫째는 나눔이다. 나눔은 서로의 것을 일정 부분 점유하는 것이다. 둘째는 생성이다. 모든 새로운 것은 접속에 의하여 생성된다. 셋째는 변이이다. 접속 관계를 형성한 대상들은 서로 다른 것으로 재생성된다. 넷째는 드러냄이다. 접속을 하면 숨겨진 각자의 속성이 드러난다. 다섯째는 비춤이다. 접속은 상대방을 거울로 삼아 자기를 비춰 알게 한다. 이런 접속의 기능에서 내부성과 외부성이 드러난다.

이 논의에서 관심을 가지는 접속의 속성은 전쟁기계의 외부성이다. 외부성은 국가장치로 운영되는 국가의 변이를 이끄는 중요한 요인이기 때문이다. 들뢰즈와 과타리가 주목한 클라스트르의 연구에 따르면, 국가장치를 완전히 실현하는 국가는 일거에 갑자기 나타난다.(김재인 역, 2003: 687) 그렇지만 이런 국가(닫힌 꽃병 상태 국가)의 형성을 전쟁기계가 저지하여 변이를 이루어 내는 것이다. 독자의 읽기는 끊임없이 변이를 지향한다. 늘 동일한 동질의 의미를 생성하는 것을 원하지 않는다. 그러지 않기 위해서는 자신의 읽기 관습을 바꾸어야 한다. 읽기 국가장치에 의하여 정착된 개인의 읽기 관습을 변화시켜야 한다. 이를 위해서는 전쟁기계의 외부성이 필요하다.

> 잠재적인 국가에 맞서 국가의 형성을 미리 저지하건 아니면 이보다 한 발 더 나가 현실적 국가에 맞서 이의 파괴를 꾀하건 전쟁기계는 국가에 대립한다는 클라스트르 주장에도 우리는 역시 찬성한다. 실제로 전쟁기계는 원시사회의

"야생적(sauvages)" 배치물보다 전사적 유목민의 "야만적(barbares)" 배치물에서 훨씬 더 완벽하게 실현되었기 때문이다.[19] (김재인 역, 2003: 687)

독자의 텍스트에 대한 새로운 이해는 텍스트 이해의 국가 형성을 저지함으로써 가능하다. 전쟁기계의 야생적 유목성을 원국가에서 접속함으로써 텍스트 이해의 국가 형성을 저지할 수 있다. 길들고 코드화되어 같은 방식으로 같은 의미를 구성하도록 강요하는 텍스트 이해의 전체주의 국가 형성을 막아야 한다. 독자는 닫힌 꽃병 상태로 텍스트 이해를 실행하는 경우가 많다. 이를 벗어난 읽기를 위해 전쟁기계의 유목성을 활용한 읽기에 대한 도전이 필요하다. 전쟁기계는 유목민의 발명품이다(공리2).(김재인 역, 2003: 729) 이 유목민의 발명품인 전쟁기계는 국가장치와 대립하면서 국가의 형성을 저지하는 외부성으로 작용한다. 국가장치와 전쟁기계는 독립적으로 작용하기보다는 원국가에서 접속한다. 이에 따라 국가장치의 내부성이 드러나고 전쟁기계의 외부성이 작용한다. 전쟁기계의 외부성은 국가 획일성과 독단성을 저지한다. 독자의 관습적 텍스트 이해를 변이하게 한다.

클라스트르에게서 가장 기묘한 현대성을 발견할 수 있는 것은 어찌된 일인가? 비밀과 속도, 변용태가 그의 작품의 요소들이기 때문이다. 그리고 클라스트르에게 비밀은 내부성의 형식 속에 포함되어 있는 내용이 아니라 반대로 오히려 그 자체가 형식이 되며 항상 자기 외부에 존재하는 외부성이 형식과 일치한다. 이와 비슷하게 감정도 "주체"의 내부성에서 벗어나 순수한 외부성이 환경에서 격렬하게 주사되며, 이 외부성의 환경에 의해 믿기지 않을 정도로 엄청난 속도

---

19 이진경(2003)의 설명에서 이 부분에 대한 번역이 다소 다르게 표현되어 있다. '그들은 원시사회의 야만적(barbare) 배치보다는 유목민의 전사들의 야생적(sauvage) 배치에서 전쟁기계가 더 완벽하게 구현되어 작동한다고 보기 때문입니다.'(이진경, 2003b: 336)

와 발진력을 부여받는다. 또한 사랑이건 증오이건 그것은 이미 감정이 아니라 변용태이다. 게다가 이러한 변용태는 전사의 여성-되기, 동물-되기이기도 하다 (곰이나 암캐). 변용태는 화살처럼 신체를 가로지른다. 변용태는 전쟁 무기인 것이다. (김재인 역, 2003: 681)

독자의 텍스트 이해 방식의 변이는 내부에서 일어난다. 단 자체적으로 일어나지는 않는다. 외부성을 가진 다른 것과의 접속에서 일어난다. 외부성을 인식하게 되면 그 변화는 순간적으로 일어난다. 그런 변화는 빠르게 독자의 텍스트 이해를 바꾸게 한다. 독자의 텍스트 이해 변화는 이해 장치에 의하여 일어난다. 그리고 독자의 텍스트 이해에는 국가장치의 속성이 주로 작용한다. 이 국가장치의 변이는 전쟁기계에 의하여 이루어진다. 독자가 읽기 전쟁기계의 흐름을 활용하여 읽기 국가장치의 변화를 이루어낼 때, 읽기 능력의 신장이 이루어진다. 유목민이 발명한 전쟁기계의 속성을 활용하여 읽기에 관여하는 국가장치의 속성을 변이시켜야 하는 것이다. 이것이 텍스트 이해에 내재된 추상기계의 유목성을 실현하게 한다.

4. 교육적 과제

독자의 텍스트 이해에 대한 이념은 다양체의 속성을 띤다. 다양체는 이념이 실체적, 외적 다양성으로 실현될 수 있는 잠재성이다. 텍스트 이해는 어떻게 접근하여 이해하는가에 따라 외적 다양성으로 드러난다. 이 논의에서는 텍스트 이해의 이념이 외적 다양성으로 드러나는 논리를 거시적 관점에서 검토하였다. 들뢰즈와 과타리의 추상기계의 개념에서 볼 때, 독자의 텍스트 이해 능력은 전쟁기계의 외부성의 작용으로 드러나는 유목성을 토대로 할 때 신장된다.

　유목성은 전쟁기계의 속성이다. 독자의 텍스트 이해도 유목성을 내포한다. 독자는 텍스트를 읽을 때 국가장치에 의하여 이루어지는 텍스트 이해를 하면서 전쟁기계에 의하여 이루어지는 텍스트 이해를 추구한다. 독자는 남이 정한 방법대로 텍스트를 읽고, 남이 이해한 대로 텍스트를 이해할 수 있지만 이로는 만족할 수 없다. 남이 아닌 자신의 방법대로 텍스트 이해를 추구하는 것이다. 이의 실현을 이루어주는 것이 전쟁기계의 속성을 반영하는 방법이다.

　전쟁기계의 속성으로 읽는 읽기는 단순히 창의적이며 탈주적인 읽기를 추구하는 것이 아니다. 독자 자신의 읽기관과 읽기 방식을 바꾸는 것이다. 이는 전쟁기계의 속성이 반영된 읽기를 하는 문제가 아니다. 전쟁기계의 근본적인 유목성을 이해하는 것이다. 전쟁기계의 유목적 특성이 텍스트 이해의 속성을 끊임없이 바꾸어간다는 것을 이해하는 것이다. 읽기의 전쟁기계는 읽기의 국가 형성을 저지하여 읽기 원국가의 상태에 머물게 한다. 즉 독자의 텍스트 이해가, 독자의 읽기 능력이 끊임없이 변이를 일으키게 된다.

제2장　독자 사유의 형식

독자 사유의 형식

1. 사유의 형식

독자의 텍스트 이해는 사유의 형식을 따른다. 독자가 어떠한 사유의 형식으로 이해를 전개하는가에 따라 텍스트 이해의 속성은 달라진다. 독자는 자신이 따르는 사유의 형식을 의식할 수도, 못할 수도 있다. 독자는 사유의 형식에 대한 의존성 인식 여부에 따라 자신의 텍스트 이해에 자신감과 신념을 가지기도 하고 못 가지기도 한다. 지금까지 사유의 형식은 텍스트 읽기나 읽기 연구에서 주목받지 못해 왔다. 독자는 자신의 텍스트 이해에 작용하는 사유의 형식을 인식할 필요가 있다.

독자가 의지하는 사유의 형식은 다양하다. 독자의 의식에 관여하여 사유의 형식은 미시적인 것과 거시적인 것으로 구분될 수 있다. 미시적 사유의 형식은 텍스트의 기호 해독과 부분적으로 내용을 파악하는 의식에 작용하고, 거시적 사유의 형식은 텍스트 전체 내용이 드러내는 의미를 해석하고, 의미의 가치를 판단하며, 그 의미의 작용을 밝히는 의식에 작용한다. 미시적 사유의 형식은 단위적이고 단기적 형태의 해독적 속성을 갖는다. 거시적 사유의 형식은 전체적이고 완결적 형태의 해석적 속성을 갖는다. 이 논의에서는 독자의 읽기에 작용하는 사유의 형식을 거시적 관점에서 살핀다. 들뢰즈와 과타리가 『천 개의 고원』(김재인 역, 2003)의 12장(1227년-유목론 또는 전쟁기계)에서 논의한 사유의 형식을 토대로 검토한다.[1]

> 사유의 내용들은 종종 너무 체제 순응적이라는 비판을 받곤 한다. 하지만 정작 중요한 것은 사유의 형식 자체이다. 사유 자체가 이미 국가장치로부터 빌려온 모델에 순응하고 있기 때문인데, 바로 이 모델이 사유의 목적, 길, 도관, 수로, 기관 등 전체적인 오르가논(=논리적 도구)을 지정해 주는 것이다. 따라서 모든 사유를 포괄하는 하나의 사유의 이미지가 존재한다. 그리고 이것이 바로 소위 사유 속에 전개되는 국가-형식과 같은 것으로 '사유학(noologie)'이 고찰해야 할 특별한 대상이다. (김재인 역, 2003: 718-719)

윗글에서 보면, 사유는 사유의 이미지를 따라 이루어진다.[2] 즉 사유하는 목적과 방법이 정해져 있다는 것이다. 사유는 체제 순응적 특성을 갖는데, 이 '체제'는 '국가-형식'의 특성을 보인다. '국가-형식'이라는 말은 국민인

1 　들뢰즈와 과타리는 12장에서 공리 3개, 명제 9개, 문제 3개를 제시하고 이를 논의한다. 이 논의에서는 문제 2와 명제 4에 대한 논의를 중점적으로 참조한다. '문제 2-사유를 국가 모델로부터 분리해낼 수 있는 수단이 존재하는가? 명제 4-결국 전쟁기계의 외부성은 사유학에 의해서도 입증된다.'(김재인 역, 2003: 718)

2 　'무엇을' 사유하기 이전에 이미 그 '무엇'을 설정하는 방법, 그것을 사유하는 방법과 규범 등의 사유의 형식이 주어져 있고, 그것이 우리의 사유를 먼저 규정하고 제한합니다. 대개는 잡념이나 몽상에서 벗어나 생산적인 사유를 하기 위해선 그래야 한다고 이를 받아들입니다. 이런 의미에서 사유를 제한하고 규정하는 것은 내용이라기보다는 그 이전에 사유의 형식 그 자체라 할 수 있습니다. 모든 사유를 뒤덮는 사유의 이미지가 있는 거지요. 대개 이는 제도화된 사유의 형식, 우리가 사유하기 위해서 대개 그 안으로 들어가야 하는 국가적 제도 안에 '규범'으로 자리 잡고 있는 사유의 형식에 따르고 있지요. 지배적인 사유의 이미지, 그것은 국가장치에서 빌려오는 사유의 모델입니다.(이진경, 2003b: 359-360) 들뢰즈의 '사유의 이미지'와 관련된 논의로 『차이와 반복』(김상환 역, 2004)의 3장을 참조할 수 있다.

모든 사람의 의식 활동에 초코드의 형식으로 작용하는 전체성 및 통일성(동일성)의 특성을 갖는 제도적 양식을 뜻한다. 이 국가-형식을 이루게 하는 것은 '국가장치'[3]이다. 사유는 사유의 이미지를 만드는 국가장치에 의존하여 국가-형식의 형태로 실행된다.

[가] 子曰: 學而時習之 不亦說乎.
공자께서 말씀하셨다. "배우고 그것을 때때로 익히면 기쁘지 않겠는가."(論語)

[나] 학(學)이란 본받는다는 뜻이다. 사람의 본성(本性)은 모두 선(善)하나 이것을 앎에는 먼저 하고 뒤에 함이 있으니, 뒤에 깨닫는 자는 반드시 선각자의 하는 바를 본받아야 선(善)을 밝게 알아서 그 본초(本初)를 회복할 수 있는 것이다. 習은 새가 자주 나는 것이니, 배우기를 그치지 않음을 마치 새 새끼가 자주 나는 것과 같이하는 것이다. 열(說)은 기뻐하는 뜻이다. 이미 배우고 또 때때로 그것을 익힌다면 배운 것이 익숙해져서 중심(中心)에 희열을 느끼고 그 진전이 자연히 그만둘 수 없는 것이다. 장자가 말씀하셨다. "습(習)은 중습(重習, 거듭함)이니, 때로 다시 생각하고 演繹(연역)해서 가슴속에 무젖게 하면 기뻐지는 것이다." 또 말씀하셨다. "배우는 것은 장차 그것을 행하려고 해서이니, 때로 익힌다면 배운 것이 내 몸에 있다. 그러므로 기뻐지는 것이다." 사씨(謝氏)가 말하였다. "시습(時習)이라 때마다 익히지 않음이 없는 것이니, 앉음에 시동(尸

---

3   국가장치(appareil d'Etat)는 국가 전체에 작용하는 초코드화된 형태의 질서 있는 의식 체계의 작용 방식을 지시하는 들뢰즈와 과타리의 용어이다. '국가장치나 국가인은 자신으로 권력이 통합되고 집중되는 것을 통해서만 자신의 존재를 유지할 수 있습니다. 그것은 자신에게 통합되지 않는 다른 권력 중심의 출현이나, 자신의 권력에서 발생하는 약간의 동요도 견디기 힘들다는 겁니다.'(이진경, 2003b: 306)

童)과 같이 함은 앉아 있을 때의 익힘이요, 섬에 제계(齊戒)함과 같이 함은 서 있을 때의 익힘이다."[4] (성백효 역, 2004: 17)

위 글 (가)는 논어(論語)의 학이(學而)편 첫 구절이고, 글 (나)는 『논어집주(論語集註)』에서 글 (가)에 대한 주희(朱熹)의 주석이다. 글 (가)를 글 (나)와 관계 없이 공자의 말로만 읽으면, '배움이 있을 때는 기쁘다'라는 지극히 일상적이고 보편적인 의미로 이해된다. 그런데 글 (나)를 읽고 이해하여 글 (가)를 읽게 되면, 글 (가)의 학(學)과 습(習)은 배움의 다른 활동으로 구분되어 인식되고, 기쁨의 의미가 세분된다. 그래서 '배움이 있을 때는 기쁘다'의 의미보다는 배움이 어떻게 이루어지고, 배움에서 학(學)과 습(習)이 왜 필요한지를 생각하게 한다. 글을 읽고 이해하는 데 사유의 형식이 관여하는 것이다. 사유의 형식은 텍스트 의미를 특정한 형태로 규정하여 독자가 텍스트를 이해하게 만든다.

독자의 텍스트 이해는 사유의 형식에 의존한다. 독자의 텍스트 이해에 작용하는 일차적 사유의 형식은 국가장치로부터 빌려온 것이다. 독자의 텍스트 이해의 토대를 이루는 사유의 형식이 국가-형식의 속성을 갖는 것이다. 이와 다른 사유의 형식으로 사유한다면 독자의 텍스트 이해는 다르게 일어날 수 있다. 이 장에서는 들뢰즈와 과타리의 사유학의 관점에서 독자의 텍스트 이해에 작용하는 사유가 어떤-형식의 것인지를 살펴본다. 이를 통하여 텍스트 이해에서의 사유의 형식적 특성을 알아본다. 이는 독자의 텍스트 읽기와

---

4   學之爲言效也. 人性皆善, 而覺有先後, 後覺者必效先覺之所爲, 乃可以明善而復其初也. 習, 鳥數飛也. 學之不已, 如鳥數飛也. 說, 喜意也. 旣學而又時時習之, 則所學者熟, 而中心喜說, 其進自不能已矣. 程子曰:「習, 重習也. 時復思繹, 浹洽於中, 則說也.」又曰:「學者, 將以行之也. 時習之, 則所學者在我, 故說.」謝氏曰:「時習者, 無時而不習. 坐如尸, 坐時習也; 立[一]如齊, 立時習也.」(성백효 역, 2004: 17)

읽기 교육의 현상을 점검하는 거시적 시각을 얻기 위한 것이다.

2. 사유의 형식과 특성

들뢰즈와 과타리는 국가-형식의 사유를 하게 하는 사유의 이미지는 '주권의 두 극에 상응하는 두 개의 머리[5]를 갖고 있다'(김재인 역, 2003: 719)고 말한다. 이는 국가-형식의 사유가 두 가지 형태를 지니고 있음을 의미한다. 이는 또한 국가-형식의 사유가 아닌 다른 형식의 사유가 있음을 전제하기도 한다. 국가-형식의 사유의 두 가지 형태와 이와 다른 사유의 형식에 대하여 살펴본다. 이로 독자의 텍스트 이해에 관여하는 사유의 형식이 갖는 특성을 검토한다.

가. 진리의 제국: 강요된 사유

참된 사유의 제국(imperium). 이것은 마법적 포획, 장악 내지 속박(lien)에 의해 작동하며 정초를 놓는다(뮈토스). (김재인 역, 2003: 719)

이 글은 국가-형식의 사유의 첫 번째 사유의 이미지를 지시하는 표현이다. 글 (가)의 이해에 관여하는 사유와 관련된다. 사유의 이미지가 가진 두 주권 중 하나에 대한 글이기도 하다. 사유의 이미지에 의한 사유는 참된 사유로 받아들여지고, 제국의 속성을 갖는다. 제국은 황제가 다스리는 나라로 황제

---

5   들뢰즈와 과타리는 이 두 개의 머리를 '진리의 제국'과 '정신의 공화국'이라고 칭하고 있다. '사유의 이미지에만 국한 시킨다면 진리의 제국과 정신의 공화국이라는 말은 단순한 은유가 아니다.'(김재인 역, 2003: 719)

를 중심으로 운영되고, 국가의 모든 일은 황제에게 수렴된다. 이 제국적 사유는 사람들의 사유를 마법적인 방식으로 포획한다. 모든 사람의 사유는 마법에 이끌리듯이 무의지적으로 포획된다. 포획된 사람들은 마법에 장악되어 벗어날 수 없는 얽매인 상태로 속박된 사유를 한다는 것이다. 그러면서 이 사유는 다른 사유의 주춧돌인 정초(定礎, 초석(礎石))가 된다.

> 사유 혼자 힘으로는 결코 가져본 적이 없는 중후함, 그리고 국가를 포함해 모든 것이 사유 자체의 효력 내지는 승인에 의해 존재하는 것처럼 보이게 만들어주는 중심이 그것이다. 그러나 국가도 얻는 것이 있다. 국가형식은 이런 식으로 사유 속에서 전개됨으로써 뭔가 본질적인 것, 즉 전반적 동의를 획득하는 것이다. 오직 사유만이 국가는 당연히 보편적인 것이라는 허구를, 국가를 합법적인 보편성의 수준으로까지 끌어올려 줄 수 있는 허구를 고안해낼 수 있다. 마치 이 세상에는 단 한 명의 군주만이 존재하다가 그가 전 세계로 확대되어 현실적이든 잠재적이든지 간에 모든 것을 그저 신민들로 취급하게 되는 것처럼 보이도록 만들어주는 것이다. 이미 국가 외부에 존재하는 강력한 세력을 가진 조직들이나 기묘한 패거리 등은 문제가 되지 않으며, 국가는 자연 상태로 내몰린 반항적 신민들과 국가형식 속으로 자발적으로 귀순하는 협력적인 신민들을 구분하는 유일한 원리가 된다. (김재인 역, 2003: 720)

위 인용문은 들뢰즈와 과타리가 제국적 사유에 대하여 설명하는 내용이다. 이 내용으로 제국적 사유의 특성을 정리하면 다음과 같다.

첫째, 중후함이다. 중후함은 무게감이 있고, 정중하며, 엄숙하고, 깊고, 안정감이 있음이다. 제국적 사유가 갖는 특성이다. 사유 자체가 중후함을 갖는 것이 아니라 제국의 속성과 결합함으로써 갖게 되는 특성이다. 제국적 사유는 효력과 승인의 권위를 가지고 있고, 중심이 되어 엄정하게 적용된다는 점에서 그렇다. 사유는 황제의 권위를 위임받은 자(교사)들에 의하여 전달되고, 절대성을 갖는다. 누구에게나 당연하게 여겨지고, 따라야 하는 원칙으로 인식된다. 그래서 거스르거나 거부할 수 없기에 따라야 하는 것으로 여겨진다. 그럼으로써 드러나는 특성이 중후함이다.

둘째, 보편성이다. 제국적 사유는 누구나 그렇게 사유해야 한다고 받아들여진다. 공통의 방식으로 사유하는 것은 당연한 일이고, 예외를 생각할 수 없다. 이 사유는 본질적인 것으로 받아들여지기에 전반적인 동의가 뒤따른다. 그렇기 때문에 누구나 제국적으로 사유해야 한다는 강요가 생겨난다. 그 강요는 사회 속에서 적극적으로 작용하고 있기에 누구나 자발적으로 따르는 것처럼 보인다. 그렇지만 이 사유에 거리를 두고 따져보면, 강요하고, 강요받아 일어나는 사유이다. 보편적이라는 의식으로 포장되어 누구나 받아들일 것을 강요하고, 강제적으로 적용된다. 국가-형식의 제국적 사유의 보편성은 폭력이다.

셋째, 유일성이다. 제국적 사유는 다양성을 인정할 수 없다. 일사불란하게 이루어져야 하는 단일한 양식의 사유다. 제국이 유지되기 위해서는 황제의 명에 절대적 순종이 있어야 한다. 오직 황제의 명만이 명으로 작용해야 제국이 유지되기 때문이다. 사유에서도 마찬가지이다. 진리에 도달하는 사유는 황제의 명처럼 유일한 것이다. 그 유일성을 획득하지 못한 사유는 국가-형식의 제국적 사유로 작용할 수 없다. 그렇기 때문에 사유의 유일성은 확실한 전복이 일어나지 않은 이상 유지된다.

넷째, 수렴성이다. 수렴성은 하나의 중심으로 집중됨이다. 제국적 사유는 하나의 진리에 모든 이들의 사유가 수렴된다. 제국의 모든 국민은 황제의 신민이고, 황제의 생각만이 진리여서 신민의 의식은 황제의 생각으로 수렴된다. 황제의 생각이 아닌 것은 진리가 될 수 없다. 이 진리가 아닌 것을 사유하는 것은 사유가 아니다. 황제의 생각만이 참된 것으로, 참된 진리로 인정하는 전제에서만 사유는 의미를 지닌다. 그렇기에 사유는 언제나 하나의 진리만을 인정하는 방식으로 이루어진다. 즉 제국적 사유는 중심이 되는 진리로 수렴이 되는 사유가 된다.

> 사유로서는 국가에 의지하는 것이 유리하듯이 국가 입장에서도 사유 속에서 전개되어 이로부터 유일한 보편 형식으로서 정당성을 인가받는 것이 유리하다. 그리고 각각의 국가의 개별성은 각국의 우연적인 도착성이나 불완전성과 마찬가지로 그저[우연한] 사실에 불과할 뿐이다. 왜냐하면 권리상 근대 국가는 "합리적이고 이성적인 공동체 조직"으로 정의되기 때문이다. 이 공동체는 이미 개별성으로는 내부적·정신적 개별성(민족정신)만을 가질 뿐이며, 동시에 이 공동체 조직을 통해 보편적 조화(절대정신)에 공헌하기 때문이다. 국가는 사유에 내부성의 형식을 부여하고, 다시 사유는 이 내부성에 보편성의 형식을 부여한다. 이리하여 "세계적인 조직의 목적은 각각의 자유로운 국가들 안에서 이성적인 개인들을 만족시키는 데" 있게 된다. 이처럼 국가와 이성 간에는 기묘한 교환이 이루어진다. 하지만 이 교환은 동시에 분석적 명제이기도 한데, 왜냐하면 실현 가능한 이성은 마치 실제의 국가가 이성의 생성이듯이 권리상의 국가와 일치하기 때문이다. (김재인 역, 2003: 720-721)

다섯째, 정당성이다. 윗글에서 보면, 제국적 사유는 유일한 보편적 형식을 갖기에 정당성을 갖는다. '정당'은 이치에 합당한 옳음 또는 올바름이다. 강요된 것이지만 누구나 따르는 국가-형식의 것이기에 옳고 바른 것이다. 혹 다른 개별적인 사유가 진리를 밝힐 경우, 그것은 앞뒤가 뒤바뀌거나 완전하지 못한 것이고 개별적인 것에 불과하다. 오직 국가 형식의 제국적 사유만이 옳은 것이고 바른 것이다. 제국적 사유도 개별적 근원을 갖지만 국가적으로 수용됨으로써 정당성을 갖는다.

여섯째, 내부성이다. 내부성은 조직체 내에서의 논리와 질서로 통제됨을 의미한다. 제국의 사유는 내적인 논리와 질서 체계를 확립한다. 개별적인 사유들이 있을 때, 이들 사유는 있는 그대로 받아들이고 존중하는 것이 아니라 제국의 사유로 합리화하여 받아들인다. 내부적 논리와 질서 체제에 기여하는 사유로 포장을 하고, 성격을 변형하는 것이다. 합리화의 논리는 개별적인 사유가 절대적 보편성을 갖는 사유에 공헌하는 것으로 바꾸어 놓는다. 내부성은 다름을 내적인 질서에 편입하여 내적인 논리에 안주하게 만든다.

일곱째, 만족성이다. 만족은 마음에서 부족함이 없이 기쁨을 느끼는 것이다. 만족은 스스로 생성할 수 있는 것이 아니다. 관계 속에서 만들어지는 것이다. 다른 사람과 일치감을 느낄 때 만족이 생겨난다. 다른 사람과 이성적 일치를 이룰 때 만족하게 된다. 그 결과 제국적 사유는 이성적이라고 받아들여진다. 이성은 이치를 논리적으로 생각하고 판단하는 능력이다. 제국적 사유는 보편성을 갖기에, 누구나 그렇게 사유하기에 이성적이라는 것이다. 제국적 사유는 다른 사람과의 일치를 이루게 하기에 만족성을 갖는다.

제국적 사유는 참된 사유라는 여겨짐을 받는다. 그렇기 때문에 누구나 제국적 사유를 해야 한다는 강요성을 갖는다. 제국적 사유는 유목적 사유와 대척점에 있다. 외부적이고 창의적이며 자유로운 사유에 걸림돌이다. 그렇지만 사유의 토대를 이룬다는 점에서 반드시 필요한 사유이기도 하다.

나. 정신의 공화국: 복종적 사유

자유로운 정신의 공화국. 이것은 맹약 내지 계약에 의해 진행되며, 입법 조직과 법률 조직을 만들어내며 근거를 정당화해 준다(로고스). (김재인 역, 2003: 719)

윗글은 국가-형식 사유의 두 번째 사유의 이미지를 가리킨다. 글 (나)의 사유와 관련된다. 사유의 이미지가 가진 두 주권 중 또 다른 하나에 대한 글이다. 이 사유의 이미지에 의한 사유는 자유로운 정신에 의한 주체성을 갖는 사유로 받아들여지고, 공화국의 속성을 갖는다. 공화국은 주권이 주체성을 가진 국민에게 있고, 이 국민이 선출한 대표들이 나라를 운영하며, 국가의 모든 일은 대표들이 수행한다. 이 공화국적 사유는 사람들의 계약적 관계에서 비롯된다. 국민이 선출한 대표들은 입법 조직과 법률 조직을 이루고, 법과 법률을 만들어낸다. 이들 법과 법률은 사람들의 사유의 형식으로 작용하고, 맹약(盟約) 내지 계약(契約)된 것이기에 따라야 하는 것으로 정당화된다. 즉 모든 국민은 법과 법률을 지켜야 한다는 신념을 갖는다. 공화국적 사유는 계약된 것이기에 지켜야 하고, 복종해야 하는 사유를 이끈다. 계약이 그렇게 하도록, 그렇게 해야만 하는 것으로 만드는 근거를 정당화한다.

소위 근대 철학과 근대 국가 또는 이성적 국가에서는 모든 것이 입법자와 주체(=신민)를 중심으로 운용된다. 따라서 국가가 입법자와 주체(=신민)를 구별할 때는 사유가 이 양자의 동일성을 사유할 수 있도록 해주는 형식적 조건을 충족시켜야 한다. 항상 복종하라. 복종하면 할수록 너희들은 주인이 될 수 있다. 왜냐하면 너희들은 오직 순수이성, 즉 너희 자신에게만 복종하고 있기 때문이다. 철학은 토대를 놓는 역할을 자임한 이래 항상 기존 권력을 찬양하고, 국가의 여러 기구의 원리를 국가 권력의 여러 기관들 속으로 전사해 왔다. 공통감(sens commun), 즉 <코기토>를 중심으로 한 모든 능력들의 통일은 절대화된 국가의 합의(consensus)인 것이다. 이러한 대작업은 특히 칸트의 "비판"에 의해 철저하게 수행되고 다시 헤겔주의가 이를 이어받아 발전시킨 바 있다. 칸트는 [능력의] 악용을 끊임없이 비판했으나 그것은 [능력의] 기능을 찬양하기 위해서였다. 따라서 칸트 시대부터 철학자가 교수, 즉 국가 공무원이 된 것은 그리 놀랄만한

일이 아니다. (김재인 역, 2003: 721)

윗글은 들뢰즈와 과타리가 공화국적 사유를 설명하는 내용이다. 이 내용을 보면, 공화국적 사유의 특성을 살필 수 있다. 공화국적 사유의 특성을 정리하면 다음과 같다.

첫째, 준칙 종속성이다. 공화국적 사유의 특성은 자유로운 정신의 소유자인 입법자와 주체(신민)가 중심이 된다. 그런데 입법자와 주체(신민) 사이에는 동일성의 사유를 해야 하는 형식적 조건이 존재한다. 입법자는 주체를 대표하는 자들이다. 신민은 입법자를 선발하여 입법자들에게 권한을 위임하고 있다. 그러므로 입법자가 한 일에 대하여 신민은 동일성을 유지해야 한다. 이에 따른 논리적 조건이 입법자의 입법 행위에 의한 결과물인 법과 법률에 복종하는 것이다. 이 복종은 입법자가 곧 주체(신민)와 동일성을 갖게 하는 형식적 조건이 충족되기 때문에 실행된다. 주체는 입법자의 지위를 가진 것으로 여기기에 자신이 입법한 법에 복종할 수 있게 된다. 이에 칸트는 '네 준칙에 따라 행동하라'라고 말한다. 즉 준칙에 종속된 사유를 요구한다.

둘째, 순수이성 지향성이다. 주체로서 자신이 입법자와 동일적 지위를 가지기 위해서는, 다시 말해 자신의 준칙에 복종하기 위해서는 순수이성이 필요하다. 오직 순수이성만이 주체가 입법자와 동일성을 갖는 형식적 조건을 충족하게 한다. 주체는 입법자와 동일성을 유지하기 위해 순수이성을 지녀야 한다. 이 순수이성은 입법자로서 자신을 규정하기 위한 것이면서 동시에 권력자의 인정에서 비롯되는 것이다. 국가 권력에 의지하여 사유를 할 때, 즉 국가-형식에 의한 사유를 할 때 순수이성이 인정되고 보장된다. 그래서 사유의 근거인 철학은 국가 권력을 찬양하고 국가 기구의 원리를 국가 권력의 기관들에 전사(복사)해 왔다.

셋째, 기만적 합리성(합리화)이다. 공화국적 주체성의 사유는 순수이성을 강조하지만 순수이성의 실체는 통일성을 강조하는 <공통감>이고 국가적 <코기토>에 불과하다. 순수이성은 개별적인 사유로 자리잡지 못하고 코기토 중심으로 통일을 이룬 절대화된 국가와의 합의일 뿐인 것이다. 공화국적 사유는 표면적으로 순수이성에 의한 개인의 주체성을 강조하지만, 이면적으로 공통감을 추구하는 국가-형식의 통일적 사유를 지향한다. 순수이성은 주체가 국가-형식적 사유를 해야 하는 것을 합리화하는 매개이자 토대가 된다.

넷째, 국가-형식 귀속성이다. 공화국적 사유는 주체성을 표방하지만 그 이면은 국가-형식의 사유에 귀속된다. 주체로서 사유의 주인이 된 사유자는 자신의 준칙에 복종해야 한다. '항상 복종하라. 복종하면 할수록 너희들은 주인이 될 수 있다'를 외친다. 주인이 되는 일은 국가-형식의 사유에 복종하는 일이다. 이 복종은 국가-형식의 사유를 복사하는 일이고, 국가-형식의 사유에 귀속되는 일이다. 로마 시대의 공화국도 그렇고 현재의 공화국도 국가-형식에 복종하고, 국가-형식에 귀속되는 사유를 진행 중에 있다.

국가-형식이 사유의 이미지에 영감을 불어넣은 순간 모든 것이 규제되는 것이다. 완벽한 호혜주의인 셈이다. 게다가 국가 형식의 다양한 변화에 따라 사유의 이미지도 계속 다른 윤곽을 가진다. 따라서 언제나 동일한 사유의 이미지가 철학자를 묘사하고 지시해 온 것은 아니며 앞으로도 반드시 그렇다고 볼 수는 없을 것이다. 마법적 기능과 이성적 기능을 왔다갔다하는 경우도 있을 것이다. 고대의 제국적 국가에서는 시인이 사유의 이미지의 조련사 역할을 담당했으며 근대 국가에서는 사회학자들이 철학자의 역할을 대체해 왔다.(뒤르켐과 그 제자들이 공화국에 세속적인 사유의 모델을 부여하려고 했던 것을 예로 들 수 있다.) 심지어는 오늘날까지도 정신분석이 다시 마법적 회귀 속에서 <법>의 사유로서의 보편적 사유(Cogitatio universalis)의 역할을 차지하려고 하고 있다. 이외에도 많은 경쟁 후보가 있다. 사유학은 이데올로기와 혼동되어서는 안 되는 것으로서 다양한 사유의 이미지와 이들의 역사성을 연구하고자 한다. 하지만 이 모든 것은 전혀 중요하지 않으며 사유의 중후함 따위는 어떤 의미에서도 그저 웃음거리에 불과하다고 말할 수 있을지도 모르겠다. 하지만 사유는 사유를 진지하게 받아들이지 말 것을 요구한다. 왜냐하면 그러면 그럴수록 사유는 그만큼 더 쉽게 우리를 대신하여 사유하고, 항상 새로운 사유의 공무원을 만들어 낼 수 있기 때문이다. 더욱이 사유를 진지하게 생각하지 않을수록 사람들은 그만큼 더 국가가 원하는 쪽으로 순응하여 사유하기 때문이다. (김재인 역, 2003: 721-722)

다섯째, 권력과 타협성이다. 윗글에서 보면, 공화국의 주체적 사유는 국가-형식의 사유에 따라 달라진다. 주체적 사유가 진실한 순수이성에 기초한 사유라면 국가-형식이 만드는 사유의 이미지에 따라 달라지지 않는다. 그러나 주체의 사유의 이미지는 국가-형식에 따라 달라지고 호혜적 관계를 갖는다. 이러한 호혜적 관계는 단절될 가능성이 크지 않다. 입법자들은 늘 국가-형식과 상호 협력적 관계를 맺고 있고, 이는 입법자들의 사회적 지위가 달라지더라도 마찬가지이다. 그렇기 때문에 공화국적 사유의 주체는 권력과 타협을 할 수밖에 없다.

여섯째, 권위 의존성이다. 공화국적 사유는 개별적이고 독립적인 사유의 모습을 띠기도 한다. 외현적으로 주체들이 자신의 준칙에 따라야 한다고 여기기 때문이다. 그렇지만 이면적으로 주체의 사유는 국가-형식 사유의 마법에 포획되어 보편성을 추구한다. 주체적 사유가 보편적 사유로 되어야 한다고 여기기 때문이다. 주체가 자신의 사유에 대해 사유할수록 보편성에 집착한다. 즉 주체적 사유는 주체성을 지향하지만 그 실제는 국가-형식 사유가 가진 권위에 의존한다.

공화국적 사유는 정신적 사유라고 여겨짐을 받는다. 그렇기 때문에 개별적이고 독립적인 사유를 지향하지만 실체는 복종을 통해 주인이 되려 한다. 주체적으로 사유를 해야 한다고 나서지만 진정한 주체로 사유하기에는 내적 (순수이성) 조건과 외적(시인, 철학자) 조건이 이를 허락하지 않는다. 결국 공화 국적 사유도 유목적 사유와 대척점에 있다. 차이적이고 독창적인 사유를 하기에는 가로막는 요인들이 많다.

다. 부족적인 인종: 유목적 사유

사유학은 다양한 <반(反)-사유>에 봉착한다. 그것은 공적인 교수에 맞선 '사 적 사유자'들의 격렬한 사유 행위로서 역사적으로 단속적으로 밖에 등장하지 않지만 역사를 관통해서 동적으로 존재하고 있다. (김재인 역, 2003: 722-723)

국가-형식의 사유와 다른 방식의 사유가 <반(反) 사유>[6]이다. 들뢰즈와 과타리는 국가-형식의 두 가지 형태와 다른 형식의 사유를 <반-사유>라고 명명하고 있다. 반-사유는 국가장치의 일부인 공적인 교수들의 사유와 다른 '사적 사유자'들의 사유이다. 반-사유는 국가-형식 사유와는 다른 격렬한 사유의 행위로서 역사 속에서 이어졌다 끊어졌다 하며 존재한다. 그러면서 인류의 사유 역사를 관통해서 존재한다. 반-사유는 들뢰즈와 과타리가 말하 는 유목적 사유이다.

---

[6] 이진경·권해원 외(2000)와 이진경(2003b: 364)은 <반(反) 사유>를 <대항 사유>로 번역한 다. '국가장치에 반하는 전쟁기계처럼 국가적인 사유에 반하는 '대항 사유(contre-pensée)' 가 있습니다. 그것은 국가장치의 모델을 빌린 사유형식 자체에 반하는 사유고, 그 장치나 형식 안에 들어가지 않는 사유며, 반대로 그런 국가적 사유의 형식을 깨고 부수어 비국가적 사유의 흐름에 다양한 출구를 만들어내는 사유지요. 여기서 저자들은 공적 교수, 공무원 노릇을 하는 철학자에 대립하는 이른바 '사적 사상가'를 예로 들고 있습니다. 키에르케고 르, 니체, 셰스토프(chestov) 등이 그런 인물이라는 겁니다.'(이진경, 2003b: 364)

[다] '학이시습지불역열호(學而時習之不亦說乎)'라는 문장은 우리말로 '배우고 때때로 익히면 이 또한 기쁘지 아니한가'로 흔히 번역되고 있다. 그러나 공자 같은 위대한 분이 이러한 말을 했을 리가 없다. '학은 하되 때때로(가끔, 시간이 날 때) 그것을 나의 것으로 익히면 된다'라는 식의 말은 공자 같은 성인이 할 수 있는 말이 아니다. 이 문장은 '무엇인가를 접하면 마땅히 시간을 내서, 만사를 제쳐두고, 없는 시간을 만들어서라도, 그것을 나의 것으로 익혀야 하며 이는 인간으로서 추구할 만한 가치가 무궁무진한 삶이다'라고 읽어야 한다. 그렇게 해석해야만 학과 습은 서로 구분되면서도 따로 떨어지지 않고 하나로 결합되어 자기 초월의 근원적인 교육 활동을 형성할 수 있다. (엄태동, 2016: 89)

글 (다)는 학이시습(學而時習)에 대한 다른 해석이다. 국가-형식 사유를 비판적으로 검토하면서 '時(시)'에 대한 의미를 적극적으로 해석하고 있다. 전통적 국가-형식 사유에서는 時(시)가 크게 주목받지 못했다. 하지만 이 글의 저자는 시(時)에 주목하여 그 의미를 새롭게 해석하고 있다. 시(時)의 의미를 다르게 풀이함으로써 학이시습(學而時習)은 예전과 다른 의미로 인식된다. 이 글에 나타난 사유의 형식은 국가-형식의 사유와는 다른 반 사유의 특성을 보여준다. 반 사유에 대한 들뢰즈와 과타리의 다음과 같은 설명을 참조해 보자.

이들의 거처는 항상 스텝이나 사막이며 이들은 사유의 이미지를 파괴한다. 아마 니체의 『교육자로서의 쇼펜하우어』야말로 사유의 이미지와 이 이미지가 국가와 맺고 있는 관계를 겨냥한 전무후무한 탁월한 비판일 것이다. 그러나 "사적 사유자"라는 표현은 바깥의 사유가 문제인데도 내부성을 강조하는 인상을 주기 때문에 만족할만한 표현이라고 할 수 없다. 사유를 바깥과 바깥의 갖가지 힘들과 직접적으로 관련시키는 것, 즉 사유를 전쟁기계로 만드는 것을 하나의 기묘한 계략으로, 니체를 통해 이 계략에서 사용되는 엄밀한 절차를 연구할 수 있다. (중략) 아무리 이런 <반-사유>가 절대 고독을 증언하고 있다고 하더라도 이것은 사막 자체와 마찬가지로 절대적으로 민중적인 고독, 앞으로 도래할 민중과 밀접하게 관련되어 있는 고독, 아직 여기 있지는 않지만 민중 없이는 존재할 수 없기 때문에 민중을 불러오고 민중을 갈망하는 고독이기 때문이다. (김재인 역, 2003: 723)

위의 <반-사유>에 대한 설명에서 들뢰즈와 과타리가 말한 유목적 사유의 특징을 인식할 수 있다. 윗글의 내용을 바탕으로 반-사유의 특성을 정리해 보면 다음과 같다.

첫째, 파괴성이다. 반-사유의 속성이 있는 곳은 스텝이나 사막으로서 유목민이 사는 곳이다. 반-사유는 유목성을 지닌다. 유목적 사유는 국가-형식을 갖는 사유의 이미지를 파괴한다. 국가-형식 사유의 중심 지향성과 이성적 보편성을 파괴하는 것이다. 니체 등의 사유는 전통적인 사유의 이미지를 파괴하고 새로운 사유의 길을 연다. 국가-형식으로 초코드화된 형태의 통일적인 사유의 형식을 파괴한다. 그리고 다른 사유의 형식으로 사유할 것을 제안한다.

둘째, 외부성이다. 외부성은 바깥의 사유를 특성으로 한다. 하지만 외부성은 내부와의 관계에서 작용하는 속성을 의미하기도 한다.[7] 하지만 들뢰즈와 과타리는 바깥의 사유를 내부와의 관계보다는 바깥과의 관계에 주목한다.

---

7 외부성과 내부성, 끊임없이 변신을 거듭하는 전쟁기계와 자기 동일적인 국가장치, 패거리와 왕국, 거대 기계와 제국 등은 상호 독립해 있는 것이 아니라 끊임없는 상호작용의 장 속에서 공존하고 경합하고 있다. 바로 이 상호작용의 장이 국가 내부에 자신의 내부성을 명확하게 한정하지만, 또한 국가를 벗어나거나 국가에 대항하는 것처럼 보이는 것 속에서 자신의 외부성을 그려낸다.(김재인 역, 2003: 690)

스텝이나 사막에 던져진 존재는 그곳의 환경과 관계를 맺어야 한다. 발달된 도시(국가-형식)와는 단절된 환경에서 그곳에 있는 사물들의 힘들과 직접 부딪쳐야 한다. 이에서 비롯된 사유가 반-사유이고, 유목적 사유이며 대항 사유이다.

셋째, 고독성이다. 고독은 만날 기대가 있기 때문에 고독한 것이다. 사유가 고독한 것은 미래를 기대하기 때문에 고독한 것이다. 반-사유는 고독한 사유이다. 니체가 책을 써서 친지들에게 나누어 주었을 때, 그 당시에는 응답해 주는 이가 없었다.[8] 그렇다고 니체는 자신의 사유를 내팽개치지 않았다. 자신의 사유를 이해할 민중을 기다리는 고독을 가졌다. 반-사유는 도래할 민중과 관련되어 있고, 고독과 관련된다. 반-사유는 현재 상황에서는 국가-형식의 사유에 외면 받지만 민중들이 반기게 될 사유이며 미래를 기대하는 고독한 사유이다.

넷째, 대립성이다. 대립성은 상대가 있어서 서로 맞서는 특성이다. 반 사유가 대립하는 상대는 국가-형식의 사유이다.

모든 사유는 이미 하나의 부족(部族)으로서 국가와는 정반대의 것이다. 그리고 사유에서 이러한 외부성의 형식은 내부성의 형식과 전혀 대칭 관계에 있지 않다. 엄밀하게 말하자면 대칭은 내부성의 상이한 극들 또는 초점들 사이에 있을 뿐이다. 그러나 사유의 외부성의 형식, 즉 항상 자체의 외부에 존재하는 힘 또한 마지막 힘, n번째 역량은 전혀 국가장치에 영감을 받은 이미지와 대립하는 또 하나의 이미지가 아니다. 이와 반대로 이미지와 이 이미지의 사본들을, 모델과 이 모델의 재생산들을, 즉 사유를 <진리>, <정의>, <법>이라는 모델(데

---

8   박찬국(2020: 15, 51)을 보면, 니체가 쓴 책이 출판하기조차 어려워 자비로 출판해야 했고, 지도 교수(리츨)도 그의 첫 작품인 『비극의 탄생』을 '현란하고 무절제한 책'이라고 혹평했다.

카르트의 진리, 칸트의 정의, 헤겔의 법 등)에 종속시킬 수 있는 모든 가능성을 파괴하는 힘이다. (김재인 역, 2003: 723-724)

들뢰즈와 과타리는 반 사유의 대립을 국가와 부족(部族)에 비유한다. 부족은 외부성으로 존재하고 국가는 내부성을 가졌다고 본다. 그러면서 반 사유는 국가-형식 사유의 이미지의 끝자락에도 연결된 것이 아니라 말한다. 사유의 이미지 속성을 가지고 있지 않다는 것이다. 오히려 반 사유는 국가-사유를 파괴하는 힘이라고 말한다. 반-사유는 국가-형식의 사유와 대립하는 사유인 것이다.

다섯째, 무방향성이다. 반-사유는 정해진 방향성이 없다. 스텝이나 사막에서는 도로와 같은 정해진 길이 없다. 어디로든 갈 수 있고, 어디로 가든 길이다. 누구라도 지나간 흔적이 없는 매끈한(매끄러운) 공간이다. 정해진 또는 따라야 할 사유의 방법이 부재한다.

> 외부성 형식은 사유를 매끈한 공간 속에 위치시키며 사유는 헤아리지 않고, 그 공간을 점거해야 한다. 그리고 이 공간에서는 중계와 간주곡, 재출발 말고는 달리 그렇게 할 수 있는 방법이나 재생산할 방법을 생각해 낼 수 없다. (김재인 역, 2003: 724)

반-사유는 어디로든 갈 수 있는 공간에 위치한다. 이성적인지, 보편적인지 따지지 않는다. 사유를 펼침으로써 사유에 따른 세계를 갖게 된다. 이 사유는 새로운 만남을 중계하고, 중심이 다른 두 주제의 음악을 연결하고, 지금 있는 곳에서 새롭게 출발하는 사유이다. 강요하거나 복종할 수 없는 사유인 것이다.

여섯째, 무정착성(무집착성)이다. 반 사유는 특정한 기준을 갖거나 특정한 조건에 머무르지 않는다. 환경에 따라 사유를 하는 것이지 따라야 할 기준이나 규칙은 없다. 홈을 파서 정착하여 집을 만들어서 안주하지 않는다.

> 이러한 사유는 <흡혈귀>와 같다. 이미지도 갖고 있지 않으며, 모델을 구성하
> 는 일도 복사하는 일도 없다. 선(禪)의 매끈한 공간 안에서 화살은 한 점에서
> 다른 한 점으로 이동하는 것이 아니라 어떤 점에서라도 취해 어떤 점으로라도
> 보낼 수 있으며 궁극적으로 궁수나 표적과 상호 치환된다. (김재인 역, 2003:
> 724)

들뢰즈와 과타리는 이를 <흡혈귀>에 비유한다. 정해진 시간이나 장소,
나타나는 방법이나 공격 방법이 정해져 있지 않다. 그렇기에 사유의 이미지
를 갖지 않고, 모델을 구성하거나 같은 형태를 반복하는 일도 없다. 목표
지점이 정해져 있어 그 목표 지점만을 향하는 것도 아니다. 환경에 따라
어떤 곳으로도, 어떤 방법으로도 갈 수 있는 것이 반-사유이다.

일곱째, 소수성이다. 반-사유는 국가-형식의 사유와는 달리 적은 수의 사
람들에 의하여 이루어졌다. 국가-형식의 사유에 의문을 제기하는 몇몇 사람
들의 사유 형식인 것이다. 그동안의 반-사유는 그렇게 진행되었다. 사유에
대한 사유를 할 수 있는 사람들이 제한되어 있었기 때문이다.

> "자연은 철학자를 화살처럼 인류에게 쏘아 보냈다. 목표는 정하지 않고 단지
> 화살이 어딘가에 꽂히기만을 기원하며. 그러나 이 때문에 자연은 수도 없이
> 실패를 거듭하는 고배를 마셔야만 했다. …… 예술가와 철학자의 존재는 자연의
> 목적의 지혜를 보여주는 유력한 증거이지만 자연의 수단과 관련해서는 자연의
> 합목적성에 대한 반대 증거이다. 그들은 사람들을 감동시켜야 했지만 항상 소수
> 의 사람들만 감동시킨다. 그리고 이 소수의 사람들조차 예술가나 철학자들이
> 활을 당기는 힘에 충격을 받은 것은 아니었다.……" (김재인 역, 2003: 724)

들뢰즈와 과타리는 반-사유를 하는 소수의 사람으로 예술가와 철학자를 꼽았다. 그러나 예술가와 철학자들이 모두 반-사유자가 되지는 못했다. 예술가와 철학자가 반-사유를 했더라도 이들을 이해할 수 있는 이들 또한 소수였다. 그렇지만 그 소수의 반-사유자들은 존재했고, 소수이지만 그 성과는 컸다.

반-사유는 '부족으로서의 인종'(김재인 역, 2003: 728)이 하는 사유이다. 부족으로서의 인종은 억압된 인종으로서만 또는 이들이 감수하는 억압이라는 이름으로만 존재한다. 그렇지만 이들 부족으로서의 인종은, 인종이 재발견되어야 할 어떤 것이 아니듯 매끄러운(매끈한) 공간이 구축되면 언제나 존재할 수 있는 인종이다.(김재인 역, 2003: 728-729) 반-사유는 국가-형식의 사유에 속하지 않는 사유이다. 제국적 진리와 공화국의 자유로운 정신이 추구하는 보편성을 갖지 않는 사유이다. 매끈한 공간에서 부딪히는 환경과의 접속으로 이루어지는 사유이다. 황제의 강요도, 입법자의 준칙에도 복종도 하지 않는 사유이다.

3. 이해와 사유의 형식

[라] 이 몸이 죽어 가서 무엇이 될꼬 하니
봉래산 제일봉에 낙락장송 되어 있어
백설이 만건곤할 제 독야청청하리라. (성삼문)

[마] 까마귀 눈비 맞아 희는 듯 검노매라
야광명월이 밤인들 어두우랴
임 향한 일편단심이야 변할 줄 있으랴 (박팽년)

윗글 (라)와 글 (마)는 우리가 배우고 들어서 잘 아는 시조이다. 누가 무엇을 위해 지었는지 잘 알고 있다. 다른 의미로 글 (라)와 글 (마)를 읽을 수도 있지만 우리는 이 글을 군주에 대한 충성심의 의미로 이해한다. 글을 읽을 때 사유의 형식이 관여하기 때문이다. 독자의 텍스트 이해는 사유의 형식에 기초한다. 사유의 형식에 의존하지 않으면 텍스트 이해는 일어나지 않는다. 독자의 텍스트 이해에 관여하는 사유의 형식을 거시적인 틀에서 검토한다.

가. 전체성 지향의 텍스트 이해

제국적 사유에 기초한 텍스트 이해는 전체성을 지향한다. 글 (라)와 글 (마)를 이해할 때 우리나라 사람은 누구나 같은 의미를 생각한다. 글 (라)와 글 (마)를 제국적 사유의 형식에 기초하여 이해하기 때문이다. 전체성 지향의 텍스트 이해는 통일된 보편성을 추구하며 중심적인 의미로 수렴되는 제국적 사유의 특성을 바탕으로 한다. 이 전체성 지향의 텍스트 이해의 특성을 몇 가지로 정리하면 다음과 같다.

첫째는 포괄성이다. 포괄성은 '보편적 개념'을 이용해 홈을 파게 되는데, 이는 존재의 궁극적인 근거이자 포괄하는 지평으로 '전체'를 묶어내는 특성을 의미한다.(김재인 역, 2003: 727) 독자들은 학교를 통하여 초코드화된 포괄적 지평으로 '전체'에 묶여 글 (라)와 글 (마)를 이해하게 된다. 어떤 배경에서 시조가 쓰였는지를 알게 되고, 어떤 의미를 나타내는지를 알게 된다. 그래서 우리나라 학생은 누구나 마법적으로 포획된다.

둘째는 제국성이다. 제국성은 '보편적 방법의 지휘 아래'(김재인 역, 2003: 727)의 존재의 속성이다. 보편적 방법이라는 것은 누구에게나 적용되고 따라야 하는 것이다. 그 '아래' 놓인다는 것은 보편적 방법을 주관하는 상위의 자가 있음을 의미한다. 제국적 사유의 주관자는 독자가 될 수 없다. 글 (라)와 글 (마)의 독자는 외부에서 주어진 누군가 주관하는 사유의 형식을 이용하는 존재인 것이다. 여기서 존재는 객체화되어 있는 사유자이다. 객체는 주어진 보편적 방법이 있고, 그 방법의 주인이 되지 못함을 함의한다. 독자는 사유의 주인이 될 수 없는 객체로서 텍스트 의미를 인식하는 자이다.

셋째는 복고성이다. 복고는 되돌아가는 것이다.[9] 되돌아감은 시간적인 것과 위계적인 것이 있다. 시간적인 것은 예전으로 되돌아가는 것이다. 예전은 출발점, 근원점, 원조점이 될 수 있다. 위계적인 것은 상위의 권력자 또는 권위자로 거슬러 올라가는 것이다. 복고의 두 지점이 만나는 중심점은 참됨을 가장한 진리이다. 제국적 사유에서 복고의 두 가지 근원은 황제를 지칭한다. 황제는 복고의 근원점이 될 수 있지만 참된 진리일 수는 없다. 가장된 참된 진리에 불과하다. 글 (라)와 글 (마)가 복고적으로 읽히며 제국적 사유로 드러난 의미가 참된 진리인 것을 보증하는 본질적인 근거는 없다. 이는 마법과 같은 신기루에 현혹된 것에 불과하다.

넷째는 진리성이다. 제국적 사유는 진리성을 가정한다. 보편성에서 비롯되었기에 진리로 여겨진다.[10] 글 (라)와 글 (마)의 의미가 제국적 사유에서 비롯된 경우에는 진리로 받아들여진다. 누구나 그렇게 생각하고, 제국적 사유로 도달할 수 있는 의미는 그것밖에 없기 때문이다. 누구에게나 통일성을 요구하는 사유에서 도달할 수 있는 생각은 정해져 있다. 그 생각의 내용을 진리로 받아들이는 것이다. 이 진리는 유일성을 전제하는 것이기도 하다. 그 의미 하나밖에 없는 것이다.

다섯째는 양가성이다. 양가성은 진리의 유일성(김재인 역, 2003: 720)에서

---

9 들뢰즈와 과타리는 복고주의를 '포괄적인 지배를 목적으로 하는 인종 차별주의나 파시즘 또는 더 단순하게는 귀족주의나 당파주의'(김재인 역, 2003: 728)와 같은 것으로 본다.

10 오직 사유만이 국가는 당연히 보편적인 것이라는 허구를, 국가를 합법적인 보편성의 수준으로까지 끌어올려 줄 수 있는 허구를 고안해 낼 수 있다.(김재인 역, 2003: 720)

비롯된다. 유일성은 양가성을 내포한다. 양가성는 두 가지 값만 있는 것이다. 맞느냐(정답) 틀리느냐(오답)의 문제이다. 제국적 사유에서 글 (라)와 글 (마)의 의미는 정해져 있다. 독자가 정해진 의미를 생각하면 정답이고, 그렇지 않으면 오답이다. 국가적 사유의 텍스트 이해에서는 정답으로 주어져 있는 텍스트의 의미를 찾아야 한다. 정해진 정답을 독자가 찾았을 때만 텍스트 이해가 이루어진 것으로 본다. 정해진 정답을 찾지 못한 독자는 텍스트를 이해하지 못한 것으로 평가된다.

여섯째는 갇힘성이다. 갇힘은 빠져서 헤어 나오지 못함이다. 갇힘은 마법적 포획(김재인 역, 2003: 719)과 관련된다. 매혹적이고, 마법적이어서 쉽게 빠지지만 벗어나기 어려운 것이다. 글 (라)와 글 (마)를 제국적 형식으로 사유해 이해가 이루어지면 벗어날 수가 없다. 근거와 타당성이 있고, 누구나 그렇다고 하기에 포획되고 홀릴 수밖에 없는 것이다. 그러다 보니, 스스로 그 사유와 의미 속에 갇힘을 당한다. 갇혀 있지만 갇힌 것으로 생각하지 않는다. 국가-형식의 사유로 통일된 의미를 찾아내고 있기 때문이다.

제국적 사유의 텍스트 이해가 불필요한 것이 아니다. 제국적 사유는 다른 사유의 정초가 되는 점도 있기 때문이다. 제국적 사유에 함몰되어 다른 사유를 하려는 의식을 갖지 않는 것이 문제인 것이다. 보편성을 띠고 있기 때문에 벗어나려고 생각할 수 없고, 하지 않게 된다. 그 결과 홈 패인 공간에 머무는 텍스트 이해에 갇히게 된다.

나. 주체성 지향의 텍스트 이해

공화국적 사유에 기초한 텍스트 이해는 주체성을 지향한다. 글 (라)와 글 (마)를 이해할 때 독자는 각자의 기준으로 의미를 생각한다. 그렇지만 생각한 의미의 타당성을 염려한다. 그런 측면에서 전문가(입법자)들의 의견을 참조하고, 전문가의 의견을 참조하여 생각한 의미에 신뢰를 보낸다. 독자는 글 (라)와 글 (마)를 입법자(전문가)와의 계약적 관계(동일성) 방식의 사유에 기초하여 이해한다. 계약적 관계의 법칙에 복종하는 이해를 하는 것이다. 주체성 지향의 텍스트 이해도 동일성의 보편성을 추구한다. 이는 계약적 관계에서 비롯된 전문가의 해석에 동의하는 자유로운 정신적 사유의 특성을 바탕으로 이루어지는 것이다. 이 주체성 지향의 텍스트 이해도 그 특성을 몇 가지로 정리하면 다음과 같다.

첫째는 총체성이다. 홈 패인 정신적 공간에는 온갖 종류의 실재와 진리가 존재한다. 공화국적 사유는 모든 것을 포괄하는 총체성에 근거한다.(김재인 역, 2003: 727) 공화국의 자유로운 정신의 홈 패인 공간 안에는 유일성을 강조하는 제국과 달리 법과 법률에 따라 정해진, 다른 말로 하면 입법자들의 입법에 따른 갖가지 실재와 진리가 존재한다. 독자(신민)가 동일성을 이룰 입법자만 선택하면 텍스트 이해는 그에 따라 이루어진다. 공화국적 사유의 형식에서 보편적 방법은 입법자가 마련했지만 이를 주관하는 자는 입법자와 동일성을 이루고 있는 신민이다. 이는 독자도 공화국적 사유의 주관자가 될 수 있음을 의미한다. 다만 독자는 외부에서 주어진 입법자가 주관하는 사유의 형식에 동일성을 통하여 복종하는 주관자인 것이다. 여기서 주관자는 주체화된 사유자이다. 글 (라)와 글 (마)에 대해 전문가들이 밝힌 온갖 종류의 의미의 총체가 있고, 독자는 이 의미의 총체에서 주체적으로 의미를 찾는다. 독자는 특정 방법(전문가)에 동일성을 이루어 찾은 의미의 주인이 된다. 글 (라)와 글 (마)의 독자는 사유의 주인은 아니지만 주인이란 착각에서 주체로서 텍스트 의미를 인식하는 자이다.

둘째는 공화국성이다. 공화국적 사유도 '보편적 개념'을 이용해 홈을 파게 되는데, 여기에는 존재를 우리를 위한 존재로 전환시켜 주는 원리로서의 '주체'가 있다. 공화국적 사유의 주체는 '보편적 방법 아래'에서의 주체의 속성을 갖는다. 주체의 정신적 공간의 홈파기 방식은 보편성을 주장(김재인 역, 2003: 727)하기 때문이다. 존재가 우리를 위한 존재가 되도록 전환하는 원리는 동일성이다. 입법자와의 동일성으로 존재를 우리를 위한 존재로 전환할 수 있다. 글 (라)와 글 (마)를 읽는 독자들은 입법자들, 즉 전문가들의 의미 해석과 동일하게 주체적 해석을 실행할 수 있게 된다. 어떤 전문가가 어떤 해석을 하든, 전문가의 해석은 가치가 있게 되고, 동일성을 이룰 수 있는 조건을 갖는다. 글 (라)와 글 (마)를 읽는 우리나라 학생은 동일성을 통한 주체적 이해를 할 수 있게 된다. 주체성은 준칙(배경지식)[11]에 복종하여 의미를 해석함으로써 확립되는 것이다.

셋째는 추상(抽象)성이다. 추상성은 여러 가지 개개의 것에서 공통 특성을 뽑아내는 속성이다. 여기에서 추상성은 총체성과 관련지어 가려 뽑는 속성을 지시한다. 주체는 진리의 총체성을 전제하지만 동일성을 이룰 입법자를 필요로 한다. 읽기의 공화국적 사유의 추상성은 독자가 전문가(입법자)의 사유를 가려 뽑아 선택하는 속성이다. 글 (라)와 글 (마)의 의미를 결정하는 주체는 전문가의 해석을 선택해야 한다. 독자는 동일성을 이룰 준칙(배경지식)에 따라 전문가(사유 방법)를 선택한다. 이를 통하여 텍스트 의미를 찾아내고 이해한다.

넷째는 정신성이다. 정신은 주체의 의식이다. 공화국적 사유는 보편적 사유의 주체를 요청한다.(김재인 역, 2003: 727) 사유의 주체에게 필요한 것은 정신이다. 정신은 순수이성의 작용으로 해석하고 판단하여 결정할 수 있는

---

11 텍스트 이해에 필요한 배경지식은 학습(전문가와의 동일성)을 통해 마련된다. 독자는 '독해 과정에서 글과 스키마를 연결하며, 때로는 글의 내용을 변형하기도 하고, 때로는 자기의 스키마를 수정하기도 한다. 그러므로 글의 내용에 적절히 대응할 수 있는 스키마의 적용 없이는 글(글자가 아닌)을 읽고 그 내용을 이해, 학습, 기억하기란 불가능하다.'(노명완·박영목·권경안, 1994: 217)

주체의 요소이다. 주체는 자신의 자유로운 정신에 대한 믿음을 갖고 있다. 주체는 사유의 방식을 선택하고 사유의 결과를 얻게 되었을 때 주체성을 의식하게 된다. 글 (라)와 글 (마)를 읽은 독자는 사유 방식을 선택하여 텍스트의 의미를 파악하게 되었을 때, 주체성을 의식할 수 있다. 그렇지만 그 주체성의 근원에는 전문가와 동일성으로 텍스트 의미를 결정했다는 전제가 남게 된다.[12]

다섯째는 현혹성이다. 공화국적 사유에 의한 이해는 정신이 현혹되어 일어난다. 정신이 어지럽힘을 당해 이루어진 이해를 진정한 주체가 주도적으로 한 것으로 여긴다. 또한 독자 주체의 순수이성에 근거하여 주체가 주도적으로 이해를 한 것으로 믿는다. 독자가 어떤 전문가의 의견에 의거하여(배경지식) 글 (라)와 글 (마)의 의미를 결정했을 때 독자는 주체적으로 이해했다고 생각한다. 자신이 이해한 의미를 지지해 줄 근거를 국가권력(전문가)에서 마련했기 때문이다.[13] 텍스트 이해의 진정한 주체성은 주체의 순수이성에서 비롯되지 않는다. 순수이성이라고 부추기고 홀리는 것에 현혹되어, 전문가에 의존하는 이해를 주체적 이해라고 여기는 것이다.

---

12 '철학이 스스로에게 근거의 지위를 할당한 이래로, 그것은 기존 권력에게 축복을 내렸으며, 국가 권력의 기관들에게 자신의 분과 원칙을 베껴왔다'라고 저자들이 말하는 사태는 바로 이와 연관되어 있습니다. 칸트가 가령 순수이성비판이라는 기획을, 이론 이성이 '순수이성'을 비판의 법정에 세우는 것이라 말할 때, 다시 말해 법정이라는 국가적 심급의 은유를 빌려올 때, 혹은 마치 법정이나 국가기관의 심급을 나누는 것처럼 이성을 여러 개의 심급으로 분할할 때, 그 분할의 동형성이 있든 없든 간에 이런 법적이고 국가적인 모델이 철학 자체 내부에 자리잡고 있다는 것을 이해하는 것은 어려운 일이 아닙니다.(이진경, 2003: 362-362)

13 헤겔 철학이 이성에 절대적 지위(절대정신)를 부여한 것과 나란히, 프로이센 국가로 응집되는 역사와 현실에 그 절대 이성의 지위를 부여했다는 사실 또한 지적할 수 있습니다. 철학자가 국가 '공무원'이 되고, 사유와 학문을 관리하는 대학 총장의 자리에 올랐다는 것은 분명한 상징적 의미가 있다고 하겠습니다. 한편 현대에 이르면, 이처럼 이성과 사유를 '관리'하는 철학자가 국가장치에서 차지하는 위치(국가철학자)를 사회학자가 대체하는 데 성공했다고 말합니다.(이진경, 2003b: 363)

여섯째는 임의성이다. 독자의 주체성은 제멋대로이고 자의적이다. 보편성을 지향한다는 미명 아래에서 자기 마음대로 해석한다. 공화국적 사유는 입법자와의 동형성(동일성)을 이루면 보편성을 갖게 된다. 그렇기에 어떤 입법자를 선택하는가는 개인에게 달려있다. 독자가 어떤 전문가와 동일성을 이루더라도 보편성을 가질 수 있게 되는 것이다. 이의 극단에는 스스로 입법자라는 논리를 세워도 보편성이 있게 된다. 독자의 주체성을 강조하는 텍스트 이해는 결국 임의성에 머물게 된다. 극단의 임의성은 근거가 없는 텍스트 이해에 이르게 한다. 독자가 주체성을 강조하여 글 (라)와 글 (마)를 이해하게 되면 이런 일을 배제할 수 없다.

공화국적 사유의 텍스트 이해는 중요한 가치를 가질 수 있다. 독자의 내적 논리에 의하여 텍스트의 의미를 해석하고 이해할 수 있게 하기 때문이다. 이는 텍스트 이해의 관념적이고 절대적 이상의 모습일 수 있다. 그렇지만 순수이성에 함몰되거나 전문가의 해석에 토대를 둔 것을 지나치게 신뢰하거나 근거가 안 되는 근거를 내세운 이해로 흐를 수 있다. 또한 그렇게 이해한 것이 보편성을 갖는다고 믿기 때문에 이에 더 집착할 수 있다. 그래서 주체성을 지향하는 텍스트 이해도 홈 패인 공간에 머무는 사유의 형식이 된다.

다. 유목성 지향의 텍스트 이해

반-사유적, 대항 사유적, 유목적 사유에 기초한 텍스트 이해는 차이 생성을 지향한다. 글 (라)와 글 (마)를 이해할 때 우리는 각자의 처지에서 차이 나는 의미를 생각한다. 글 (라)와 글 (마)를 읽고 독자가 자신이 처한 삶의 환경에 따라 의미를 생성하는 것은 유목적 사유의 방식에 기초하는 것이다. 유목성 지향의 텍스트 이해는 차이 그 자체를 추구한다. 제국에 강요받거나 맹약으로 복종하지 않고 매끈한 공간에서 유목적 사유를 통하여 차이 그 자체인 의미를 생성한다. 이 유목성 지향의 텍스트 이해도 그 특성을 중심으로 정리하면 다음과 같다.

첫째는 독자성이다. 독자성은 보편성과 대립하는 특성이다. 반-사유는 보편성보다는 개별적 특수성을 가지거나 더 나아가서는 보편성을 넘어선 특별성을 갖는다. 유목적 사유는 스텝, 사막, 바다와 같은 매끈한 공간, 지평선이 없는 환경 속에서 전개된다.(김재인 역, 2003: 727) 독자성은 특정한 환경 속에서 이루어지는 사유가 갖는 특성이다. 독자들은 각자의 특정한 삶의 환경을 가지고 있다. 글 (라)를 읽든 글 (마)를 읽든 독자는 자신의 삶의 장면 속에서 의미를 발견할 수 있다. 때로는 체념으로, 때로는 위로로, 때로는 희망의 의미를 밝힐 수 있다. 독자가 자신의 삶을 의식하고, 삶을 이루고 있는 환경 속에서 글 (라)와 글 (마)는 독자성을 갖는 의미로 드러날 수 있다. 그 의미는 독자에게 특별한 고유성을 갖는다.

둘째는 부족성이다. 부족(部族)은 국가의 형태를 이루지 않은 사람들의 지역공동체를 의미한다. 이 부족은 환경, 즉 주변과의 긴밀한 관계를 맺고 있는 삶을 의미한다. 도시(국가-형식)는 주변 환경과의 관계를 단절하고 있다. '여기서 "부족"으로 정의된 인종과 "환경"으로 정의된 매끈한 공간 사이에 성립되는 관계는 주체와 존재 간의 관계와는 전혀 다른 유형의 적합성을 갖고 있다. 즉 모든 것을 포괄하는 존재의 지평 안에 있는 보편적 주체가 아니라 사막에 있는 하나의 부족인 것이다.'(김재인 역, 2003: 727) 부족은 사막에서 유목 생활을 하는 사람들이다. 사막에서 삶을 꾸리는 부족은 환경에 따른 삶을 필요로 한다. 사실 모든 사람의 사유는 일부 사막에서 삶을 꾸리는 부족을 닮아있다. 독자의 사유도 마찬가지이다. 글 (라)와 글 (마)를 자신의 부족 환경에 적합하게 해석할 수 있다.

셋째는 적합성이다. 적합성은 부족성과 관련되어 있다. 부족은 사막의 환경에 적합한, 스텝이나 사막, 빙원(바다)에 적합한 사유를 필요로 한다. 이들에게 국가-형식의 사유는 삶에 도움이 되지 않는다. 사막에 적합하지 않아 쓸모가 없는 것이다. 그렇기에 유목의 사유는 적합성을 필요로 한다. 적합성은 환경과의 상보성에서 비롯된다. '최근 화이트는 부족으로서의 인종(켈트족 또는 스스로를 켈트 족이라고 여기는 사람들)과 환경으로서의 공간(동양이여, 동양이여, 고비사막이여……) 간의 이러한 비대칭적 상보성을 강조한 바 있다.' (김재인 역, 2003: 727) 상보적이라는 것은 삶과 환경에서의 협력이고 이의 적합성인 것이다. 유목적 사유에 기초한 독자의 텍스트 이해도 적합성을 필요로 한다. 독자의 삶과 그 삶의 환경과의 상보성에서 비롯된 적합성이다. 글 (라)와 글 (마)의 의미 이해가 독자의 삶의 환경과 상보적일 때, 사유는 적합성을 갖는다.

넷째는 창조성이다. 유목적 사유는 국가-형식의 사유의 이미지와는 다른 사유이다. 국가 형식의 사유가 진리와 보편성을 지향한다면, 유목적 사유는 새로운 진리의 창조를 지향한다. 이러한 창조는 위험성도 내포한다. '우리는 즉각 이러한 시도에 따르는 위험 내지는 심각한 양가성을 간파할 수 있는데, 마치 모든 창조 노력이나 시도는 자칫 불명예에 빠질지도 모를 위험에 직면해 있는 것처럼 보인다.'(김재인 역, 2003: 727-728) 유목적 사유에 의한 텍스트 이해가 좋다 또는 나쁘다, 옳다 또는 그르다는 판단에 직면할 수 있고, 불명예를 당할 위험성도 내재되어 있다는 것이다. 위험은 글 (라)와 글 (마)의 의미를 자신의 삶 속에서 찾았을 때, 국가-형식의 사유자들이 이를 인정하지 않음으로써 생길 수 있는 위험을 의미한다.

다섯째는 혼합성이다. 유목적 사유는 순수성을 지향하지 않는다. 삶의 환경에서 비롯되는 것이기에 순수란 있을 수 없다. 유목적 사유를 하는 독자가 삶의 환경과의 관계에서 텍스트 이해를 이룰 때 여러 문제가 있을 수 있다. 들뢰즈와 과타리는 유목적 사유를 독자적인 부족의 인종으로 설명한다.

그러면 인종이라는 주제가 인종 차별주의, 즉 포괄적인 지배를 목적으로 하는 인종 차별주의나 파시즘 또는 더 단순하게 귀족주의나 당파주의, 복고주의 같은 미시-파시즘으로 전환되지 않도록 하려면 어떻게 해야 할까? (중략) 부족으로서의 인종은 억압된 인종으로서만 또는 이들이 감수하는 억압이라는 이름으로만 존재하는 것이다. 인종은 열등 인종, 소수 인종으로서만 존재할 수 있다. 지배적인 인종이라는 것은 존재하지 않는다. 하나의 인종은 순수한 혈통이 아니라 지배체계가 부여하는 불순함에 의해서 규정된다. 따라서 잡종과 혼혈이야말로 인종의 진정한 이름이다. (김재인 역, 2003: 728)

유목적 사유에 의한 텍스트 이해는 포괄성을 추구하는 이해와는 다른 개별적인 것이다. 전체주의를 표방하는 파시즘이나 파시즘과 닮은 사유와는 다른 사유의 형식이고, 이들 사유로 전환될 수 없는 사유이다. 유목적 사유의 형식에 따른 독자의 텍스트 이해도 마찬가지다. 국가-형식의 사유에 의한 텍스트 이해의 전체성보다는 열등(개별)하고, 보편성보다는 소수(특수)적 특성을 갖는 이해이다. 국가-형식의 사유 체제가 부여하는 불순함의 꼬리표가 있고, 순수이성과는 다른 혼혈이성의 사유에 의한 텍스트 이해이기 때문이다. 이는 글 (라)와 글 (마)를 독자가 자신의 삶의 환경과의 관계에서 이해할 때 일어나는 일이다. 또한 들뢰즈와 과타리의『천 개의 고원』을 읽기의 관점에서 이해할 때 일어나는 일이다.

여섯째는 생성성이다. 생성은 반복이나 전사가 아니라 다른 것을 만드는 일이다. 유목적 사유에 의한 읽기는 보편성의 반복이나 전사가 아니라 독자의 의미를 생성하는 일이다. 독자의 삶의 환경과의 관계 속에서 텍스트의 의미를 찾아내고 이해하는 것이기에 보편성이 끼어들 틈이 없다.

인종이 재발견되어야 할 어떤 것이 아니듯이 동양 또한 모방해야 할 어떤 것이 아니다. 동양은 매끈한 공간을 구축함으로써만 존재할 수 있듯이 인종 또한 매끈한 공간을 가로지르는 부족을 구성함으로써만 존재할 수 있다. 사유라고 하는 것은 <주체>의 속성이나 <전체>의 표상이 아니라 생성 게다가 이중 생성이다. (김재인 역, 2003: 728-729)

유목적 사유는 재발견된 것이 아니고 이미 우리 곁에 있다. 유목적 사유로 텍스트 이해를 하는 것도 이미 우리 곁에 있다. 누구나 할 수 있는 일인 것이다. 이를 위해서는 매끈한 공간을 구축하고 이에서 살아갈 부족으로 자신을 다시 규정해야만 한다. 국가-형식의 사유를 벗어난 삶의 환경을 텍스트 이해 속에서 펼쳐 놓고, 그 속에서 텍스트의 의미를 생성하고 이해를 이루어야 한다. 독자의 주체성을 강조하거나 의미(주제, 진리)의 전체성에 기댈 것이 아니다. 독자의 삶의 고유성에서 특개성(heccéité)[14]을 지닌 의미를 생성하고, 이 의미로 자신의 삶을 새롭게 생성하는 이중 생성을 이루어야 한다.

유목적 사유에 의한 독자의 텍스트 이해는 실험적이라고 할 수 있다. 국가-형식적 관점에서 보면 전체성과 보편성이 결여되어 있기 때문이다. 그렇지만 유목적 사유의 관점에서 볼 때, 독자의 텍스트 이해는 무엇보다 진지하고, 진정하다. 무엇과도 견주거나 바꿀 수 없는 이해이다. 유목적 사유에 의한 독자의 텍스트 이해는 독자를 가꾸는 것이기도 하지만 국가-형식의 사유를 새롭게 하고, 우리 모두의 이해를 바꿀 수 있는 힘을 지니고 있다.

---

14 특개성이란 원래 둔스 스코투스(Duns Scotus)가 환원 불가능한 개체화의 원리를 정의하기 위해 사용한 개념인데, 영어로는 'thisness'라고 번역을 합니다. 이것을 '이것'이라고 말하게 하는 것이 바로 thisness요 heccéité라는 겁니다. 저는 이를 개별성과도 구별하여 어떤 구체적 조건 속에서 어떤 개체에게만 특정한 것이란 의미에서 특개성(特個性)이라고 번역할까 합니다.(이진경, 2003b: 55)

4. 읽기 교육의 과제

독자는 사유의 형식에 의존한다. 독자가 사유의 형식을 벗어나 텍스트를 이해하는 일은 불가능하다. 그렇지만 독자가 자신의 사유의 형식을 의식하는 경우는 많지 않다. 사유의 형식에 의식의 초점을 두라는 교육을 받은 적이 없기 때문이다. 배운 적이 없는데 할 수 있는 독자는 많지 않다. 독자는 자신이 구성하거나 생성하는 의미가 어떤 사유의 형식에서 비롯된 것인지를 점검할 필요가 있다.

이 논의에서는 들뢰즈와 과타리의 『천 개의 고원』 12장에서 논의하고 있는 거시적 관점에서의 사유의 형식을 참조했다. 들뢰즈와 과타리는 사유의 형식을 크게는 두 가지로, 세부적으로는 세 가지로 구분한다. 국가-형식의 사유와 반-사유의 형식이다. 국가-형식의 사유는 참된 진리를 지향하는 제국적 사유와 주체적 진리를 지향하는 공화국적 사유로 구분된다. 그리고 반-사유는 대항 사유 또는 유목적 사유라고 불린다. 국가-형식의 사유나 반-사유 형식의 사유는 독자의 텍스트 이해에도 작용한다. 독자는 제국적 사유는 물론 공화국적 사유와 유목적 사유를 모두 활용할 수 있다.

독자는 세 가지 사유를 의식하여 텍스트에서 세 가지 의미를 찾을 수도 있다. 세 가지 의미는 독자에게 각기 다른 이해를 가능하게 한다. 독자가 어떤 사유에서 어떤 텍스트 이해를 이룰 것인지는 독자가 판단할 일일 수 있다. 다만, 독자는 어떠한 사유의 형식에 의하여 자신의 텍스트 이해가 이루어지는지 알고 있어야 한다. 독자가 사유의 형식에 대하여 알 수 있는 것은 읽기 교육을 통해서 가능하다. 읽기 교육은 사유의 형식에 따른 텍스트 이해를 개념이나 논리가 아닌 실체의 형식으로 다루어야 할 것이다.

제3장

읽기와 유목 과학

1. 읽기와 인식론

들뢰즈와 과타리의 『천 개의 고원』(김재인 역, 2003) 12장 제목은 '1227년: 유목론-전쟁기계'[1]이다. 제목의 표현 구조로 볼 때, 전쟁기계(The war machine) 는 유목론의 한 가지 내적 속성이다. 유목론(nomadology)은 고착되지 않고 유동하는 의식의 흐름을 탐구하는 학문이다. 전쟁기계는 이 유목적 의식의 흐름을 대표하는 속성이다. 고정되거나 고착된 의식의 흐름을 절단하여 새로 움을 생성하는 의식의 흐름을 이끄는 것이 전쟁기계이다. 들뢰즈과 과타리는 이 전쟁기계를 인식론의 측면에서 과학과 관련지어 논의한다.

명제 3. 전쟁기계의 외부성은 또한 "소수자 과학" 또는 "유목 과학"의 존재와 영속성을 암시해 주는 인식론에 의해서도 확인된다.[2] (김재인 역, 2003: 690)

---

1   12장의 영문 번역 제목은 1227: Treatise on Nomadology-The War Machine(Massumi, 1987)이다. 이진경·권해원 외(2000)에서는 '1227: 유목론 논고-전쟁기계'로 번역하였다. 김재인 역(2003)에서는 '1227년-유목론 또는 전쟁기계'로 번역하고 있다.

2   전쟁기계의 외부성은 또한 인식론에 의해서도 입증되는데, 이는 "노마드" 혹은 '소수 과학

들뢰즈와 과타리의 전쟁기계는 동일성 또는 전체성의 의식의 흐름을 절단하여 새로움을 생성하는 의식의 흐름을 가리킨다. 전쟁기계는 국가장치와 대립적 관계에 있는 의식의 흐름이다. 그리고 외부성은 전쟁기계의 한 가지 속성으로 전체성을 특성으로 갖는 국가장치의 내부성에 영향을 주어 내부 구성 요소의 탈주가 일어나게 하는 것이다.(이진경, 2003b: 295-303) '명제 3'은 이런 전쟁기계의 속성이 과학 인식론에 의해 영속적으로 존재하고 있음을 나타낸다. 전쟁기계의 속성을 반영한 과학은 소수자 과학 또는 유목 과학이다.

인식론은 인식의 기원과 본질 탐구 및 인식 과정의 형식과 방법을 밝히기 위한 학문이다. 독자의 텍스트 이해에 대한 탐구는 인식론에 기초해야 할 필요성이 있다. 인식론에 근거하여 독자의 텍스트 이해의 기원과 본질을 밝힘으로써 이해 과정에서의 형식과 방법을 설명할 수 있다. 독자의 텍스트 이해에 대한 인식론의 접근은 다양하다. 신비평이나 독자반응비평도 이런 인식론적인 접근의 한 부류라고 할 수 있다. 또한 인지심리학이나 해석학적 접근도 인식론의 한 부류에 속한다. 여기서는 들뢰즈와 과타리의 『천 개의 고원』(김재인 역, 2003)의 12장에서 논의하는 유목 과학에 기초한 인식론을 근거로 논의한다.

들뢰즈와 과타리의 생각을 빌려서 읽기를 보면, 독자의 텍스트 이해는 다양체이다. 독자가 텍스트와 어떻게 접속하는가에 따라 텍스트 이해는 달라진다. 독자의 텍스트 이해의 속성은 한정되거나 제한되지 않는다. 여기서는 들뢰즈와 과타리의 과학 인식론을 통하여 독자의 텍스트 이해의 속성을 탐구한다. 들뢰즈와 과타리의 과학 인식론은 세상에 대한 과학적 탐구 결과에 대한 인식의 기원과 본질을 검토한다. 국가장치의 속성을 띠는 왕립과학 또는 국가 과학의 외부성인 소수자 과학 또는 유목 과학의 속성을 토대로

(science mineure)의 존재와 영속성을 암시한다.(이진경, 권해원 외 역, 2000: 142)

독자의 텍스트 이해를 살펴본다. 이 접근은 구체적인 읽기의 과정과 방법을 찾는 미시적인 접근이기보다는 텍스트 이해를 유목적 관점에서 바라보는 거시적 접근이다.

들뢰즈와 과타리의 과학 인식론은 소수자 과학이나 유목 과학의 탐구를 인식론적 차원에서 탐구한다. 과학적 탐구 방법이나 과학의 성과를 밝히려는 것이 아니라 과학 탐구에 내재된 인식의 근원적 속성을 논의한다. 과학적 탐구를 어떤 인식이나 의식의 흐름으로 받아들이는지 즉 과학 탐구에 대한 인식적 속성을 밝히려는 것이다. 이는 독자의 텍스트 이해와도 깊이 관련된다. 텍스트 이해는 과학 인식론에 기초한 설명을 필요로 한다. 텍스트 이해에 대한 인식적 또는 의식적 흐름을 파악하여 텍스트 이해의 속성을 밝힐 필요가 있기 때문이다. 독자의 텍스트 이해는 다양체의 속성을 지니기에 이에 대한 해명이 필요하다.

이 장에서는 들뢰즈와 과타리의 과학 인식론에 기초하여 독자의 텍스트 이해의 속성을 거시적 관점에서 탐구한다. 소수자 과학 또는 유목 과학에 대한 인식론적 특성을 바탕으로 텍스트 이해에 대한 의식의 흐름을 어떻게 형성해야 하는지를 살핀다. 이는 독자의 텍스트 이해에 대한 인식의 확대를 위한 것이면서 텍스트 이해 교육을 위한 인식의 변화를 위한 것이다. 우리가 텍스트 이해를 어떻게 인식하는가가 텍스트 읽기는 물론 텍스트 이해 교육의 변화를 이끈다. 들뢰즈와 과타리의 과학 인식론에 기초하여 독자의 텍스트 이해 특성을 살펴본다.

2. 읽기와 과학 인식론

인식은 우리가 대상을 규정하는 의식 활동이다. 우리가 대상을 어떻게 인식하느냐에 따라 대상의 본질이 결정된다. 대상의 본질은 우리의 인식에 기초하며 대상과의 관계 맺기에 따라 달라진다. 독자가 텍스트를 어떻게 인식하느냐가 읽기의 본질을 결정한다. 읽기의 본질은 독자의 인식에 기초하며 독자와 텍스트의 관계 맺기에 따라 달라진다. 텍스트 이해의 본질적 속성을 과학의 인식론에 기초하여 살펴본다.

가. 텍스트 이해와 인식론

독자가 텍스트를 읽고 관념을 생성하는 일은 인식 틀에 기초한다. 독자가 어떤 인식 틀을 가지고 있는가가 텍스트를 읽고 생성하게 되는 관념의 내용을 결정하는 것이다. 이 글의 필자는 읽기 교육적 인식 틀에서 『천 개의 고원』(김재인 역, 2003)을 읽고 있다. 필자에게 『천 개의 고원』은 읽기 교육과 관련된 관념을 생성하도록 이끈다. 『천 개의 고원』이 어떤 고유한 내용을 담고 있을 것이지만, 이 글을 쓰는 필자에게는 텍스트 이해를 설명하는 논리적 근거로 이해되고 받아들여진다. 다른 독자들은 『천 개의 고원』을 또 다른 내용으로 이해할 것이다.

텍스트 이해가 독자의 인식 틀에서 이루어진다는 논리적 근거는 많다. 칸트의 선험적 요소(아프리오리)에 기초한 이성 철학, 후설의 지향성에 기초한 현상학, 하이데거의 존재론에 기초한 해석학 등에서 대상에 대한 이해가 인식 틀에서 이루어짐을 밝혔다. 텍스트 이해에 대한 인지심리학적 접근도 스키마(배경지식)를 인식 틀로 제시하고 있다. 또한 텍스트 이해 교육의 접근에서도 필자, 텍스트, 독자, 상황맥락 등을 인식 틀로 언급한다. 들뢰즈와 과타리는 이런 인식적 토대를 '추상기계'로 명명한다. 추상기계는 이해나 인식의 결과를 생성하는 인식 틀로 작용하는 의식의 흐름이다. 국가장치나 전쟁기계 등 의식의 흐름과 관련된 것은 모두 추상기계이다. 독자의 텍스트 이해도 추상기계에서 비롯된 의식의 흐름에 편승하여 이루어진다.

들뢰즈와 과타리의 추상기계의 하위 요소로 전쟁기계가 있다. 전쟁기계는 공통적이고 전체적인 의식의 흐름을 절단하여 탈주하는 의식의 흐름을 생성하는 추상기계이다. 들뢰즈와 과타리에 따르면(김재인 역, 2003: 690), 전쟁기계와 관련된 과학의 인식론이 유목 과학이다. 전쟁기계의 속성을 지닌 유목 과학의 인식론을 보여주는 예는 많다. 기존의 의식의 흐름과 다른 의식의 흐름으로 이루어지는 활동은 모두 그 예가 된다. 우리의 일상에서도 새로운 시도는 유목 과학의 인식론적 특성을 토대로 한다. 유목 과학의 전쟁기계적 인식 특성의 전형적인 예를 우리는 불교적 인식론에서 찾을 수 있다. 불교의 선종(禪宗)은 전통적인 교리(敎理)에서 벗어나는 것을 지향한다. 그래서 참선(參禪)을 통하여 진리와 이치를 깨치는 것을 추구한다. 참선과 관련된 된 것이 화두(話頭, 공안(公案))이다. 참선을 하는 이는 화두를 가지고 이에 집중된 사고를 함으로써 깨침을 얻을 수 있다고 여긴다. 이와 관련된 한 예를 보면 다음과 같다.

만일 진리를 직관적으로 알고자 한다면, 반드시 의식을 송두리째 타파해야 할 것이다. 그렇게 해야만 비로소 생사를 자유로이 할 수가 있고, 깨달음을 얻을 것이라고 말할 수 있다. 그러나 결코 마음을 가다듬어 분별의 의식을 타파할 것을 기약해서는 안 된다. 만일 마음을 가다듬어 분별 의식을 타파할 것을 구한다면, 의식이 진실로 타파될 날은 영원히 오지 않을 것이다. 바로 망상과 헛되이 떠들어 댐, 사려나 분별하는 마음, 삶을 좋아하고 죽음을 미워하는 마음, 해박한 지식이나 사물의 이해력이 뛰어난 마음, 그리고 고요함을 즐겁게 여기고 시끄러움을 싫어하는 마음을 한꺼번에 꽉 억누르고, 꽉 억누른 상태에서 다음의 공안을 생각해야 하는 것이다.

어떤 승려가 조주에게 질문했다. "개에게 불성이 있습니까?" 조주가 말했다.

"무(無: 없다)."라고.

이 한 글자야말로 참으로 무수한 그릇된 지식이나 감각을 때려 부수는 막대기인 것이다. 그것에 대하여 무엇이 있다든가 없다든가 하고 이해해서는 안 된다. 논리적으로 이해를 해서는 안 된다. 의식적 입장에서 사려분별을 해서는 안 된다. 언어상으로 주고받아서는 안 된다. 아무것도 없는 허무의 장소에 내팽개쳐서는 안 된다. 무엇인가를 만들어 내는 곳에서 수긍을 해서는 안 된다. 하물며 문헌 속에서 근거를 찾아서도 안 된다. 다만 일념으로 평상시와 마찬가지로 행(行: 행하고)·주(住: 머물고)·좌(坐: 앉고)·와(臥: 눕고)하는 것에 입각하여, 언제나 그것을 제기하고, 언제나 분명히 마음에 생각을 떠올리는 것이다. 「개에게도 불성이 있습니까? 없다.」라고. 시험삼아 이렇게 노력해보라. (추만호·안영길 역, 1992: 152-153)

위 글은 조주(趙州, 778~897) 화상(和尙: 수행을 많이 한 승려)의 불성에 대한 고칙(古則)[3]의 법어[4]를 대혜(大慧, 1089~1163) 대사가 풀이하여 설명한 말이다.

---

3   조주무자(趙洲無字) 공안(公案) 1절. 조주 화상에게 어느 스님이 '개에게도 불성이 있습니까, 없습니까?' 물으니, 조주 화상이 '없다'라고 말했다. 趙州和尙 因僧問 狗子還有佛性也無 州云 無(조주화상 인승문 구자환유불성야무 주운 무) https://blog.naver.com/dneodnd/222299929018

4   사(師, 조주(趙州))는 설법을 할 때 다음의 고칙(古則)을 인용했다. 승(僧)이 조주(趙州)에게 묻는다. "개에게도 불성이 있습니까?" 조주가 말한다. "없다." 승(僧)이 말한다. "생명이 있는 것으로서 살아있는 것은 모두 불성이 있습니다. 그런데 개에게는 어찌하여 불성이 없는 것입니까?" 조주가 말한다. "그에게는 업에 의한 분별이 있기 때문이다." 사(師)가 가로되, "여러분, 그대들은 평소에 이 공안을 어떻게 이해하고 있는가? 나는 평소에 다만 오로지 무(無)라는 것을 물을 뿐이며, 그것으로 끝마치려고 하고 있다. 그대들이 만일 이 한 글자를 대상으로 삼는다면, 천하의 사람들도 그대를 어떻게 할 수 없을 것이다. 자, 그대들은 어떻게 끝까지 궁구하겠는가? 도대체 철저히 파헤칠 만큼의 문제가 있는가? 있다면 나서서 대답해 보는 것이 좋다. 나는 그대들이 있다고 답하는 것을 바라지도 않으며, 없다고 답하는 것을 바라지도 않는다. 또 그대들이 있는 것도 아니며 없는 것도 아니라고 답하는 것을 바라지도 않는다. 자, 그대들은 어떻게 대답하겠는가? 자 이것일 뿐이다."(추만호·

어떤 스님이 조주 화상에게 '개에게 불성이 있는가, 없는가?(狗子還有佛性也無)'
라고 물으니, 조주 화상이 '없다(無)'라는 답변을 이해하는 방법을 설명하고
있다. 윗글의 첫 부분에서는 바른 인식이 어떻게 이루어지는가에 대하여
설명한다. 요약하면, 대상을 본질을 깨치기 위해서는 인식 틀이나 토대에
의존하지 말아야 한다는 역설이다. 개에게 불성이 있을 수도 없을 수도 있다.
인식 틀에 따라 다르다는 것이다. 그렇지만 인식 틀에 의존하지 않고 인식하
게 되면(이 자체도 인식 틀임) 본질을 볼 수 있다는 것이다. 얽매여 있는 인식
틀에서 벗어날 때 대상의 본질을 깨칠 수 있다는 것이다. 이 법어는 자신의
처한 실질적 현재, 즉 실상(實相: 만물의 있는 그대로의 참모습)으로 대상을 인식
할 필요가 있음을 설파한다.

이 공안(公案)⁵에 대한 설명에서 보면, 인식 틀을 이루는 의식의 흐름은
상대적이다. 인식 틀을 강조하는 의식의 흐름은 다수자[僧]의 위치를 점하고,
이를 벗어날 것을 강조하는 흐름은 소수자[趙州]의 위치에 놓인다. 이러한
의식의 흐름은 어느 한 시기에만 있거나 어느 한 분야에만 있는 것이 아니다.
다수자의 의식의 흐름이 옳고, 소수자의 의식적 흐름이 그른 것도 아니다.
다수자의 의식의 흐름이 반드시 권위가 있는 것도 아니고, 소수자의 의식의
흐름이 권위가 없는 것도 아니다. 또한 다수자의 의식의 흐름이 영원한 것도
아니고, 소수자의 의식의 흐름이 다수자의 의식의 흐름으로 되지 않는 것도
아니다. 그렇지만 인식 틀이나 토대가 되는 의식의 흐름은 언제나 작용하고
있다.

안영길 역, 1992: 150-151)

5   공안(公案)은 불교의 '선종에서 조사(祖師)가 깨달은 기연(機緣: 부처의 교화를 받을 만한
    인연)이나 학인(學人: 불도(佛道)를 배우는 사람)을 인도하던 사실을 기록하여 후세에 공부
    하는 규범이 된 것'이다. 고칙(古則)이라고 한다. 공안과 관련된 '화두(話頭)'라는 말은 공안
    (公案)의 1절이나 고칙(古則)의 1칙이다.(표준국어대사전 참조)

텍스트 이해와 관련하여 볼 때, 특정한 인식 틀을 강조하는 의식의 흐름과 이를 벗어날 것을 추구하는 흐름이 있다. 또한 특정한 의식의 흐름이 지배적이어서 강요의 형태로 작용하기도 하고, 지배적 위치에 있지 않아 선택적 형태로 작용하기도 한다. 텍스트 이해 교육에 작용하는 인식 틀이 되는 의식의 흐름은 선택적이기보다는 강요의 형태로 작용한다. 소수자의 인식 틀을 이루는 의식의 흐름이 지닌 다양성을 인정하지 않는 것이다. 소수자적 의식의 흐름은 학습자에게 혼란을 야기할 수도 있다고 여긴다. 그리고 텍스트 이해 교육에서는 의식의 흐름의 다양성은 인정하고 있다고 오해할 여지도 있다. 독자 중심 읽기 교육에서 개별 독자의 스키마나 배경지식을 강조하여 의미 구성의 다양성을 인정하고 있다고 여기는 것이 그것이다. 스키마나 배경지식의 강조는 텍스트 이해의 인식적 토대가 되는 의식의 흐름의 다양성이 아니라 단일성에 지나지 않는다.

과학 인식론의 측면에서 보면, 독자의 텍스트 이해는 의식의 흐름에 의존해 이루어진다. 독자가 특정 의식의 흐름에서 벗어나기 위해서는 의식의 흐름에 관심을 가져야 한다. 그렇지 않으면 전체성을 좇는 의식의 흐름에 편승해 텍스트 이해를 하게 된다. 즉 독자가 자기와의 관계 맺기 속에서 텍스트 이해를 못하게 된다. 의식의 흐름은 다양할 수 있지만 모든 의식의 흐름을 이해할 필요는 없다. 대표성을 띠는 대립적인 의식의 흐름을 인식하게 되면 다른 의식의 흐름을 이에 준하여 인식되기 때문이다. 과학 인식론의 측면에서 대표성을 띠는 인식론이 왕립과학 또는 국가 과학이고, 이와 대립적인 의식의 흐름이 소수자 과학 또는 유목 과학이다.

나. 유목 과학의 인식론

유목 과학의 인식론은 왕립과학 또는 국가 과학과 다른 인식적 속성을 갖는다. 국가 과학이 우리가 대상을 통념적으로 인식하게 하는 인식 틀의 흐름을 제공한다면, 유목 과학은 대상을 창의적으로 인식하게 하는 인식 틀의 흐름을 제공한다. 국가 과학이 전체성 또는 동일성으로 대상을 인식하게 하는 인식 틀이라면 유목 과학은 대상을 주체적, 현실적, 실체적으로 인식하게 하는 틀이다. 들뢰즈와 과타리는 유목 과학의 특성을 4가지로 제시한다.(김재인 역, 2003: 691-693) 첫째는 유체와 흐름을 다룬다. 둘째는 생성과 다질성을 좇는다. 셋째는 소용돌이형의 특징을 띤다. 넷째는 문제설정적이다.

첫째, 유체와 흐름은 고체의 부동과 대비된다. 유체의 흐름은 가변적이고 유동적인 속성과 관계된다. 고체의 부동은 불변적이고 고정적인 속성과 관계된다. 고대 과학에서 데모크리토스나 에피쿠로스는 원자론에서 '원자'를 입자로 다루면서도 고체가 아니라 유동하는 흐름으로 인식한다. 이 흐름으로의 인식은 그 자체보다는 더 실재적인 실재, 그 자체나 다양한 요소들을 하나로 묶는 일관성(consistence)으로 풀어낸다.(이진경, 2003b: 341) 유체와 흐름의 인식 틀은 고착적 인식에서 벗어나게 한다. 앞의 불교 고칙(古則)의 설명에서 보면, 이는 고정적인 답을 찾거나 좇는 것이 아니다. 『열반경(涅槃經)』에 '모든 중생에게는 불성이 있다(一切衆生悉有佛性일체중생실유불성)'는 가르침을 그대로 받아들이는 것이 아니라, 이에 다른 생각을 제시하는 것이다. 그러면서 '업(業)에 의한 분별이 있어 불성(佛性)이 없다'는 것이다. 업은 고착된 인식적 토대가 있어서 진리를 깨칠 수 없기에 무(無)인 것이다. 고착되고 불변적인 의식의 흐름은 국가장치적 사유이기에 새로운 것을 생성할 수 없음을 가리킨다.

둘째, 생성과 다질성을 좇음은 복제와 동일성을 따름과 대비된다. 생성과 다질성의 좇음은 다름을 지향하기에 가변적이고 불안정한 것을 수용한다. 복제와 동일성의 따름은 이데아적 요소를 중시하고 부차적인 것을 제거한다. 생성과 이질성은 같음을 벗어나려고 하지만 복제와 동일성은 다름을 인정하지 않는다. 유목 과학은 동일성의 흐름에서 벗어나려는 속성을 그 본질로 하기에 생성적이고 이질적(다질적)인 결과를 추구한다. 조주(趙州)의 '없다(無)'는 말은 생성적이다. 이데아를 복제하는 것이 아니라 거스르고 있다. 무(無)라는 대답은 사람들의 생각이 고착되지 않게 하고, 그 인식의 근본부터 부차적인 것을 만들어내고 이를 수용하도록 만든다. 인식이 동질성을 갖도록 내버려 두지 않는다. 복제와 동일성을 원초적으로 차단한다. 스스로 깨쳐야 하고, 밝혀야 하고, 다른 인식의 세계를 이루어야 한다.

셋째, 소용돌이형은 난류(亂流, 와류(渦流))가 뒤엉키면서 일관성을 만들어 내지만 넓은 강의 잔잔한 물은 층류(層流)[6]를 이루어 대세를 따라간다. 난류는 물길이 뒤섞이면서 모양이 역동적으로 달라지고 주변에 새로운 변화를 만들어낸다. 물보라를 일으키고, 소리를 내며, 모래를 파내고 돌을 굴린다. 층류는 잔잔하고, 멈춘듯하며, 한 방향으로 함께 흘러간다. 들뢰즈와 과타리는 세르(Serres)의 논의를 빌려, 난류는 투르바(turba, 다수, 거대 개체군, 혼란과 혼동) 또는 투르보(turbo, 운동 중의 둥근 형태로 원주나 나선형 회오리)로 특정 무리가 소용돌이 흐름이 되도록 배분한다고 설명한다.(김재인 역, 2003: 692-693) 이를 바탕으로 소용돌이는 '공간을 전혀 헤아리지 않고 점유'하는 매끈한 공간이고, 층류는 '공간이 점유되기 위해 헤아려지는' 홈 패인 공간이라고 정리한다.(김재인 역, 2003: 693) 앞의 법어를 다시 보면, 일체중생실유불성(一切衆生悉有佛性)은 층류를 이루어 도도한 흐름을 이어왔다. 그런데 조주는 이 층류를 따르지 않고, '개는 불성이 없다(狗子無佛性(구자무불성))'라고 말함으로써 난류를 만들어 낸다. 조주의 이 의식의 흐름의 소용돌이는 끝나지 않고 있다. 많은 불자가 이 소용돌이를 일으키는 인식 틀을 기꺼이 수용하고, 자신만의 답을 생성한다.

---

6   '층류(層流)'(이진경·권혜원 외, 2000: 153)는 넓고 깊은 강물이 일정하게 흘러가는 것을 가리키는 말이다. 이 층류를 김재인(2003: 711)은 '박편 모양'으로 번역하고 있다. '박편'은 얇은 조각을 뜻한다.

넷째, 문제설정(problématique)은 대상을 새롭게 봄으로써 문제를 제기하는 것으로, 기존의 인식 틀로 문제를 정리(théorematique)해내는 것과 대비되는 것이다. '정리는 이성의 질서를 따르는 것인데 반해 문제(설정)는 변용태의 차원에 속하는 것으로서 과학 자체의 다양한 변신이나 발생, 창조와 불가분의 관계에 놓여있다. (중략) 문제는 '장애물'이 아니라 장애물의 극복, 앞으로 던짐(pro-jection: 투사), 다시 말해 하나의 전쟁기계이다.'(김재인 역, 2003: 693) 유목 과학은 문제를 설정하는 것이다. 조주가 '개에게 불성이 없다'라고 하는 것은 '모든 중생에게 불성이 있다'라는 말을 몰라서 한 말이 아니다. 문제를 설정한 것이다. 이것은 왕립과학적 의식의 흐름인 이성의 질서를 벗어나 유목 과학적인 의식의 흐름으로 나아간 것이다. 의식의 흐름을 새롭게 함으로써 새로운 인식을 발생시키고, 창조적인 인식을 하게 하기 위한 것이다. 개는 업에 기초해 있기 때문에, 동일성을 갖는 의식의 흐름을 가진 존재이므로 깨칠 수 없다는 것이다. 진리 깨침의 본질인 불성이 인식의 토대가 되는 것을 버려야 한다는 것이다. 정리적 인식, 통념적 인식, 제국적 인식, 국가장치를 따르는 인식에는 개체적, 생성적, 실체적으로 대상을 인식하는 불성이 깃들지 않는다.

과학의 발전으로 우리 삶과 인식은 발전을 이루고 있다. 이들 발전은 과학의 발전이 가능하게 한 유목 과학이 있기 때문이다. 유목 과학의 인식론은 우리에게 내재해 있다. 이와 관련하여, 들뢰즈와 과타리는 고대 아르키메데스 과학에서부터 중세의 고딕 건축 기술, 현대의 현존 함대(fleet in bing)와 현수교로의 변화를 살피면서 국가장치의 외부성으로서의 전쟁기계의 속성을 함의하고 있는 유목 과학에 대하여 살피고 있다.

다. 순회 과학의 인식론

들뢰즈와 과타리는 왕립과학과 유목 과학의 상호적 외부성을 고민한다. 이 외부성의 요인으로 유목 과학의 한 특성인 순회 과학에 주목한다. 순회 과학은 왕립과학과 유목 과학 사이에 존재하는 외부성의 실행적 속성을 갖는다. 이는 유목 과학의 내적 속성에서 유동하고, 생성하고, 소용돌이치고, 문제 설정적인 실행적 측면과 관련된다. 들뢰즈와 과타리는 순회 과학의 구체적인 예로 원시적 야금술을 가진 대장장이를 든다. 대장장이들의 야금술은 '오직 순회적인 절차와 과정이 어쩔 수 없이 홈 패인 공간과 관련되는 동시에, 왕립과학에 의해 형식화되어, 스스로의 모델을 잃어버리고 왕립과학에 종속된 결과 '기술' 또는 '응용과학'으로서밖에 존속할 수 없는 경우로 한정된다.'(김재인 역, 2003: 715) 대장장이는 왕립과학이 유목 과학에 외부성으로 작용하는 형태이다.

> 갖가지 독자성들이 일련의 '우발적 사건들'(문제)로 배분되는 벡터들의 장 속에서 하나의 흐름을 따라가는 것을 본질로 하는 이동적·순회적 과학들이 존재한다. (김재인 역, 2003: 715)

순회 과학의 본질은 왕립과학과 유목 과학을 교섭하게 하는 것이다. 왕립과학과 유목 과학은 따로 분리되어 존재하는 것이 아니다. 과학이 필요한 곳에 동시에 존재한다. 우발적 사건(문제)에 내재하는 하나의 과학적 의식의 흐름으로 작용하는 것이 순회 과학인 것이다. 우발적인 사건은 언제 어디에나 크고 작게 존재한다. 이에 작용하는 것이 순회 과학이다.

> 순회 또는 이동하는 과학이 재생산을 목표로 하는 왕립과학에 완전히 편입되

는 것을 막아주는 과학의 흐름이 항상 존재한다. 또 국가 과학자들이 끊임없이 타파 아니면 통합 내지 제휴하려 하거나 심지어 과학과 기술의 법적 체계 안에서 소수자의 지위를 제공함으로 안으로 끌어들이려고 하는 순회적인 과학자도 존재한다. 그렇다고 해서 순회적인 과학자들이 비합리적인 절차나 신비, 마법 등에 잔뜩 물들어 있다는 이야기는 아니다. 그렇게 되는 경우 순회적인 과학의 용도는 다했을 때뿐이다. 그리고 다른 한편으로 왕립과학 역시 수많은 사제와 마법 같은 분위기로 둘러싸여 있다. (김재인 역, 2003: 715)

유목 과학의 성과들은 왕립과학으로 편입되기도 한다. 고딕 건축술이 그랬고, 현존 함대와 현수교 기술이 그랬다. 그렇다고 유목 과학이 왕립과학으로 완전히 편입되는 일은 없다. 그래서 두 과학은 상보적으로 작용하고 있고, 이들이 상보적으로 작용할 수 있도록 이끄는 이들이 순회 과학자이다. 순회 과학자들이 두 과학의 중간에 존재한다고 하여 비과학적인 원칙을 따르는 것은 아니다.[7] 오히려 왕립과학의 홈 패인 공간에 머물기 위해 기존 의식의 흐름을 정당화하려는 전문가(사제)와 관습적인 것에 의존(마법)하려는 경향이 있다. 즉 고착되어 동질성을 반복할 수 있는 위험이 있다. 그래서 두 과학적 의식의 흐름은 끊임없이 상보적인 관계를 필요로 하기에, 유목 과학은 왕립과학으로 환원될 수 없다. 순회 과학은 유목성을 그 내적 속성으로 가지고 있다.

이 두 모델의 경합으로부터 오히려 순회적 과학, 유목 과학은 성격상 자율적

---

[7] 국가가 끊임없이 유목적인 소수자 과학을 억압하고, 모호한 본질과 특징을 다루는 조작적 기하학에 대립해야 하는 것은 유목 과학들의 내용이 부정확하거나 불완전하거나 마법적이고 비의적 성격을 가졌기 때문이 아니라 그것이 국가 표준과 대립하는 분업을 내포하고 있기 때문이다.(김재인 역, 2003: 707-708)

인 권력을 장악할 수 없을뿐더러 자율적으로 발전하지도 못한다는 것을 확인할 수 있다. 유목 과학은 그러한 수단을 소유하고 있지 못하다. 왜냐하면 모든 조작을 직관과 구축을 위한 감각적 조건, 즉 물질의 흐름을 따라가고 매끈한 공간을 그리고 부합한다는 조건에 종속시키기 때문이다. 모든 것은 현실 자체와 뒤섞이게 되는 유동적인 객관적 지대 속에 들어가 있다. '근접 인식(connaissance approchée)'은 아무리 미세하고 엄밀하더라도 감각적이고 민감한 평가에 의존하는데, 이것은 스스로 해결할 수 있는 것보다 훨씬 더 많은 문제를 제기한다. 문제 제기적인 방식으로밖에는 인식을 드러낼 수 없는 것이다. 반대로 왕립과학과 이 과학에 특유한 정리적 내지 공리적 권력의 특징은 모든 조작을 직관의 조건으로부터 분리시켜 이것을 진정한 내재적 개념, 즉 '범주'로 만드는 데 있다. (김재인 역, 2003: 716-717)

순회 과학은 왕립과학과 같은 자율적인 권력을 장악하거나 자율적인 발전을 하지 못한다. 유목 과학은 왕립과학에 대항하여 외부성으로 기능하기 때문이다. 유목 과학이 왕립과학의 외부성을 갖기에 그 존재의 본질 가치가 있다. 그렇기에 왕립과학의 속성인 권력 장악이나 자율적인 발전을 그 내적 속성으로 하지 않는다. 순회 과학은 직관과 감각으로 물질의 흐름을 따라감으로써, 현실 자체와 뒤섞임으로써 존재의 본질 가치를 갖게 된다. 현실 자체와 뒤섞임으로써 근접 인식이 이루어지고, 이에 따라 미세하고, 엄밀하면서 감각적이고 민감한 평가가 이루어짐으로써 다양한 문제가 제기된다. 그렇기에 문제 제기(설정)식으로 인식을 드러낸다. 이에 비해 왕립과학은 문제를 정리적이고 공리적인 권력으로 인식함으로써 현실 자체보다는 개념적 범주로 인식을 이끈다.

이러한 왕립과학은 세 가지 속성을 지닌다. 이는 순회 과학의 단점이기도 하다. 왕립과학이 지닌 세 가지 속성은 안전성, 계산 가능성, 자율성이다.(김재인 역, 2003: 717) 왕립과학의 안전성은 순회 과학이 현상의 흐름을 따라 변화하고, 상황에 따른 즉시성을 반영한 실험과 해결 방안을 마련하는 것에 비하여 안정적인 모델을 확립해 일의 좌표계를 제시하는 것이다. 이 안전은 기본적으로 국가의 이론적 규범의 일부인 동시에 정치적 이상이기도 하다. 왕립과학의 계산 가능성은, 순회 과학이 계산 가능성을 초월해 재생산을 가능하게 해주는 공간을 초과하는 초과(en-plus) 속에 포함되어 계산 가능성을 확보하지 못하지만, 왕립과학은 이를 극복함을 말한다. 왕립과학의 자율성은 순회 과학이 현장에서의 즉흥적 대처로 문제를 해결하는 것과 달리 다양한 조작의 총체를 통하여 문제를 해결하는 특성이다.(김재인 역, 2003: 717) 이는 순회 과학이 왕립과학과 상보성을 이루어야 할 이유가 된다.[8] 들뢰즈와 과타리는 왕립과학과 순회 과학의 관계를 베르그송의 지성과 직관의 문제와 유사하다고 설명한다. '오직 지성만이 직관이 제기하는 문제를 형식적으로 해결할 수 있는 과학적 수단을 소유하고 있고 직관은 그러한 문제의 해결을 물질을 따라가는 사람들의 질적인 활동에 맡기는 것으로 만족한다.' (김재인 역, 2003: 718) 순회 과학과 왕립과학은 상보성을 가지고 존재하고 발전한다.

독자의 텍스트 이해는 국가 과학의 의식의 흐름에서 시작하여 전쟁기계의 의식의 흐름으로 나아가야 한다. 그러면서 국가장치의 인식 틀의 한계와 함께 전쟁기계의 인식 틀의 역할을 이해하고 있어야 한다. 이를 과학 인식론이라는 점에서 보면, 상보성에 대한 인식이 필요함을 알 수 있다. 과학 인식론

8　이 두 과학의 상호작용의 장에서 순회 과학은 여러 가지 문제를 발명하는 것으로 만족하고 만다. 그리고 이러한 문제들의 해결은 비과학적인 집단적 활동 전체에 의해 초래되는 데 비해 과학적 해결은 이와 반대로 왕립과학에 또 이 왕립과학이 스스로의 정리적인 개념 장치와 노동 조직 속으로 편입해 들임으로써 이 문제를 변형시키는 방법에 의존하고 있다. (김재인 역, 2003: 718)

은 체계적인 지식을 마련하는 일이지만 지식의 체계는 새롭게 짜이고, 갈라지고 다시 얽힘을 반복한다. 과학 인식론의 지식 체계는 완결될 수 없으며, 항상 새롭게 시작해야 하는 잠정적인 것으로 항상 열려있는 것이다.(김재윤, 2010: 309) 과학 인식론의 입장에서 독자의 텍스트 이해의 본질은 국가장치와 전쟁기계의 인식 틀이 상보적으로 작용하여 늘 새로운 이해의 세계를 여는 것이다.

3. 읽기와 유목 과학 인식론

과학 인식론의 관점에서 독자의 텍스트 이해 방식을 살필 필요가 있다. 이는 텍스트 이해가 갖는 유목 과학의 인식론적 속성을 밝히는 일과 관련된다. 순회 과학의 인식론적 특성은 개별 독자의 역할 범주를 넘는 속성도 있다. 개별 독자들은 유목 과학의 의식의 흐름에 의한 텍스트 이해를 이루어내는 것이 과제이다. 개별 독자의 유목 과학적 텍스트 이해 결과를 왕립과학의 개념 장치로 정리하는 것은 순회 과학자들에 해당하는 텍스트 이해를 탐구하는 전문가들이 해야 할 일이다. 유목 과학의 인식론에 기초한 텍스트 이해의 방식을 살펴보자.

가. 독자: 인식 틀 벗어나기

독자의 텍스트 읽기는 인식 틀에 근거한다. 인식 틀 없이는 어떤 인식도 일어나지 않는다. 독자의 인식 틀은 경험적으로 획득된 것이다. 텍스트 내용을 인식하게 하는 인식 틀은 독자의 경험을 바탕으로 한다. 독자의 인식 틀은 학교 교육이나 다른 독자와의 소통으로 얻어진 것이다. 학교 교육은 국가 과학적 인식 틀을 전달하는 대표적인 기관이다. 다른 독자도 특별한 경우가 아니면 학교 교육에서 강조하는 인식 틀을 제공한다. 읽기 교육은 독자들에게 동일한 인식 틀의 경험을 제공한다. 읽기 교육과정을 통하여 학생들에게 동일한 인식 틀이 제공되는 것이다. 독자의 의식 틀은 텍스트를 읽는 방법과 의미 구성의 형식을 동질화한다.

학교 교육과 다른 독자를 통하여 획득하는 독자의 텍스트 인식 틀은 전체적이고 공통적이다. 학교 교육을 통하여 독자들은 텍스트에 대하여 동질적 텍스트 인식 틀을 가지게 된다. 학교 교육은 이질적 인식 틀을 배제하거나 용인하지 않을 수 있는 특권이 있다. 학교 교육은 교수 방법과 평가를 통하여 인식 틀을 효율적으로 통제한다. 모든 학교는 교육과정이라는 절대적 기준을 통하여 인식 틀을 관리한다. 교육과정은 강력한 국가장치이고, 왕립과학 인식 틀의 보물창고이다.

> 이리하여 우리는 집단적 몸체란 무엇인가 하는 질문에 도달하게 된다. 의문의 여지 없이 국가에 속하는 대규모 집단들은 분화되고 위계적인 질서를 가진 유기체적 조직으로 특정 권력의 기능을 독점하는 동시에 국가의 여기저기에 대표를 배치한다. 이들은 가족과 특수한 관계를 맺어 양쪽 끝에서 가족 모델과 국가 모델을 하나로 통합시켜 그들 자신도 공무원, 서기, 감독관 또는 농민의 '대가족'처럼 행동한다. 그러나 이러한 단체의 대부분에서는 이러한 도식으로 전부 환원되지 않는 별도의 무엇인가가 작용하고 있는 것처럼 보인다. 물론 이것은 단순히 완강하게 자신들의 특권을 지키려는 경향만을 가리키는 것은 아니다. 이뿐만 아니라 여기서는 전쟁기계를 구성할 수 있는 소질, 즉 국가에 대해 다른 모델, 다른 역동성, 유목민의 야망을 맞세울 수 있는 소질이 중요하다. (김재인 역, 2003: 702)

윗글은 들뢰즈와 과타리가 새로운 교량 기술을 창안한 페로네를 국가가 토목학교에 교장으로 임명할 때 작용하는 집단(국가)의 특성을 설명하는 내용이다. 국가는 집단적 몸체를 이루는 것을 강조한다. 국가 과학은 유목 과학적 개인의 창의적 생각을 억누르고 전체 속에 통합될 것을 요구한다. 그렇기 때문에 국가는 구성원들을 유기체적 조직을 이루게 하여 '대가족'처럼 행동하게 한다. 동일한 인식 틀을 가지고 인식할 수 있게 하는 것이다. 학교 교육은 학생들을 텍스트 인식의 측면에서 '대가족'의 인식 틀을 가지게 한다.

윗글에서 알 수 있듯이 이 대가족의 인식 틀은 완전하지 않다. 단체 대부분에서 대가족의 인식 틀로 환원되지 않는 인식 틀이 존재하고 있다.[9] 대가족의 인식 틀로 환원되지 않는 인식 틀을 가진 이들은 특권을 지키려는 경향성과 함께 전쟁기계의 유목적 야성을 내포하고 있다. 독자는 학교 교육을 통하여 습득한 인식 틀로 텍스트를 이해하는 활동을 하지만 이에는 만족할 수 없는 그 무엇이 있는 것이다. 텍스트에 대한 소수 집단적인 또는 개별적인 해석을 하게 되고, 이 해석에 가치를 부여함으로써 대가족의 인식 틀을 비판하거나 부정하는 일이 발생하는 것이다. 이런 일은 오랜 역사를 가진 성경, 불전, 유학 경전의 집단별 해석을 보면 알 수 있다. 또한 <심청전>이나 <흥부전>에 대한 현대적 해석에서도 쉽게 알 수 있다.

실로 고딕 양식은 로마네스크 양식보다 한층 더 크고 높게 교회를 짓고자 하는 의지와 분리될 수 없다. 더 멀리, 더 하늘로 치솟게……. 그러나 이 두 양식 간의 차이는 단순히 양적인 것만이 아니라 동시에 질적인 변화를 보여준

---

9   우리가 말하고자 하는 것은 오히려 집단적인 몸체는 항상 주변부나 소수자들을 갖고 있으며 이들은 교량 건설이나 성당 건축 또는 재판이나 음악, 과학이나 기술의 설립 등의 특정한 배치물에서 때로는 전혀 예상치 못한 형태로 전쟁기계의 등가물을 재구성한다는 점이다.(김재인 역, 2003: 704)

다. 먼저 형상-질료라는 정적인 관계는 재료-힘이라는 역동적 관계에 자리를 내주게 된다. 그리고 절석술(切石術)을 통해 돌은 추력(推力)을 버텨내고 결합할 수 있는 재료로 바뀌어 점점 더 길고 높은 둥근 천장[穹隆(궁륭), 아치(arch)]을 구축할 수 있게 되었다. 이 둥근 천장은 이미 형상이 아니라 돌들의 연속적 변주가 만들어 내는 선이 된다. 로마네스크 양식이 부분적으로는 여전히 홈이 패인 공간 속에 머물러(둥근 천장의 평행하게 세우는 기둥들의 병렬에 의존하고 있다) 있는 반면 고딕 양식은 마치 매끈한 공간을 정복한 듯한 느낌이 든다. (김재인 역, 2003: 698-699)

들뢰즈와 과타리의 과학 인식론에서 볼 때, 고딕 양식은 로마네스크 양식을 벗어난 개별적 물체성을 띤다. 그렇지만 왕립과학에서는 로마네스크 양식을 인식의 기준으로 삼아 고딕 양식을 도외시한다. 고딕이라는 말도 부정적인 의미를 담고 있다.[10] 물론 시간이 지나서 고딕은 중세의 말기를 대표하는 건축 양식이 되면서 왕립과학의 인식 틀 속으로 들어간다. 순회 과학의 영향을 받은 결과라고 할 수 있다. 이는 고딕 건축 양식에 대한 개별적 물체성에 대한 인식의 결과라 할 수 있다. 개별적 물체성에 대한 인식은 필요하지만 이를 왕립과학의 전체성을 갖도록 하는 일은 쉽지 않다. 그렇지만 개별적 물체성을 인정하는 것, 또는 순회 과학의 인식 틀로 인식할 필요가 있다.

윗글에서 보면, 왕립과학의 인식 틀은 '형상-질료'라는 정적인 관계에서 비롯된다. 문학에서 시라는 형상체는 시어나 심상, 정서라는 질료적 요인에 의하여 존재한다. 소설은 인물, 사건, 배경이라는 요인에 의하여 존재하게 된다. 이들의 관계는 정적인 관계를 이루고 있다. 우리는 시를 지을 때나

---

10   이 단어가 1530년대에 조르조 바사리(Giorgio Vasari)에 의해 사용되기 시작할 때는 조야하고 야만적이라고 생각되는 문화를 묘사하기 위한 경멸적인 단어였다.
   (https://ko.wikipedia.org/wiki/%EA%B3%A0%EB%94%95_%EA%B1%B4%EC%B6%95)

읽을 때, 또는 소설을 쓸 때나 읽을 때 고정된 형상과 질료의 관계에 주목하게 된다. 형상과 질료의 관계가 파악되지 않거나 이들 관계가 분명하게 인식되지 않으면 텍스트 이해는 일어나지 않는다. 또는 형상과 질료의 관계를 다르게 파악하는 경우는 텍스트를 잘못 이해하고 규정한다.

이와 달리 유목 과학의 인식 틀은 '재료-힘'이라는 역동적인 관계에서 비롯된다. 이는 형식과 질료라는 고착된 관계가 아니라 재료가 결합되는 대상과의 관계에서 발생되는 힘에 의하여 변화를 할 수 있음을 함의한다. 문학 형식으로 보면, 이야기 형식의 시(서사시)가 있고, 시 형식의 이야기가 있는 것이다. 시를 통하여 관념의 내용(오도송(悟道頌), 도덕경(노자))을 전달할 수 있고, 이야기를 통하여 설득이나 과학적 정보를 전달할 수 있다. 재료는 어떤 것으로나 변할 수 있는 힘을 가지고 있다. 텍스트는 독자에게 자료이다. 독자와 결합하였을 때 어떤 형태로 이해되어야 할지 정해져 있지 않다. 독자마다 텍스트를 읽을 때마다 새로운 의미를 생성할 수 있다. 그래서 『천 개의 고원』은 텍스트 이해를 해명하는 논리적 토대가 될 수 있다.

나. 텍스트: 특질성에 집중하기

모든 텍스트는 특질성을 지닌다. 특질성은 각 텍스트의 개별적 특성이다. 예를 들어, 국어과 교육이나 읽기 교육에 대한 여러 종류의 텍스트가 있다. 이들 텍스트는 개별적으로 특질성을 지니고 있다. 그런데 독자는 이들 텍스트를 읽을 때 내용의 다른 점에 주목하지 않는다. '다름'을 소거하고 '같음'을 부각시켜 동일성이 드러나게 인식하려고 한다. 특질적 요소를 외면하고 같음만을 찾으며 낯선 부분을 도외시하는 것이다. 독자가 각기 다른 내용 텍스트를 굳이 동일성을 내세워 이해하려는 것은. 같음에 주목하게 하는 인식 틀의 작용 때문이다. 왕립과학의 인식 틀에 익숙해 있는 것이다. 동일성 속에서 얼마나 더 좋은가를 따지고, 얼마나 이상적 기준에 더 잘 맞았는가를 따진다. 그렇기에 텍스트에 대한 독자만의 개체성이 있는 고유한 인식 특성(특개성)[11]은 이해의 범주에서 배제된다.

독자는 텍스트에서 특개성을 찾아내 이해하기 위해서는 다른 노력이 필요하다. 특개성은 왕립과학(국가 과학)의 의식의 흐름을 따르는 인식 틀에서 벗어나야 얻을 수 있다. 이는 독자가 텍스트를 읽을 때 외면하던 텍스트의 특질성에 의식의 초점을 맞추어야 가능하다. 인식 틀을 벗어나 도외시 되었던 텍스트의 특질적 요소는 독자에게 낯선 것으로 여겨지고, 기존과는 다름으로 다가온다. 독자가 이 다름에 의식을 집중하면 특개성이 내재된 이해에 이를 수 있다.

> 원(圓)이라고 하는 것은 이상적이고 유기적으로 고정된 본질이지만 둥긂은 원과 둥근 것(꽃병, 바퀴, 태양……)과는 구별되는 모호하고 유동적인 본질인 것이다. 정리적 형태는 고정된 본질이지만 이러한 형태의 변형, 왜곡, 절삭 또는 부가 등의 모든 변화는 '렌즈' 모양, '우산' 모양 또는 '톱니' 모양 등 모호하지만 엄밀한 문제 설정적인 형태를 형성하고 있다. 모호한 본질은 사물에서 사물성 이상의 규정, 마치 물체 정신(단결심)까지도 내포하고 있는 듯한 물체성이라는 규정성을 추출해 낸다. (김재인 역, 2003: 705)

윗글에서 보면, 원(圓)이라는 것은 이상적이고 고정된 본질이지만 둥긂은

---

11 특개성은 '이것임'(김재인 역, 2003)이라고도 번역된다. 불어 heccéité의 번역어인데 영어로는 haecceity(Massumi, 1987) 또는 thisness로 번역된다. '특개성이란 원래 둔스 스코투스 (Duns Scotus)가 환원 불가능한 개체화의 원리를 정의하기 위하여 사용한 개념인데, 영어로는 'thisness'라고 번역합니다. 이것을 '이것'이라고 말하게 하는 것이 바로 thisness요 heccéité라는 겁니다.'(이진경, 2003b: 55)

원이나 둥근 사물과도 구별되는 유동적인 본질을 지니고 있다. 왕립과학의 정리적 형태로서 원은 고정된 본질로 정의되지만 실제의 둥긂은 모호하고 문제설정적이다. 둥긂의 개별적인 형태는 각기 다름을 전제하고 있다. 렌즈 모양, 우산 모양, 톱니 모양 등에서 보면 둥긂의 속성은 사물마다 다르다. 각 대상은 규정되지 않은 둥긂의 모호성 본질을 가지며 개별적 물체성[12]을 띤다. 마찬가지로 모든 텍스트도 개별적 물체성을 내포하고 있다. 그렇지만 독자가 텍스트를 이해할 때는 둥긂의 모호성의 본질은 도외시 되는 것과 같이 텍스트의 개별적 물체성은 의식의 초점에서 벗어난다.

<공분(共分, compars)>은 왕립과학이 채택하는 법적 내지 합법적 모델이다. 법칙의 추구는 설령 상수가 변수들 간의 관계(방정식)에 불과하더라도 상수를

---

12 물체성(corporéité, (영)corporeality)은 몸체성(228, 569쪽)으로도 번역되고, 이진경·권혜원 외(2003: 150)에서는 신체성으로 번역하고 있다. 둥긂의 형태를 갖는 사물의 개별적 특성을 지시하는 용어로 볼 수 있다. 이와 관련하여 스토아 철학의 물체성 개념과 관련된 내용을 인용하면 다음과 같다.

"스토아 자연학에서 존재하는 모든 것은 물체이다. 그리고 이 존재-물체의 두 근원인 능동/수동 근원도 각각 물체이다. 이제 이 중 능동 근원, 그러니까 '작용을 가하는 것'인 '신'이 '물체'라는 스토아의 정립이 함의하는 바는 다음과 같이 이해될 수 있다. 스토아의 '존재-물체'가 '작용/피작용'이라는 지표를 통해 규정되는 한 그리고 그 존재-물체를 구성하는 두 근원이 각각 물체로 정립되는 한, 능동성/수동성이 함께 있는 하나의 존재-물체의 운동, 변화, 작용의 힘은 그 존재-물체의 내재하는 힘이다. 즉 물체는 스스로 힘에 의해 움직이는 존재이다. 물체는 자신 안에 물체적인 작용/피작용의 힘을 가진 존재이기 때문이다. 스토아의 물체-존재의 개념은 작용 가함과 작용 받음을 자신의 존재 성립 조건으로 갖고 있는 개념이다. 스스로 작용을 가하면서 작용을 받은 존재로서 그 작용 가함과 작용 받음의 힘이 '물체적'이라는 정립을 통해 그 힘이 외부에 있지 않고 내재하는 힘이라는 것을 스토아는 밝히고 있다. 물체-존재에 내재하는 작용의 힘이 비물체적인 것이 아니라 물체라는 언명을 통해, 그 힘이 바로 물체인 사물 자체의 힘이라는 것을 보여 주고 있는 것이다. 이러한 스토아 물체성의 이해를 통해, 즉 물체란 외부의 힘에 의해 움직이는 수동적 물질이 아니라, 스스로 움직이는, 스스로 활성화하는 힘이 내재해 있는 존재라는 스토아적 물체성 이해를 통해, 우리는 스토아 유물론의 성격에 대한 이해를 보다 분명히 할 수 있을 것이라 생각한다."(한자경, 2019: 160-161)

끌어내는 데 있다. 변수들 간의 불변의 형식, 불변항의 가변적인 질료, 이것이 바로 '질료-형상' 도식의 토대를 이루고 있다. 그러나 유목 과학의 중요 요소인 이분(異分, Dispars)은 '질료-형상'의 도식이 아니라 '재료-힘'의 도식과 관련돼 있다. 여기서 문제는 변수로부터 상수를 끌어내는 것이 아니라 변수 자체가 연속적 변주 상태를 유지할 수 있도록 하는 데 있다. (중략) 이러한 방정식은 일반적인 형식을 구성하는 것이 아니라 질료의 독자성을 파악 또는 규정한다. 또한 그것은 질료와 형상에 의해 형성된 '대상'이 아니라 사건 내지 <이것임>을 통해 개체화를 행한다. 모호한 본질이 바로 <이것임>이다. (김재인 역, 2003: 709-710)

공분(共分)과 이분(異分)은 플라톤이 『티마이오스』에서 구분한 과학 모델이다.(김재인 역, 2003: 709) 공분은 왕립과학의 '질료-형상'의 도식과 관련된 것으로 상수를 강조하는 의식의 흐름이다. 이분은 유목 과학의 '재료-힘'의 도식과 관련된 것으로 변수의 연속적 변주를 강조하는 의식의 흐름과 관련된다. 각 텍스트는 공분과 이분의 요소를 가지고 있고, 독자가 어느 의식의 흐름에 관심을 가지는가에 따라 텍스트 이해는 달라진다. 텍스트를 형상-질료의 도식으로 보면 동일성을 드러내지만 재료-힘의 도식으로 보면 고유성을 갖는 특질성(질료의 독자성)을 드러낸다. 독자가 텍스트의 개체적 특성, 즉 동일성(법적, 합법적 모델)에서 벗어난 모호한 본질에 주목할 때 텍스트의 특질성이 드러난다.

독자는 텍스트 이해에서 텍스트의 특질성(연속적 변주 상태 또는 개별적 물체성)에 집중할 필요가 있다. 독자가 텍스트의 특질성에 집중하지 못한다면 합법적(개념적) 동일성으로 환원되는 텍스트 이해에 머물고 만다. 독자 중심 텍스트 이해 교육에 대한 다양한 논문과 단행본 텍스트가 존재한다. 각 텍스트의 특질성에 의식을 집중하면 이들 텍스트의 각기 다름인 특개성(<이것임>)

을 찾아낼 수 있다. 어떤 텍스트를 읽어도 마찬가지이다. 한 작가의 텍스트를 읽을 때도 특질성에 집중하면 각 텍스트에서 특개성(<이것임>)을 발견할 수 있다. 텍스트 하나하나에는 특질성이 존재한다. 이를 발견하는 읽기의 접근이 필요하다.

다. 사회: 통념에서 벗어나기

독자의 텍스트 이해는 사회적 특성을 갖는다. 사회적으로 받아들여지고 있는 의미에 독자는 관심을 갖는다. 베스트셀러 텍스트가 그 대표적인 예이다. 사회적으로 관심도가 높은 텍스트를 많은 독자가 읽는 것이다. 이를 조금 다른 측면에서 보면, 독자의 텍스트 이해는 사회적 통념과 관련성이 높다. 사회적으로 특정 텍스트의 의미 규정이나 사회적인 인식 틀에서 비롯된 텍스트 의미를 독자도 따라 구성한다. 이는 사회적으로 유통되고 있는 인식 틀과 텍스트의 의미에 독자가 동조하여 텍스트를 이해함을 뜻한다.

사회적 통념이나 전체성을 띠게 하는 인식 틀은 왕립과학(국가 과학)의 의식의 흐름에서 비롯된다. 왕립과학에 기초한 인식 틀은 옳고 그름이나 진리냐 비진리냐와는 관련이 없다. 과학적 인식과 관련된 4원소설과 지동설은 오랫동안 서양의 과학적 인식 틀이었고, 뉴턴의 물리학 이론(만류 인력)은 상대성 이론과 양자 역학의 과학 시대에도 건재하다. 동양의 음양오행설, 60갑자, 띠(쥐띠, 소띠 등) 등은 오늘날 우리 생활에 관여하고 있다. 우리가 대상을 인식하는 틀로서 작용하고 있는 것이다. 독자의 텍스트 이해도 마찬가지로 통념적 인식 틀이 관여하고 있다. 어떤 텍스트를 읽어도 마찬가지이다. 독자가 이를 벗어나기 위해서는 의지적 노력을 필요로 한다.

이븐 할둔(Ibn Khadoun, 1332-1463)은 유목민의 전쟁기계를 가족 내지 가계

(家系) 더하기 단결심으로 규정하고 있다. 전쟁기계는 국가와는 전혀 다른 관계를 가족과 맺고 있다. 가족은 국가에서는 기본 세포에 불과하지만 전쟁기계에서는 패거리 벡터이기 때문에 하나의 가계는 특정한 가족이 특정한 시점에 '부계적 연대'의 최대치를 실현할 수 있는 소질에 따라 어떤 가족으로부터 다른 가족으로 이동될 수 있다. 국가라는 유기체 속에서는 한 가족의 위치가 해당 가족의 공적인 명성에 의해 결정되지만 이와 반대로 전쟁 단체에서는 연대를 창출할 수 있는 비밀스러운 역량 또는 덕 그리고 이에 대응하는 가계의 이동성이 한 가족의 명성을 결정한다. (김재인 역, 2003: 703)

들뢰즈와 과타리는 사회적 통념을 벗어나기 위한 단서를 유목민 가계의 독특한 연대성에서 찾아 제시한다. 유목민은, 홈 패인 공간에서 생활하는 도시민과 달리, 매끈한 공간을 이동하면서 생활한다. 그렇기에 유목의 가족이나 가계 구성은 도시민과 다르다. 국가에서의 가족의 속성은 국가를 구성하는 하나의 세포와 같은 존재인지만 유목민의 공간에서는 '부계적(父系的) 연대'의 최대치를 실현하기 위한 단위들이다. 홈 패인 국가에서의 가족은 단위 세포적 역할에 충실한 것을 최고 덕으로 여긴다. 반면 전쟁기계의 속성을 지닌 유목민들에게 가족은 부계적 연대를 실현하기 위해 다른 가족으로의 이동을 최고의 덕으로 여기는 것이다. 그렇기에 국가적인 차원에서의 가족은 그 위치가 가족이 지닌 공적인 명성에 의하여 결정되지만 유목민의 차원에서는 연대를 창출할 수 있는 이동성이 가족의 명성을 결정한다. 『천 개의 고원』은 세포적 역할에 충실한 공적인 명성을 지향하는 읽기로도, 부계적 연대를 실현하는 이동성을 지향하는 읽기로도 읽을 수 있다.

사회적 통념의 인식 틀은 가족의 명성과 같다. 국가적 차원에서는 이미 주어진 위치에서의 역할에 충실할 수 있을 때 최고의 가치를 지닌다. 이는 공적인 명성에 충실할 수 있을 때 최고의 가치를 발휘하게 되는 것이다.

이를 독자가 통념의 인식 틀을 활용하는 것과 관련지으면, 독자의 명성은 국가 과학의 인식론적 가족의 일원이 됨으로써 명성을 얻고 덕을 실현하는 것이 됨을 뜻한다. 이 측면에서 보면, 독자의 텍스트 이해는 국가적 인식 틀에 충실한 텍스트 이해가 가장 가치 있는, 즉 명성을 획득할 수 있는 일이 된다. 국가적 인식 틀을 벗어나는 텍스트 이해는 그 명성을 잃고 그 가족에 머물 수조차 없다.

전쟁기계의 유목적 측면의 인식 틀은 주어진 위치를 벗어날 때 그 가치가 높아진다. 새로운 가족과 결합하여 부계적 연대를 형성할 수 있을 때, 최고의 가치를 발휘할 수 있게 되는 것이다. 가족 품을 벗어나, 다른 가족과 연대를 이루고 부계적 연대에 충실한 구성원으로서의 역할을 수행할 때 그와 그 가족의 명성은 높아지게 된다. 독자가 국가적 인식 틀을 벗어날 수 있을 때, 기존의 인식 틀에서 벗어날 때, 그 자신과 가족의 명성은 얻고 덕을 실현하는 것이 된다. 이 측면에서 보면, 독자의 텍스트 이해는 전쟁기계와 같이 기존의 인식 틀을 벗어나는 텍스트 이해가 가치 있게 받아들여진다. 즉 독자는 명성을 얻을 수 있게 되는 것이다. 독자가 국가의 제한된 인식 틀을 벗어나 새로운 인식 틀을 받아들이고 연대할 수 있을 때, 명성을 얻게 되고 가족 내에서 자신의 지위를 확보할 수 있게 된다.

라. 나: 현실에 충실하기

독자가 텍스트를 읽을 때 해야 할 일은 자신의 현실에 충실하게 의미를 생성하는 일이다. 독자는 자신의 현실에서 살아가고 과학적 인식 틀을 활용한다. 독자가 활용하는 인식 틀은 독자의 것이어야 한다. 국가 과학의 인식 틀이 아니라 독자가 현재 당면한 유목적 현실의 인식 틀이어야 한다. 독자의 유목적 현실에서는 국가 과학과 유목 과학, 순회 과학의 인식 틀이 상보적으로 작용하고 있다. 독자가 국가 과학의 인식 틀을 따라 자신의 현실을 도외시할 수도 있고, 유목 과학의 인식 틀로 현실만을 내세울 수도 있다. 또는 유목 과학의 창의적 이해를 국가 과학의 동일적 이해와 비교 점검할 수도 있다. 독자의 텍스트 이해는 어느 방향으로도 이루어질 수 있다.

독자의 텍스트 이해 현실은 자신의 미래와 과거도 포함한다. 텍스트의 내용과 독자의 의식도 마주한다. 또한 국가 과학과 유목 과학의 인식 틀이 병립한다. 이 현실은 독자가 자기에게 충실할 것을 요구한다. 독자는 텍스트 이해의 현실을 생성하는 자이며, 참여자이고, 주도자이다. 독자는 자기를 앞세워 텍스트 이해의 현실을 직시해야 할 주체인 것이다. 독자에게는 자기 삶의 현실에 충실한 유목 과학의 인식 틀이 필요하다. 즉 독자는 유목 과학의 인식 틀을 적용하여 텍스트 이해를 이루어야 한다. 독자는 텍스트로 들어가거나 텍스트의 의미를 좇는 것이 아니라 텍스트를 해석하여 자기 현실에서 의미를 생성해야 한다. 이방인 같은 국가장치의 인식 틀로 의미 구성을 할 것이 아니라 자기 현실 삶에서 유목 과학의 인식 틀로 의미 생성을 해야 한다. 독자의 텍스트 이해는 독자의 삶의 현실이지 외부 관찰자가 아니다. 독자는 텍스트 읽기를 통하여 자기와 삶을 새롭게 해야 한다. 왕립과학의 인식 틀로 자기를 벗어난 텍스트 이해를 하는 것이 아니라 유목 과학 또는 순회 과학으로 자기 내에서 자기를 찾고, 지키고, 생성하여 현실을 밝히는 이해를 해야 한다. 『천 개의 고원』 읽기도 그렇고, 모든 텍스트 읽기도 마찬가지이다.

과학의 두 가지 유형, 즉 과학적 절차의 두 가지 유형도 구분해야 한다. ─한쪽을 '재생산하기' 절차라고 한다면 다른 한쪽은 '따라가기' 절차라 할 수 있다. (중략) 재생산하는 것은 반드시 재생산되는 것의 외부에 위치하는 고정된 관점의 항상성을 요구하는데, 이것은 마치 물가에서 물의 흐름을 지켜보는 것과 비슷하다. 그러나 따라간다는 것은 재생산의 이상과는 전혀 다른 것이다. 더 낮다고는 할 수 없지만 아무튼 다르다. 형식을 발견하려는 것이 아니라 질료, 즉 재료의 다양한 '독자성'을 탐구하려 할 때, 중력을 피해 신속함의 장으로 들어가려 할 때, 방향이 한정된 박편 모양의 유속의 흐름을 지켜보는 것을 멈추고 소용돌이치는 흐름에 휩쓸려 가려고 할 때, 그리고 변수에서 상수를 도출하는 대신 변수의 연속적 변주 속에 휩쓸리려고 할 때는 직접 따라가지 않으면 안 된다. 그리고 이 두 과학적인 절차에 따라 <대지>의 의미 또한 철저하게 달라지게 된다. 합법적 모델에 따르면 사람은 일련의 불변적인 관계의 총체에 따라 어떤 영역의 어느 한 가지 관점에 끊임없이 재영토화되는 반면 이동적인 모델에서는 바로 탈영토화의 운동이 영토 자체를 구성하고 확대한다. (김재인 역, 2003: 713-714)

들뢰즈와 과타리는 과학 인식론의 두 가지 유형을 이야기한다. '재생산하기'와 '따라가기'[13]이다. 재생산은 왕립과학적 인식 틀을 따르는 것이고, 따라가기는 유목 과학의 인식 틀을 따른 것이다. 따라가기는 형식에 맞게 질료를 배치하는 것이 아니라 재료를 활용하여 자기의 현실을 밝히는 일이다. 따라가기는 재료의 사용에 따라 독자성을 띠는 자기 삶을 이루는 것이다. 또한 재료의 다질성을 드러내는 것이고, 뉴턴 과학의 중후함이 아닌 현대 과학의 신속성, 의식적 소용돌이의 형성, 고정적인 상수의 도출에서 벗어나 변수의 변용에 의한 삶을 이루는 것이다. 독자는 한 가지 인식 틀에서 불변적인 단일한 의미를 구성하는 것에 집착할 것이 아니라 고정된 인식 틀에서 벗어나 이동을 통하여 새로운 영토를 생성하는 것이 필요하다.

---

13   따라가기는 'Suivre'를 번역한 말이다. 김재인(2003)에서는 '따라가기'로 번역하고 있지만 이진경·권해원 외(2000: 155)에서는 '추구' 또는 '추구하기'로 번역하고 있다.

매끈한 공간은 바로 이러한 최소의 편이의 공간이다. 따라서 이 공간이 갖게 되는 등질성은 무한 근방에 있는 점들 사이에서만 존재하며, 이러한 근방들의 접점은 규정될 길과는 무관하다. 이것은 유클리드적인 홈이 패인 공간처럼 시각적인 공간이라기보다는 촉각적인, 즉 손에 의한 접촉 공간, 미세한 접촉 행위의 공간이다. 매끈한 공간은 수로도 운하도 갖지 않은 하나의 장, 비-등질적인 공간으로서 아주 특수한 유형의 다양체, 비-계량적이며 중심이 없는 리좀적 다양체, 즉 공간을 '헤아리지' 않고 차지하는 다양체, '탐색하려면', '계속 앞으로 나가는 것 이외에는 다른 방법이 없는' 다양체와 결합된다. 이러한 유형의 다양체는 외부의 한 점에서야 관찰될 수 있다는 시각적인 조건을 충족시켜 주지 못한다. (김재인 역, 2003: 712)

유목 과학의 인식 틀은 매끈한 공간의 삶을 이루게 한다. 독자가 텍스트와 이루는 매끈한 공간은 끊임없는 변화를 이루는 편위(clinamen(클리나멘), déclinasion)의 공간이며 무엇과 접속하느냐에 따라 달라지는 공간이다. 시각에 의한 단일성을 갖는 것이 아니라 오감에 의한 감각의 다양체로 구성되는 공간이다. 흐름을 제한하는 수로도 없고, 등질성도 존재하지 않는 개별적 특수성만이 존재하며, 무엇과 접속하느냐에 따라 달라지는 공간이다. 통념의 인식 틀이 작용하지 않아 새롭게 탐구하고 현실적이고 실체적인 인식 틀로 인식해야 하는 다양체의 공간이다. 독자가 텍스트를 이해해야 하는 현실의 실체적 공간이다. 독자의 현실적 삶의 실체는 어떤 외적인 조건으로도 충족시킬 수 없다. 독자의 삶의 현실 속에서 텍스트 이해를 이루어내야 한다.

4. 유목 과학 인식론의 수용 방향

독자의 텍스트 이해는 인식 틀에 기초한다. 독자의 텍스트 인식 틀은 국가 과학적 속성을 지닌 고정적이고 고착된 것도 있고, 유목 과학적 속성을 지닌 이동적이고 변용적인 것도 있다. 독자는 이들 텍스트 인식 틀을 선택적으로 활용한다. 극단적으로는 국가 과학적 속성을 바탕으로 동일한 인식 틀을 활용할 수도 있고, 유목 과학적 속성을 바탕으로 다질적인 인식 틀을 활용할 수도 있다. 독자들이 주로 사용하는 인식 틀은 국가 과학의 것이다. 그렇기에 독자가 창의적이고 현실적 삶에 충실한 텍스트 의미를 생성하기 위해서는 유목 과학적인 인식 틀이 필요하다.

빠름과 느림, <신속함>과 <중후함>을 대립시킬 때 이러한 대립을 양적인 것으로 파악하거나 신화적 구조로 생각해서는 안 된다. (중략) 이것은 오히려 질적인 동시에 과학적인 대립이다. 왜냐하면 속도는 단순히 운동 일반의 추상적 성격이 아니라 아무리 미세하더라도 낙하의 수직선, 즉 중력선에서 일탈하며 운동하는 물체 속에서 구체화되기 때문이다. 느린 것이 양적으로 아무리 빨라도 또 빠른 것이 양적으로 아무리 느려도 느리거나 빠른 것은 운동의 양적 정도가 아니라 질적인 성격을 가진 두 가지 유형이다. 엄밀히 말해 아래로 떨어지는 물체는 아무리 빠르게 낙하하더라도 본래적인 의미에서 속도를 가졌다고 말할 수는 없다. 오히려 중력 법칙에 따라 무한히 감소해 가는 '느림'을 가졌다고 말해야 한다. 공간에 홈을 파고 한점에서 다른 점으로 이동하는 박편 모양의 운동이야말로 중후함이라 할 수 있을 것이다. 그러나 속도나 신속함이라 부를 수 있는 것은 단지 최소 편이에 의해 매끈한 공간을 차지하는 동시에 이러한 공간을 그려내는 소용돌이 운동뿐이다. (김재인 역, 2003: 712-713)

독자의 텍스트 이해는 인식 틀에 갇혀 이루어지기 쉽다. 읽기 교육이 그렇게 만들고 사회적 통념이 그렇게 이끈다. 국가 과학의 인식 틀은 강력한 힘으로 독자를 파고든다. 독자는 이 힘에서 벗어나기 쉽지 않다. 교육제도가 그러하고, 사회적 통념이 그러하다. 독자가 이들 전체성으로 작용하고 있는 인식 틀을 벗어나기 위해서는 인식과 의지가 필요하다. 인식은 자기의 텍스트 이해가 전체성의 인식 틀에서 이루어지고 있다는 것을 아는 것이다. 의지는 이 인식 틀에서 벗어나 텍스트 읽기와 이해를 실행하겠다는 마음가짐이다. 이 둘이 기초가 될 때 독자는 유목적 텍스트 이해를 실행할 수 있다.

이 정에서는 텍스트 이해에 대한 거시적 관점에서 과학 인식론을 살폈다. 독자의 텍스트 이해는 과학 인식론의 특성도 반영하여 이루어진다. 독자의 텍스트 이해가 과학 인식론을 토대로 하기 때문이다. 과학 인식론은 단일한 것이 아니라 여러 가지가 있다. 왕립과학의 인식론도 있고, 유목 과학의 인식론도 있다. 왕립과학의 인식론은 독자가 전체적인 동일한 텍스트 의미를 구성하는 것을 지원하는 반면 유목 과학의 인식론은 독자가 개별적인 물질성에 근거한 텍스트 의미 생성을 지원한다. 독자의 텍스트 해석은 왕립과학과 유목 과학의 인식 틀에 의하여 이루어질 수 있고, 순회 과학 또는 이동 과학의 인식 틀에 의하여 상보적으로 협력할 필요도 있다.

제4장

읽기와 텍스트 공간

1. 텍스트 공간의 개념

> 살구꽃이 피는 집/ 봄이면 살구꽃이 하얗게 피었다가/ 꽃잎이 하얗게 담 너머
> 까지 날리는 집/ 살구꽃 떨어지는 살구나무 아래로/ 물을 길어오는 그 여자
> 물동이 속에/ 꽃잎이 떨어지면 꽃잎이 일으킨 물결처럼 가 닿고/ 싶은 집
>
> (김용택, <그 여자네 집> 일부)

독자가 위 텍스트를 읽을 때, 꽃 핀 살구나무가 있는 집의 공간이 마음속에
떠오른다. 텍스트에 내재해 있던 공간이 독자의 마음속에서 펼쳐지는 것이
다. 독자가 펼쳐내는 공간은 텍스트의 낱말 뒤나 사이에 주름져 꼬깃꼬깃
접혀 있다.[1] 독자가 낱말을 인식하기 시작하면, 공간은 감았던 눈을 뜰 때처럼
마음속에서 펼쳐진다. 낱말들의 사슬에 따라 독자 마음의 눈이 돌아가며
공간을 펼쳐낸다. 이 공간에는 텍스트 이해에 필요한 여러 대상이 있다. 독자

---

[1] 들뢰즈의 '주름' 개념에 대한 논의는 연효숙(2019)을 참조할 수 있다. 이 논의에서의 '주름'
이라는 용어의 개념은 들뢰즈의 '주름'과 개념적으로 일치하지는 않는다. 이 논의에서의
'주름' 개념은 논의 맥락에서 파악할 수 있다.

는 이들 대상을 지각함으로써 텍스트를 이해한다. 독자가 펼친 공간을 들뢰즈의 말로 표현하면[2] '기호들과 마주침의 공간'[3](김채춘·배지현, 2016: 112)이다. 독자는 마음속에 펼친 공간에서 대상 뿜어내는 기호들과 마주친다. 기호와 마주친 독자는 기호를 방출하는 대상의 본질을 탐구한다.[4] 독자는 마음속 공간에서 기호와 마주침으로써 사유하고 배운다. 기호에 의식을 집중하여 대상의 본질을 알아내는 활동이 사유이고, 그 사유의 결과로 대상의 본질을 깨치는 활동이 배움이다.

텍스트를 읽을 때, 독자가 지각하는 공간은 두 가지이다. 텍스트의 공간과 독자의 공간이다. 텍스트의 공간은 텍스트를 이루고 있는 낱말들 속에 다층적으로 접혀 있다. <그 여자네 집>의 공간은 거리를 두고 보면, 스냅사진 같은 한 장면으로 감지되는 2차원의 평면일 수 있다. 거리감이 없는 공간 안에서 보면, 여러 요소가 어우러진 3차원의 입체일 수 있다. 물질 요소, 심리 요소, 시간 요소, 상황 요소, 색깔 요소, 운동 요소 등이 개별적 또는 범주적으로 공간에 내재한다. 이 공간의 요소들은 잠재적 또는 가능성으로만 존재하고 있다. 이 공간은 독자에 의하여 구체화된다.

---

2 이 논의는 들뢰즈와 과타리의 『천 개의 고원』(김재인 역, 2003) 12장의 '공리2'와 '명제5'와 관련된다. '공리2-전쟁기계는 유목민의 발명품이다(국가장치의 외부에 존재하며, 군사제도와 구별되는 한에서). 이러한 의미에서 유목적인 전쟁기계는 공간 지리적 측면, 산술적 또는 대수적 측면, 변용태적 측면의 세 가지 측면을 가진다. 명제5-유목민의 실존은 필연적으로 전쟁기계의 조건들을 공간 속에서 실현시킨다.'(김재인 역, 2003: 729) 이진경(2003b: 367)에서는 '공리2'와 '명제5'를 다음과 같이 번역하고 있다. 공리2-전쟁기계는 (그것이 국가장치의 외부이며, 군사 제도와 구별되는 한) 유목민의 발명품이다. 그런 전쟁기계는 세 측면을 갖는데, 공간-지리적 측면, 산술적 내지 대수적 측면, 감응적(affectif) 측면이 그것이다. 명제5-유목민의 실존은 필연적·공간적으로 전쟁기계의 조건을 유효화한다.

3 배운다는 것, 그것은 분명 어떤 기호들과 부딪히는 마주침의 공간을 만들어 간다는 것이다. 이 공간 안에서 특이점들은 서로의 안에서 다시 취합된다.(김상환 역, 2004: 75)

4 배운다는 것은 우선 어떤 물질, 어떤 대상, 어떤 존재를 마치 그것들이 해독하고 해석해야 할 기호들을 방출(放出, émettre)하는 것처럼 여기는 것이다. 어떤 사물에 대해서 <이집트 학자>가 아닌 견습생apprenti은 없다.(서동욱·이충민 역, 2004: 23)

독자의 공간은 텍스트의 주름진 공간을 마음속에다 펼쳐 놓은 것이다.[5] 독자가 펼치는 공간은 텍스트의 공간에서 비롯된다. 그렇다고 독자가 펼친 공간이 텍스트의 공간을 그대로 옮겨 놓은 것은 아니다. 독자는 주름진 텍스트 공간의 일부를 펼친다. 그러기에 독자가 마음속에 펼치는 공간은 텍스트의 것과는 다르다. <그 여자네 집>을 읽고, 독자가 마음속에 펼치는 공간은 의식의 초점을 두는 것에 따라 다르게 전개된다. 어떤 강도(intensité)로 어떤 요소에 의식을 집중하느냐에 따라 달라진다. 텍스트를 읽고 펼치는 공간의 크기와 깊이는 독자의 몫이다.

텍스트를 읽는 독자는 마음속에 공간을 펼치고, 그 공간을 유랑한다. 유랑은 일정한 거처가 없이 떠돌아다님이다. 독자는 유랑하다가 머물기도 한다. 그렇지만 그 머묾은 일시적이고 유랑은 지속적이다. 텍스트를 끝까지 읽었다고 독자의 유랑이 끝나는 것은 아니다. 특정 공간에 머물렀다고 유랑이 끝나지도 않는다. 텍스트를 읽는 독자가 마음속에 펼친 공간 속에서의 유랑은 유목민의 유랑과 닮아 있다. 이 유랑에서 독자는 공간의 곳곳을 감각하고 탐색하여 인식한다. 공간을 구성하고 있는 요소들이 뿜어내는 기호와 마주치는 것이다. 기호를 마주친 독자의 사유는 유목적 사유이다. 독자의 유목적 사유는 그 나름의 작용 양식에 입각한다.

이 장에서는 독자가 텍스트를 읽으며 마음속에 펼치는 공간의 특성을 살핀다. 특히 독자가 텍스트의 주름진 공간을 펼쳐 어떻게 유목적으로 사유하여 텍스트 이해에 이르는지를 고찰한다. 독자의 유목적 사유는 마음속에 펼친 공간을 어떻게 유랑하는지와 연관되어 있다. 이것은 독자가 텍스트 이해를 하는 과정과 이해의 결과를 결정한다. 독자가 자신이 펼친 공간을 어떻게

---

5   이는 대상 인식에 대한 들뢰즈의 설명에서 잠재적 차원 중 강도적 차원에 속한다. 이에 대한 교육적 논의는 김재춘·배지현(2016)의 『들뢰즈와 교육』 4장과 5장을 참조할 수 있다.

유랑하느냐에 따라 의미 생성이 달라진다. 독자의 유랑 과정에 따라 생성된 의미는 독자마다 고유하다. 독자가 펼친 공간 속에서 유랑하며 감각하는 대상과 경로는 독자만의 것이기 때문이다. 이 논의의 관심은 유목적 읽기에 초점이 있다. 텍스트를 읽는 독자가 펼친 공간과 그 공간 안에서의 활동 방식을 거시적인 관점에서 알아본다.

2. 텍스트 공간의 특성

독자의 텍스트 이해에는 텍스트의 공간적 요인이 작용한다. 독자의 텍스트 내용 인식과 이해는 텍스트에서 어떤 공간을 어떻게 생성하는가에 따라 달라진다. 특히 유목적 텍스트 읽기에서의 공간 생성은 역동적이다. 독자가 텍스트를 읽고 마음속에 어떤 공간 펼쳐 놓고, 무엇에 집중하며 유랑하느냐에 따라 이해의 양과 질이 달라지기 때문이다. 독자의 텍스트 읽기에서 이루어지는 텍스트 공간 생성에 대하여 살펴보고, 텍스트 이해의 접근 방향을 검토한다.

가. 촉감적 공간

독자는 텍스트를 읽을 때, 다양한 방식으로 텍스트와 관련된 공간을 마음속에 펼친다. 어떤 공간은 있다는 것만이 감지되기도 하지만 어떤 공간은 세밀하게 촉감적으로 감각된다. 독자의 텍스트 공간 펼침은 텍스트의 어휘나 표현과 관련 있지만 전적으로 텍스트 요소에 의존하지 않는다. 독자의 개인적인 경험 요소도 관여하고, 학습으로 경험한 요소도 함께 관여한다. 독자의 공간 펼침은 텍스트나 독자 어느 한쪽에 의존하지 않는다. 그렇지만 텍스트를 읽는 독자가 공간을 펼칠 때, 많이 의존하게 되는 경험은 학교 교육에서 익힌 것이다. 텍스트를 읽고 이해하는 것 자체가 교육을 통하여 배워야 할 수 있는 것이기에, 학교 교육은 독자의 텍스트 공간 인식에 강력한 작용 요인이다.

넓은 벌 동쪽 끝으로/ 옛이야기 지줄대는 실개천이 휘돌아 나가고/ 얼룩빼기 황소가/ 해설피 금빛 게으른 울음을 우는 곳/ 그곳이 차마 꿈엔들 잊힐 리야.

질화로에 재가 식어지면/ 비인 밭에 밤바람 소리 말을 달리고/ 엷은 졸음에 겨운 늙으신 아버지가/ 짚베개를 돋아 고이시는 곳/ 그곳이 차마 꿈엔들 잊힐 리야.

흙에서 자란 내 마음/ 파아란 하늘빛이 그리워/ 함부로 쏜 화살을 찾으려/ 풀섶 이슬에 함초롬 휘적시던 곳/ 그곳이 차마 꿈엔들 잊힐 리야.

(정지용, <향수> 일부)

위 시는 우리에게 친숙하다. 위 시를 읽으면서 독자들은 마음속에 고향의 공간을 펼친다. 독자가 펼치는 공간은 독자 임의로 하는 것이 아니다. 독자는 시어(어휘)에 대한 인식 조건(단서) 속에서만 공간을 펼친다. 위 시가 독자에게 친숙한 것은 시어와 관련한 인식 조건의 활용이 익숙하여 공간을 쉽게 펼칠 수 있기 때문이다. 독자는 시어의 뒤와 사이에 주름져 들어있는 공간을 펼칠 단서의 사용에 능숙한 것이다. 위 시에 친숙한 독자들은 비슷한 인식 조건을 사용하여 유사한 공간을 펼친다. 그리고 펼친 공간에서 주목하여 인식하는 대상도 비슷하다. 이들 독자는 학교에서 위 시를 어떻게 읽어야 하는지 배웠기 때문이다. 우리가 위 시와 관련하여 배운 내용은 대동소이하다.

<향수>에서 정지용은 자신이 태어나서 자란 고향 마을의 자연과 소박한 촌민

들의 인정 어린 풍경을 노래하고 있다. 이 시인이 그렇게 못 잊어 하는 고향은 실개천이 흐르고 얼룩빼기 황소가 서글프게 우는 농가 마을이다. 그곳에는 짚벼 개를 높이 돋아 고이시는 아버지와 그가 어릴 때 쏘아 올린 화살이 어디엔가 떨어져 숨 쉬고 있다. 그리고 귀밑머리 날리는 어린 누이와 사철 발 벗고 다니는 아내가 있는 가난한 마을이지만, 밤이면 호롱불을 밝히고 가족들이 한곳에 모여 도란거리는 그런 정겨운 풍경이기도 하다. (김학동, 1987: 110)

윗글의 내용을 볼 때, 저자는 <향수>의 공간을 마음속에 펼칠 때, 시인(저자)의 경험을 활용한다. 시의 각 구절과 관련지어 시인의 고향인 농가 마을의 모습을 생성하고, 마을을 구성하는 실개천과 얼룩빼기 황소를 배치한다. 그러고 늙은 아버지의 모습, 어린 누이의 모습, 가난한 아내의 모습, 가족이 밤에 호롱불을 중심으로 모여 이야기를 나누는 모습을 배치한다. 이로써 독자는 시인이 그리워하는 어린 시절, 가난하지만 정겨운 고향에 대한 이미지로 공간을 구성한다. 독자는 텍스트에 제시된 단서를 활용하여 시의 공간을 마음속에 펼친다. 그러면서 향토적 정감을 느끼게 하는 공간 속의 대상들과 그리움의 정서에 공감하면서 시적 공간과 인지적 관계를 맺는다. 독자는 이로써 자신의 마음속에 펼친 공간을 완결하게 된다. 독자가 펼친 이 공간은 독자들 간에 유사하다. 공간 속에서 감각하고 느끼고 인식하고 생각하고 배우는 것도 유사하게 된다. 독자가 펼친 이러한 공간은 들뢰즈와 과타리(김재인 역, 2003)가 말하는 홈 패인 공간이고, 국가적 공간이며, 정주(정착)적 공간이다. 누가 언제 이 시를 읽어도 마음속에 펼치는 공간은 유사하며 배움의 내용은 동일하게 반복된다.

필자는 「향수」의 구절 중에 '옛이야기 지즐대는 실개천', '빈 밭에 밤바람 소리 말을 달리고', '전설바다에 춤추는 밤물결 같은', '하늘에는 성근 별/ 알 수도 없는 모래성으로 발을 옮기고' 등 만이 시적 상상력(poetic imagination)에 의한 표현이라고 생각한다. 반면에 '얼룩백이 황소, 질화로, 비인 밭에 밤바람 소리, 늙으신 아버지, 짚베개, 함부로 쏜 화살, 검은 귀밑머리 날리는 어린 누이, 사철 발 벗은 아내, 성근 별, 서리 까마귀, 초라한 지붕, 흐릿한 불빛' 등 나머지 시어는 정지용의 옥천 고향을 그리며 떠올린 구체적 경험이고 사실적인 묘사로 파악하고 싶다. (중략) '많은 독자들과 일부 해설가는 「향수」의 실개천이 넓은 벌의 '동쪽 끝으로 휘돌아가는' 것을 '동쪽으로 흘러가는' 것으로 생각하는 오류를 범하는 경우가 있다. 조금만 생각해 보면 우리나라 지형은 동고서저(東高西低)이므로, 옥천의 모든 개천은 금강과 만나 서해로 가기 때문에 동쪽으로 계속 흘러갈 수는 없다는 것은 자명(自明)한 일이다. (노봉식, 2020, 신문 기사)

윗글을 보면, <향수>를 읽고 마음속에 펼치는 공간이 앞의 독자와는 다르다. 텍스트 단서에 의해 독자가 펼친 공간은 유사하지만 경험적 단서에 의해 펼친 세부적인 공간에는 차이가 난다. 윗글의 저자가 마음속에 펼친 공간에서 감각하고 느끼고 생각하는 것이 다르다는 것도 알 수 있다. 윗글의 저자는 <향수>를 읽으면서 시인(정지용)이 살았던 고향에 대한 자신의 실제 경험 단서를 활용하여 공간을 구체화한다. 그러면서 펼친 공간 속의 사물을 경험적 기준을 중심으로 평가한다. 대상의 표현 면에서 시적 상상력의 표현과 사실적인 표현을 구분한다. 시를 읽고 펼친 공간은 학교 교육에서 얻은 단서로 펼치는 공간과는 사뭇 다르다. 그래서 그 공간에서 감각하고, 느끼고, 관심 갖고, 생각하고, 판단하는 것이 다르다. 사실, 독자마다 <향수>를 읽을 때마다 윗글의 저자와 같은 개별적인 공간을 언뜻언뜻 펼친다. 그런데 그런 공간을 애써 외면한다. 그 결과, 누가 언제 읽어도 동일한 홈 패인 공간을 매번 펼치게 된다. 윗글의 저자와 같이, 독자만의 단서를 활용하여 독자만의 공간을 펼치는 것을 들뢰즈와 과타리(김재인, 2003)는 매끈한 공간, 전쟁기계의 공간, 유목적 공간이라고 한다.

하지만 상황은 이제까지 서술해 온 것보다 훨씬 복잡하다. 바다는 아마 가장 중요한 매끈한 공간이자 뛰어난 수력학적 모델일 것이다. 또한 바다는 모든 매끈한 공간 중에서 가장 먼저 인간이 홈 파기를 시도했던 곳으로, 고정된 항로, 일정한 방향, 상대적 운동, 그리고 수로나 운하 같은 반수력학적인 시도를 통해 육지에 종속시키려고 변형을 시도했던 공간이기도 했다. 서양이 헤게모니를 장악할 수 있었던 이유 중의 하나는 서양의 국가장치가 북구와 지중해의 항해 기술을 결합시키고 대서양을 합병함으로써 바다를 홈 파기할 수 있는 역량을 획득한 데 있다. 하지만 이것은 전혀 예기치 못한 결과를 가져왔다. 즉 홈이 패인 공간에서의 상대적 운동들의 증가와 상대적 속도의 강렬화는 결국 매끈한 공간 또는 절대적 운동의 재구성으로 이어졌던 것이다. 비릴리오가 강조하는 대로 바다는 현존 함대의 장이 되었으며, 이곳에서는 어느 한 점에서 다른 한 점으로 이동하는 것이 아니라 임의의 한 점에서부터 모든 공간을 장악할 수 있게 된 것이다. 공간을 홈 파는 대신에 끊임없이 운동하는 탈영토화의 벡터에 의해 공간을 차지하는 것이다. 이러한 현대적 전략은 바다로부터 새로운 매끈한 공간으로서의 하늘로, 뿐만 아니라 사막이나 바다와 같은 <지구> 전체로까지 확대되었다. (김재인 역, 2003: 743-744)

윗글은 들뢰즈와 과타리가 매끈한 바다 공간을 홈 패인 공간으로 변화시키려는 과정에서 새로운 매끈한 공간이 되었음을 설명하는 내용이다. 위 텍스트를 읽는 독자도 마음속에 공간을 펼친다. 이 텍스트를 읽는 독자가 펼치는 공간은 앞서 본 텍스트를 읽고 펼치는 공간과는 다르다. 대양과 육지가 언급되고, 이들을 연결하는 홈 패인 국가장치와 유목적인 전쟁기계, 이들의 관계 작용인 운동과 속도, 하늘과 사막과 지구, 현존 함대들이 연결된다. 독자가 펼쳐야 하는 공간은 구체성이 없다. 어휘의 뒷면이나 사이에 주름져 접혀 있는 공간은 크고 성글다. 다만, 독자는 바다의 인식적 성질의 변화에 주목하여 공간을 지각적으로 구성해 낸다. 그럼으로써 펼친 공간은 바다의 인식적 존재 양상 변화로 정교화된다. 그러면서 공간의 구성 대상들을 연결하여 펼친 공간이 일련의 조직성을 갖게 한다. 관련 요소들의 조직성을 일관성(고름)[6]이라 한다. 독자가 텍스트를 읽을 때, 마음속에 펼쳐야 하는 공간은 제한이 없지만 일관성으로 엮어낼 때 텍스트 이해에 다가갈 수 있다.

독자의 텍스트 이해는 독자가 펼치는 공간에 의존한다. 공간을 어떻게 펼치고, 그 공간 속 무엇에 집중하고, 어느 곳으로 어떤 속도로 움직이느냐에 따라 이해가 달라진다. 독자는 펼친 공간의 홈 패인 길을 따라갈 수도 있고, 매끄럽게 어디로든 열려 있는 길을 따라갈 수도 있다. 또한 정해진 장소나 대상에만 집중하여 감각할 수도 있고, 그때그때 감각에 감지되는 장소와 대상에 집중할 수도 있다. 목표로 한정한 곳이나 대상만 찾아가느냐, 감지되고 느껴지는 대상에 잠시 집중하느냐는 생성하는 의미를 달라지게 한다. 또한 자기만의 속도가 없이 흐름을 따라가느냐, 맹렬한 속도로 흐름을 거스르느냐에 따라 생성하는 의미의 질과 깊이는 달라진다. 텍스트를 읽는 독자는 자신이 펼친 공간 속에서 정착민이 될 수도 있고, 이주민이 될 수도 있으며, 유목민이 될 수도 있다.

---

6 '일관성'이라는 'consistance'를 번역한 말로 이진경(2003)이 사용한 말이다. 김재인(2003)은 이를 '고름'이라고 하였다. 일관성은 동양 철학의 '기(氣)'와 같은 것으로 '모든 종류의 형식을 벗어난 개념이고, 상이한 형식을 가로지르며 그것을 하나로 연결해주는 탈형식적 통일성'(이진경, 2003a: 204)이다.

나. 대상과 분배

독자의 텍스트 이해는 독자가 펼친 공간에서 관심을 갖는 대상과 어느 경로로 지나가는가에 따라 달라진다. 텍스트를 읽는 독자는 펼친 공간에 존재하는 다양한 대상과 마주할 수 있다. 또한 공간을 이동하는 경로도 다양할 수 있다. 독자가 펼친 공간에서 어떤 대상에 의식을 집중하고, 어떤 경로를 어떻게 이동하느냐에 따라 감지하고 의식하고 인식하여 이해하는 것이 달라진다. 독자가 펼치는 공간은 스냅사진과 같은 공간도 있지만 여러 대상이 역동적으로 상호작용하는 공간도 있다. 또한 한 지점에 제한된 공간도 있지만 여러 지점을 연결하여 펼쳐지는 공간도 있다. 이 공간은 일차적으로 텍스트 형식이나 내용 특성에 의하여 결정되는 측면이 있지만 이차적으로 독자의 요인에 따라 결정된다. 그렇기에 독자가 펼치는 공간을 특정한 것으로 규정하는 것은 어렵다.

유목민은 영토를 갖고 있으며 관습적 궤적을 따라 이동한다. 한 점에서 다른 점으로 이동하는 습성을 갖고 있으므로 물을 얻을 수 있는 지점, 머물 수 있는 지점, 모여야 할 지점 등의 지점을 모르지 않는다. 그러나 유목 생활에서 원칙적인 것과 단순한 결과에 지나지 않는 것을 구별하는 것이 문제가 된다. 우선 이들 지점들이 궤적을 규정하기는 하지만 정주민들의 경우와는 반대로 이 지점들은 원래의 궤적에 엄격히 종속되어 있다. 물을 얻을 수 있는 지점에 도달한 다음에는 이를 버리고 곧장 다른 곳으로 떠나야 하는 것이다. 이처럼 모든 지점은 중계점이며 중계점으로서밖에 존재하지 않는다. 경로는 항상 두 지점 사이에 존재하지만 유목민에게서는 이 둘-사이가 고름을 취해 자율성과 고유한 방향성을 갖게 된다. 유목민의 생활은 일종의 간주곡인 것이다. 거주라는 요소도 이들이 따라가는 궤적과 관련해 구상되는 것으로서 궤적을 따라 끊임없이 움직인다.

유목민은 이주민과는 전혀 다르다. 왜냐하면 이주민은 기본적으로 어느 한 점에서 다른 점으로, 설령 이 다른 한 점이 불확실하고 전혀 예기치 못하거나 위치를 정하기 어려운 지점이라 할지라도 아무튼 다른 점으로 이동해 가는 반면, 유목민이 한 점에서 다른 점으로 이동하는 것은 단순한 필요에 따른 결과로서 이들에게 많은 지점은 원칙적으로 하나의 궤적 위에 있는 중계점이기 때문이다. (김재인 역, 2003: 729-730)

위 텍스트를 읽는 독자는 세 가지 공간을 일관성(고름) 있게 마음속에 펼쳐야 한다. 정착(정주)민의 공간과 유목민의 공간, 이주민의 공간이다. 독자는 먼저 유목민의 생활공간을 마음속에 펼쳐 놓고 그 공간에 이동하고, 머물고, 모이는 지점을 특정해야 한다. 그러면서 정착민의 공간을 펼쳐서 유목민과 대비하여 이동과 머묾, 모임의 지점을 특정해야 한다. 또한 각 지점의 차이점이 일관성 있게 부각되도록 속성을 구체화해야 한다. 정착민도 유목민도 각 지점에 머물지만 정착민은 이동의 궤적을 갖지 않고, 유목민은 이를 궤적의 한 부분으로 여긴다. 독자는 다시 이주민의 공간을 펼쳐야 한다. 같은 방식으로 이동, 머묾, 모임의 지점을 특정하고, 유목민과의 차이점을 다른 일관성으로 부각하여 구체화해야 한다. 이주민도 이동은 하지만 궤적의 한 부분이 아니라 다른 한 점으로 감을 특성으로 인식해야 한다.

위 텍스트를 읽는 독자가 펼쳐낸 공간에서의 인식 대상은 이동과 머묾이다. 유목민의 이동과 머묾, 모이는 지점의 특성은 정착민이나 이주민의 것과는 다르다. 유목민은 이동 속에 머묾과 모임의 지점이 있다. 정착민은 이동 없이 머물고 모인다. 이주민은 이동은 있지만 머묾과 모임의 지점이 일치한다. 유목민에게는 이동이 중요하지만 정착민이나 이주민은 머묾이 중요하다. 유목민에게는 모든 것이 이동과 관계되지만 정착민과 이주민에게는 머묾과 관계된다. 이동이 없거나 머물기 위한 이동에서 이동은 소모적인 속성을 띤다. 이동은 중요하지 않고 안 할 수 있으면 안 하는 게 좋다. 그렇기에 이동의 과정은 무의미하고 관심의 대상이 되지 못한다. 이동의 과정과 시간은 무의미한 것으로, 머물 곳에 이르면 잊히게 된다.

반면, 유목민의 이동은 그 자체가 중요하다. 이동의 이유와 과정은 모든 것을 결정한다. 이동의 이유가 이동 안에 내재하고 이동의 과정 중에 머물고 모일 곳이 결정된다. 그렇기에 이동 속에서 나아갈 방향을 찾아야 하고, 머물고 모일 곳을 선택해야 한다. 이동 경로 그 자체가 이들을 결정한다. 이동 경로 곳곳에는 감각하고 느끼며 지각해야 할 것이 널려있다. 이들로 나아갈 방향, 머묾, 모임, 가야 할 경로를 결정한다. 그러하기에 이동의 순간순간에 감각하고 느끼고 생각하고 판단하고 배우는 삶을 살아간다.[7]

독자는 텍스트를 이해하기 위해 펼친 공간에서 일정한 경로를 따라 인식한다. 경로를 따르는 인식에는 분배가 필요하다. 독자 마음속에 펼쳐진 공간에서 의미를 생성하는 것은 분배에 의하여 이루어진다. 아래 인용문을 보면, 들뢰즈와 과타리는 유목 공간의 분배를 노모스(법)의 옛 개념과 연결하여 설명한다. 배분(할당)은 나누어 차지하는 것으로 분배와는 다르다. 독자가 펼친 공간을 배분(할당)하는 것은 공간에 얽매이는 홈을 파는 일이다. 그렇기에 공간을 배분하는 것이 아니라 공간에 독자의 의식의 초점을 분배하는 것이다. 분배는 공간을 나누는 것이라기보다는 독자의 의식을 나누어 곳곳에 집중하는 일이다. 즉 독자의 의식을 감지되고 감각되어야 할 대상이나 장소에 집중하는 일이 분배인 것이다. 이 분배로 인식 경로가 결정되기도 한다. 독자는 공간에 의식을 나누어 배치함으로써 경로를 만들고 일관성을 이루어, 의미를 생성한다.

---

7   방향의 가변성, 다양성은 리좀 유형의 매끈한 공간의 본질적인 특징으로서 이 공간의 지도를 끊임없이 바꾸어 나간다. 유목민과 유목 공간은 국지화되지만 제한되지는 않는다.(김재인 역, 2003: 734)

노모스는 지금은 결국 법을 의미하게 되었지만 본래는 분배를, 분배의 양태를 가리키는 말이었다. 그러나 그것은 경계선도, 테두리도 없는 공간에서 부분들로 분할하지 않고 이루어지는 아주 특수한 분배이다. 노모스는 퍼지 집합의 고름이다. 이러한 의미에서 노모스는 산록 또는 도시 주변으로 모호하게 퍼져 나가는 것으로 법, 즉 폴리스와 대립한다. (김재인 역, 2003: 730-731)

지금의 '노모스'라는 말은 규정되고 정해진 규칙인 법의 의미를 담고 있다. 그렇지만 노모스는 어원상으로 보면, 분할하거나 경계를 나누어 넘나들 수 없는 가름을 의미하는 것이 아니라 경계선과 테두리가 모호한 나눔이다. 그래서 경계선과 테두리가 분명한 도시국가인 폴리스와는 구분되는 말이다. 독자는 마음속에 펼친 공간의 분배로 의미를 생성하게 된다. 분배는 독자의 감각과 느낌과 생각과 판단의 토대를 구분 짓고 나누는 일이다. 분배는 독자가 펼친 공간 속에서 관심을 둘 대상을 결정하는 일이고, 대상의 기호와 마주치고 감응하는 일이고, 사유하고 배움을 얻기 위한 판을 짜는 일이다. 독자는 경계선과 테두리가 모호한 대상과 장소들을 일관성(고름)의 기제를 활용하여 묶어 냄으로써 의미를 생성할 수 있게 된다.

유목민은 매끈한 공간 속에서 자신을 분배하고 이 공간을 차지하고 거주하며 보존한다. 이것이 바로 이들의 영토적 원칙이다. 따라서 유목민을 운동에 의하여 규정하는 것은 잘못이다. 이와 반대로 유목민은 오히려 옮겨 다니지 않는다고 주장한 토인비가 근본적으로 옳다. 이주민은 거주지가 황폐해지거나 불모지가 되면 환경을 버리고 떠나는 데 반해 유목민들은 떠나지 않으며 떠나기를 원하지 않는 자로서, 숲이 점점 줄어들고 스텝이나 사막이 증가하면 나타나는 매끈한 공간 속에 머물면서 이러한 도전에 대한 응답으로서 유목을 발명해 낸다. (김재인, 2003: 731)

유목민은 공간을 배분하지 않고 자신을 공간에 분배함으로써 매끈한 공간에 머물 수 있다. 배분된 공간이 황폐해지면 이주민은 공간을 버리고 떠나야 한다. 그렇지만 자신을 공간에 분배한 유목민은 공간이 황폐해지면 황폐해진 공간에 자신을 다시 분배함으로써 공간과 함께할 수 있다. 본질적으로 유목민은 공간을 떠나지 않고 그 공간에서 산다. 독자의 텍스트 이해도 유목민과 같다. 텍스트를 읽고 펼친 공간을 배분하면 독자는 경계선과 테두리가 분명한 곳에서 의미를 구성하고, 더 이상 그 공간에 머물 필요가 없어진다. 그러나 펼친 공간에 의식을 분배한 독자는 경계선과 테두리를 새롭게 배치함으로써, 의식의 초점을 바꿈으로써 공간을 떠나지 않으면서 자신만의 의미 생성을 할 수 있다. 그래서 그런지 필자는 논문을 쓸 때, 예전에 읽은 텍스트를 예시로 활용한다. <그 여자네 집>도 <향수>도 몇 번이나 반복하여 읽었는지 헤아리기 어렵다.

다. 유목적 공간

독자는 텍스트를 읽고 마음속에 펼친 공간에서 정착민이나 이주민, 유목민과 같이 의미를 생성한다. 정착민을 닮은 독자는 정해진 단서와 조건으로 고정된 공간을 펼치고, 그 공간 속에서 주어진 대상과 정해진 접촉을 한다. 이동이 없기에 고착된 의미에 집착한다. 이주민은 이동은 하지만 자기의 기준 조건에 맞는 한 곳을 찾아 이동한다. 이동의 과정과 경로는 중요하지 않다. 기준 조건에 맞는 공간에 도착하여 그곳에서 만나는 대상과의 접촉으로 의미를 찾아낸다. 그 이후에는 그 의미에 안주한다. 유목민을 닮은 독자(유목적 독자)는 정착이나 멈춤이 없는 이동하는 중의 공간에서 의미를 생성한다. 유목적 독자는 주어진 의미를 습득하거나 고정된 의미를 찾아내는 것이 아니라 펼친 공간에서 의미를 생성한다. 유목적 독자의 의미 생성을 유목민의 공간적 삶의 특성에서 찾을 수 있다.

들뢰즈와 과타리가 말하는 유목민의 공간적 측면에서 삶의 양식을 독자의 텍스트 이해의 양식으로 전환할 수 있다. 유목민의 삶의 양식은 독자의 텍스트 이해의 양식과 닮은 데가 있다. 유목민이 삶의 공간을 지각하는 것은 텍스트를 읽는 독자가 마음속에 펼친 공간을 지각하는 것과 같다. 유목민은 자연환경을 이루고 있는 여러 요소를 인식하고 삶으로서의 공간을 탐구하고 이해한다. 독자도 텍스트를 읽고 마음속에 펼쳐진 공간을 이루고 있는 요소를 인식하고, 삶의 현실적 의미를 탐구하여 의미를 생성한다. 들뢰즈와 과타리가 말하는 유목민의 공간적 삶의 특성[8]을 독자의 텍스트 이해와 관련지어 살펴보면 다음과 같다.

첫째, 탈영토화이다. '탈영토화'라는 말은 '영토화'에서 벗어남을 가리킨다. '영토화'라는 말은 영토로 만든다는 뜻이다. '영토'라는 말은 주인임을 주장하는 공간으로 권한(권리나 권력이 미치는 범위)을 행사할 수 있는 장소이다. 탈영토화라는 말의 의미를 되짚어 보면, 공간이나 장소에 대한 권한을 가지는 것을 벗어남을 의미한다. 유목민이 공간에 대하여 권한을 가지지 않음이 탈영토화이다. 탈영토화는 한 장소에 살지만 권한을 내세우지 않음으로 자기 스스로를 분배하여 사는 공간의 임시적 일부가 되는 것이다. 즉 장소에 얽매이지 않은 것이다.

유목민들에게서는 탈영토화가 대지와의 관계 그 자체를 구성하고 있으므로 유목민은 탈영토화 그 자체에 의해 재영토화된다. 즉 대지 그 자체가 탈영토화된 결과 유목민은 거기서 영토화를 발견한다. 이때 대지는 대지이기를 그치고 단순한 지면 내지 지지면이 되려고 한다. 또한 대지는 포괄적이고 상대적으로

---

8   유목민의 공간적 삶의 특성은 이진경(2003b: 376-385)의 논의도 참조한다.

탈영토화되는 것이 아니라 특수한 지점에서, 즉 숲이 후퇴하고 스텝이나 사막이 전진하는 명확하게 한정된 장소에서 탈영토화한다. (김재인 역, 2003: 732-733)

윗글에서 보면, 유목민은 탈영토화함으로써 대지 그 자체를 구성하게 되어 재영토화된 존재가 된다. 유목민은 자신을 탈영토화함으로써 자신이 존재하는 곳의 대지와 영토화를 이루게 되는 것이다. 그렇게 되기 때문에 유목민은 숲이 스텝이나 사막으로 탈영토화되는 곳에서 탈영토화를 이루어 스텝이나 사막의 일부, 즉 영토의 한 부분으로 남게 된다. 스텝이나 사막에 영토화를 이루지 못한 사람은 유목민이 아니다. 독자가 텍스트를 이해하는 행위는 탈영토화를 이루는 일이다. 독자가 자기중심의 인식 조건이나 논리, 지성의 영토에서 벗어나는 것이다. 독자는 텍스트 읽기를 통하여 펼친 공간의 일부로 영토화를 이루어야 한다. 자기를 탈영토화하지 못하는 독자는 텍스트를 읽고 펼친 공간에서 유목적 이해를 이룰 수 없다. 정착민이나 이주민처럼 주어진 의미나 규정된 의미만 이해할 수 있다. 텍스트 읽기에서 자기 존재 본질에 따른 의미 생성은 할 수 없게 된다.

이 탈영토화의 관점에서 보면, 유목적 읽기를 하는 독자는 자기가 가진 이해의 조건들에서 탈영토화를 이루어야 한다. 그래서 텍스트를 읽고 펼쳐낸 공간과 함께하는 영토화를 이루어내야 한다. 『천 개의 고원』을 읽는 독자가 자기의 이해 조건만 앞세우면, 『천 개의 고원』 이해는 쉽게 일어나지 않는다. 자기의 이해 조건에서 탈영토화를 이루고, 『천 개의 고원』을 읽고 펼친 공간에 영토화를 이루었을 때, 이해의 길이 트이게 된다.

둘째, 촉감적이다. 촉감은 '외부의 자극이 피부 감각을 통하여 전해지는 느낌'(표준국어대사전)이다. 여기서의 촉감은 촉각의 감각을 의미하는 것이 아니라 오감이 총체적으로 작용하여 인식되는 감각이다. 유목민이 자연환경을 감각할 때 어느 한 가지 감각만을 이용하지 않는다. 모든 감각을 상황과 필요에 따라 이용한다. 눈으로 보고, 귀로 듣고, 혀로 맛보고, 코로 냄새를 맡으며 피부로 느껴 공간을 감각한다. 촉각은 시각의 원거리가 아니라 직접 맞닿아 있는 공간에서의 감각이다. 그래서 실제적이고 직접적이며 구체적이다. 그렇기 때문에 유목민의 대상에 대한 인식은 특개성(heccétié/thisness/haecceity(이것임))[9]을 속성으로 가지며 고유하다.

> 모래 사막을 묘사하기 위한 이러한 용어들은 얼음 사막에도 똑같이 적용할 수 있다. 하늘과 땅을 나누는 어떠한 선이나 중간에 개재하는 거리도 원근법이나 윤곽도 없다. 시계는 한정되어 있으나 그럼에도 불구하고 여러 지점이나 대상이 아니라 <이것임>들, 즉 온갖 관계의 다양한 집합(바람, 눈이나 모래의 파동, 모래의 노래, 얼음 깨지는 소리, 모래와 빙원의 촉각적 질)을 기반으로 해서 성립하는 극히 섬세한 위상학이 존재한다. 이것은 시각적이라기 보다는 오히려 음향학적인 공간으로 촉각적 또는 '촉지적(haptique)' 공간이다. (김재인 역, 2003: 733-734)

모래 사막이든 얼음 사막이든 끝의 경계가 잘 드러나지 않은 곳에 사는 유목민은 자신이 생활하는 공간을 감각한다. 공간 속에 존재하는 지점이나 대상은 어디에나 있는 지점이나 대상이 아니다. 유목민이 생활하는 그곳에서 고유하게 감각되는 특개성(<이것임>)으로 감각되는 대상이다. 유목민의 대상에 대한 감각은 직접적이고 섬세하고 고유하다. 그러면서 그 장소의 그 대상에서만 촉지적으로 느낄 수 있는 감각이다. 이 감각으로 유목민은 대상을

---

9 특개성이란 지속성을 갖는 특정한 성질들의 집합을 의미하는 통상적인 '개별성(individu-alité)과 달리 어떤(un!) 개체에 고유한 것이지만 시간과 공간은 물론 이웃관계의 조건, 배치와 강밀도 등에 따라 그때마다 달라지는 것을 뜻하며, 그렇기 때문에 정의될 수 없고 그때마다 직관으로 포착할 수밖에 없는 어떤 감응입니다.(이진경, 2003b: 196)

인식하고 그것들의 일부분으로 존재한다.

촉감적 측면에서 유목적 읽기의 독자는 펼친 공간 속에 있는 대상을 촉감적으로 감각하고 느껴야 한다. 어디에나 있는 대상, 아무 때나 감각되는 대상이 아니라 그곳에만 있고, 그것만이 주는 느낌을 감각해야 한다. 그래서 대상에 대한 지각이 자기만의 고유한 특개성을 지녀야 한다. 국가장치의 외부적인 인식 조건으로 지각하는 것이 아니라 전쟁기계인 자신의 현실적 내부 인식 조건에서 지각해야 한다. 그렇게 할 때, 텍스트를 읽고 펼친 마음속의 공간이 생생하게 살아나게 되고 진정한 텍스트 이해가 가능하다. 『천 개의 고원』을 읽는 독자가 마음속에 펼친 공간에 존재하는 대상에 대하여 촉감적이지 못하다면, 『천 개의 고원』은 그냥 한 권의 책으로서의 『천 개의 고원』일 뿐이다. 독자가 『천 개의 고원』의 각 고원을 읽으며 마음속에 펼친 공간 속에서 만나는 대상을 촉감적으로 감각하여 인식할 때, 독자로서의 사유의 길이 열리게 된다.

셋째, 국지성이다. 국지성은 한정된 공간에서의 제한된 특성이면서 개체적 특별성을 가리킨다. 어디에나 있는 것이 아니라 특정한 그곳에만 있는 것이다. 그렇기 때문에 특별한 것이고, 유일한 것이며 독특한 것이다. 독특함은 다른 것으로 대체가 불가능한 절대성을 갖는다. 이를 '국지적 절대성'이라 한다. 국지적 절대성은 '상대적인 포괄성'과 대비된다.(김재인 역, 2003: 734) 상대적 포괄성은 국가장치에 의하여 홈이 패임으로써 한정되어 동일한 방향성을 가지며, 분명한 경계선에 의하여 일정하게 구분되고 합성되는 특성이다. 그래서 매끈한 공간의 증대를 억제하고 제한하며 외부로 돌려버린다.

유목민은 이러한 상대적 포괄성에 소속되지 않으며, 따라서 어느 지점에서 다른 지점으로, 어느 지역에서 다른 지역으로 이동하는 것이 아니다. 유목민은 오히려 국지적 절대성, 즉 국지적으로 표현되고 다양한 방향으로 전개되는 국지적 조작 체계를 통해 생산되는 절대성, 예를 들어 사막, 스텝, 빙원, 바다 같은 국지적 절대성 속에 존재한다. (김재인 역, 2003: 734)

유목민은 상대적인 포괄성을 띠는 공간에는 존재하지 않는다. 그러한 공간은 경계가 분명하고 홈이 패여 있어서 어디를 가도 비슷하게 닮아있는 공간이다. 유목민은 특개성을 갖지 않는 곳에서는 생활하지 않는다. 유목민은 국지성을 갖고 있어서 어느 방향으로 가든 특개성이 존재하여 국지적 조작 체계가 절대적으로 생성되는 공간에서 생활한다. 사물이나 흐름, 움직임을 가두는 홈이 없으니 모든 방향으로 움직일 수 있는 매끈한 공간과 결부되어 있는 것이 유목민의 국지적 절대성이다.

국지성 측면에서 유목적 읽기의 독자는 펼친 공간 속의 장소나 대상을 국지적 절대성으로 인식하고 그 속성을 밝혀야 한다. 장소나 대상의 일반적이고 공통적인 속성에 주목하는 것이 아니라 그 고유성과 독특성에 주목해야 한다. 독자가 펼친 공간 속에 존재하는 장소나 대상에는 개별적 특개성이 내재하기 마련이다. 텍스트는 독자의 경험 세계와는 다른 세계의 공간을 주름지어 축적하고 있기 때문이다. 독자가 펼친 공간의 각 장소와 대상은 정해지지 않은 방향성과 생성의 조작 체계를 내포하고 있다. 독자가 텍스트를 읽고 펼친 마음속의 공간에서 장소와 대상의 <이것임>을 찾아낼 때, 텍스트는 독자에게도 배움을 제공한다. 『천 개의 고원』을 읽고 펼친 독자 마음속 공간에 존재하는 장소와 대상들은 특개성을 함축하고 있다. 독자는 이 장소와 대상에 내재된 국지적 절대성을 찾아 인식함으로써 『천 개의 고원』에서 질 높은 배움을 실현한다. 이때 『천 개의 고원』은 독자에게 국지적 절대성을 제공하고, 독자는 사유 과정을 통하여 이를 삶 속으로 끌어들인다.

넷째, 매끈함이다. 매끈함은 들뢰즈와 과타리가 '홈 패임'과 대비적 의미로 사용하는 말이다. 홈이 패였다는 것은 갇히게 됨을 뜻한다. 갇힘은 감옥과 같이 경계가 분명하고 넘나들기 어려운 벽이나 창살이 있는 내부에 들어가 유폐됨을 뜻한다. 이와 대비되는 매끈함은 경계나 울타리마저 없는 넓은 공간을 무대로 자유롭게 이루어지는 유목민의 생활을 드러내기 위한 말이다. 매끈함의 속성은 앞에서 언급한 탈영토화, 촉감적, 국지성을 포함한다. 그러면서 그 외 다른 유목민의 생활 속성을 드러내는 말이다. 매끄럽다는 말에 들어있는 속성은 이동과 관련된 운동과 속도이다.

> 유목민은 기다리는 방법을 알고 있다. 그는 무한한 인내력을 갖고 있다. 부동성과 속도, 긴장감과 돌진, '정지한 과정', 과정으로서의 정지 등 클라이스트에게서 나타나는 이러한 특징은 전형적으로 유목민적인 것이다. 따라서 속도와 운동은 구별할 필요가 있다. 운동은 아무리 빨라도 그것만으로는 속도가 될 수 없으며, 속도는 아무리 늦어도 설령 움직이지 않더라도 여전히 속도인 것이다. 운동은 외연적이며 속도는 내포적인 것이다. 운동은 '하나'로 간주되는 어떤 물체가 어느 한 지점에서 다른 한 지점으로 이동하는 경우 갖게 되는 상대적인 성격을 가리키는 데 반해 속도는 어느 물체의 환원 불가능한 부분들(원자)이 돌연 어떠한 지점에서라도 출현할 수 있는 가능성과 함께 소용돌이를 일으키는 방식으로 매끈한 공간을 차지하거나 채우는 경우 물체가 갖게 되는 절대적 성격을 가리킨다.(따라서 상대적인 운동이 아니라 특정한 장소에서 강렬한 체험을 통해 이루어지는 정신적 여행에 대한 이야기가 계속 전해 내려온 것은 전혀 놀랄만한 일이 아니다. 이러한 여행은 유목의 일부이기 때문이다.) (김재인 역, 2003: 732)

유목민의 매끈한 공간은 이동과 멈춤을 반복한다. 이동의 과정과 멈춤의 정지는 분리할 수 없는 하나로서 유목적인 것이다. 이 이동에는 운동과 속도가 들어있다. 운동은 한 점에서 다른 한 점으로 옮기는 외연적(extensive)인 것이다. 외연적인 100m는 1m가 100개인 것과 같은 것으로 상대적인 속성을 갖기에 전체성이나 동일성의 반복 속성을 갖는다. 반면 속도는 내포적인 것으로 시속 100km는 시속 1km가 100개인 것과는 전혀 다른 특성을 갖는 내포적/강도적(intensive)인 것이다. 속도는 움직인 거리를 시간으로 나눈 것이라 할 수 있지만, 물을 거슬러 오르는 물고기는 제자리에 멈춰 있지만 큰 속도를 가지고 있다고 할 수 있다. 운동은 상대적이지만 속도는 내포적 힘의 크기이고, 대상을 감각하고 인식하여 알아채는 강도의 크기와 관련된다. 속도는 매끈한 공간의 특정한 부분에서 삶을 지속하거나 성취해야 할 것을 얻는 강도적인 것이다. 급류 속에서 물의 흐름을 거스르는 것이 물고기의 삶의 방식이듯, 매끈한 공간에서 삶의 문제를 해결하는 것이 유목민의 삶의 방식이다. 속도는 홈 패인 공간과는 전혀 다른 삶의 문제를 해결하는 방식이다.

매끄러운 측면에서 유목적 읽기를 하는 독자는 펼친 공간에서 자기 삶과 관계된 의미를 생성하는 것과 관련된다. 유목민은 매끈한 공간에 살면서 빠른 유속의 물살을 거스르는 물고기처럼 멈춘 것 같지만 강력한 속도를 지닌다. 역류하는 물고기는 제자리에 있지만 큰 힘과 속도로 삶을 살아내는 것이다. 자기만의 방식으로 삶의 실현하는 것이다. 역류하는 물고기는 큰 강물의 흐름을 따라 바다로 나가는 물고기와는 다른 삶을 실현한다. 그 삶은 홈 패인 공간에 사는 사람들이 지향하는 가치를 찾기 위한 삶과는 전혀 다른 가치를 지향하는 삶이다. 홈 패인 공간의 독자들이 텍스트 공간에서 대상을 감각하고 인식하고 배우는 것과 다르게 감각하고 인식하고 배우는 것이 유목적 독자이다. 남과 같음이 없는 자기만의 고유한 의미를 생성하여 삶을 가꾸는 것이다. 『천 개의 고원』을 읽은 독자가 자신의 마음속 공간을 이동할 때 자신만의 속도로 이해를 이루어낸 것이다. 독자는 삶의 세계 속에서 필요한 것을 얻기 위한 절대적인 속도로 감각하고 인식하고 배움을 이루는 것이다. 이때 『천 개의 고원』은 독자에게 절대적 배움을 얻을 수 있게 하는 소용돌이를 치며 역동적으로 흐르는 계곡의 힘센 물줄기가 된다.

3. 텍스트 공간의 생성

독자가 텍스트를 읽고 생성하는 유목적 공간과 텍스트 이해를 <광야>를 예로 살펴본다.

> 까마득한 날에/ 하늘이 처음 열리고/ 어데 닭 우는 소리 들렸으랴.// 모든 산맥들이/ 바다를 연모해 휘달릴 때도/ 차마 이곳을 범하던 못하였으리라.// 끊임없는 광음을/ 부지런한 계절이 피어선 지고/ 큰 강물이 비로소 길을 열었다.// 지금 눈 내리고/ 매화향기 홀로 아득하니/ 내 여기 가난한 노래의 씨를 뿌려라.// 다시 천고의 뒤에/ 백마 타고 오는 초인이 있어/ 이 광야에서 목 놓아 부르게 하리라. (이육사, <광야>)

가. 인식의 공간: 탈영토화하기

<광야>를 읽는 독자는 시인의 신성하면서도 간절한 기도의 마음에 공명한다. 광야의 한 장소에 서서 텅 빈 공간을 바라보며 천고의 뒤를 생각하는 한 지사(志士)가 품은 염원에 공감한다. 이 시의 공간은 독자의 마음속에 스냅사진처럼 펼쳐진다. 황량한 광야가 펼쳐진 공간 한 곳에 젊은이가 서 있다. 그 젊은이는 마음속에 간절한 소망을 품고 나아갈 방향을 찾고 있다. 즉 미래에 올 초인을 기다린다. 이 젊은 지사의 소망에 독자는 삶의 희망을 투사한다.

우주 인터넷은 장애가 없어 어떤 기후·지형 환경에서도 이용이 가능하다. 또 초당 1기가비트 이상의 속도로 지상보다 200배 이상 빠른 전송 속도가 가능하다. 보안이 철저해 지상망보다 해킹으로부터 자유롭고 안전한 정보 전송이 가능하다는 이점도 있다. 우크라이나의 사례처럼 유사시 지상망의 마비에도 대체 수단이 될 수 있다. 세계 최고 수준의 지상 인터넷망을 구축했던 한국이 IT 강국의 면모를 유지하려면 우주 인터넷망 구축에 보다 적극적으로 나서야 한다는 목소리가 나오고 있다. 한국은 TDX(전화 교환기) 자립을 시작으로 1996년 2G CDMA시스템 도입, 2019년 5G 세계 최초 상용화 등 지상 통신 기술 분야에선 세계 최선두를 달려왔다. 그러나 앞으로 다가올 초고속·저지연의 6G 시대는 위성 통신망이 필수다. (김봉수 기자, 2022)

최근 러시아와 우크라이나가 국가 간 전쟁을 벌이고 있다. 현대 전쟁은 과거의 파괴성에 더하여 더 다양한 종류의 파괴를 하고 있다. 그중 하나가 사람들의 정보 통로인 통신망의 파괴이다. 통신망의 파괴는 정보 소통의 우위를 점할 수 있게 한다. 러시아가 우크라이나의 지상 통신망을 파괴하자 특정 기업이 우주 통신망으로 우크라이나를 돕고 있다는 소식이 있다.[10] 위 신문 기사는 우크라이나를 돕는 우주 인터넷과 같은 기술을 우리나라가 확보해야 한다는 내용이다. 위 기사에서 화자의 바람이 <광야>의 지사 소망에 투사되어 필자에게 인식된다. 어찌 된 일인가?

이 논의의 필자가 『천 개의 고원』을 읽을 때, 저자들의 바람이 <광야> 속 지사의 소망과 겹쳐짐을 느낀다. 『천 개의 고원』의 저자들이 자신들의 존재론을 독자들이 이해하여 실행하기를 바라는 간절함이 <광야>의 지사의 마음과 닮았다고 생각한다. 그러면서 이 논의로 텍스트 이해를 새롭게 규명

---

10   우크라이나 통신망 해결사 자처한 머스크, https://www.sedaily.com/NewsView/2638YN405I

하려는 필자의 마음도 <광야>의 지사의 소망과 맞닿는 부분이 있다. 이런 <광야>의 읽기는 학교에서 배운 바를 잊어서 그런 것이 아니다. 학교에서 배운 기억은 필자의 기억에 생생하게 남아 있다. 학교에서 이 시를 배우면서 느낀 강렬함은 그대로 간직하고 있다.

그렇지만 지금 <광야>는 무엇인가를 이루어야 할 지사의 간절한 마음에 독자의 마음을 투사함으로써 독자의 공간이 펼쳐진다. 그래서 <광야>는 또 다른 의미를 생성하고 필자의 삶 속으로 들어온다. 논문 한 편에 광야에 서 있는 지사가 품은 소망과 맞닿는 바람으로 읽기 교육의 길을 찾는다. 이 필자의 간절함이 <광야>의 공간을 새롭게 펼쳐낸다. <광야>는 필자에게 읽기 교육의 길을 찾는 의미로 해석되고 함께한다. <광야>를 이 논의의 필자가 이렇게 공간화하는 것에는 탈영토화가 존재한다. 학교에서 배운 <광야>에 대한 인식적 토대에서 탈영토화를 한 것이다. 이것은 『천 개의 고원』을 읽을 때도 마찬가지로 작용한다. 필자는 『천 개의 고원』이 철학 텍스트라는 관념에서 탈영토화를 하였다. 그래서 『천 개의 고원』은 텍스트의 이해를 설명해 낼 수 있는 아이디어를 담고 있는 텍스트가 된다. 『천 개의 고원』은 필자의 마음속에 텍스트 이해를 설명할 수 있는 공간을 펼치게 한다.

독자의 탈영토화는 고착된 인식 토대를 벗어나는 것이다. 현재 읽기 교육의 텍스트 이해에 대한 주요 인식 중 한 가지는 독자의 인식 토대(스키마)에 근거하여야 한다는 것이다. 독자가 생성해 가지고 있는 스키마(배경지식)에 의하여 텍스트의 의미가 결정된다는 것이다. 이는 인지심리학의 연구에 토대를 두고 성립한 텍스트 이해의 관점이다. 이 관점은 독자가 탈영토화하기보다는 영토화에 갇히도록 이끈다. 탈영토화는 독자가 갇혀 있는 텍스트 인식을 벗어나는 것이다. 그렇지만 독자는 갇힘의 인식 틀에서 벗어나기는 쉽지 않다. 기존의 영토화가 편안하고, 다른 독자도 영토적 의미를 인정해 주기 때문이다. 탈영토화보다 기존의 영토에 머무는 것이 쉬운 것이다. 영토적 의미에 머물려는 자기만의 텍스트 이해로는 탈영토화를 이룰 수 없다. 이 관점은 홈 패인 텍스트 이해 방법으로 국가장치를 적용한 읽기에 속한다. 탈영토화는 이와 대립적인 관점이다. 탈영토화는 독자가 홈 패인 텍스트 이해에서 벗어나 매끈한 공간에서 자기 삶을 살아내는 의미를 생성하는 읽기를 지향하는 관점이다.

나. 감각의 공간: 촉감으로 지각하기

<광야>를 읽는 독자는 두 가지 공간을 갖는다. 하나는 텍스트 자체가 드러내는 공간이다. 낯설지만 짐작으로 펼쳐내는 공간이다. <광야>의 공간은 태고의 신비를 간직하고 있어 사람의 발길이 닿지 않은 곳이다. 그래서 모든 가능성이 열려 있는, 그렇지만 지금은 무엇도 할 수 없는 황량함이 있는 공간이다. 그 공간 안에 시간은 흐르고 있고, 자연이 조화를 부려 생명의 기운이 감돈다. 눈이 내리고, 봄을 알리는 매화가 피고, 젊은 지사가 미래를 꿈꾸며 터를 일구고 초인을 기다리고 있다. 독자에게는 낯선 공간이다. 그렇다고 외면할 수 없는 공간이다.

다른 하나는 독자가 텍스트의 공간을 토대로 펼치는 고유한 공간이다. 광야에 바위를 배치하고, 하늘을 배치한다. 그리고 밤과 낮, 산과 계곡, 언덕과 들판, 강과 바다를 만들어 낸다. 나무와 풀을 자라게 하고, 사물의 움직임과 소리가 있고, 색깔이 피어나고 향기를 풍기게 한다. 길과 집으로 인적이 생기게 하고, 그 속에 자신을 닮은 사람을 배치한다. 그 사람의 마음에 독자의 기원과 도래할 초인이 이루어야 할 일을 구체화한다. 그러면서 독자의 바람과 삶의 무게를 투사하여 공간을 완성해 낸다. 이 공간은 독자에게 낯설지 않다. <광야>의 공간이 독자의 공간과 겹치면서 일관성을 이룬다.

독자의 공간에 있는 장소와 대상에 대한 독자의 지각은 감각적이고 감성적이다. 독자는 시각적으로 대상을 감각하는 것이 아니라 촉감적으로 대상을 감각하고 인식할 수 있다.[11] 시각은 원거리 감각이다. 그 외 감각은 근거리의 감각이다. <광야>를 읽고 펼친 독자의 공간은 근거리 감각을 제공한다. 근거리 감각을 통한 독자의 지각과 인식은 직접적이고 주체적이며 현재적이고 실제적이다. 이는 독자만의 고유한 것이면서 개체성을 지닌 특개성(<이것임>)으로 드러나는 인식이다.[12] 독자의 공간에서 독자가 대상을 지각하는 것은 촉감과 감성으로 지각하기에 고유하다. 독자가 <광야>에서 독자만의 의미를 생성할 수 있는 것은 공간을 감성으로 지각했기 때문이다.

들뢰즈는 나에게 삶의 자세, 사유 방식, 개인적 취향 등에까지 큰 변화를 가져다주었다. 자연스럽게 나의 전공 분야인 교육과 교육학에 대한 생각에도 많은 변화가 생겼다. 교육학자로서 들뢰즈의 아이디어를 교육에 적용하려는 것은 너무나도 당연한 시도였다. 그동안 교육정책에 많은 관심을 가져왔기 때문에 들뢰즈와 만남 후에 일어난 나의 이러한 변화를 주변 사람들은 교육과정 전공자의 철학적 전회(轉回)라 할지 모른다. 들뢰즈와 만남 후 교육에 대한 나의 생각은 이전과 판이하게 달라졌다. '의도된 교육 활동'으로부터 '우연한 마주침을 통한 활동'으로, '정신적·의도적 활동'으로부터 '신체적·감각적 활동'으로,

---

11 유목민의 공간은 드넓은 초원이나 끝이 보이지 않는 사막 혹은 얼음 사막이지만, 원거리 공간이 아니라 근거리 공간이고, 시각적 공간이 아니라 촉각적 공간입니다.(이진경, 2003b: 378)

12 사막이나 초원에서 눈을 들고 보아야 하는 지금 선 곳이 어딘지 알 수 있는 표지들을 찾기란 거의 불가능합니다. 바다도 그렇지요. 이곳(아일랜드의 신학자 둔스 스코투스(Duns Scotus)가 개체성을 표시하기 위해 사용한 개념인 '특개성'은 영어로는 '이것임/이곳임(thisness)'이라고 번역됩니다.)이 어딘지를 알기 위해선 해의 위치와 바람의 속도와 방향, 모래의 기복, 풀이나 바위의 상태 등과 같은 성질을 종합해서 판단해야 합니다. 말 그대로 '이곳'을 다른 어디도 아닌 '이곳'으로 만드는 특개성을 포착해야 하지요. 여기서 사용되는 감각은, 눈을 들어 멀리보는 시각이 아니라, 눈조차도 지표면의 성질을 만지는 데 사용되는 촉감적이고 촉각적인 것입니다.(이진경, 2003b: 378)

'재인식·재생산의 활동'으로부터 '차이생성과 창조의 활동'으로 교육을 새롭게 이해하기 시작했다. (김재춘·배지현, 2016: 283)

윗글의 저자는 텍스트를 이해하고 난 후의 의식내용의 변화를 이야기한다. 저자는 교육 전공 관련 의식이 바뀌었음을 고백한다. 이런 변화는 시각적으로 텍스트 내용을 이해하는 것으로 이루기 어렵다. 시각적 인식은 대상이 무엇이라는 것을 알게 하지만 의식의 실제적 변화를 이끌지 못한다. 촉감을 통한 실체적인 대상에 대한 인식이 있어야만 의식의 변화를 생성할 수 있다. 앎과 의식의 생성은 다르다. 앎은 국가장치의 홈 패인 인식으로 전체적이고 개념적이며 동일성을 지닌다. 반면 의식의 생성은 전쟁기계의 매끈한 인식으로 개별적이고 실제적이며 고유성을 지닌다. 촉감으로 대상을 감각하고, 감성으로 섬세한 차이를 만드는 인식이 의식의 생성을 이룬다. 감성적 인식은 개별적이고 고유한 인식으로 의식의 내용과 맞닿아 있기 때문이다.

다. 해석의 공간: 국지적으로 집중하기

유목민이 살아가는 사막, 초원(스텝), 빙원의 자연환경은 동일하지 않다. 각 지역을 구성하는 장소와 대상은 상이하다. 또한 각 지역의 유목민이 관심을 갖는 요소도 차이가 있다. 각 지역의 장소와 대상에 대하여 집중하여 감각하고 인식하여 살아야 하는 삶의 양식이 다른 것이다. 같은 장소와 대상에서도 가치가 있고 필요한 요소가 따로 있다. 유목민은 생활 공간에 있는 모든 요소에 관심을 갖는 것이 아니다. 하늘, 햇빛, 공기, 구름, 기온 등은 늘 관심을 두는 일상적인 것이고, 모래, 초목, 눈 등은 지역에 따라 다르다. 바위, 나무, 숲, 야생 동물은 필요에 따라 가치가 있고, 물, 가축, 풀(먹이), 불, 천막(집) 등은 집중적으로 마음을 쓰는 대상들이다. 사막의 유목민은 물,

먹거리, 사냥 동물 등에 관심을 집중하고, 초원의 유목민은 동물(양 등), 풀(먹이), 물, 집 등에, 빙원의 유목민은 동물(순록 등), 집, 이끼(먹이), 썰매(개) 등에 관심을 집중한다. 관심이 집중되는 대상들이 삶을 이루는 요인이고, 중요성을 갖는다. 이들 대상은 공간의 한 부분으로 유목민은 국지적으로 이들에게 관심을 집중한다.

<광야>를 읽은 독자가 펼친 공간 전체가 의미 생성에 관여하는 것은 아니다. 특정 장소와 대상이 국지적으로 의미 생성에 관여한다. <광야>를 읽고 독자가 펼친 공간에서 자연환경의 특정 장소와 대상들은 후경으로 존재한다. 펼친 공간에서 전경이 되어 의미 생성에 관여하는 자연환경은 시간의 변화와 함께하는 장소와 대상들이다. 시간의 변화가 현재의 어려움을 해결할 수 있는 조건을 마련해 주기 때문이다. 따라서 독자의 관심이 집중되는 대상은 시간 변화를 지각하게 해주는 것들이다. 그리고 시간 변화에 기대어 자신의 간절한 바람을 드러내는 지사, 그 지사의 애절한 기도의 마음인 초인의 기다림이 전경이 된다. 그러면서 시간 변화 요인이 자연환경과 초인의 도래를 바라는 지사의 마음을 일관성으로 연결하면서 의미를 생성하게 한다.

항해 모형에서 가장 중요한 것은 차이의 반복의 원리, 즉 차이 생성의 원리를 적극적으로 살리는 교육이 가능하다는 것이다. 문제제기적 이념은 끊임없이 차이를 생성하고 특이점을 산출해 낸다. 배우는 자에게 주어진 과업은 이념이 지닌 차이의 독특성을 극대화하는 것이다. 이 모형에서 학습자는 예술가와 같다. 예술가들은 독특하고 차이적인 작품을 생성하기 위해 언제나 상투성과 투쟁한다. 학습자 역시 자신의 배움의 과정과 결과가 판에 박힌 것으로 변질되지 않도록 끊임없이 진부함과 투쟁해야 한다. 이 모형은 학습자가 지닌 여러 가지 관심사에 따라 이미 존재하는 문제들을 찾아 이리저리 옮겨 다니는 것이 아니라, 존재하지 않았던 새로운 문제를 적극적으로 창조하는 것을 강조한다. 따라

서 이 모형은 단순히 관심사들을 확대해 나가는 것이 아니라 상투적인 것을 최대한 강도 높게, 최대한 강렬하게 차이화하는 것을 지향한다. 즉 교육과정의 항해 모형은 차이의 반복으로 새로움의 생성을 지향한다. 이러한 항해 모형을 따를 때 우리는 진정한 다양성과 창조의 교육을 실천할 수 있다. (김재춘·배지현, 2016: 261-262)

윗글은 차이생성 교육에 대한 설명이다. 차이생성의 개념은 들뢰즈의 『차이와 반복』에서 비롯되었다. 저자들은 『차이와 반복』을 읽고 공간을 펼친 후, 공간의 한 구성 요소인 차이생성에 관심을 집중한다. 그리고 교육학 전공자로서 차이생성의 의미를 생성한다. 생성한 의미의 이름을 '항해 모형'이라고 붙이고, 생성한 의미를 세부적으로 정리하고 있다. 차이생성의 교육적 의미를 예술가가 차이적인 작품을 생성하는 것과 같이 학습자가 자신만의 독특한 이념을 생성하는 것으로 설명한다. 독특한 이념은 판에 박힌 또는 진부함과 투쟁을 하면서 최대한의 차이화를 이룬 학습자의 이념이다. 요컨대, 국지적으로 집중하기는 공간 속에서 독자의 삶에서 중요하게 여기는 대상에 집중된 의미 생성을 해야 한다는 것이다. 공간 전체의 의미나 다른 독자와 동일한 의미를 갖는 대상이 아닌 독자의 삶과 관련된 특정 대상에 집중하는 것이다. 그렇게 하여 독자는 자신의 삶을 이루는 의미를 생성한다.

라. 이해의 공간: 속도와 강도 갖기

우리는 <광야>를 언제 읽는가? 고등학교에서 배우고 나서 다시 읽는 일이 있는가? 읽지 않는다면 왜 안 읽고, 읽는다면 왜 읽는가? <광야>를 읽고 안 읽고는 의미 생성과 관련된다. 의미를 생성할 수 없다고 판단하면 읽지 않고, 의미를 생성할 수 있다고 판단하면 읽는다. 다시 읽지 않는 사람은

<광야>의 의미를 다 알고 있다고 여기기 때문이다. 다시 읽는 사람은 생성할 의미가 있다고 여기기 때문이다. <광야>만 그런 것이 아니다. 대부분의 텍스트도 마찬가지이다. 물론 어렵거나 몰라서 못 읽는 텍스트도 있지만 이런 텍스트는 이 논의의 관심 대상이 아니다. 텍스트의 의미가 고정되거나 제한될 수 있는가가 여기에서의 관심이다. 이 논의는 텍스트와 독자가 어떻게 관계하느냐, 텍스트 공간을 펼치고 그 안에서 무엇을 촉감하느냐에 따라 의미 생성은 제한되지 않음을 논의하고 있다. 텍스트를 읽은 독자가 자신이 펼친 공간 속에서 무엇을 어떻게 감각했을 때 의미 생성이 가능한가의 문제이다.

다시 물을 역류하는 물고기를 생각해 보면, 텍스트는 흐르는 물이고, 독자는 물고기다. 흐르는 물을 역류하는 물고기는 제자리에 있지만 빠른 속도를 갖고 있다. 몸을 지나는 물살의 속성을 강한 강도로 읽어내고 있다. 그렇게 하여 뒤로 밀려나지 않고 그 자리를 지켜낸다. 독자가 텍스트를 다시 읽는 것은 역동적으로 흐르는 물살을 역류하여 자신의 삶을 사는 물고기와 같다. 물살에서 자기를 지켜내지 못한 물고기는 물살에 휩쓸려 물의 흐름을 따라 하류로 떠내려간다. 자신의 현재적 삶을 지켜내고 살아내지 못하는 것이다. 이런 독자의 텍스트 읽기도 존재한다. 그렇지만 유목적 읽기는 독자가 세차게 흐르는 물을 역류하는 물고기와 같이 자리를 지키는 것이고, 더 나아가서는 물을 거슬러 상류로 올라가는 것이다. 유목적 읽기는 텍스트의 내용을 이해하기 위한 읽기가 아니라 역류하는 물고기와 같은 자기 삶을 살아가기 위한 읽기이다.

특개성이란 특정한 순간의 이 개체를 특별하게 만드는 감응이며, 그런 감응을 구성하는 요소들의 강도와 속도, 그리고 그것을 특정하게 만드는 이웃 관계들을 통해서 구성됩니다. 신위를 위도와 경도를 포착한다는 것은 지금 이 신체를 통과하는 힘과 욕망의 흐름, 그것의 속도와 강도, 그로 인해 만들어지는 감응, 그리고 그 신체를 둘러싼 다른 것들과의 관계를 통해 그 신체의 특개성을 포착하는 것입니다. (중략) 신체를 그것이 갖고 있는 형태나 성질이 아니라, 그것을 통과하면서 그때마다 그것을 다르게 규정하는 성분을 통해 위도와 경도를 따라 포착한다는 것은 이처럼 전혀 다른 개체화의 양식에 따라 그것의 특개성을 포착합니다. 그런데 그것은 그 신체를 둘러싸고 있는 요소들의 배치에 따라 포착하는 것이란 점에서 배치의 특개성을 포착하는 것이라고도 할 수 있습니다. (이진경, 2003b: 198-199)

<광야>를 반복해 읽든 다른 텍스트를 읽든, 읽기는 독자의 삶의 의미를 생성하는 일이다. 독자가 다른 누구와 관계된 상대적인 의미를 찾는 것이 아니라 독자 자신의 삶과 관련된 절대적 의미를 생성하는 일이다. 그 생성된 의미의 속성을 들뢰즈와 과타리는 특개성(이것임)이라 한다. 독자의 의미 생성은 진공 상태에서 일어나지 않는다. 그렇기에 이웃들이 있어야 하고, 그 대표적인 이웃이 독자의 실제적인 삶인 것이다. 독자는 텍스트를 통하여 자신의 실제 생활 공간보다 더 실제적인 삶의 공간을 펼칠 수 있다. 이 공간에는 독자가 감응하여 삶의 속도와 강도를 생성하게 하는 요소들이 존재한다. 그 요소들은 촉감적, 국지적인 것들이어서 실체적이고 현실적이며 본질적이다. 그래서 독자는 자기의 삶에 충실한 특개성이 있는 의미 생성을 할 수 있게 된다. 이것이 독자가 텍스트를 반복하여 읽게 한다.

4. 텍스트 공간 생성의 방향

텍스트에는 낱말의 뒤나 사이에 공간이 주름져 접혀 내재되어 있다. 독자는 텍스트를 읽으면서 주름져 접혀 있는 공간을 마음속에 펼쳐낸다. 텍스트에 접혀 있는 공간은 한정하기 어렵기에 독자가 펼쳐내는 공간은 그 일부이거나 또 다른 공간일 수 있다. 이 공간은 텍스트가 방출하는 기호들과 독자가 마주치는 공간이다. 들뢰즈와 과타리의 유목 공간의 측면에서 보면, 독자는 텍스트를 읽고 마음속에 펼쳐낸 공간을 몇 가지 방식으로 점유한다. 공간을 점유하는 방식은 정착민, 이주민, 유목민의 생활 방식과 닮아있다. 정착민은 홈 패인 공간에 이동 없이 머물고, 이주민은 이동하여 홈 패인 공간을 만들어 머문다. 유목민은 매끈한 공간을 끊임없이 이동한다. 정착민을 닮은 독자는 텍스트를 읽고 정형화된 공간을 펼쳐 고정된 의미를 이해한다. 이주민을 닮은 독자는 이주한 공간에서 정해진 의미를 찾아낸다. 반면 유목민은 이동 중에 삶과 직결된 창의적인 의미를 생성한다.

독자가 텍스트를 읽고 마음속에 펼치는 공간은 국가장치의 관여로 모든 독자의 것이 동일할 수도 있지만, 전쟁기계의 관여로 개별적일 수도 있다. 국가장치의 관여로 펼쳐지는 독자의 공간은 전쟁기계로 펼치는 공간의 토대가 되지만 독자만의 고유한 의미 생성에는 도움이 되지 않는다. 독자는 국가장치에 따른 공간 펼침을 토대로 하되, 전쟁기계를 활용하여 독자의 삶이 반영된 공간을 펼칠 필요가 있다.[13] 독자는 마음속에 펼친 텍스트 공간 속에서 대상을 인식하고 이동할 경로를 확보해야 한다. 그리고 그 공간 속의

---

13 자동변환기이자 포획 장치로서의 국가는 운동을 상대화할 뿐만 아니라 절대적 운동을 재부여한다. 국가는 매끈한 것에서 홈 패인 것으로 나갈 뿐만 아니라 매끈한 공간을 재구성하고 홈이 패인 공간의 끝에 매끈한 공간을 재부여한다. 그리고 이처럼 새로운 유목 국가는 국가장치를 초월하는 조직을 가지며 다국적인 에너지 산업, 군사 복합체 속에도 도입되는 세계적 규모의 전쟁기계를 수반하고 있다. 이것은 다음과 같은 사실을, 즉 매끈한 공간과 외부성의 형식은 결코 그 자체로서는 혁명적 사명을 띠고 있는 것은 아니며 반대로 어떠한 상호작용이 장에 흡수되는가 그리고 구체적인 조건 하에서 실행되고 성립되는가에 따라 극히 다양한 의미를 갖게 된다는 것을 시사해준다.(김재인 역, 2003: 744)

장소와 대상들을 촉감적, 국지적으로 감각하여 속도감 있고 강도성 높게 지각해야 한다. 그러면서 유목적으로 자기를 탈영토화하여 공간에 머물고, 그 공간 속에서 장소와 대상을 감성으로 지각해야 한다. 또한 독자의 삶에 절실히 관여하는 국지적 대상을 선정하여, 자기 삶의 속도와 강도를 이루는 의미를 생성해야 한다.

독자는 텍스트를 읽을 때, 독자 마음속에 텍스트의 공간을 펼쳐낸다. 그 공간은 텍스트를 위한 공간이 아니라 독자의 삶과 직결된 공간이다. 그동안의 읽기 교육에서는 구체적으로 공간 펼침을 지도하지 않았지만, 독자의 삶과 직결된 공간에 대해 크게 의식하지도 않았다. 텍스트의 제한된 공간으로 고정된 의미나 정해진 의미를 파악할 수 있도록 했다. 그 결과 독자들은 텍스트의 공간을 합의되고 규정된 방식으로 펼칠 수 있었다. 텍스트를 위한 텍스트 이해 교육을 실행한 것이다. 들뢰즈와 과타리는 홈 패인 방식으로 텍스트의 공간을 인식하기보다는 매끄러운 유목적 방식으로 인식할 것을 강조한다. 이는 독자의 텍스트 공간 인식도 유목적 공간 인식의 방법으로 할 필요가 있음을 알게 한다. 독자가 유목적 텍스트 이해 공간의 생성 방법으로 마음속에 공간을 펼치는 읽기가 유목적 읽기이다.

제5장 　　　　　　　　　읽기와 수적 조직

1. 조직의 근거

　　10, 100, 1,000, 10,000 - 모든 군대가 이러한 10진법에 따른 편성을 채택하고 있기 때문에 이러한 수와 만날 때마다 군대조직이겠지 하고 추정할 정도가 되었다. 군대는 바로 이런 식으로 병사들을 탈영토화시키는 것이 아닐까? 군대는 소대, 중대, 대대로 나누어져 있다. 수는 기능이나 조합을 바꾸어 전혀 다른 다양한 전략에 참여할 수 있지만 수는 항상 이런 식으로 전쟁기계와 연결되어 있다. 이것은 결코 양이 아니라 조직 또는 편성의 문제이다. 이러한 수적 조직 원리를 이용하지 않고는 어떤 국가도 군대를 편성할 수 없다. 하지만 국가는 전쟁기계를 전유하는 동시에 이러한 원리를 계승한 데 불과하다. 왜냐하면 이처럼 인간을 수에 따라 조직한다는 정말 기묘한 생각은 원래 유목민들의 것이기 때문이다. (김재인 역, 2003: 745-746)

　　정착민과 유목민은 생활 방식에서 차이가 크다. 정착민의 경우에는 한 곳에서 생활하기 때문에 사람 수에 민감하지 않다. 새로운 사람이 마을에 이주해 왔을 때 텃세가 있을 수 있지만 사람 수는 크게 괘념치 않는다. 반면,

유목민은 일정 수의 사람이 집단을 이루어 생활한다. 계절과 가축 먹이에 따른 잦은 이동과 환경의 제한으로 인해 사람의 수는 중요한 문제이다. 이로 인해 유목민은 집단 구성원 수에 민감하다. 그렇다 보니 주로 가족 단위로 생활한다. 구성원 수는 이동은 물론 모든 생활과 깊이 관련된다. 유목민의 군대조직은 이들 생활을 반영하여 이루어졌다.[1] 유목민의 대표 격인 칭기즈 칸의 군대는 10진법으로 편성되었다. 이 군대조직은 정착민의 생활과 비교했을 때, 조직의 측면에서 탈영토화의 특성을 지닌다. 수로 사람을 조직화한 생활은 수에 기초하지 않은 정착민의 생활에서 탈영토화한 것이다. 수에 의한 조직과 생활은 군대와 관련 있고, 탈영토화를 이루는 속성은 전쟁기계[2]와 관련이 깊다.

> 우리가 지금까지 알고 있는 인간 조직화의 주요한 형태는 세 가지가 있다. - 즉 혈통적, 영토적, 수적 조직화가 그것이다. (김재인 역, 2003: 746)

들뢰즈와 과타리는 사람들의 주요한 조직화 형태를 세 가지로 구분하고 있다. 첫째가 혈통적 조직이다. 혈통적 조직은 조상들과의 관계를 중심으로 혈연적 관계에 의한 사람들의 조직이다. 일상생활에서 혈통은 사람들을 조직화하는 주요 방식이다. 둘째가 영토적 조직이다. 국가의 성립으로 영토의

---

1   이 논의는 들뢰즈와 과타리의 <천 개의 고원>(김재인 역, 2003) 12장의 '명제6-유목 생활은 필연적으로 전쟁기계의 수적 요소를 함축한다'에 대한 설명으로 중심으로 전개한다.

2   '전쟁기계'는 들뢰즈와 과타리가 <천 개의 고원>(김재인 역, 2003)에서 '국가장치'라는 대비되는 개념을 나타내는 주요 용어이다. 이들 두 용어는 '추상기계'라는 용어가 갖는 개념의 하위 범주를 이루는 개념과 관련되어 있다. "추상기계는 '접속하는 어떤 것들의 공통성을 보편성의 형식으로 일반화하는 의식의 흐름'과 '형식을 변형시켜 탈형식화하는 방식으로의 의식의 흐름'을 가리킨다. 전자를 형식적 추상, 후자를 탈형식적 추상이라 할 수 있다. 이를 유목론과 관련지으면, 전자는 국가장치와 관련되고, 후자는 전쟁기계와 관련된다."(여수현·김도남, 2021: 219)

개념은 확립되었다. 이 영토를 중심으로 사람을 조직화하는 방법이 영토적 조직이다. 이는 대지 위의 한정된 범위 내에 존재하는 사람들을 중심으로 조직화하는 방식이다. 영토적 조직은 국가적 조직이 기본이지만 국가적 조직이 아니더라도 국가적 형식을 갖춘 크고 작은 집합체들도 다양하게 존재한다. 혈통적 조직이나 영토적 조직은 물질적 실제성을 바탕으로 사람을 조직화한다. 셋째는 수적 조직으로, 혈통적 조직과 영토적 조직과 달리 구별되는 속성을 내포한다.

사람이 조직을 이루는 방식은 다양할 수 있다. 이들 중 수에 의한 조직의 특성은 독특하다. 수적 조직은 혈통이나 영토와 같은 내적 또는 외적 기준을 갖지 않는다. 수적 조직은 물질적 기준에 의한다기보다는 조직을 이루는 원칙에 기초한다. 따라서 수적 조직은 원칙에 따라 달라진다. 사람으로만 조직화를 할 수도 있지만 다른 것과 혼합적으로 조직화를 하는 것도 가능하다. 수는 그 토대가 되는 물질적 실제성 요인을 가지고 있지 않기 때문에 수적 조직은 무엇과도 혼합된 조직 구성이 가능하다. 이와 같은 수에 의한 조직은 혈통이나 영토와는 다른 방식으로 작동하는 특성이 있다.

독자의 텍스트 이해를 조직화의 속성에 따라 검토해 볼 수 있다. 독자가 텍스트를 읽고 이해할 때에도 혈통, 영토, 수적 조직의 특성을 가질 수 있다. 우리의 생활이 이들 조직화를 반영하여 이루어지듯 독자의 텍스트 이해도 이를 반영하고 있다. 독자의 텍스트 이해 방식은 이미 이들 조직의 속성을 반영하여 이루어지기도 하고, 그렇지 않을 수도 있다. 독자의 텍스트 이해의 속성을 조직의 관점에서 살펴보고, 수적 조직에 의한 텍스트 이해 방식을 구체적으로 탐구한다.

이 장에서는 독자의 텍스트 이해를 조직화의 특성에 비추어 살펴본다. 독자의 텍스트 이해가 조직화의 어떤 요인을 반영하고 있는지 검토한 후, 그 반영으로 이루어지는 텍스트 이해의 특성을 탐색한다. 독자의 텍스트 이해에 대한 설명은 독자의 읽기 행위 방식뿐만 아니라 이해 결과를 달리할 수 있다. 독자의 텍스트 이해가 텍스트를 대하는 방식에 따라 달라지는 것이다. 여기서는 각 조직 방식의 특성을 살피고, 조직 방식에 따른 독자의 텍스트 이해의 방식을 검토한다. 이를 토대로 유목민의 전쟁기계로서의 수적 조직에 따른 읽기에 대하여 구체적으로 알아보고 독자의 텍스트 이해의 특성을 밝힌다. 이는 독자가 텍스트를 읽고 의미를 이해하는 방식뿐 아니라 텍스트 이해 교육의 접근 방향을 점검하기 위한 것이다.

2. 조직 방식과 독자

들뢰즈와 과타리는 <천 개의 고원>(김재인 역, 2003) 12장에서, 사람의 조직 방식에 대한 유목적 특성을 논의했다. 특히 전쟁기계의 속성을 지닌 수적 조직 방식에 집중하여 논의하였다. 조직은 누가 어디에 속하느냐의 문제로, 소속 조직은 개인의 사유 방식은 물론 삶의 형식을 결정한다. 이는 독자가 텍스트를 읽고 의미를 이해하는 방식은 물론 독자의 텍스트 이해의 결과가 어떤 형태인지를 결정한다. 독자의 텍스트 이해의 방식과 이해의 결과는 독자가 의식할 수도 있지만 그렇지 않을 수도 있다. 이는 텍스트 이해가 독자가 의식하지 못하는 관습적 속성이 있음을 의미한다. 독자의 텍스트 이해 형태를 들뢰즈와 과타리의 조직 방식 논의에 기초해 살펴보고, 수적 조직에 기초한 텍스트 이해의 속성을 탐구한다.

가. 혈통적 조직과 독자

조직은 특정 목적으로 여러 사람이 모여 집합체를 이룬 것이다. 사람들은 다양한 목적으로 조직을 이룬다. 사람의 일차적인 조직은 가족이다. 가족은 필연적인 조직이다. 가족은 존속과 생존을 위한 최소 단위의 조직이라 할 수 있다. 가족은 조직의 원형으로 작용한다. 그래서 한 조직의 구성원은 조직 내에서 가족 속성이 있기를 기대한다. 조직 성립의 조건은 2명 이상의 구성원을 갖는 것이다. 조직 구성원은 조직에 대한 소속감(권리, 의무)이 있는 자이다. 구성원들은 서로 직·간접으로 유기적 관계(위계와 역할)를 이룬다. 조직 구성원의 관계는 조직의 목적에 영향을 받고, 조직은 구성원들에게 직·간접적으로 영향력을 행사한다.

들뢰즈와 과타리는 유목민의 수적 조직의 특성을 논의하면서 혈통적 조직에 대하여 언급한다. 혈통적 조직도 유목적 속성을 갖지만 수적 조직이 더 본질적이라고 본다. 혈통적 조직은 가족을 기초로 확대된 형태를 띤다. 혈통적 조직은 사회를 구성하는 조직의 근원적인 형태이다. 특히 유목민의 현실적 생활은 혈연적 가족을 중심으로 이루어진다. 이 가족은 삶의 근원에 해당하기 때문에 인류의 시원 때부터 존재했다. 혈통적 조직은 가족과 가족 간, 이웃과 이웃 간 관계가 반복적으로 확대되는 형태로 존재한다. 혈통적 조직은 혈연관계에 있는 가족과 이웃, 마을이 연대를 이룬 결합체이다.

혈통 조직은 소위 원시 사회를 구성할 수 있도록 해 준다. 씨족적인 혈통 관계는 조상이나 임무, 상황에 따라 결합하거나 분열하는 등 본질적으로 활동 중인 절편이다. 물론 수도 혈통의 결정이나 새로운 혈통의 창조에 분명히 중요한 역할을 하고 있다. 대지도 마찬가지이다. 특히 부족의 절편성이 씨족의 절편성을 강화하기 때문에 더욱더 그러하다. 그러나 대지는 무엇보다 위에 혈통이 역동적으로 새겨질 재료이며, 수는 각인 수단이므로 대지 위에 수를 이용해 기입하는 혈통은 일종의 측지학이다. (김재인 역, 2003: 746-747)

위 인용문에서 보면, 혈통적 조직은 사회 구성의 토대가 된다. 혈통적 조직의 사회는 원시 사회의 형태인 씨족 사회이다. 씨족 사회는 혈연관계를 토대로 하지만 조상, 임무, 상황에 따라 결합하거나 분할하고 변동한다. 우리 사회에서 집안, 가문, 문중 등이 이와 관련된다. 씨족은 결혼이나 직계와 방계의 관계 속에서 변화한다. 씨족의 변화에서 수적 요소(2대조, 3대조 등)도 존재하고, 특정 지역에 거주하기에 영토적 요소도 관여한다. 영토와 관련해 보면, 부족 사회의 특성이 관여하는데 부족 사회는 씨족의 기능을 강화하는 특성이 있다. 인간의 혈통적 조직은 대지 위에서 수적인 특성을 반영하여 이루어진다.

사람들이 혈통적 조직을 이루는 내적 속성은 혈연관계에 있는 동일 조상을 갖는 것이다. 사실 조상은 혈연적 요인이기보다는 관념적 요인이다. 우리 민족은 단군의 자손이라고 할 때, '단군'은 관념적 요인이다. 사람의 혈연 문화는 결혼으로 인해 끊임없는 혈의 혼합 속에 존재한다. 순수 혈통은 그 존재가 불가능하다. 한 세대만 거쳐도 순수 혈통은 생물학적으로 성립하지 않는다. 그렇기에 혈통적 조직도 심리적 요인에 기초한다. 혈통적 조직의 심리적 요인은 친족(親族) 의식이다. 조직의 구성원들이 서로 친족이라는 심리적 연대를 이루고 있을 때 혈통적 조직은 영토를 벗어나기도 한다. 혈통적 조직의 속성이 드러나는 경우는, 조직이 특정한 임무를 실행할 때이다. 유목민은 잦은 이동의 업무(임무)가 있고, 생활의 상황이 있기 때문에 이들의 생활에서 조직의 속성이 자주 드러난다. 우리의 생활 속에서도 특정한 일(예, 선거)이 있을 경우, 특정 후보에 투표하기 위한 임무로 혈통적 조직(친족 의식이 기반)이 구성되고, 작용하는 상황이 발생한다.

텍스트 이해에도 혈통적 조직의 속성이 존재한다. 독자가 조상에 해당하는 요소(친족 요소)를 토대로 텍스트를 이해하는 경우이다. 독자의 텍스트 이해에서 조상에 해당하는 것은 텍스트 내용을 구성하고 있는 핵심적 개념이나 원리, 아이디어 등이라 할 수 있다. 좀 더 나아가면, 독자 자신의 내적 요소(친족 의식)도 이에 해당한다. 독자의 텍스트 이해에서 조상의 속성과 같은 역할을 하는 요소를 '원형성 개념'이라고 명명하고자 한다. '원형성'은 혈통적 조직의 근원이 되는 조상과 같은 텍스트 이해 요소의 속성이고, '개념'은 조직 구성원 각 개체의 공통적 요소를 뽑아 정리한 것과 같은 공통적 관념을 의미한다. '원형성 개념'은 독자의 텍스트 이해가 혈통적 조직의 속성을 가지게 한다.

원형성 개념은 필자에게서 비롯되기도 하고, 텍스트의 내용 자체인 경우도 있다. 또한 독자에게서 비롯되기도 한다. 예를 들어, 언어에 대한 문법 이론에서 명명자가 분명한 '랑그'나 '변형' 등은 필자에게 비롯된 것이고, 출처가 분명한 학문 중심 교육과정의 '지식의 구조'나 '탐구학습'은 텍스트(브루너의 <교육의 과정>)에서 비롯된 것이다. 특정 개념들이 집합적으로 적용된 '구조주의'나 '탈구조주의'는 독자가 생성한 것이다.

혈통적 조직의 내적 속성은 조상이나 원형성 개념과 같은 공통의 요소를 구성원이 필연적으로 갖추는 것이다. 텍스트 이해에서는 원형성 개념에 충실성이 있을 때 적통(嫡統)이 된다. 원형성 개념도 세대를 거치면서 결합하고 변동하고 분화한다. 하지만 원형성 개념의 핵심 요소(일부)는 유지된다. 스승과 제자 간의 학문의 혈통적 조직에서 원형성 개념의 계승이 중요하다. 그렇다고 스승과 제자의 학문에서 원형성 개념이 동일하게 반복되는 것은 아니다. 후설과 하이데거도 그랬고, 하이데거와 가다머 사이에서도 그랬다. 이들 간에는 학문적 공통의 조상에 해당하는 원형성 개념이 존재하지만 동일하지는 않다. 원형성 개념은 독자가 혈통적 조직의 구성원으로 존재하게 한다.

텍스트 이해에서 독자가 혈통적 조직의 구성원이 되기 위해서는 원형성 개념을 내면화해야 한다. 내면화는 지식의 형태로 아는 것이 아니라 깨치고 체득함으로써 사고 활동에 반영되어 삶의 장면에 드러나는 것이다. 독자가 혈통적 조직의 속성을 가질 때는 원형성 개념을 깨쳐 체득하여 텍스트 이해에 활용할 수 있을 때이다. 원형성 개념은 부지불식간에 얻는 경우도 있지만 이를 활용하는 조직 내에서의 교육과 학습을 통해 습득된다. 혈통적 조직에 기초한 텍스트 이해는 원형성 개념의 원천성과 순수성을 은연중에 강조한다. 이해의 적통성이 이들 속성으로 보증되기 때문이다.

혈통적 조직의 구성원으로서의 텍스트 이해는 계통성을 갖는다. 계통은 하나의 공통적인 요소를 가지고 있으면서 여러 갈래로 나누어지는 조직을 일컫는다. 혈통적 조직의 구성원으로서의 독자도 텍스트 이해에서 계통성을 존중한다. 즉 독자는 텍스트 이해가 원형성 개념을 중심으로 이루어져야 한다는 신념을 갖고 있다. 이 계통적 텍스트 이해는 유일하거나 고유해야 한다고 여기는 단일성의 속성도 갖는다. 계통적 이해는 차별성을 드러내기 위해 다른 계통의 이해와 대립하거나 서로 배척하는 속성도 갖는다. 그러다 보니 텍스트 이해가 조직 내에서 고착성을 갖기도 한다. 예로, 형태론 관련 문법책을 읽을 때는 소쉬르의 『일반언어학 강의』의 원형성 개념에 대한 계통성에 충실한 이해를, 통사론 책은 촘스키의 『변형 생성 문법』의 원형성 개념에 대한 계통성에 충실한 이해를 강조한다.

나. 영토적 조직과 독자

영토는 국가와 관련되어 있다. 영토는 한 국가가 주권을 행사할 수 있는 대지의 공간이다. 이 대지의 공간에 사는 사람들의 조직이 영토적 조직이다. 이 영토적 조직은 국가사회를 전제하며, 국가사회는 국가장치를 통하여 영토 내에서 권력을 행사한다.[3] 영토는 한계가 있는 공간으로, 대외적으로는 주권

---

3   텍스트 이해와 관련된 국가장치와 전쟁기계에 대한 논의는 여수현·김도남(2021, 2022) 논

을 통한 구분과 대립이 있다. 대내적으로는 영토에 속한 구성원들에게 국가 장치에 의한 권력이 행사된다.

영토는 소유와도 깊이 관련되어 있다. 주권 속에 소유의 개념이 포함되어 있다. 이 대지의 소유는 대지의 특정 부분에 소유권을 갖는 것이다. 이 소유는 영토를 탈영토화함을 내포한다. 대지의 소유는 대지 그 자체의 본래적 속성을 인간이 빼앗아 필요적 속성을 갖도록 바꾸기 때문이다. 특히 근대 국가의 영토는 신성성을 모두 빼앗아 동질적이고 연장적인 토지로 만들었다.[4] 토지가 된 대지는 분할 가능하고, 계량 가능하게 되었다. 영토적 조직은 대지를 소유로 확보한 공간 내에서 사람들이 이루는 집합체다.

국가사회에서는 사정이 일변한다. 흔히 이러한 사회에서는 영토적 원리가 지배적으로 된다고들 말한다. 그러나 이와 똑같이 탈영토화에 대해서도 똑같이 말할 수 있는데, 대지는 혈통과 결합하는 능동적인 물질적 요소가 아니라 하나의 대상이 되기 때문이다. [토지] 소유는 인간과 대지의 탈영토화된 관계일 뿐이다. 이것이 혈통공동체에 잔존해 있는 소유와 중첩되는 국유 재산이 되거나 아니면 새로운 공동체를 구성하는 사적 개인의 사유재산이 되더라도 마찬가지다. 국유건 아니면 사유건 이 두 경우에 모두(국가의 두 극에 따라) 대지의 덧코드화가 측지학을 대체한다. 물론 그래도 혈통은 커다란 중요성을 가지며, 수 역시 중요한 전개를 보여 주지만 혈통이나 대지, 수의 모든 절편들이 이들을 덧코드화하는 천문학적 공간 또는 기하학적 연장에 포함된다는 의미에서 '영토

의를 참조할 수 있다.

4 고대의 국가들은 정점을 가진 내포적 공간(spatium), 즉 다양한 깊이 층위로 분화된 공간을 감싸고 있는 데 반해 (그리스 도시로부터 시작된) 근대 국가는 내재적 중심, 동등하게 분할 가능한 부분들이 대칭적이며 역전 가능한 관계를 가진 등질적 연장(extensio)을 펼치고 있기 때문이다.(김재인 역, 2003: 747)

적 조직'이 전면에 나타나게 된다. (김재인 역, 2003: 747)

위 인용문에서 보면, 영토적 조직은 국가사회와 관련된다. 국가사회는 대자연의 넓은 땅인 대지에 기초하여 영토적 또는 탈영토적으로 구성된 조직이다. 조직을 구성하는 내적 토대가 대지인 것이다. 대지에 대한 주권을 가진 이들의 조직이 영토적 조직이다. 영토적 조직은 단순히 대지에 속하는 조직이 아니라 대지를 조직에 속하도록 만드는 조직이다. 그렇기 때문에 영토의 토대인 대지는 하나의 대상이 되어 조직에 소속된다. 조직에 소속된 영토는 기존의 자연적인 대지의 성질을 감추고 조직에 의하여 탈영토화된다. 탈영토화는 조직에 소유되는 것이고, 조직의 초코드(덧코드)화[5]에 지배되는 것이다. 국가적 조직은 대지를 구획지어 구분하고, 길을 내고, 도시를 세워 조직을 위한 공간을 생성한다. 이 영토적 조직에는 혈통적 조직도 내재하고, 수적 조직도 내재한다. 이들 조직은 영토적 조직의 초코드화에 편입되어 그 특성이 부각되지 못한다.

사람들이 영토적 조직을 이루는 내적 속성은 소유와 국가장치이다. 소유는 '인류와 대지의 탈영토화 관계'(김재인 역, 2016: 747)로 영토를 관할하는 권한을 갖는 것이다. 탈영토화에 의한 영토에 대한 관할 권한은 지배하거나 지배되는 것을 모두 포함한다. 영토적 조직에 포함된다는 것은 특정한 것에 대한 권한의 소유로 지배하는 것이면서, 특정한 권한에 의하여 지배됨을 의미한다. 권한에 의한 지배는 토지로 한정되는 것이기보다는 사회적, 정치적, 문화적, 경제적인 모든 것이 포함된다. 예로 국가의 교육을 보면, 국민은 교육을 받을 권리(지배함)를 갖지만 교육에 의하여 평가받고 제한된다(지배됨). 탈영

---

5 '초코드(화)'는 'surcodge'를 번역한 말로 이진경(2003)이 주로 사용하고, 김재인 역(2003)에서는 '덧코드(화)'라고 번역한다. 초(덧)코드(화)는 모든 것에 두루 통용되고 사용되는 코드이다. 이와 관련된 텍스트 이해에 대한 논의는 여수현·김도남(2021)을 참조할 수 있다.

토화는 영토 위에 존재하는 사람들에 의하여 이루어진다. 그렇기 때문에 소유로 이루어지는 탈영토화는 인간이 관심을 가지는 것 모두를 포함한다. 이들의 영토화는 수치화되어 존재하기도 한다. 그래서 통계학(Statiscits)은 국가학(State+istics)이라고 해야 한다(이진경, 2003: 393).[6] 영토적 조직은 구성원들이 권한을 행사하는 것이면서 국가장치에 의해 종속(포획)되는 것을 의미한다.

국가장치는 소유를 가능하게 하는 조직의 제도이다. 영토적 조직은 초코드화를 실행하는 국가장치의 작동으로 소유를 이루게 한다. 소유를 통한 탈영토화는 조직 구성원 모두에게 적용된다. 탈영토화는 국가장치에 의한 사회적 규정에 의하여 이루어지기 때문이다. 영토적 조직은 부분적이고 개별적인 것과 관련되기보다 전체적이고 통일적인 것과 관련된다. 이때 조직을 전체적이고 통일적으로 만드는 것이 초코드화이다. 다시 교육을 예로 보면, 우리나라는 국가 교육과정에 의하여 운영되는 교육제도를 가지고 있다. 이 교육제도는 어느 개인이나 특정 지역에만 적용되는 게 아니라 우리나라 전체, 모든 국민에게 적용된다. 조금 구체화하면, 국정 국어 교과서에 실려 있는 특정 제재는 모든 학생이 같은 방식으로 배우고 비슷한 이해를 한다.

텍스트 이해에도 이와 같은 영토적 조직의 속성이 존재한다. 이 영토적 조직의 속성에 의한 이해는 독자가 초코드화된 국가장치에 포획되어 이루어

---

6   국가장치에서 숫자나 계산이 중요한 역할을 하는 것은 이런 조건 위에서지요. 인구조사, 조세, 선거는 제국적 관료제에까지 소급되고, 근대 국가는 더 나아가서 모든 계산 기술, 사회적 기술을 이용하지요. 가령 19세기 이후 급속한 발전을 거듭해 왔으며, 사회학이나 경제학 같은 국가학에서 매우 중요한 위치를 차지하는 통계학(Statistics)은 사실은 '국가학(State+istics)'이라고 번역해야 마땅합니다. 가령 우리나라의 통계자료는 한국은행이나 노동부, 내무부 등 각급 국가기관에서 각각 산출·직접·관리하고 있을 뿐만 아니라 통계청이라는 국가기관에서 별도로 관리하고 있지요. 여기서 숫자는 국가의 시공간적 틀, 영토적 틀 안에 소재를 복속시키는 데 봉사해 왔던 것입니다. 즉 여기서 숫자는 영토성에 종속되고, 영토성을 위해 기능하는 것입니다.(이진경, 2003: 392-393)

진다.[7] 다시 말해, 독자가 초코드화된 텍스트 이해 방식으로 텍스트를 이해하는 경우가 영토적 조직에 의한 이해이다. 독자의 텍스트 이해에서 초코드화된 이해의 국가장치는 필자, 텍스트, 독자와 관련될 수도 있지만 그렇지 않을 수도 있다. 사회적으로 구성원들이 받아들이고 따르는 관습이나 관점, 원리는 모두 이해의 방법이 될 수 있다. 이들 독자의 텍스트 이해의 방법은 전체적인 통용이 전제되기에 '보편성 규칙'이라고 명명하고자 한다. '보편성'은 독자 전체가 이용하는 것으로 국가장치의 속성이고, '규칙'은 모든 구성원이 따르고 지키는 읽기 원칙을 의미한다. 독자의 텍스트 이해가 영토적 조직의 속성을 가지게 하는 것이 '보편성 규칙'인 것이다.

보편성 규칙은 텍스트 이해의 관점, 원리(방법), 이론 등이 초코드화의 지위를 얻은 것이다. 초코드화의 지위를 얻지 못한 것은 혈통적 조직의 수준에 머문다. 텍스트 이해에 대한 영토적 조직의 속성을 반영한 이해의 예는 주변에서 쉽게 찾을 수 있다. 고전 소설인 <춘향전>이나 <흥부전>을 보면, 독자들이 춘향의 정절이나 흥부의 착함을 강조하는 관점을 반영하여 이해하기도 했지만, 춘향의 진취성이나 놀부의 경제성을 강조한 관점을 반영하여 이해를 한 때도 있었다. 현재에도 보편성 규칙에 의한 텍스트 이해가 이루어지고 있다.

텍스트 이해에서 독자가 영토적 조직의 구성원이 되기 위해서는 보편성 규칙을 습득해야 한다. 규칙의 습득도 아는 것을 넘어 체득하여 텍스트 이해에의 반영으로 드러나야 한다. 독자의 텍스트 이해의 보편성 규칙 체득은 주로 학교를 통하여 이루어진다. 강력한 국가장치인 교육제도는 보편성 규칙을 효과적으로 학생(독자)들이 습득하게 한다. 그 외에 전국적으로 통용되는

---

7   국가장치에 의한 포획으로 이루어지는 텍스트 이해에 대한 논의는 여수현·김도남(2021)을 참조할 수 있다.

각종 매체도 강력한 국가장치로 보편성 규칙을 전달한다. 독자가 영토적 조직의 속성으로 텍스트를 이해할 때는 보편성 규칙을 활용한다. 이때 독자는 공통성과 일반성(동일성)을 은연중에 추구한다. 보편성의 규칙에 따르게 되면 독자의 텍스트 이해는 공통성과 일반성의 속성을 내포하게 된다.

영토적 조직의 구성원으로서 독자가 하는 텍스트 이해는 공유성을 갖는다. 공유는 여러 사람이 함께 공동으로 소유하는 것이다. 영토적 조직의 구성원으로서의 독자도 텍스트 이해에서 공유성을 갖는다. 텍스트의 특정한 의미를 모든 독자가 공유하게 되는 것이다. 이는 보편성 규칙을 활용함으로써 자연스럽게 일어난다. 공유성은 독자가 특정 관점이나 이론을 수용하여 의미 이해를 이루게 한다.

공유적 텍스트 이해는 보편성 규칙에 대한 타당성을 강조하기 위하여 규칙의 영역성이나 역사성도 강조한다. 예로, 읽기 교육론 책을 볼 때, 읽기 교육의 내적인 논리와 영역적 특성과 이론 도출의 내력을 상세히 다룬다. 노명완(1994)의 『국어교육론』, 한철우 외(2001)의 『과정 중심 읽기 지도』, 박수자(2001)의 『읽기 지도의 이해』 등을 그 예로 들 수 있다. 이들 텍스트는 영역성과 역사성으로 그 정당성을 확보하려고 한다.

다. 수적 조직과 독자

① 수: 0, 1, 2, 3, 4, 5, 6, 7, 8, 9

② 덧셈: 1+2=3, 뺄셈: 5-4=1, 곱셈: 6×7=42, 나눗셈: 852÷6=142

③ 주민번호: 10101010-1234567, 전화: 222-3333-4444,

　은행: 111-222-333444

수는 무엇인가를 대신한다. 그런 점에서 기호와 닮은 점이 있다. 수는 특별한 속성을 그 고유성으로 내포하고 있다. 일반 기호는 특정 대상을 지시하지만 수는 지시하는 대상이 정해져 있지 않다. 수는 무엇이든 지시하고 대신할 수 있는 특별한 속성을 지닌다. 그래서 지시 규칙만 정하면 수는 무엇이든 지시할 수 있다. 공간, 시간, 물질, 비물질을 가리지 않고 나타낼 수 있다. 이런 수가 조직 구성과 관련되는 것은 당연하다. 수를 활용한 조직의 내적 속성은 누가 어떻게 구성하는가에 따라 달라진다. 여기서는 유목민의 수적 조직의 특성을 살핀다.[8] 이를 통하여 독자의 텍스트 이해와의 관계성을 검토한다.

헤아리는 수(Nombre nombrant) 즉 자율적인 산술적 조직화라고 해서 더 우월한 추상이나 더 커다란 양을 수반하는 것은 아니다. 단지 그것은 유목이라는 가능성의 조건들과 전쟁기계인 실현의 조건들과 관련될 뿐이다. 엄청난 양을 다른 질료들과 어떻게 처리해야 하는가 하는 문제는 국가의 군대에서만 제기된다. 하지만 전쟁기계는 이와 달리 적은 양만을 이용해 활용하는데, 이것을 헤아리는 수를 이용해 처리한다. 이러한 수는 공간을 배분하거나 공간 자체를 분배하는 대신에 무엇인가를 공간에 분배하면 즉각 출현한다. 이러하여 수가 주체가 되는 것이다. 공간에 대한 수의 이러한 독립성은 추상작용의 결과가 아니라 매끈한 공간, 즉 헤아려지지 않고도 차지되는 매끈한 공간의 구체적 본성에서 유래하는 것이다. 수는 이미 계산이나 계량의 수단이 아니라 자리바꿈의 수단이다. 수 자체가 매끈한 공간에서 자리를 바꾸는 것이다. 아마 매끈한 공간도

8　영토적 조직에서도 혈통(왕조국가의 경우)과 수(도시의 번호적 조직)가 중첩되어 사용되긴 하지만, 양자 모두 영토적 조직에 종속되어 있습니다. 그렇기에 왕조국가는 가족이나 가문과 다르고, 도시의 번호적 조직은 영토에 고정되어 있습니다. 즉 영토성을 표시하는 '표현 형식'일 뿐입니다. 진정한 번호적 조직은 유목민의 사회에서 볼 수 있습니다.(이진경, 2003b: 393)

분명 자체의 고유한 기하학을 지니고 있을 테지만 이미 앞에서도 언급한 대로 그것은 소수자적 기하학, 조작적 기하학, 특질의 기하학이다. 정확히 말해 공간이 척도로부터 독립할수록 수도 공간으로부터 그만큼 더 독립적으로 된다. (김재인 역, 2003: 749)

위 인용문에서 보면, 헤아리는 수[9]의 산술적인 자율적 조직화는 유목민의 전쟁기계의 실현적 조건과 관련된다. 국가의 일반 군대는 많은 수의 군대와 전쟁 관련 질료들의 처리와 관련된 수적 조직을 활용한다. 이에 반해 유목민은 수를 전쟁기계와 관련지어 적은 양으로 나누어 헤아리는 수적 조직을 활용하여 처리한다. 이는 공간의 분배나 공간의 배분이 아니라 무엇인가를 공간에 분배하여 수에 의하여 공간이 활용되도록 한다. 이는 유목민의 삶의 방식에서 유래한 매끈한 공간과의 소통 방식이다. 일정한 수적 조직으로 공간에서 삶을 유지하고, 공간은 언제나 공간으로 남아있게 한다. 수적 조직에서 실패하면 공간도 삶도 유지될 수 없다. 이는 삶의 절실함과 관련되어 있고, 삶을 유지하기 위한 간절함에서 비롯된 창의성이다.

수적 조직의 특수성은 유목민적 실존 양식과 전쟁기계-기능에서 유래한다. <헤아리는 수>는 혈통적 코드와 국가적 덧코드화에 모두 대립된다. 한편으로 산술적 구성은 혈통 조직으로부터 유목과 전쟁기계에 포함될 요소를 선별, 추출하며 다른 한편으로는 이들 요소를 국가장치에 대항시키고 전쟁기계와 [유목적] 실존을 국가장치에 대립시킴으로써 혈통적 영토성과 국가의 영토 또는 탈영토성을 동시에 가로지르는 탈영토화를 그린다. (김재인 역, 2003: 751)

---

9   헤아리는 수(Nombre nombrant)를 이진경(2003: 399)은 '세는 수'라고 번역한다. 관련하여 헤아려진 수(Nombre nombré)는 '세어진 수'로 번역한다.

수적 조직은 특수한 자연환경에서 살아남기 위한 유목민의 독특한 삶의 방식에서 유래한 것이다. 이는 국가의 국가장치에 포획된 삶의 방식이 아닌, 유목적 삶에서 비롯된 전쟁기계에 의한 삶의 방식에서 온다. 그렇기 때문에 수적 조직은 혈통적 조직이나 영토적 조직과는 대립되는 특징을 갖는다. 원형성을 따지는 혈통적 코드나 보편성을 추구하는 국가적 초코드와는 다른 방식으로 작동하는 것이다. 수적 조직은 가족 단위로 생활하는 유목민의 혈통적 조직에서 전쟁기계의 일부 속성을 추출한다. 추출한 속성을 국가장치에 대립시키고, 유목민의 전쟁기계에 의한 삶의 방식을 정착민의 국가장치에 의한 삶의 방식과 대립시킴으로써 영토적 조직의 탈영토화를 다시 탈영토화한다. 수적 조직은 혈통적 조직과 영토적 조직을 탈영토화하는 특수성을 갖는다.

수적 조직은 탈혈통적, 탈영토적인 표현 형식(이진경, 2003b: 393)을 갖는다. 수적 조직을 이루는 구성원은 혈통이나 영토에서 벗어나 있다. 칭기즈칸이 사람들을 조직하는 방식이 이를 보여준다.[10] 조직을 구성하는 단위로 수가 주체가 된다. 내부적으로 일부에 혈통적 요인이 있을 수 있지만 조직의 외적 표현은 수로 이루어진다. 수적 조직은 탈뿌리를 하였기에 그 구성 근거는 수가 된다. 수는 물질성도 비물질성도 갖지 않기에 지시는 모두 인위적인 속성을 갖는다. 이는 삶을 유지하기 위한 진정한 필요에서 비롯된 것이고, 창의적이고 특수한 형식의 조직이다. 혈통적, 영토적 조직에 대항하는 전쟁

---

10 칭기즈칸이 사람들을 조직하는 방식은 확실히 다릅니다. 10개의 가족을 묶어서 10호대를 만들고, 가각각의 10호대에 번호를 붙입니다. 10호대 10개를 묶어서 100호대를 만들고, 또 각각의 100호마다 번호를 부여합니다. 마찬가지로 1000호대가 구성됩니다. 물론 묶이는 최소 단위가 가족이기 때문에 혈통과 무관하지 않지만, 그것은 최소 단위에서만 그렇고 가족들 간의 관계는 이렇게 번호를 따라 묶이면서 수적 조직의 체제로 재구성되는 거지요. 각각의 10호대에는 그것을 이끄는 지휘자가 10호장으로 선임되고, 100호대와 1000호대 역시 마찬가지죠.(이진경, 2003b: 393-394)

기계의 속성을 드러내면서 유목민의 삶의 절실함을 반영한 조직이다.

텍스트 이해에도 수적 조직의 속성이 존재할 수 있다. 수적 조직의 속성을 반영한 이해는 유목민의 전쟁기계-기능과 같은 방식으로 이루어진다. 다시 말해, 독자가 탈영토화, 탈코드화된 방식으로 텍스트를 이해하는 경우가 수적 조직에 의한 이해이다. 독자는 텍스트 이해에서 탈혈통적 탈영토적 입장의 텍스트 이해를 이루어내야 한다. 탈혈통화하고 탈영토화한다면 독자는 무엇에 토대를 두고 텍스트를 해석하고 이해를 이루어야 하는가? 이에 대한 답은 유목민의 전쟁기계에서 찾을 수 있다. 유목민의 전쟁기계는 삶의 문제와 직결되어 있다. 혈통적 조직이나 영토적 조직을 몰라서 수적 조직을 구성하는 것이 아니라 삶의 환경이 수적 조직을 해야만 하기 때문이다. 이를 보면, 수적 조직으로 텍스트 이해를 하는 방법의 조건은 독자의 진정한 삶의 과제이다.

이에 따라 독자의 텍스트 이해 조건은 삶과 직결된 '현존성 과제'라고 명명하고자 한다. '현존성'은 독자 자신의 절실한 현재 삶과 깊이 관계가 있는 속성이고, '과제'는 반드시 해결하거나 처리해야 할 문제를 의미한다. 독자의 텍스트 이해가 수적 조직의 속성을 지니게 하는 것이 '현존성 과제'인 것이다. 이 현존성 과제는 텍스트를 읽는 이유이면서 텍스트 이해로 이루어야 하는 결과이다.

독자가 텍스트 이해에서 수적 조직의 속성을 반영하기 위해서는 현존성 과제를 가져야 한다. 현존성 과제는 자신의 현재 생활과 앞으로의 지향을 검토하고, 자신이 진정으로 해결해야 할 현실적 문제를 이해함으로써 결정된다. 사람들은 누구나 이러한 과제를 가지고 있다. 다만 관심을 두어 살피지 않거나 남을 따라 하면서 자기를 잊기 때문에 분명하지 않은 경우가 많다. 독자는 정착민으로서의 삶에 익숙해져서 유목민과 같이 살아내야 할 절실함을 느끼지 않을 때 자기를 잊는다. 독자는 누구든 자신이 해결해야 할 절실한 과제가 있다. 이를 인식하고 분명하게 파악하는 것이 필요하다. 자기의 현존성 과제를 이해한 독자는 이 과제를 해결하기 위한 읽기를 실행한다.

독자의 수적 조직의 속성을 반영한 텍스트 이해는 고유성을 갖는다. 고유성은 자기만의 것이며 개성적이고 특유한 것이다. 여러 사람과 비교해서 특유한 것이 아니라 독자의 삶과 관계된 것이기에 특별한 것이다. 그렇기에 이 이해는 누구와도 공유할 수도 없고, 그럴 필요도 없다. 오직 독자의 현재 삶과 관련된 무엇과도 비교되지 않는 가치를 지닌 이해이다. 수적 조직의 구성원과 같은 독자는 개별적인 이해를 실행한다. 텍스트의 진정한 의미는 그 독자에게만 특별하다. 독자들이 같은 의미로 이해했더라도 그것은 각 독자에게 고유한 것이다.

3. 수적 조직과 텍스트 이해

독자가 수적 조직의 속성을 반영한 텍스트 이해를 하는 경우도 있다. 예로, 학문의 변화와 발전은 수적 조직 방식으로 읽는 독자들이 존재하기 때문에 가능하다. 이러한 읽기는 어느 특정 시대에만 이루어진 것은 아니다. 중국 철학의 유학-성리학-양명학, 불교철학의 아비달마 사상-공사상-유식사상-여래장 사상-정토사상, 서양 철학의 현상학(후설)-현상학적 해석학(하이데거)-철학적 해석학(가다머) 등은 학문적 변화를 이룬 대표적인 예이다. 이외에 일반 독자 또한 자신 삶의 필요에 의해 수적 조직의 속성을 반영한 텍스트 이해를 한다.

[가] 사유가는 친숙하지 않고 불편한 것을 향해 사유해 나가는데, 그에게 이러한 것들은 그냥 지나가는 어떤 것이 아니라, 오히려 집에 있듯이 늘 그에게

머물러 있다. 반면 시인의 (고향, 즉 깨달음을) 회상하는 물음은 고향에 있듯이 친숙한 것을 시로 짓는다. (신상희 역, 2009: 253-254; 엄태동, 2016: 296 재인용)

[나] 사유가는 자신의 현재에 안주하지 않고 새로운 깨달음을 구하는 구도자이며 학시습자이다. 따라서 그는 언제나 낯설고 기이한 것, 종잡을 수 없는 것을 향해 나아가며, 이처럼 낯설고 기이한 것을 오히려 친숙하게 반긴다. 이는 그가 제대로 나아가고 있다는 증표이기 때문이다. 반면에 시인은 자신에게 고향적인 것, 즉 친근하고 익숙하게 그가 몸담고 있는 것을 시로 드러낸다. 시인은 이미 그가 그 속에 존재하고 있는 자각과 통찰, 또는 자신과 하나가 된 깨달음을 시로 짓는다. 다른 사람들을 자신처럼 귀향하도록 이끌며 회화하기 위하여 시를 짓는 것이다. 이 점에서 사유가는 새로운 깨달음을 구하여 이를 자신의 존재로 무르익도록 학습하려는 학시습자이며, 시인은 학시습자가 존재의 언어를 경청하여 따르면서 새로운 존재로 거듭나도록 이끌려는 회화자이다. 시인은 사유가를 자신의 친구로 찾아 나서 우정을 맺는다. 제자를 찾아 교육적 관계를 맺는 것이다. 물론 사유가는 자신의 존재 가능성을 몸소 시범 보이면서 진리의 화신으로 존재하는 스승을 찾아 그의 회화를 구한다. 이러한 교육적 관계 속에서 학시습하는 사유가는 장차 그들도 언젠가는 회화하는 시인이 될 운명을 갖고 있다. 그들은 자신의 존재를 염려할 뿐만 아니라, 다른 사람의 존재도 심려하는 현존재이기 때문이다. (엄태동, 2016: 296)

위 글 (가)는 하이데거가 횔더린의 시를 해명하면서 한 말이다. 사유가와 시인의 특성을 비교하고 있다. 아래 글 (나)는 엄태동(2016)이 교육학 관점에서 글 (가)의 내용을 이해한 내용이다. 글 (나)에서는 사유가를 학시습자(學時習者)로, 시인을 회화자(誨化者)로 설명하고 있다. 이는 저자가 혈통적 조직이나 영토적 조직의 속성을 반영한 읽기에서 벗어난 수적 조직의 속성으로 읽는 방법을 보여준다. 저자는 하이데거의 시 해명을 원형성 개념이나 보편성 규칙을 이해하기보다는 현존성 과제를 해결하기 위한 이해를 하고 있기 때문이다. 이러한 수적 조직의 속성에 기초한 읽기의 방식을 검토해 본다.

가. 탈뿌리적 이해: 분절과 결합

탈뿌리는 뿌리에서 벗어나는 것이다. 뿌리는 근원이 되는 원형적 요소를 의미한다. 혈통적 조직에서 조상이나 친족 의식과 같은 것이다. 뿌리는 어떤 대상의 생성에 필수적인 요소이거나 존재하게 하는 본질적 질료를 의미한다. 텍스트 이해와 관련해서는 내용을 이루는 핵심 아이디어나 개념, 관점, 이론 등을 가리키는 말이다. 세상에 존재하는 물질적 대상도 그렇고, 관념적 대상도 그 뿌리에 해당하는 것을 내포하고 있다. 그래서 뿌리를 찾거나 뿌리에 근거해서 대상을 인식하는 방법이 존재한다. 텍스트 이해도 이러한 뿌리에 집착하여 이루어지는 일이 있다. 탈뿌리는 이런 뿌리에 얽매이지 않는 것이다. 탈뿌리는 뿌리가 있음을 전제한다. 뿌리가 없다면 벗어날 일도 없는 것이다. 탈뿌리적 이해는 뿌리를 찾거나 뿌리에 근거한 이해에서 벗어나는 이해이다.

유목민 또는 전쟁에 속하는 <헤아리는 수>의 첫 번째 특징은 항상 복합적이라는 것, 즉 분절화되어 있는 데서 찾을 수 있다. 그것은 항상 복소수이다. <헤아리는 수>가 국가의 수 또는 헤아려진 수처럼 대규모의 등질화된 양을 압축하지 않고 오히려 그 자체가 세세한 분절에 의해, 즉 자유로운 공간에 다질성을 분해함으로써 커다란 효과를 만들어 내는 것은 바로 이 때문이다. 국가의 군대에서조차 커다란 수들을 다룰 때는 이 원리를 활용한다.('기수' 10이 활용되지만 말이다) 로마 군단은 다양한 수들의 분절에서 비롯되는 하나의 수로서, 이렇게 된 결과 모든 절편은 이동적이며 이들 절편이 형성하는 기하학적 형상은 가동적이고 변형 가능하게 된다. 그리고 복소수 또는 분절된 수는 단지 인간뿐만 아니라 필연적으로 무기, 짐승, 운송수단까지 합한다. 따라서 기본적인 산술 단위는 배치 단위이기도 하다. 가령 스키타이인에게 승리를 안겨준 공식에 따르면 인간-말-활, 즉 1×1×1이다. 그리고 어떤 종류의 '무기'가 점점 더 많은 인간이나 짐승들을 배치하고 분절해 나감에 따라 이 공식은 더 복잡해진다. (김재인 역, 2003: 751-752)

유목민의 수적 조직의 첫 번째 특징은 복합적이라는 것인데 이는 분절화와 관련되어 있다. 분절은 기준을 가지고 사물을 나누고 갈라 절편을 만드는 것이다. 하나의 덩어리를 일정한 기준으로 나누면 여러 개의 절편이 된다. 이들 절편으로 조직을 구성하기에 복합적이다. 유목민이 이동할 때 사람, 가축, 집, 썰매, 가구 등 몇 가지 종류의 절편이 하나가 된다. 즉 여러 가지 절편을 선택하고 묶어서 하나의 단위를 만든다. 이동에서 하나의 단위는 '사람 × 썰매 × 동물'과 같은 형태이다. 그래서 실수(사람)와 허수(썰매, 동물)가 결합된 복소수인 것이다. 복소수의 단위는 고정되어 있지 않다. 상황에 따라 다양한 요소들을 묶을 수 있다. 이때 분절된 절편들은 그 뿌리의 속성을 고려하지 않는다. 이런 절편의 묶음(결합)은 탈뿌리화된 복합체이지만 이동을 쉽게 하는 효율성을 갖는다. 이 분절(절편)과 결합에 의한 탈뿌리화된 복합체는 군대의 조직에 적용되어 이동과 전투에 활용된다. 스키타이인의 군대조직 단위는 '사람-말-무기(1×1×1)'로 전쟁 승리에 기여했다. 이 수적 조직은 분절과 묶음에 따라 달라지는 복합성을 갖는다.

독자의 텍스트 이해도 분절(절편)과 묶음(결합)에 의한 탈뿌리화된 복합성을 갖는다. 독자도 텍스트를 읽을 때 내용을 단위별로 분절한다. '서론, 본론, 결론', '문제, 해결방법, 결과', '인물, 사건, 배경' 등은 텍스트의 내용을 분절하는 방법이다. 독자는 이들 분절된 절편을 선택하고 묶는다. '논리적(인과적) 관계', '일의 순서', '시간의 흐름', '장소의 변화' 등은 선택하여 묶는 기준들이다. 이들 절편의 묶음에도 탈뿌리적 복합성이 있다. 그렇지만 전쟁기계의 속성보다는 국가장치의 속성이 반영된 묶음이다. 남들과 같이 동일하게 하고, 전체적이고 통일된 방식으로 같은 결과를 만들어내는 것에 초점이 있다. 반면, 유목민의 전쟁기계의 조직화는 자신들의 절실한 삶의 문제를 해결하기 위해, 상황에 맞게 효율적인 목표를 성취할 수 있도록 분절하고 결합한다. 분절과 묶음(결합)에 정해진 규칙이 있는 것이 아니라 필요에 의해 상황에 따라 가변적으로 하나의 단위를 만든다. 이들 단위가 일정한 수로 집합을 이루어 조직이 된다. 텍스트 이해를 위한 독자의 분절과 묶음도 이러한 접근이 필요하다.

글 (나)는 단위 내용의 분절과 묶음으로 이루어진 탈뿌리화된 복합성을 보여준다. 글 (가)는 글 (나)의 저자가 하이데거의 글에서 분절하여 선택한 내용이다. 글 (나)는 글 (가)를 그대로 설명하는 것이 아니다. 시에 대한 해명을 다시 분절하여 절편으로 사유가와 시인을 구분하고, 이들에 교육에서의 학생(학시습자)과 교사(회화자)를 연결하여 각 단위를 생성해 내고 있다. 이는 사유가와 시인을 탈뿌리화여 교육적 맥락에 배치하여 이루어졌다. 이는 글 (나)의 저자가 교육학 전공자이기 때문이다. 저자가 다른 전공자라면 다른 맥락에서 분절(절편)과 묶음을 이루어 생성하는 의미도 당연히 달라졌을 것이다. 저자는 탈뿌리화된 절편의 묶음을 통하여 교육에서의 학습자 역할과 교사 역할을 규명해 내고 있다. 저자는 혈통적 조직의 독자가 활용하는 원형성 개념이나 영토적 조직의 독자가 활용하는 보편성 규칙을 따른 것이 아니다. 독자 자신의 현존성 과제에 집중하여 텍스트 이해를 이루고 있다. 유목적 수적 조직을 반영한 읽기에서 독자는 텍스트 내용을 필요에 따라 분절하여 절편화하고, 삶의 맥락에서 선택과 결합으로 이해함으로써 복합성을 실현한다.

나. 탈순수적 이해: 수화와 병치

탈순수는 순수에서 탈주하는 것이다. 순수는 다른 것과 섞이지 않음을 의미한다. 탈순수는 섞임을 이루고, 필요로 함(목적에 맞게 씀)이 내재한다. 세상에는 순수한 것이 존재할 가능성이 있고 그 순수함은 실제일 수도 있다. 이때의 순수는 가장 원형적인 것을 지시하는 경우가 많다. 그래서 순수라는 개념은 원형 그대로를 지향하거나 유지함을 함의한다. 사람들이 조직을 구성할 때도 순수함을 강조할 수 있다. 그래서 순수한 조직이 있을 수 있다. 그렇지만 순수한 대상이나 관념, 순수한 조직은 이상적인 순수일 뿐이다. 실제로 순수한 관념이나 조직은 존재하지 않는다. 혈통적 조직에서 이상적인 조상이나 영토적 조직에서 이상적 국가장치와 같은 것이다. 다만 순수의 지향이 있을 뿐이다. 독자의 텍스트 이해에도 당연히 순수는 있을 수 없다. 텍스트 이해에서 순수를 지향할 수 있지만 삶의 과제를 해결하기 위한 창의적인 이해를 위해서는 탈순수가 필요하다.

모든 전쟁기계는 마치 비대칭적이고 불균등한 두 계열에 작용하고 있는 것처럼 산술적 복제나 이중화라는 기묘한 과정을 보여준다. 왜냐하면 한편으로 혈통이나 씨족은 수적으로 조직되고 개편되며, 수적 편성이 혈통 조직 위에 중첩되어 새로운 원리가 지배적인 것이 된다. 그러나 다른 한편으로 동시에 각각의 혈통에서 추출된 자들에 의해 특수한 수적 몸체를 형성한다. 마치 독자적인 수적 몸체를 구성하지 않으면 혈통-체의 새로운 수적 편성이 성공할 수 없는 것처럼 말이다. 우리 생각으로 이것은 우연한 현상이 아니라 전쟁기계의 본질적 구성 요소이며 수의 자율성을 위해 필수적인 조작이다. 즉, 몸체의 수는 수의 몸체를 상관물로 가져야만 하고, 수는 상보적인 두 가지 조작에 따라 이중화되어야 한다. (김재인 역, 2003: 753)

유목민 전쟁기계의 수적 조직의 두 번째 특징은 불균등한 두 계열의 작용이다. 두 계열은 혈통적 조직(또는 영토적 조직)과 수적 조직의 계열이다. 이두 계열은 규칙이나 원칙이 없이 서로 관여하기에 기묘하다고 할 수 있다. 이동이나 전쟁을 위한 칭기즈칸의 10인대 단위의 조직 구성은 씨족과 수가 상관적으로 작용하고, 이를 기초로 한 특수한 수적 몸체(친위대)도 구성한다. 특히 친위대의 구성은 세 가지 형태로 이루어진다. 특권적 혈통, 혈통의 대표자, 외부자가 그것이다.[11] 친위대는 혈통의 씨족을 수(數)화하여 즉, 수적으로 분절하여 수적 조직을 구성하는 것이다. 이는 수가 지배의 원리임을 뜻한다. 한발 더 나아가 칭기즈칸의 친위대인 케식(Kesig)이라는 특수부대의 구성은 수적 조직의 특성을 더 잘 드러낸다. 케식의 부대원은 '1000호장의 일부에서 차출한 사람이나, 아니면 그 기본 조직과 무관한 사람들로 구성된 조직이다. 이 케식에는 특히 외국인이 많이 포함되어 있었다. 이 케식의 병사 개개인은 심지어 1000호장보다 지위가 높았다'(이진경, 2003b: 401-402)는 것이다. 씨족을 수화한 10인대 단위 조직이나 특수한 수적 몸체의 조직은 탈순수화된 수화(數化: 산술적 복제)에 기초한 병치(이중화)로 이루어진 것이다. 이로써 창의적이고 효율적인 성과를 이루어낸 것이다.

독자의 텍스트 이해도 수화와 병치의 미묘성을 이룬다. 독자도 텍스트를

---

11   특수한 몸체가 편성되는 몇 가지 방법을 생각해 볼 수 있기 때문이다. 1) 특권적 형통이나 씨족으로 편성하는 방법. 이 경우 이러한 혈통이나 씨족의 지배는 새로운 의미를 띠게 된다 (모세와 레위 족의 경우). 2) 모든 혈통들로부터 대표자를 선발해 편성하는 방법. 이 경우 이들은 볼모가 된다(신생아들, 무엇보다 아시아나 칭기즈칸에게서 이러한 경우를 찾아볼 수 있다). 3) 본래의 사회 외부에 존재하는 전혀 다른 요소들로 즉, 노예, 외국인 또는 이교도로 편성하는 방법(이미 프랑크족 노예들로 특수한 단체를 편성했던 색슨 왕조 때부터 그러했다. 특히 이슬람의 경우가 그러했는데, 급기야 여기서는 '병사 노예'라는 특수한 사회학적 범주를 만들어내기에 이르렀다. 이집트의 맘루크[Mamelouks]는 아주 어렸을 때 술탄에게 팔려 간 스텝이나 코카서스 지방 출신의 노예들이었다. 또는 오토만 투르크 제국의 친위대인 야니사리 족[Janissaires]은 기독교 공동체 출신이었다).(김재인 역, 2003: 755)

읽을 때 내용 단위를 수화할 필요가 있다. 내용 단위의 수화는 텍스트에서 내용 단위를 절취해 내는 것이다. 유목민의 10인대를 이루는 씨족이든, 케식 조직의 구성원이든, 그 조직원은 본질적 속성은 모두 1이라는 수로 흡수된다. 이 수화된 1들이 모여 병치됨으로써 10인대가 되고 케식이 된다. 독자가 텍스트 내용을 현존적 문제와 관련해 이해하기 위해서는 단위 내용을 수화하고 병치해야 한다. 이를 통해 독자는 독자만의 고유한 이해를 이루어낼 수 있다. 독자의 텍스트 내용의 수화는 독자에게 필요한 내용 구성 조직이나 의미 생성을 위한 것이어야 한다. 수화한다고 각 단위의 내용이나 의미를 없애는 것이 아니다. 이를 포함한 내용 단위를 수화하여 병치를 하였을 때, 독자는 진정한 이해를 하게 된다.

글 (나)는 단위 내용의 수화와 병치를 잘 보여준다. 글 (나)의 내용은 저자가 글 (가)의 내용을 수화하고, 이를 병치하여 내용을 생성한 것이다. 사유가와 시인은 그냥 사유가와 시인이 아니다. 수화된 사유가이고 시인이다. 사유가는 현실에 안주하지 않는 구도자이고, 낯설고 기이한 것, 종잡을 수 없는 것으로 나아가 친숙하게 반기는 자로 수화된다. 그리고 시인은 고향적인 것 즉, 친근하고, 익숙하여 편안히 몸담고 있는 것을 표현하는 존재로 수화된다. 이들은 교육의 상황 속에 병치되어 학시습자와 회화자로 배치된다. 이는 교육이 무엇인가를 드러내는 목표에 충실한 기능을 수행하는 수화된 존재가 된다. 이로써 글 (나)의 저자는 자신의 목표를 수월히 이루고 있다.

다. 탈순응적 이해: 유괴와 배속

탈순응은 순응에서 탈주하는 것을 의미한다. 순응은 새로운 환경이나 달라진 변화에 적응하고 따르는 것을 의미한다. 탈순응은 따름을 거부하고 응하지 않음을 뜻한다. 순응은 맞서거나 버팀이 없이, 저항 없이 따르는 특성이다.

순응은 의식이 부지불식간에 포획되어 자기도 모르는 사이에 일어나는 경우가 많다. 들뢰즈와 과타리의 논의(김재인 역, 2003)에서 보면, 이는 국가장치에 의하여 이루어진다.[12] 탈순응은 이런 국가장치에 의한 포획에서 벗어나는 일이다. 기존의 당연함에 의문을 제기하는 것이며, 자기 삶의 과제에서 볼 때 문제가 됨을 밝히는 것이다. 남들과 다른 자신만이 해결해야 할 문제의 고유성이 있음을 주장하는 것이다. 또한 남을 따라 해서는 이 문제를 해결할 수 없음을 밝히는 것이다. 독자가 자신의 삶을 문제 삼지 않으면 주변 독자의 이해에 관심을 가질 수밖에 없다. 국가장치에 포획되어 남들과 같이 텍스트를 이해하는 것을 진리로 여기는 것이다. 그렇지만 유목적 전쟁기계의 수적 조직의 관점에서 보면, 다른 사람의 이해를 의식할 필요가 없다.

'어린이를 유괴하는 유목민'이라는 중요한 주제는 바로 여기서 유래하는 것이 아닐까? 특히 특수한 단체가 어떻게 전쟁기계에서 결정적인 권력 요소로서 확립되는가가 드러난다. 전쟁기계와 유목적 실존은 동시에 두 가지를, 즉 혈통에 기반한 귀족 정치로의 복귀와 제국적 관료제의 형성을 저지해야 하기 때문이다. 하지만 국가 자체가 종종 노예를 고위 관료로 사용하지 않을 수 없는 경우가 있기 때문에 이 문제는 한층 더 복잡해진다. 앞으로 살펴보겠지만 그래야 했던 이유는 경우마다 달랐으며, 또 이 두 가지 흐름은 전혀 다른 기원을 가지고 있었다. 왜냐하면 유목민에게서 유래하는 전쟁기계에서 노예나 외국인, 유괴된 자의 권력은 혈통 조직에서의 귀족의 권력이나 국가 관료와의 권력과는 상당히 다른 것이었기 때문이다. 그들은 '특명 관료', 밀사, 외교관, 스파이, 전략가,

---

12 참된 사유의 제국(imperium). 이것은 마법적 포획, 장악 내지 속박(lien)에 의해 작동하며, 정초를 놓는다(뮈토스). 그리고 자유로운 정신의 공화국. 이것은 맹약 내지 계약에 의해 진행되며, 입법 조직과 법률 조직을 만들어 내며 근거를 정당화해 준다(로고스).(김재인 역, 2003: 719)

병참 담당자, 그리고 때로는 대장장이기도 했다. 이들의 존재는 '술탄의 변덕'만으로는 다 설명할 수 없다. (김재인 역, 2003: 755-756)

유목민의 수적 조직의 세 번째 특징은 혈통적 조직이나 영토적 조직으로의 복귀를 막는 것이다. 이는 수적 조직이 혈통적 조직 및 영토적 조직과는 다른 속성을 내포함을 의미한다. 이 다른 속성의 내적 요인은 유괴와 배속이다. 유괴라는 말의 어감은 불편하지만, 이 용어를 쓰는 데는 이유가 있다. 유괴는 사람을 꾀어내 데려가는 일이다. 다른 사람을 알게 데려가도 강제로 데려가는 것은 유괴이다. 칭기즈칸은 친위대를 만들기 위하여 어린아이(1000호장의 아들)들을 강제로 꾀어 데려간다. 이들을 데려가 친위대에 배속시켜 훈련을 시키게 된다. 물론 친위대를 구성하는 군인은 각기 다른 배경을 갖고 있다. 그렇지만 친위대에 배속된 이상 그 구성원으로서 조직에 충실하게 된다. 친위대의 조직 내에서 각자의 역할에 따라 높은 성과를 이루어내고, 성과에 따른 높은 지위를 갖는다. 유괴되거나 강제로 끌려간 각 개인은 조직이 갖는 특권과 그 성과에 따라 가치를 인정받게 된다. 이로써 수적 조직의 구성원은 혈통적 조직이나 영토적 조직의 구성원으로 복귀하지 않는다.

독자의 텍스트 이해도 탈순응을 필요로 한다. 이를 위해서는 유괴와 배속이 필요하다. 독자가 현존성 과제와 관련해 텍스트를 이해하기 위해서는 승인되지 않은, 필요에 의한 강제로 내용 단위들을 취해야 한다. 허락된 부분에서, 알려진 부분에서, 누구나 필요로 하는 부분에서 취하는 것이 아니다. 독자 자신만의 필요에 의해, 독자의 절실한 과제 해결에 맞는, 그러면서도 가치와 효용성이 있는 내용 단위를 강제로 끌어와야 한다. 그리고 이들 내용 단위를 과제 해결에 기여할 수 있게 배속해야 한다. 배속은 단순히 필요한 수만큼의 단위들을 선택하여 묶는 것이 아니라 소속되게 하는 것이다. 소속은 배속된 조직에 일원임을 모든 구성원이 알고 함께하도록 하는 것이다.

독자가 텍스트에서 특정 내용 단위를 선택하였다면, 이를 목표하는 내용 조직의 일부가 될 수 있도록 해야 한다. 이로써 조직이 시너지 효과를 낼 수 있게 해야 한다. 독자는 실제로 텍스트를 읽으며, 부분적 요소를 취하고, 이들을 조직에 배속하여 의미를 밝힌다.

글 (나)는 단위 내용의 유괴와 배속에 의한 탈영토적 이해를 보여준다. 글 (나)의 저자는 글 (가)의 내용에서 필요한 내용 요소를 데려왔다. 사유가와 시인이다. 이들 두 대상은 교육학의 특수 수적 몸체 속에 배속하여 놓았다. 이들 글 (가)의 요소들은 그 개별적 속성을 내포하고 있지만 글 (나) 속에서 그 역할을 충실하게 이루어내고 있다. 이를 통하여 학습을 하는 학시습자와 지도를 하는 회화자의 본질적 속성이 어떠한 것인지를 밝혀내고 있다. 글 (나)의 저자는 글 (가)의 국가장치에 의하여 부여된 의미에 순응하는 이해를 이루는 것이 아니라, 탈순응하여 독자의 절실한 현존성 과제와 연결 지어 이해를 이루어내고 있다. 다른 읽기의 특성과 같이 독자 자신의 현존성 과제를 중심으로 독자만의 텍스트 이해를 이루어내고 있다. 마찬가지로, 유목적 수적 조직을 반영한 읽기에서는 순응적 텍스트 이해를 할 것이 아니라 독자의 삶의 과제를 토대로 이해함으로써 탈순응을 실현해야 한다.

라. 탈역사적 이해: 현재와 순환

탈역사는 역사에서 벗어나는 것이다. 역사에서 벗어난다는 것은 역사적인 것을 인정하지 않는 것이다. 역사는 어떤 일의 현재까지의 변화의 과정이나 자취를 가리킨다. 역사는 과거로부터 현재에 이르기까지의 내력으로 그 변화의 과정과 자취를 소중하게 다룬다. 소중하게 다룸은 그 속에서 의미를 찾고 자신의 의식과 삶을 연결하려는 것이다. 우리가 역사를 다루는 근본적인 이유는 그 역사 속에서 자기를 발견하기 위한 것이다. 탈역사는 여기에서 벗어남이다. 역사의 존재를 부정하는 것이 아니라 그 역사에서 벗어난 현재의 삶 속에서 자기를 새롭게 발견하는 것이다. 물론 자기의 발견은 독자가 텍스트로부터 이루어내는 것이다. 부언하면 텍스트에 대한 이해도 역사를 가지고 있다. 독자의 현존성 과제 해결을 위한 읽기는 이에서 벗어나는 일이다. 독자는 과거를 사는 것이 아니라 현재에서 미래를 향해 삶을 생성하고 있기 때문이다. 탈역사적 이해는 과거로부터 현재까지 이르는 이해의 자취에서 벗어난 독자의 삶의 현실에서 하는 이해이다.

> 유목민들에게 역사가 없는 것은 사실이다. 지리만 갖고 있을 뿐이다. 그리고 유목민들의 패배는 너무나 철저했기 때문에 역사는 국가 승리의 역사가 되었다. 그 결과 유목민에 대한 비판이 일반화되면서 유목민은 기술이나 야금술에 대한 것이건 아니면 정치나 형이상학에 관한 것이건 모든 혁신과는 전혀 무관한 것으로 치부되어 왔다. (김재인 역, 2003: 757)

유목민의 수적 조직의 마지막 특징은 탈역사적인 것인데 이는 현존과 관련된다. 유목민들은 역사에 큰 관심을 가지지 않는다. 역사에 관심이 적은 것은 삶에서 비롯된 통찰에서 비롯된다.[13] 역사가 필요한 혈통적 조직과 영토적 조직(국가)은 삶의 변화와 기억을 요구한다. 제국적 관점에서 보면, 유목민은

---

13 유목민에게 시간이란 어떤 하나의 선을 이루는 것일 수 없습니다. 그러기 위해선 발생하는 사건들을 하나의 연속성을 부여하는 고정점이 있어야 하는데, 그들에게는 이것이 없기 때문입니다.(이진경, 2003b: 407) 유목민들은 그렇지 않습니다. 그들의 삶에는 모든 사건들이 귀착되는 어떤 중심이나 고정점이 없습니다. 삶은 운동하는 행보를 따라 흘러가듯이, 사건도, 시간도 그렇게 흘러가는 것일 뿐입니다. 따라서 어떤 사건을 무화되지 않는 어떤 것으로 시간 속에 못 박아 둔다는 것은 그들로선 이해할 수 없는 일이었을 것입니다. 그렇기 때문에 유목민에게는 역사가 없지요. 아무런 기록도 남기지 않으며, 사건들에 통일성을 부여하여 연결하는 어떤 해석도 남기지 않습니다. 그래서 유목민은 승리해도, 사실은 패배한다고 하는 거지요.(이진경, 2003b: 408-409)

역사에 대한 인식이 부족하여 그 삶의 과정과 자취를 역사적인 것으로 남기지 않았다. 그들은 혁신적인 삶의 기술이나 야금술, 수적 조직에 의한 성과를 전승하지 않은 것으로 보인다. 그러나 유목민은 국가적 승리를 후세에 자랑하는 의식과는 다른 의식을 가진다. 유목민의 삶은 현재 당면한 과제가 중요하다. 현재 직면하고 있고, 해결이 절실히 필요한 과제는 역사적인 자취를 통하여 해결책을 얻을 수 있는 것이 아니다. 또한 쉼 없는 이동의 과정은 반복의 연속이다. 현재적이고 현실적인 과제 해결의 반복이 삶이고 역사인 것이다. 유목민은 과거에도 현재에도 현실적으로 절실한 삶의 과제를 해결하면서 살아가고 있다. 그것이 그들의 역사가 내재된 삶이다.

독자의 텍스트 이해도 역사적 자취를 따르는 것보다 현재의 절실한 삶의 과제 해결을 위해 이루어질 수 있다. 이런 텍스트 이해는 텍스트 이해의 자취를 모르거나 무시해서 필요한 것이 아니다. 독자는 텍스트 이해의 자취를 알고 이를 존중할 필요가 있다. 유목민도 역사를 모르거나 불필요를 주장하는 것이 아니다. 삶의 현실이 중요하기 때문에 역사를 삶 속에 포함시킬 뿐이다. 독자의 텍스트 이해도 마찬가지이다. 이해의 자취를 무시하거나 불필요하다고 여기는 것이 아니라 독자의 현재의 절실한 삶의 과제 속에 그 자취를 포함하되, 현재에 집중할 필요가 있다. 현재의 삶의 과제는 유목민의 삶처럼 순환적이다. 반복이 아니라 순환되는 것은 같음의 되풀이가 아니라 변화를 포함한 되풀이기 때문이다. 독자의 현재적 삶의 문제는 유목민의 역사의식처럼 일마다 순환한다. 독자의 삶은 한 가지 과제로만 이루어지는 게 아니라 한 과제가 끝나면 또 새로운 과제를 맞이하여 해결하는 현재적 순환의 지속이다.

글 (나)에서 우리는 탈역사를 확인할 수 있다. 글 (나)의 저자는 글 (가)의 이해 내력을 인정하지 않거나 버려야 한다고 생각하지 않는다. 그에 대한 존중과 인정이 내재되어 있음을 우리는 확인할 수 있다. 그렇지만 글 (나)의 저자는 글 (가)에 대한 내력보다는 현재의 교육학을 전공하는 학자적 삶이 중요하다. 교육학자로서 교수와 학습을 해명해야 하는 일이 절실한 현재적 과제이다. 저자는 이 과제를 해결하기 위하여 글 (가)를 읽고, 이해를 이룬 것이다. 글 (나)는 글 (가)의 이해에 대한 역사적 내력에 집중하기보다는 독자의 현존성 과제에 집중하여 이해를 이룬 내용이다. 글 (나)의 내용은 저자가 독자로서 현존성 과제를 가지고 있지 않았다면 결코 일어날 수 없는 이해이다. 독자의 텍스트 이해가 글 (나)의 저자와 같이 현존성 과제를 중심으로 읽을 때 수적 조직에 따른 이해를 실현하는 것이다.

4. 수적 조직과 이해의 지향점

독자는 텍스트를 왜 읽는가? 다른 말로 하면, 독자는 무엇을 위해 텍스트를 읽어야 하는가? 좀 더 다른 말로 하면, 왜 우리는 독자가 되어야 하는가? 읽기 교육의 전공자는 이에 나름의 답이 필요하다. 읽기를 당연히 해야 한다고 말하는 것은 자기모순에 빠질 수 있다. 읽기를 해야 하는 이유를 명확히 밝히지 않으면서 읽기를 해야 한다고 말하는 것이기 때문이다. 다른 사람과 소통을 위해, 필요한 정보를 얻기 위해, 세상의 진리를 알기 위해 텍스트를 읽어야 한다고 강요하는 것은 옳지 않다. 텍스트가 소통하게 하고, 정보를 제공하고, 세상의 진리를 밝히고 있을지 몰라도, 그것만을 위해 독자가 텍스트를 읽어야만 하는 것인지는 분명하지 않다. 독자가 텍스트를 통하여 얻어야 하는 것은 진정으로 자신이 누구인지 밝히고, 현재 자신의 삶을 생성해 내는 일이다. 자신을 밝히고, 절실한 삶의 과제를 해결하고, 그 속에서 삶의 의미를 찾아야 한다. 유목민의 전쟁기계의 수적 조직은 삶을 생성하기 위한 것이고, 이를 따르는 유목적 독자도 자기 삶을 생성하기 위해 텍스트를 읽어야 한다. 읽기 교육의 과제는 학생이 이를 알게 하는 것이다. 학생이 독자가 되어 텍스트를 진정으로 읽어야 하는 이유를 밝혀 주어야 하는 것이다.

수적 조직의 속성으로 하는 텍스트 이해와 관련하여 혈통적 조직과 영토적 조직을 속성으로 하는 텍스트 이해가 있다. 혈통적 조직을 속성으로 하는 읽기는 독자가 텍스트 내용의 뿌리를 찾아 이해하는 일이다. 이를 통해 독자는 혈통적 텍스트 이해의 씨족의 일원이 된다. 이들 독자는 이해의 혈통성을 중시하고 지키려고 한다. 혈통성을 벗어난 이해에 대해서는 공격하거나 인정하지 않는다. 또한, 영토적 조직을 속성으로 하는 읽기에서 독자는 남들과 같은 텍스트에 대한 이해를 이루어야 한다. 국가의 국가장치는 전체적이고 통일된 것을 지향하기에 이의 속성을 따르는 독자의 텍스트 이해도 남들과 같게 규정된 대로 이루어져야만 한다. 남들과 똑같지는 않다면 남들이 받아들일 수 있는 논리적 이유를 제시해야 한다. 텍스트 이해를 남에게 보이고, 인정받을 수 있게 해야만 하는 것이다.

유목민의 수적 조직의 관점에서의 읽기는, 독자가 자기 삶을 생성하기 위한 텍스트 이해의 실행을 강조한다. 독자가 텍스트를 선택하는 일도, 텍스트를 읽으며 특정 내용에 집중하는 일도, 텍스트의 내용을 활용하여 의미를 생성하는 일도, 모두 독자의 현존적 삶의 과제와 관련되어 있다. 텍스트 이해는 독자 자신의 현재 삶의 절실한 과제를 해결하는 것이어야 한다. 수적 조직을 이루는 전쟁기계의 본질적 속성은 삶의 생성이다. 수적 조직의 속성을 반영한 독자의 텍스트 이해도 독자 자신의 삶을 생성해야 한다.

제6장

읽기와 감응 작용

1. 감응의 의미

　들뢰즈와 과타리는 『천 개의 고원』(김재인 역, 2003) 12장에서 유목성 (nomadology)에 대하여 논의한다. 이 논의에서 '명제 7'은 전쟁기계의 무기의 속성에 대하여 정의한다. 들뢰즈와 과타리가 말하는 전쟁기계는 국가장치의 전체성 또는 동일성을 강조하는 의식의 흐름을 절단하고, 창의성 또는 고유성을 강조하는 의식의 흐름을 생성하는 것을 가리킨다.(여수현·김도남, 2021: 225-231) 이 새로운 의식의 흐름을 생성하는 전쟁기계에서 무기의 속성을 정의하는 용어가 라틴어 'affectus'이다.[1] 이 용어는 여러 가지 우리말로 번역되고 있다.

---

[1]　여기서 '감응'이라는 말은 'affectus'라는 라틴어의 번역어인데, 이 말은 스피노자가 『에티카』에서 사용했던 개념입니다. 이 말은 번역하기가 아주 곤란한 개념인데, 국역본에서는 '정서'라고 번역되어 있고, 일본에서는 그런 감정이나 정서가 어떤 동적인 힘을 갖는다는 의미에서 '정동(情動)'이라고 번역하는데, 정서라는 말에 만족하지 못하는 경우에는 이런 일본어 번역어를 그대로 채택하기도 합니다.(이진경, 2003b: 410)

명제 7. 유목적 삶은 전쟁기계의 무기를 '변용태'로 갖고 있다. (김재인, 2003: 758)

유목민의 실존은 전쟁기계의 무기를 '감응'으로 갖고 있다. (이진경, 2003b: 412)

노마드적 존재는 전쟁기계의 무기를 '정동'으로 갖고 있다. (이진경·권해원 외 역, 2000: 180)

Nomad existence has for 'affects' the weapons of a war machine (massumi, 2005: 394)

'affectus'는 영어로 'affects'인데, 여러 가지 우리말로 번역되는 것은 그 지시 대상의 속성이 단일하지 않기 때문이다. 위 '명제 7'에서 보면, 'affectus'가 '변용태', '감응', '정동'으로 번역되고 있다. '변용태', '감응', '정동'은 같은 대상을 지시하면서, 그 대상의 다른 속성을 드러내는 말이다. 이 말들의 세부적인 의미는 뒤에서 살피고, 이 논의에서는 '감응'이라는 용어를 선택하여 사용한다. 그렇게 되면 '명제 7'은 '유목성은 감응을 전쟁기계의 무기로 갖고 있다'로 정리할 수 있다. 유목성은 감응을 그 내적 속성으로 한다는 것이다. 이는 유목성의 한 요소로서 감응은 특정한 내적 속성이 있음을 뜻한다.

읽기를 유목적 관점에서 볼 때, 감응은 읽기의 주요 요인이다. 이는 독자가 텍스트를 읽고, 그 텍스트에 대한 기존의 의식과 다른 의식의 흐름을 생성하기 위해서는 '감응'을 무기로 사용해야 함을 함의한다. 인지적 읽기 관점에서 읽기의 주요 요인은 '스키마'나 '읽기 기능'이다. 유목적 읽기에서는 '감응'이 이들과 같은 역할을 하는 것이다.[2] 유목적 읽기가 전체성을 강조하는 몰

---

2 스키마나 읽기 기능은 독자가 의미를 구성하는 데 사용되는 심리적 도구의 의미를 갖는다. 감응도 독자가 의미를 생성하는데 활용할 수 있는 도구적 속성이 있다.

(mole)적인 텍스트 이해에서의 탈주를 지향하는 읽기라는 점에서 '감응'은 이를 위한 무기이다. 몰적 텍스트 이해가 기존의 의식의 흐름에 머무르려는 국가장치의 특성을 띤다면, 유목적 텍스트 이해는 기존의 의식의 흐름에서 탈주하려는 전쟁기계의 특성을 띤다. 이 전쟁기계의 주요한 무기가 '감응'인 것이다. 실제 감응은 어떤 읽기에나 있다. 다만 전쟁기계의 무기로서 감응은 이와 구별되는 내적 속성이 따로 있다.

독자가 텍스트를 유목적으로 읽기 위해서는 무기(심리 도구)로 감응을 사용해야 한다. 유목적 읽기는 전쟁기계의 탈주적 속성에 기초해 텍스트의 의미를 새롭게 생성하는 읽기이다. 텍스트의 의미를 새롭게 생성한다는 것은 생성한 의미가 전체성이나 동일성에서 벗어나 독자만의 개별성이나 고유성을 가짐을 뜻한다. 독자의 텍스트 이해가 개별성과 고유성을 갖도록 하는 접근 방식은 여러 가지 일 수 있다.[3] 이 논의에서는 유목적 관점에서의 감응과 관련한 독자의 텍스트 의미 생성에 초점을 둔다. 들뢰즈와 과타리가 논의하는 국가장치의 외부성으로 작용하는 전쟁기계의 속성을 독자가 갖게 하는 요인 중 하나가 감응이다. 이 감응의 작용으로 이루어지는 독자의 의미 생성의 특성을 검토한다.

독자의 텍스트 이해 활동과 텍스트 이해 교육은 읽기를 어떻게 인식하느냐에 따라 달라진다. 독자의 읽기 행위는 한두 가지의 속성으로 정리할 수 없다. 들뢰즈의 말을 빌리면 '다양체'이다. 텍스트 이해의 내재적 속성(읽기 이념)은 어떤 관점에서 그 특성을 밝히느냐(읽기 강도)에 따라 다른 형태를 취한다. 독자가 텍스트 읽기의 여러 형태를 이해하고 있을 때, 텍스트에 따라, 필요에 따라, 상황에 따라 그 형태를 달리할 수 있다. 여기서 논의하는 유목적

---

3 인지적 읽기의 관점에서 독자가 스키마를 활용하여 구성한 의미도 개별성을 갖는다고 본다.

읽기는 유목민의 생활 방식과 같이 텍스트의 환경에서 독자가 자기 삶을 개척하는 읽기이다.

이 장에서는 감응에 대해, 텍스트 이해나 텍스트 이해 교육을 위한 구체적인 방법을 알아보는 미시적 관점이 아니라 텍스트 이해에서의 활용의 가능성과 지향을 검토하는 거시적 관점에서 탐구한다. 유목민은 척박한 환경에서 그들만의 삶을 가꾼다. 사막이든, 스텝(초원)이든, 빙원이든 상관없이 그곳에서 삶을 생성한다. 독자도 유목민과 같이 자기 삶을 생성하는 텍스트 읽기를 할 수 있다. 이 읽기가 유목적 읽기이다. 독자가 유목적 읽기를 이루기 위한 접근 방법을 전쟁기계의 무기로서의 감응을 중심으로 검토한다.

2. 감응과 독자

감응은 감성적 마음의 작용으로 우리가 대상과 마주칠 때는 언제 어디서나 일어난다. 이 감응에 의하여 우리는 대상을 특정하게 인식하고 규정한다. 감성적 마음의 작용이 지성적 마음의 작용에서 길잡이 역할을 하는 것이다.[4] 정착민도 유목민도 대상에 대한 감응을 갖는다. 국가장치의 의식의 흐름에 따른 전체성과 동일성의 감응도 있고, 전쟁기계의 창의적이고 생성적인 의식의 흐름에 따른 감응도 있다. 독자가 텍스트를 읽을 때도 감응을 갖는다. 이 장에서는 들뢰즈와 과타리가 『천 개의 고원』 12장[5]에서 전쟁기계의 무기가 감응임을

---

4   정서의 일반적 정의. 정신의 수동 상태라 불리는 정서(affectus)는 혼란된 관념인데, 그것에 의하여 정신은 자기의 신체와 신체 일부에 대해서 이전보다 더 크거나 작은 존재력을 긍정하고, 정신은 그것의 소여에 의하여 어떤 것을 다른 것보다 한층 더 많이 사유하도록 결정한다.(강영계 역, 1991: 202)

5   『천 개의 고원』 12장의 제목은 '1227년-유목론 또는 전쟁기계'이다.(김재인 역, 2003)

논의하는 내용을 바탕으로 독자의 유목적 읽기의 특성을 살핀다.

가. 감응의 개념

들뢰즈와 과타리는 '감응'을 전쟁기계의 무기로 본다. 전쟁기계의 무기로서 감응은 특성을 지닌다. 전쟁기계는 전체성이나 동일성의 의식 흐름을 절단하고 창의적이고 탈주적인 흐름을 생성하기 위하여 감응을 무기로 사용한다. 즉, 이 전쟁기계가 탈주적인 흐름을 생성하는 데 필요한 무기가 감응이다. 들뢰즈와 과타리가 말하는 감응이라는 것은 아주 낯선 어떤 대상을 지시하는 것은 아니다. 감응은 특정 대상을 의식한 사람의 마음속에 일어나는 감성적 마음 작용의 한 종류이다. 사람의 복잡한 마음 작용 중에 특정한 경향성을 띠는 것이 감응인 것이다. 감응이라는 말은 표준국어대사전에서 세 가지 뜻으로 풀이되어 있다.

① 어떤 느낌을 받아 마음이 따라 움직임
② 믿거나 비는 정성이 신령에게 통함
③ (물리) 전기장이나 자기장 속에 있는 물체가 그 전기장이나 자기장, 즉 전기·방사선·빛·열 따위의 영향을 받아 전기나 자기를 띠는 것, 또는 그 작용

감응에 대한 국어사전의 개념 세 가지는 뚜렷이 구분되기 때문에 지시하는 대상이 분명하게 구별되어 파악된다. 그런데 들뢰즈와 과타리가 말하는 감응은 이들을 모두 포괄하는 공통의 특성이 느껴진다. 감응은 감성적 마음의 움직임이면서 무언가와 통하고, 전기나 자기 작용처럼 보이지 않지만 그것이 있다는 것을 감각한다. 감응은 감성적 마음의 움직임과 관련되어 있으면서,

무엇인가와 통하는 마음이며, 눈에 보이지 않지만 존재하고 있음을 직감하는 마음이다. 그러면서 지성적 의식을 자극하여 생각하고 탐구하여 느낌을 구체화하고 인식을 분명하게 하도록 이끌어 그것을 깨쳐 알게 한다. 이와 같은 마음의 작용은 한마디로 규정하기 어려운 속성을 지닌다. 이것을 들뢰즈와 과타리는 스피노자가 사용한 라틴어를 빌어 'affectus'라고 하였다.[6]

이 affectus는 '변용태, 감응, 정동' 등으로 번역되어 사용되고 있다. 이 말들과 같은 범주에 드는 말은 감정, 정서, 감동, 감흥 등이다. 이들은 같은 감성적 마음 작용을 지시하지만 강조하는 속성에 다소 차이가 있다. 먼저 감정, 정서, 감동, 감흥은 감응과 같은 감성적 마음 작용이지만 지시하는 속성이 다르다. 감정은 감응에 비하여 사용 범위가 좁다.[7] 감정은 사람이나 유기체 사이에서의 심리 작용과 관련이 깊다. 정서도 같은 마음 작용이지만 동적 속성보다는 정적 속성이 강조되면서 고양되고 순화된 마음이다. 감동은 동적 마음 작용이지만 예상보다 큰 감성적 마음 작용과 관련된다.[8] 감흥은 같은 마음 작용이지만 감성적 마음 작용의 결과적 속성이 강조되는 말이다. 이들과 비교하여 보면, 감응은 대상의 제한성이 없고, 역동성이 있으면서, 지나치지 않으며, 과정적 속성을 갖는 감성적 마음의 작용이라 할 수 있다.

'affectus'의 번역인 정동과 변용태는 감응과 어떤 속성에서 차이가 있는

---

6 강영계(1991: 129)는 affectus를 '정서'로 번역하였다. 김재인(2015: 227)은 affects를 '정감'으로 번역하기도 한다.

7 감정이 인간처럼 어떤 유기체 전체가 느끼는 것이라면(나는 기쁘다, 나는 화가 났다), 그래서 인간과 같은 유기체의 고유한 것이라면, 감응은 모든 양태에 적용되는 것이고 유기체를 전제하지 않습니다. 가령 어떤 칼이 섬뜩하고 무서운 느낌을 줄 때, 그것은 칼에 대한 '나'의 감정이라기보다는 바로 그 칼에 속하는 감응이라고 할 수 있습니다.(이진경, 2003b: 411-412)

8 덧붙이자면, 이런 감응이 어떤 강한 힘을 가질 때 그것을 우리는 '감동(感動)'이라고 부르며, 그 정도는 아니어도 무언가 움직이게 하는 힘을 행사했을 때 '감흥(感興)'이라고 할 수 있습니다.(이진경, 2003b: 411)

가? 먼저 정동은 감응의 역동적으로 작용하는 속성을 강조하여 드러낸 표현이다. 감성적 마음 작용은 순간적이고 변화가 많고 기복이 크다. 이러한 작용의 역동성이 강조된 표현이 정동이다. 변용태는 어떤 감성적 속성을 강조한 것인가? 변용태는 두 가지 속성을 강조한 용어라 할 수 있다. 첫째는 정해져 있지 않음의 속성이다. 변화하고 바뀌고 달라지는 마음 작용을 부각한 것이다. 두 번째는 접촉이나 부딪힘의 속성이다. 스피노자가 affectus를 사용할 때 이는 두 양태의 관계 작용을 지시하는 용어였다. 그리고 변용/촉발로 번역한다. 촉발(접촉하여 폭발함)이라는 말 속에 접촉이 내재되어 있다. 즉 변용태는 마음 작용이 정해져 있지 않음과 접촉에 의하여 작용하는 특성을 부각한 말이라 할 수 있다. 감응은 정동과 변용태의 속성을 공유한다.

　[그림 1]은 이중섭의 <소>이다. 이 그림은 소를 사실대로 표현하고 있지 않다. 소의 형태를 굵은 몇 개의 선으로 나타내고 있으며, 소가 걸어가고 있는 순간의 모습을 포착하였다. 머리는 아래쪽으로 숙여 옆을 보고, 어깨 등을 높이고 꼬리를 위로 치켜세워 역동적이다. 두 뒷다리의 넓은 보폭에서는 앞으로 나가는 힘과 속도감이 느껴진다. 이 그림은 소를 그린 것이 아니라 소에 대한 감응을 표현한 것이다. 화가가 황소와 마주쳤을 때 황소가 뿜어내는 기운에 감응하여, 그 감응을 그림으로 표현한 것이다. 누구나 실제 황소를 보면, 암소와는 다른 넘치는 기운에 감응한다. 이 그림에서는 간접적으로 황소의 기운을 느낄 수 있다.

　이중섭의 <소>는 감상자에게 황소의 감응을 직접 전달하지 않지만 <소>를 보는 감상자는 그림에 대한 감응

[그림 1] 이중섭의 <소>

을 갖는다. 먼저 이중섭의 작품이라는 데서 오는 감응이 있다. 근현대 우리나라의 유명한 작가의 그림이라는 것에서 느끼는 감응이다. 두 번째는 표현 기법에서 오는 감응이다. 대상의 특징을 몇 개의 선으로 표현한 것에 대한 마음 작용이 있다. 세 번째는 균형감에서 오는 감응이다. 생략과 강조로 부조화적 요소를 표현했지만 전체적으로 균형감이 있다. 네 번째는 황소의 날렵함에서 오는 감응이다. 큰 가슴을 가졌지만 몸체의 살은 두텁지 않다. 다섯 번째는 선들에 대한 감응이다. 두터운 선들이 간략하지만 소의 움직임의 속도감을 느끼게 한다. <소>는 감각하고 느낄 수 있는 그 무엇인가를 뿜어내고 감상자는 그것에 감응한다. 이 감응은 감상자마다 다를 수 있다.

감정, 정서, 정동, 변용태의 속성을 포함하는 감응은 감각에서 비롯된 느낌이나 기분을 넘어선 인식의 지성 작용과 연결된다. 감응은 감응 대상을 구분하고 판단하여 규정하는 의식 활동에 관여한다. <소>에 대한 감상자의 감응은 감상자에게 다른 작품과 다름을 구분하게 하고, 작품의 고유성과 독특성을 판단하게 한다. 그래서 작품의 예술적 속성과 가치 본질을 규정하게 한다. 또한 감상자가 작품에 대하여 어떤 태도를 취할지를 결정하게 한다. 즉, 감응은 감성의 마음 작용을 넘어 의식(사유) 활동과 인식(지각, 앎, 배움)의 지성 작용을 이끌어낸다. 이것이 전쟁기계의 무기가 될 수 있는 속성이다.

텍스트 이해에서 독자의 감응도 마찬가지이다. <소>의 작품에 대한 감상자의 감응과 같이 텍스트에 대해 독자도 감응을 갖는다. 텍스트에 대한 독자의 감응은 독자가 텍스트를 구분하고, 판단하고, 규정하게 한다. 텍스트를 만난 독자가 텍스트의 어떤 점에 감응을 갖는가에 따라 독자는 텍스트 내용을 구분하고 인식한다. 그리고 인식한 텍스트 내용으로 고유성과 독특성을 갖는 의미 생성을 위한 사유를 한다. 이를 토대로 텍스트의 의미 속성과 가치의 본질을 밝히게 된다. 이는 텍스트에 대하여 독자가 어떤 태도를 취할지를 결정하게 한다. 텍스트의 내용에 대한 독자의 감응은 독자의 사유를 구체화하고 어떤 의미를 생성해야 할지를 판가름한다. 감응은 국가장치의 무기도 전쟁기계의 무기도 될 수 있다. 감응이 어떻게 작용하게 하느냐에 따라 독자에게 어떤 무기로 작용할지 결정된다.

나. 감응 형식

독자의 감응 형식은 다양한 형태를 띤다. 감응의 절차나 양식이 정해져 있는 것이 아니라 배치와 접속에 따라 달라진다. 감응 형식은 국가장치나 전쟁기계의 속성에 따라서도 달라지지만, 세부적으로 몰적인지 분자적인지, 탈주적인지에 따라서도 달라질 수 있다. 감응 형식은 독자가 의존하는 의식의 흐름에 따라 작용 형태를 달리한다. 감응이 작용하는 형식을 몰적, 분자적, 양자적(탈주적) 관점에서 독자와 관련지어 살펴본다. 이를 바탕으로 전쟁기계의 무기로서의 감응을 구체화한다.

<개미와 베짱이>는 잘 알려진 이솝 우화이다. 여름에 개미는 열심히 일하고, 베짱이는 노래를 부르며 논다. 그러다 겨울이 오자, 배고프고 추운 베짱이는 먹을 것이 풍족하고 따뜻한 개미네 집을 찾아가 도움을 요청한다는 내용이다. 우리는 이 동화를 사건별로 감응한다. 개미와 베짱이가 벌이는 일들과 관련하여 마음 작용이 일어난다. 어떤 일을 어떻게 보는가에 따라 동조와 거부의 마음 작용이 있다. 개미가 땀 흘리며 일하는 사건, 베짱이는 그늘에서 노래하는 사건, 겨울이 되어 배고픈 베짱이가 개미네 집을 찾아간 사건에서도 마음 작용이 있다. 이들 마음 작용을 몰적, 분자적, 탈주적 관점에서 살펴보자.

[그림 2] 개매와 베짱이
https://jbk1277.tistory.com/346

1) 몰적 감응: 참여와 지지

부모는 <개미와 베짱이>를 어린 자녀에게 읽어줄 때, 나름의 감응을 갖는다. 어린아이도 책을 읽어주는 부모의 기대에 따라 같은 감응을 반복한다. 부모는 개미의 행동에 의미를 두고, 개미의 행동과 삶을 가치 있는 것으로 감응한다. 당연히 베짱이의 행동은 비난하고, 베짱이의 행동과 삶은 가치 없는 것으로 판단한다. 부모가 <개미와 베짱이>를 읽을거리로 선택한 것에서부터 글을 읽는 과정과, 글을 읽고 난 이후에서의 마음 작용도 동일하다. 다른 감응도 있을 수도 있지만 다른 감응들을 애써 외면한다.

어린아이에게 <개미와 베짱이>를 읽어주는 부모의 감응 작용 형식은 몰적이다. 이야기를 통하여 어린아이의 마음 작용에서 부모의 마음 작용이 반복되기를 기대한다. 그래서 개미의 행동에 긍정적인 감정 반응(감응)을 드러내고, 개미의 행동을 옹호하는 입장을 갖는다. 자녀에게 설명을 할 때도, 대화를 할 때도, 질문을 할 때도 개미의 편에서 이야기를 하게 된다. 어린아이는 부모의 이러한 입장을 당연하게 여기고, 마법에 걸린 것처럼 받아들이게 된다. 부모의 입장을 거부하거나 반박하거나 부정할 의식적 토대가 없기 때문이다.

부모가 어린 자녀에게 <개미와 베짱이>의 감응을 전달하는 형식도 몰적이다. 또한 어린아이가 부모의 감응을 수용하는 양식도 몰적이다. 부모의 감응이 자녀에게 전체성으로 작용하여 동일성의 반복을 이루어낸다. 그렇게 됨으로써 부모나 자녀는 <개미와 베짱이>에 대한 동일한 감응을 가지고 동일한 가치와 의미를 생성하게 된다. 부모와 자녀는 이러한 감응의 동일성을 당연시하고 그렇게 해야 하는 것으로 여긴다. 베짱이의 행동과 삶의 방식에 관심을 보이거나 옹호하는 것은 용납되지 않는다. 인물의 말과 행동과 사건에 감응하고, 가치나 의미를 결정하는 기준은 명확하다. 그 기준에 따라 인물의 행동과 인물이 한 일을 판단한다.

독자의 이러한 감응은 독자를 기존(국가장치) 의식의 흐름에 참여하게 한다. 부모의 관습적 또는 통념적 의식의 흐름에 자녀가 참여하게 되는 것이다. 자녀의 참여는 자발적이거나 의도적이지 않다. 부모의 감응을 따라 하고, 함께해 봄으로써 부지불식간에 참여하게 된다. 자녀는 부모의 참여 요구를 당연시하고, 부모도 반드시 그렇게 해야만 한다고 여긴다. 그래서 부모가 자녀와 <개미와 배짱이>를 읽으면 언제나 같은 방식으로 감응을 한다. 이러한 감응에의 참여는 꼭 부모와 자녀 사이에서만 일어나는 것이 아니다. '왜?'라는 의문이 없는 감응의 소통은 어디에서나 일어난다. 학교 교실에서, 대학 강당에서, 직장 내에서, 사회 어디에서나 이루어진다.

이러한 참여는 감응과 감응에서 비롯된 의식과 판단을 지지하게 만든다. <개미와 베짱이>를 자녀에게 읽어주는 부모의 판단은 당연하고, 부모를 따라 감응하는 어린아이는 부모의 판단을 지지한다. 지지는 동의하고 찬성하면서 뒷받침해 주는 것을 말한다. 이는 감응과 감응에서 비롯된 의식 활동과 인식 내용을 당연한 것으로 받아들이게 한다. 이러한 지지는 의식과 판단을 쉽게 바뀌지 않게 만든다. 의식과 판단이 당연히 그래야 하는 것으로 여기게 되는 것이다. 그래서 이러한 감응에 의한 의식과 판단은 접속자들 사이에 반복되고 지속된다.

2) 분자적 감응: 획득과 반성

독자는 <개미와 베짱이>를 늘 위와 같은 방식으로만 읽는 것은 아니다. 독자는 다양한 방식으로 읽는다. 학교에서는 이야기를 인물, 사건, 배경 등 초점을 두고 읽게 한다. 그러면서 인물, 사건, 배경의 관계를 살피게 한다. 이야기 속의 사건은 인물이 시공간적 배경에서 일으키는 일이다. 그래서 인물은 시공간 속에서 특정한 역할을 하게 되어 있다. 이 점에서 <개미와 베짱이>를 보면, 개미와 베짱이는 그 시공간적 배경에서 자신이 할 일을 하는 것이다. 서로 자기가 해야 할 일을 충실히 한다. 그러다 시간 배경이 바뀌어 베짱이는 어려운 처지가 되고, 개미는 풍족한 생활을 하게 된 것으로 생각할 수 있다. 이를 통하여 삶의 형태가 다양함을 인식할 수 있다.

이야기를 보는 관점을 조금 달리하면 다른 의미나 가치가 드러난다. <개미와 베짱이>를 개인 소질의 관점에서 볼 수도 있고, 직업 특성의 관점에서 볼 수도 있으며, 상호협력의 관점에서 볼 수도 있다. 문학 텍스트를 해석하는 다양한 관점이 있고, 어떤 관점을 활용하는가에 따라 의미나 가치는 달라진다. 관점에 따라 의미를 찾아내는 일은 타당한 근거와 논리적 설명이 필요하다. 타당한 근거나 논리적 설명은 독자의 개인적인 아이디어의 문제는 아니다. 독자가 찾은 의미는 전문가가 탐구를 통하여 확립한 작품의 해석 원리를 적용했을 때 정당성이 높아진다.

학교나 텍스트를 통하여 배운 바를 활용한 감응 형식은 분자적이다. 분자적 감응 형식은 몰적으로 인식한 이야기 속에서 인물이나 인물이 한 일 또는 특정 사건에 감응하고 의미나 가치를 찾아내는 특성이다. 몰적인 감응의 흐름을 따라가는 것이 아니라 이야기의 특정 요소에 초점을 맞추어 감응을 하는 것이다. <개미와 베짱이>에는 소질, 직업, 상호협력 등 이야기의 특정 요소가 있다. 실제 어떤 이야기이든 감응할 수 있는 요소와 해석의 원리를 적용할 수 있는 요소가 다양하다. 독자가 이야기를 구성하고 있는 특정 요소에 관심을 가지고 감응하면 그에 따라 의미나 가치를 생성하게 된다. 독자가 텍스트 요소에서 의미나 가치를 찾을 수 있는 원리를 활용하게 되면 이들 요소에 대한 감응이 일어난다. 몰적인 전체성이나 동일성을 지닌 의미나 가치와는 다른 의미나 가치를 찾아낸다.

독자의 분자적 감응은 개별적인 의미나 가치를 획득하게 한다. 획득한다는 것은 새롭게 얻어 가지게 된다는 것을 뜻한다. 또한 새롭게 얻는다는 것은 몰적 감응에서 비롯된 의미나 가치와 다름이 있음을 뜻한다. 텍스트의 특정 요소나 부분에 감응하여 특정한 해석 원리를 활용하게 되면 독자는 활용한 원리에 따른 의미나 가치를 획득하게 된다. <개미와 베짱이>도 활용하는 해석 원리에 따라 여러 의미나 가치를 찾을 수 있다. 개인의 소질에 따른 삶의 모습을 밝힐 수도 있고, 가치 추구의 다양성을 찾을 수도 있다. 삶의 형식에 따른 생활 방식의 차이를 밝힐 수도 있고, 협력적 관계의 필요성을 찾아낼 수도 있다. 이때 독자는 찾은 의미에 대한 소유감을 느끼게 된다. 이런 의미나 가치에 대한 소유감은 원리에 따라 주도적으로 획득했다고 여기는 데에서 온다.

감응과 원리 적용에서 획득한 의미나 가치에 독자는 여러 의의를 부여한다. 주도적으로 찾았다는 것, 새롭다는 것, 원리에 따랐다는 것 등이 여기에 해당한다. 이때 중요한 것은 찾은 의미나 가치를 자기의 의식내용과 관계짓는 것이다. 이 관계 지음은 독자가 자기의 의식내용을 들여다보고 비교하거나 개선하려는 것으로, 반성의 형태를 띤다. <개미와 베짱이>에서 '누구나 자기 소질에 따라 일을 하고 산다'라는 의미를 찾은 독자는 이와 관련하여 자신의 의식내용을 들여다본다. 이로써 텍스트를 읽는 의미를 찾으려고 한다. 반성은 자신의 의식내용을 보완하거나 새롭게 하는 계기를 만들어 준다. 이와 같은 교육에서는 텍스트에서 찾은 의미나 가치에 대한 반성을 중요하게 여긴다. 독자가 텍스트를 읽는 본질이 자기반성으로 의식내용의 변화를 이룬다고 보기 때문이다.

3) 탈주적 감응: 생성과 실존

독자가 <개미와 베짱이>를 자기의 생활이나 삶과 관계 속에서 읽을 때도 감응을 갖는다. 예로, 진로 교육을 하는 교사가 <개미와 베짱이>를 진로 교육의 관점에서 읽으면, 앞서 살핀 독자와는 다른 감응을 갖는다. 이 교사는 진로 교육의 관점에서 학생들과 함께, 개미가 하는 일과 같은 직업의 가치와 베짱이가 하는 일과 같은 직업의 가치를 정리해 본다. 그리고 수업에서 학생들은 직업을 결정할 때 어떤 직업을 선택할지, 개미나 베짱이의 직업류를 선택할 때 왜 그런 직업을 선택하려 하는지, 선택한 직업을 통하여 이루어낼 수 있는 가치는 무엇인지, 선택한 일의 직업인으로서 어떤 삶의 의미를 실현할 수 있는지 등등의 이야기를 나눈다. 진로 교사가 읽는 <개미와 베짱이>는 진로 교육의 관점에서 학생들과 진로를 탐색하는 방법을 익힐 수 있는 가치 있는 자료로서 감응된다. 학생들에게는 자기 진로의 방향을 탐색할 때, 점검하고 확인해야 할 것에 어떤 것이 있는지를 알아보는 자료로서 감응된다.

　진로 교사의 <개미와 베짱이>에 대한 감응의 작용 형식은 탈주적이다. <개미와 베짱이>를 기존에 누가 어떻게 읽었는가와는 관련이 없다. 그렇다고 이 교사 독자가 <개미와 베짱이>가 몰적 또는 분자적으로 읽히는 것을 몰라 그렇게 감응하는 것도 아니다. 독자는 몰적, 분자적 읽기의 가능성을 인정하지만 현재의 생활과 삶 속에서 <개미와 베짱이>의 의미가 새로운 가치를 생성한다. 감응 형식의 탈주적 적용은 전쟁기계의 무기로서의 형식이다. 이 감응의 형식은 관습이나 원리를 따르는 것이 아니라 독자의 현재 생활과 삶의 과제를 따른다. 탈주는 국가장치의 몰적인 의식의 흐름과는 다른 의식의 흐름으로 독자의 현재 삶이 이끄는 의식의 흐름이다. 유목민의 삶은 언제나 현재적이다.

　독자의 텍스트에 대한 현재 감응은 전쟁기계의 무기이다. 전쟁기계의 무기는 의식의 흐름을 절단하고 새로운 의식의 흐름을 생성하는 일이다. 독자가 새로운 의식의 흐름을 생성할 때 가장 쉽고 중요한 것이 현재의 생활과 삶이다. 독자는 현재 생활과 삶에서 중요한 문제와 관련하여 감응하고 의미나 가치를 규정한다. 텍스트 이해에서 전쟁기계의 무기는 독자의 현재적 삶의 문제와 관련된 감응이라 할 수 있다. 현재의 삶의 문제는 독자 마음속에 자리하고 있으면서 대상에 대한 역동적이고 고유한 감응을 갖게 한다. 이때 텍스트는 독자에게 차이 그 자체의 의미와 가치를 건네준다. 이를 통해 텍스트의 의미와 가치는 결정된다.

독자의 이러한 감응은 외부의 어떤 의식의 흐름도 따르지 않는다. 관습적인 마법적 흐름도, 전문가(사제)가 제시한 근거가 확실한 해석 원리를 적용하는 흐름도 따르지 않는다. 독자는 어떤 것도 끼어들 수 없는 의식의 흐름을 생성하고, 그 흐름 속에서 감응하게 된다. 이 감응에 의하여 텍스트로부터 생성한 의미와 가치는 독자만의 고유한 것이다. 누구도 모방할 수 없고 따라 할 수 없는 의식의 흐름인 것이다. 따라서 이때의 감응은 전쟁기계의 무기로서 그 기능을 하게 된다. 이 무기로서의 감응의 속성이 의미를 생성하게 한다.

이러한 감응에서 생성된 의미와 가치는 독자의 실존을 이룬다. <개미와 베짱이>를 진로 교육의 자료로 활용해서 학생이 직업의 본질을 탐구하게 하고, 직업 선택의 기준과 조건을 깊이 생각할 수 있게 이끄는 것이다. 교사는 <개미와 베짱이>를 통하여 자기 현실의 삶을 가치 있게 만들고 자신의 현재 일을 성공적으로 이루어낼 수 있게 된 것이다. 물론 학생도 학년에 따라 다르겠지만 <개미와 베짱이>에 몰적이나 분자적으로 감응할 수도 있지만, 탈주적 감응으로 진로의 의미와 가치를 찾게 된다. 이는 학생도 전쟁기계의 무기로서의 감응에 대하여 인식하는 계기가 될 수 있다.

3. 감응과 읽기

독자는 전쟁기계의 무기로 감응을 활용한 텍스트 이해가 필요하다. 독자만의 고유함이 드러나는 텍스트 의미를 생성해야 하는 것이다. 국가장치에 의한 전체성과 동일성에 벗어나 독자만의 절실한 개별성이 있는 의미를 생성해야 한다. 독자만의 절실한 개별적 의미는 의미를 위한 의미가 아니라 독자의 생활과 삶을 위한 의미이다. 유목성은 절실한 삶을 전제로 한다. 유목적 읽기도 독자의 절실한 생활과 삶을 전제로 한다. 유목적 읽기를 위한 전쟁기계의 무기로서의 감응의 속성과 텍스트 이해의 특성을 알아본다.

가. 감응의 속성

전쟁기계의 무기인 감응은 그 작용 특성에서 비롯된다. 감응이 전쟁기계의 무기가 되는 것은 그 작용의 특성이 전쟁기계가 제 역할을 할 수 있게 하기 때문이다. 감응의 특정한 작용 속성이 창의적이고 고유한 생성의 의식 흐름을 만들어낸다. 감응의 이 작용 속성이 전쟁기계의 무기가 되게 한다. 감응의 모든 작용 속성이 전쟁기계의 무기가 되는 것이 아니라 특정한 속성만이 무기가 되게 한다. 들뢰즈와 과타리는 감응이 전쟁기계의 무기가 되는 작용 속성을 도구와 비교하여 다섯 가지로 논의한다. 이를 독자의 텍스트 읽기와 관련지어 살펴보면 다음과 같다.

1) 방향: 투척과 투입

전쟁기계의 무기로서의 감응 속성은 첫째 특정한 방향성을 갖는데, 밖으로 향하는 투척의 속성을 지닌다. 투척은 투사하는 작용으로 안쪽에서 바깥쪽으로 작용하는 속성이다. 이는 투입의 속성을 지닌 도구와 비교된다. 도구가 내향적이고 투입적 속성을 지녔다면 무기는 외향적이고 투척적, 탄도적이다.

우선 무기는 투사(投射: projection)와 특권적 관계를 갖고 있다. 던지거나 던져지는 것 등은 전부 무기이며, 추진기야말로 무기의 본질적 기계이다. 그리고 무기는 탄도(彈道)와 관련되어 있다. 그런 점에서 볼 때 '문제'라는 개념

자체가 전쟁기계와 관련되어 있다는 점을 쉽게 확인할 수 있다. 투사 메커니즘
을 포함하고 있으면 있을수록 하나의 도구는 점점 잠재적이건 그저 은유적이건
무기처럼 작용한다. 그러나 도구 자신이 내포하고 있는 투사 메커니즘을 끊임없
이 다른 무엇인가로 대체하거나 또는 다른 목적에 맞게 적응시키려 한다. 엄밀
한 의미에서 던지거나 던져지는 식의 투사형 무기는 단순히 수많은 무기 중의
한 종류에 불과하다는 것은 분명하다. 하지만 손 자체를 무기로 사용할 때조차
도구를 이용할 때와는 다른 손과 팔의 용법, 즉 무술을 할 때와 같은 투사적
용법이 요구된다. (김재인 역, 2003: 759)

전쟁기계의 무기가 되는 감응은 밖으로 투사되는 속성을 갖는다. 대상을
감각했을 때 대상을 향해 투사되는 감성적 마음 작용이 무기로서의 감응인
것이다. 날카로운 칼을 보고 느끼는 섬뜩함, 짐수레를 끄는 말은 소와 같다는
직감, 영화 속 무림 고수가 휘두르는 팔을 몽둥이나 칼로 감응하는 것(이진경,
2003b: 412)은 모두 투사이다. 이 감응은 대상을 향하여 투사되는 감성적
마음 작용인 것이다. 그리고 이 감응은 문제 설정적[9]이다. 텍스트를 읽을
때도 텍스트의 내용 요소에 대한 감성적 마음 작용이 투사적일 때 무기로서
감응이 된다. 텍스트에서 독자로 투입되는 감응도 있을 수 있지만 이는 도구
의 속성으로 감응되어 창의적이고 생성적인 속성을 드러내지 못한다. 이는
독자가 창의적이고 생성적으로 텍스트를 이해하기 위해서는 투사적으로 감
응을 해야 함을 뜻한다.

---

[9] 들뢰즈와 과타리는 유목적 인식론의 특성 중에 하나를 '문제설정적'이라고 본다.(김재인,
2003: 693) 이는 기존의 의식의 흐름을 따르지 않음으로써 대상에 대한 인식이 문제를
가지게 됨, 문제적으로 인식함을 뜻한다.

2) 벡터: 속도와 중력

벡터는 위치, 속도, 힘 등의 크기와 방향을 가리키는 말이다. 전쟁기계의 무기로서의 감응은 크기와 방향을 갖는다. 방향은 앞에서 살폈고, 여기서의 벡터는 속도와 관련하여 논의한다. 들뢰즈와 과타리는 '전쟁기계는 자유로운 또는 독립적인 변수가 되는 <속도> 벡터를 방출한다'(김재인 역, 2003: 761)고 말한다. 속도는 중력을 벗어나는 것으로, 중력이 중심으로 끌어들이는 힘이라면 속도는 중력에서 벗어나 자유로운 힘과 방향을 갖는 것이다.(이진경, 2003b: 416) 감응의 속성으로서 속도는 중력이 중심점을 향하는 구심력을 띠는 것과는 다르게 원심력을 갖는 것이다. 속도는 전체성을 지향하는 의식의 흐름에서 벗어나 자신만의 의식의 흐름을 생성하는 것과 관련된다.

> 전쟁에서는 너무나 중요한 현상인 '대기' 또는 정지와 긴장증조차 어떤 경우에는 순수한 속도의 성분과 연결된다는 것은 쉽게 입증될 수 있을 것이다. 그리고 이와 다른 경우에는 국가장치가 특히 홈이 패인 공간을 마련해 적대적인 힘들의 균형을 이루도록 함으로써 전쟁기계를 전유하는 조건과 연결된다. 속도가 탄환이나 포탄 등 발사된 것의 특성 속으로 사라져버려 무기 자체와 병사에게 정지를 강요하는 경우도 있을 수 있다.(가령 1차 세계대전 때의 정지상태[진지전]) 그러나 힘의 균형은 저항에 의한 현상인 반면, 반격은 이러한 균형을 깨뜨리는 속도의 변화 내지 가속을 내포한다. (김재인 역, 2003: 762)

감응의 특성으로서의 속도는 정지 상태일 때도 있다. 먹잇감을 찾기 위해 공중에 떠 있는 매는 바람을 역류하는 속도를 갖고 있다. 마찬가지로 적군의 길목에 매복한 군대나 진지전을 하는 군대도 한 자리에 있지만 속도를 갖고 있다. 저항은 힘의 균형을 위한 것으로 도구의 속성이고, 반격은 균형을 깨뜨리는 무기의 속성이다. 감응이 무기로 드러날 때는 균형을 깨뜨리는 속성을 띤다. 감응이 속도를 갖는다는 것은 중력을 벗어난다는 것이고, 공중에 떠 있는 매나 매복한 군대처럼 현재의 자기 속도를 갖는 것이다. 공기를 역류하며, 해결해야 할 분명한 문제를 인식한 자기 속도인 것이다. 독자가 텍스트를 읽을 때, 매나 매복군과 같이 분명한 자기 문제가 있다. 이 문제를 기초로 텍스트 요소에 속도감 있게 감응해야 한다.

3) 모델: 자유와 노동

모델은 동력장치인 모터의 작용 특성과 관련된다. 유목민은 야생말을 사로잡거나 집에서 길러 이들의 속도를 빼앗지 않고 전쟁을 위해 이들의 속도를 이용한다. 들뢰즈와 과타리는 이를 모터에 비유한다.(김재인 역, 2003: 762) 그러면서 이상적인 모터 모델로 노동 모델과 자유행동 모델을 제시한다. 노동은 중력을 이기기 위한 것으로 신체적·정신적 저항을 참고 견디며 하는 것으로 매일 반복되어 되돌아오는 것이다.(이진경, 2003b: 417) 반면 자유행동은 중력에서 벗어나 공간을 절대적으로 점유하여 원하는 방향 어디로든 나아갈 수 있는 것이다.(이진경, 2003b: 417-418) 감응의 작용이 제한되어 반복되는 경우면 노동의 특성을, 제한됨이 없이 어느 방향으로나 가능한 경우면 자유행동의 특성을 갖게 된다.

노동이란 저항에 부딪치면서 외부에 작용해 결과를 창출하고 소비 또는 소진되는 원동력으로서 매순간 끊임없이 갱신되어야 한다. 자유로운 행동 역시 동력원이기는 하지만 극복해야 하는 저항에 부딪치는 일도 없으며, 오직 동체 자체에만 작용하며, 따라서 결과를 창출하기 위해 소진되는 일이 없는 연속적인 동력인 것이다. 노동의 경우 속도의 크기나 정도와 관계없이 속도는 상대적인 반면, 자유로운 행동에는 절대적이다(영구 운동체[perpetuum mobile]라는 관념). 노동에서 중요한 것은 '하나'로 간주되는 물체 위에 작용하는 중력의 작용점(무게 중심)이며, 이 작용점의 상대적 이동이다. 하지만 자유로운 행동에서 중요한 것은 문제의 성분들이 중력으로부터 탈출해 점을 갖지 않는 공간을 절대적으로 차지하는 방식이다. (김재인 역, 2003: 763)

자유와 노동의 구별은 저항에 있다. 마음 작용이 저항이 있으면 노동의 감응이고, 저항이 없으면 자유행동의 감응이다. 독자가 숙제로 텍스트를 주어진 의미를 확인하기 위해 읽는다면 하기 싫음, 즉 저항이 있지만 해야 한다. 반면 자기의 문제를 해결하기 위한 단서를 찾기 위해서 텍스트를 읽는 독자는 저항이 없다. 노동은 하나로 수렴되는 상대적인 감응이지만 자유는 수렴 점에서 탈출하여 수렴 점이 없는 절대적인 감응이다. 독자가 텍스트를 읽을 때 수렴 점이 정해져 있지 않은 감응을 지향할 때 자유롭게 자기만의 의미나 가치를 생성할 수 있다.

4) 배치: 감응과 감정

어떤 감응을 갖느냐는 배치(agencement)와 관련되어 있다. 무기와 도구도 배치에 따라 그 내재적 속성이 드러난다. 배치는 무엇에 관심을 가지고 집중하느냐의 문제와 관련된다. 이웃 항으로 무엇을 놓을 것인가의 문제인 것이다. 유목민의 관심은 현재적 삶의 문제이다. 현재 당면한 현실에서 삶을 이루어내기 위해 절실한 것이 무엇인가를 직시하는 것이다. 유목민이 이를 소홀히 한다면 사막, 스텝, 빙원에서 살아갈 수 없다. 실제로 다른 것에 관심을 갖고 생각하는 것에 많은 시간을 할애할 여유가 없다. 그렇기 때문에 유목민의 전쟁기계적 배치는 실제적이고 정념적이다.[10] 유목민은 현재의 다급한

---

10   배치는 정념적이며, 욕망의 편성이다. 욕망은 자연적이고 자발적으로 결정되는 것이 아니라 배치하고 배치되는 것이자 기계적인 것이다. 배치의 합리성이나 효율성은 이러한 배치가 유도하는 정념들 없이는, 또 이러한 배치들이 구성하는 동시에 이러한 배치에 의해 구성

생활과 삶에 관계된 대상에 대해 감응한다. 그 대상들이나 그 외 대상들에 대한 감정(sentiment)은 뒤로 물린다.

> 이처럼 어떠한 경우에도 무기 체계를 만들어 내는 것은 배치이다. 창과 칼이 청동기 시대부터 등장하게 된 것은 인간-말이라는 배치 덕분으로, 이 배치는 단검과 꼬챙이의 길이를 늘려 보병 최초의 무기였던 망치와 도끼를 쓸모없는 것으로 만들어 버렸다. 이어 등자가 인간-말이라는 배치에 새로운 형태를 강제하는데, 다시 이것은 새로운 유형의 창이나 새로운 무기 제작을 부추겼다. 그러나 이러한 인간-말-등자의 결합 자체는 가변적인 것으로, 유목 생활의 일반적 조건 속에 편입되는가 아니면 나중에 다시 봉건제라는 정주적 조건에 맞추어 개조되느냐에 따라 다른 효과를 낳게 된다. 도구도 마찬가지이다. (김재인 역, 2003: 766)

어떤 감응도 마찬가지지만 전쟁기계의 무기로서의 감응도 배치에 따른 것이다. 무기로서의 망치와 도끼가 쇠퇴하고 칼과 창이 득세한 것이 인간-말의 배치에 따른 것이다. 또한 인간-말-등자의 배치는 봉건제 속에서 새로운 무기들을 생성하게 한다. 전쟁기계의 무기로서의 감응은 주어진 것에서 수동적으로 이루어지는 것이 아니라 실제의 적극적 삶에서 능동적으로 이루어내는 것이다. 텍스트 내용에 생활과 삶의 문제를 배치하는 것이 적극적이고 능동적으로 감응하고 의미와 가치를 찾게 한다.

5) 표현: 보석과 기호
들뢰즈와 과타리는 전쟁기계를 위한 무기의 표현체계를 '보석', 노동을

되는 다양한 욕망들 없이는 존재할 수 없다.(김재인 역, 2003: 767)

위한 도구의 표현체계를 '기호'라고 한다. 먼저 도구에 의한 노동을 보면, 노동은 일련 체계화된 틀 속에서 이루어진다. 어떤 일을 하든지 그 일에는 이미 무엇으로 어떻게 해야 하는지가 정해져 있다. 이는 이미 정해진 체계화된 관계 속에서 작용하는 기호의 체계와 같다.[11] '도구로 정의되는 노동은 국가장치에 속하는 활동으로 도구와 기호 간에는 본질적인 관계가 존재한다'(김재인 역, 2003: 769)는 말은 이 뜻이다.

> 그러나 무기에서는 사정이 이와 전혀 다르다. 무기는 보석류와 본질적 관계를 갖고 있기 때문이다. 그러나 이 보석류는 너무나 많은 이차적 적용을 거쳐왔기 때문에 우리는 과연 이것이 무엇인지를 분명하게 이해할 수 없게 되었다. 그러나 금은 세공품이 이전에는 '야만적' 예술, 특히 유목민 예술이었다는 얘기를 듣거나 소수자 예술 속에 들어있는 이러한 걸작을 접했을 때 우리는 마음속에서 뭔가 번쩍이는 것을 느낄 수 있을 것이다. 옷의 장식용 고리, 금은 장식판, 수많은 보석들이 이동 가능한 작은 물체에 붙여진다. 이것들은 단지 운반하기 쉬울 뿐만 아니라 오직 뭔가 움직이는 것에 속해 있을 때야 비로소 의미를 가질 수 있게 되어 있다. 이러한 장식품들은 자체가 움직일 수 있고, 또 움직이고 있는 것 위에서 순수 속도의 표현의 특질을 구성한다. (김재인 역, 2003: 769-770)

보석은 체계 속에서 기능하지 않는다. 금과 은은 유목민의 예술(야만적)이나 소수자 예술과 같이 개별적이고 독립적이다. 보석은 이동이 가능한 물체에 붙여지고, 움직이는 것 속에서 의미를 가질 수 있다. 독립적이고 변화가 있으며, 움직이는 것 위에서 자기만의 고유한 순수 속도의 표현을 특질로

---

11   노동은 국가장치에 의한 행동의 포획과 문자(écriture)에 의한 행동의 기호화가 필요하다. 기호-도구, 기호-노동의 조직화라는 배치가 친화성을 갖는 것은 바로 이 때문이다.(김재인 역, 2003: 769)

한다. 늘 변화하고 바뀌고 이동하는 것이기에 다른 것과의 체계를 갖지 않는 감응이다. 보석들은 무기에 상응하는 감응(변용태)으로 무기와 동일한 속도 벡터에 휩싸여 있다.(김재인역, 2003: 770-771) 전쟁기계의 무기로서의 감응은 보석과 같이 고유한 순수 속도를 갖는 표현성을 갖는다. 독자의 절실한 현재적 문제로 텍스트 요소에 감응할 때, 그 감응은 보석이 된다. 독자가 생성한 의미나 가치를 진정으로 귀하고 더욱 빛나게 만든다.

나. 감응과 텍스트 이해

독자는 텍스트 이해를 전쟁기계의 의식의 흐름에 따라 할 수 있다. 이는 전쟁기계의 무기로서 감응을 사용한 독자의 순수 속도에 따른 고유한 텍스트 이해를 이루게 한다. 독자는 텍스트에서 성실한 이해와 해석 원리에 따른 타당한 이해도 가능하지만 이보다 독자의 현실에 충실한 이해가 필요하다. '누구나 그렇게 이해하니까', '그렇게 해야 타당하니까', '나는 원래 그러니까'의 의식의 흐름에서 텍스트의 의미나 가치에는 '독자의 현재'가 없다. '내 현실이 이러하니까, 이 텍스트의 의미나 가치는 이러하다'에는 독자의 현실이 있다. 전쟁기계의 무기로서의 감응을 사용한 텍스트 이해는 독자가 '나의 현실' 속에서 텍스트의 의미와 가치를 밝히고 깨치는 것이다.

내가 그의 이름을 불러 주기 전에는/ 그는 다만/ 하나의 몸짓에 지나지 않았다./ 내가 그의 이름을 불러 주었을 때/ 그는 나에게로 와서/ 꽃이 되었다.// 내가 그의 이름을 불러 준 것처럼/ 나의 이 빛깔과 향기에 알맞은/ 누가 나의 이름을 불러 다오./ 그에게로 가서 나도/ 그의 꽃이 되고 싶다.// 우리들은 모두/ 무엇이 되고 싶다./ 너는 나에게 나는 너에게/ 잊혀지지 않는 하나의 눈짓이 되고 싶다.

(김춘수, <꽃> 전문)

1) 투사: 빠져나오기

<꽃>은 애송자가 많은 시다. 이 시를 읊조리는 사람들은 마음속에 비슷한 생각을 떠올린다. 특히 인연을 맺거나 연인의 관계로 발전하고 싶은 사람을 떠올릴 때다. 좀 더 나아가면 특정 대상에 대하여 어떤 의미 있는 가치를 인식했을 때다. 그래서 그 관계가 소중히 여겨지거나 여겨지기를 바라는 마음에서 이 시를 읊조린다. 이 <꽃>의 독자가 이러한 생각을 하는 것도 의미가 있다. 그렇지만 우리는 이 시를 읊을 때 늘 이렇게 객체적으로만 감응하기 때문에 다른 생각은 마음속에 떠오르지 않는다. 이 시는 초코드에 의해 해석되고, 우리와 일정한 거리를 두고 그 자리에 머물러 있다.

<꽃>을 읊는 독자는 일정한 심리적 거리를 유지해야만 하는가? 이 시뿐만 아니라 우리가 읽는 다른 텍스트들도 마찬가지로 심리적 거리감이 있다. 텍스트는 텍스트이고, 독자는 독자일 뿐이다. 서로에게 잊혀지지 않는 눈짓이 되어 존재하기에 알아줘야 하는 관계에 머문다. 그래서 가끔 생각나면, 또는 필요하면 한번 슬쩍 떠올려 보거나 표지를 열어보는 관계이다. 우리는 많은 텍스트를 그렇게 읽고 그렇게 관계를 맺는다. 그렇지만 가끔 어떤 독자는 텍스트와 절실한 관계를 경험한다. <꽃>은 연인이 되고 싶은 사람을 만났을 때 독자 삶 속으로 파고든다. 연인의 절절한 마음을 전하는, 그 마음을 담아내는 텍스트가 된다. 그런 감응을 가지게 한다. 연인의 마음에는 <꽃>의 표현대로 연인의 눈짓이 되고 싶어 한다. 시의 내용에 나타난 대로 행하고 싶고 되고 싶다. <꽃>의 내용과 독자의 마음이 일치한다.

<꽃>에 연인의 마음과 같이 감응하는, 독자에게 절실한 의미로 다가오는 텍스트는 거리감이 없다. 텍스트와 거리감을 없애는 것은 독자의 몫이다. 독자는 전쟁기계의 무기인 감응을 활용함으로써 거리감을 없앨 수 있다. 전쟁기계의 무기로서의 감응은 투사하는 것이다. 투사는 안으로 받아들이는 투입과 다르다. 받아들임은 동의이고, 순응이고 참음이다. 투사는 문제적이

고, 생성이고 자유이다. 독자가 삶의 현실을 문제로 제기하는 일이다. 유목민은 남의 삶을 곁들어보기 어렵다. 그러는 사이에 내 삶은 없어져 버린다. 내 삶이 있어야 남의 삶이 있는 것이다. 유목민이 환경에 대한 투사적 감응이 있어야 살아내듯, 독자도 텍스트에 대한 투사적 감응이 있어야 삶의 현실이 될 수 있다.

<꽃>은 곁들어보는 읊음을 할 수도 있고, 곧바로 보는 읊음을 할 수도 있다. 곁들어보는 읊음은 거리를 두는 읊음이고, 곧바로 보는 읊음은 거리가 없는 읊음이다. 곧바로 보기는 <꽃>의 읊음을 독자의 삶의 한 부분으로 만드는 읊음이다. 연인을 그리는 <꽃>의 독자는 연인에게 눈짓이어야 한다. 어떤 눈짓이 되어 연인의 마음에 존재해야만 하고, 이를 실현해야 한다. 텍스트에 대한 감응은 그렇게 생성되고 투사되어 밖으로 문제적으로 향해야 한다. <꽃>을 남들과 같은 감응으로 읽을 것이 아니라 이들에서 빠져나온 투사의 감응으로 읽어야 한다.

연인을 절실한 마음을 나눌 대상으로 대치하면 꽃은 '누구나', '무엇이나'에 해당된다. 이 논의의 필자는 들뢰즈와 과타리의 '유목론'이 <꽃>의 '꽃'이다. 필자가 『천 개의 고원』을 철학 텍스트로 읽을 때는 곁들어보는 읽기였다. 어려운 내용을 담은 텍스트로 그냥 그렇게 존재했다. 그런데 어느 날 텍스트 이해를 인식하게 하는 길잡이로 감응되자 필자의 '꽃'이 되었다. 『천 개의 고원』의 각 고원은 텍스트 이해의 본질을 알게 하는 감응을 갖게 했다. 이 감응은 문제적이고, 생성적이며, 마음속에 눈짓이 되어 필자의 의식 생활 속에 깊이 들어와 있다.

2) 속도: 내 식으로

물리학의 벡터는 스칼라와 대비되는 말이다. 스칼라는 방향성을 가지지 않은 수량(질량, 에너지, 밀도, 전기량)을 가리키고, 벡터는 방향성이 있는 양(힘,

속도, 가속도)을 가리킨다.[12] 속도는 방향성이 있는 선분으로 표시되고 빠르기를 그 속성으로 갖는다. 스칼라는 가변성 낮은 양이지만 벡터는 가변성이 높은 양이다. 속도는 가변성을 내포한다. 이는 전쟁기계의 무기로서 감응의 속성이다. 들뢰즈와 과타리가 관심을 갖는 전쟁기계의 무기로서의 감응은 속도와 관련된 빠르기다. 이 빠르기는 상대적이면서 절대적인 속성이다. 상대적인 것은 이웃하는 접속 대상의 배치에 따른 빠르기이고, 절대적인 것은 이웃 대상을 고려하지 않은 존재 그 차제가 갖는 빠르기이다. 계곡물을 역류하는 물고기의 헤엄 속도를 물의 속도로 볼 때는 상대적이지만, 역류하고 있는 물고기 차제로 보면 그 속도는 절대적이다.

<꽃>을 읽는 독자가 상대의 존재적 의미를 밝히기 위한 생각으로 읊을 때는 속도가 없다. 늘 같은 의미로 그 자리에서 주던 만큼만 주기 때문이다. 그 의미는 독자의 생활에 들어오기보다는 독자에게 잠깐 스치는 생각으로, 같은 감응을 반복하게 한다. 그렇지만 어떤 독자에게 <꽃>의 의미는 절절하게 다가온다. 이때의 속도는 절대적이다. 또 다른 예로, 주희에게 유학 경전 텍스트는 삶을 파고드는 절절함의 속도로 감응을 일으켰을 것이다. 또한 이황에게 주희의 텍스트는 마찬가지로 감응되었을 것이다. 일반 독자들도 삶을 파고드는 절대적 속도의 감응이 있는 텍스트가 있다.

독자는 영화에서, 드라마에서, 유튜브에서, 책에서, 논문에서 속도가 있는 감응을 갖는다. 그렇지만 그 감응에서 비롯된 생각을 처리하는 방법을 알지 못한다. 텍스트와 거리를 두는 것에 익숙하기 때문이다. 전쟁기계의 무기로

---

12 벡터(vector)①(물리) 크기와 방향으로 정하여지는 양. 힘, 속도, 가속도 따위를 이것으로 나타내며 화살표로 표시한다. ②(심리) 방향적 행동을 일으키는 추진력. 개체 내부의 긴장에 의하여 생긴다.
    스칼라(scalar)(물리) 하나의 수치만으로 완전히 표시되는 양. 벡터, 텐서 따위의 유방향량 (有方向量)에 대하여 방향의 구별이 없는 수량이다. 예를 들면, 질량·에너지·밀도·전하량 따위를 나타내는 수이다.(표준국어대사전)

서 감응의 속도는 독자만의 절대적인 삶의 속도를 말한다. 텍스트의 감응은 독자의 생활과 삶 속에서 의미나 가치를 생성하게 한다. <꽃>의 독자라면, 간단히 먼저 자기 자신을 어떤 이름으로 부를지 살필 수 있다. 그러면서 자기의 빛깔과 향기가 어떤 것인지를 규정해 볼 수 있다. 그러면서 독자는 자기 자신이 어떤 눈짓일지를 밝혀볼 수 있다. 이러한 텍스트 이해는 텍스트의 감응을 독자의 현재적 삶 속에서 녹여내는 일이다. 어떤 텍스트도 독자의 현재적 삶으로 끌어들일 수 있다. 이는 유목민이 환경을 자신의 삶 속에서 녹여내는 것과 같다.

누구나 삶의 속도를 갖는다. 삶의 속도는 '0'이 아닌 '마이너스'가 될 때도 있다. 삶의 속도가 마이너스인 경우는 자기 삶을 이유 없이 잊고 살 때이다. 삶의 속도가 0인 경우는 물의 흐름을 따라 떠다니는 물고기와 같이 살 때이다. 삶의 속도가 플러스인 경우는 흐르는 물을 거슬러 올라가는 물고기와 같이 살 때이다. 삶의 속도가 절대인 경우는 계곡에서 세차게 흐르는 물을 역류하는 자세로 먹이를 잡거나 튀어 오르기 위해 기회를 엿보는 물고기와 같이 살 때이다. 또한, 멈추어 있지만 자기만의 속도를 잃지 않고 사는 삶이다. 하늘에서 먹이를 잡기 위해 정지비행을 하는 독수리, 전장에서 적군을 공격하기 위해 매복한 군사들. 이들은 멈추어 있지만 절대 속도를 가지고 있다. 현재적 삶의 절박함에 충실하고 있다. 독자도 자기만의 현재적 삶의 절박한 문제에 충실한 감응으로 텍스트의 의미나 가치를 찾을 때 절대 속도를 갖는다.

3) 자유: 개성 있게

<꽃>을 현재적 삶으로 끌어들이고 녹여내는 읽기의 감응은 자유행동 모델이어야 한다. 자유행동 모델은 노동의 모델과 대비된다. 노동은 신체적·정신적 저항을 견디면서 해야 하는 것이고, 변화가 없이 반복되는 것이다. 학생에

게 학습도 노동이다. 독자에게 읽기도 노동이다. 학생과 독자는 신체를 텍스트의 곁에 묶어 두어야 하고, 정신은 의지적으로 텍스트에 모아야 한다. 정한 시간만큼, 해야 할 양만큼, 얻어야 하는 내용만큼 이룰 때까지 견뎌야 한다. 공부할 때마다 책을 읽을 때마다 동일한 과정을 반복해야 한다. 신체적으로도 정신적으로도 자유가 없다. 감응에도 자유가 없다.

반면, 자유에는 신체적·정신적 저항이 없다. 그렇기에 견디면서 무엇을 이룰 필요가 없다. 변화가 있기에 반복이 없다. 종일 공부를 해도, 책을 읽어도 마음에 불편함이 없다. 재미있는 영화를 볼 때처럼, 영화를 보고 있는 내가 있다는 의식조차 하지 않는다. 자기의 삶을 사는 사람은 자기가 하고 있는 일에서 자기를 잊는다. 필자는 논문을 쓸 때, 논문을 쓰고 있는 자기를 잊는다. 시간이 얼마나 흘러갔는지, 얼마나 오랫동안 앉아 있었는지, 언제 식사를 했는지도 그 순간은 의식하지 못한다. 감응의 자유를 누리고 있기 때문이다.

자유의 감응은 외적인 의식의 흐름을 따르지 않는다. 그 대신, 자신의 현재적 의식의 흐름을 따른다. 그렇기에 누구와도 같을 수 없다. <꽃>을 읽고, 꽃이 되는 자기의 이름을 부르는 사람은 누구를 따를 필요가 없다. 『천 개의 고원』을 읽고, 읽기의 논리를 찾는 필자는 누구의 논리를 따를 필요가 없다. 읽기에 대한 자기의 내적 논리에 충실할 뿐이다. 누구와 같을 수 없고, 동일함을 반복할 수 없다. 자기의 현재적 읽기에 대한 의식에 충실할 뿐이다. 자유의 감응에는 노동의 감응보다 더 큰 저항이 있을 수 있지만 느끼지 못하는 것이다. 자기 현재적 삶이기 때문이다.

자유의 감응은 독특하고 고유하다. 독자와 텍스트와의 개별적 관계의 감응이다. 독자는 자신의 삶에 기초해 텍스트에 감응하고 사유하고 배우고 깨침을 얻는다. <꽃>을 읽고, 자기 자신의 이름의 불러 자신의 눈짓을 찾는 것은 개별적 관계이다. 자기의 생각과 행동이 빛깔과 향기를 갖게 하는 것도 자신만의 개별적인 것이다. 자신의 삶에 기초해 <꽃>에 감응하면 독자는 자기를 사유하고 깨치고 다짐하고 밝힌다. 필자도 읽기 연구의 문제로 『천 개의 고원』에 감응해, 사유하고 앎을 얻고 다짐을 하고 새 생각을 연다. 다른 텍스트는 그 텍스트대로 감응을 주고, 사유하고 깨쳐 삶을 살게 한다.

4) 감응: 센스 있게

독자의 삶을 위한 텍스트에 대한 감응은 센스가 있어야 한다. 센스라는 말은 '사물의 미묘한 느낌이나 의미를 깨닫는 감각이나 판단력'(한컴사전)을 의미한다.[13] 배운 대로 또는 아는 대로, 익숙한 대로 하는 텍스트에 대한 감응은 동일성을 갖게 한다. 센스 있는 감응은 관습적이고 마법적으로 따르는 방식에서 벗어나는 것이다. 자신의 현재적 문제에서 텍스트를 바라보고 인식하고 감응해야 한다. 독자는 텍스트를 자기 생활 속에서 읽어야 한다. 독자가 텍스트 속으로 자기의 삶을 밀어 넣어야 한다. 유목민은 이동하면서 환경과 함께하는 삶의 방식을 따른다.

유목민이 환경에 센스 있게 감응을 하는 것은 배치에 따른 것이다. 배치는 정념이나 욕망과 관련된다. 정념은 관심과 열정의 문제이다. 욕망은 원하고 좋음의 문제이다. 관심의 대상들로 원하는 것을 이루도록 이웃 항으로 늘어 놓는 것이 배치이다. 선택과 집중의 과제가 배치와 관련된다. 유목민은 생활과 삶에 관련된 것만을 선택하고 그것에 집중한다. 감응을 일으킴이 이 배치로 결정되는 것이다. 정념과 열정은 얼마나 절실한가와 관련되어 있고, 원하고 좋음은 삶에 얼마나 가치가 있는가와 관련되어 있다. 절실하고 가치 있는 배치는 생활과 삶 속에서 그 진가를 발휘하게 된다.

---

13   표준국어대사전에서는 센스(sense)를 '어떤 사물이나 현상에 대한 감각이나 판단력'으로 정의한다.

<꽃>을 읽든,『천 개의 고원』을 읽든 독자의 센스 있는 감응도 배치에 의하여 결정된다. 독자가 자기에게 절실하고 가치 있는 것을 텍스트의 이웃 항으로 배치하는 것이다. 이 배치에서 비롯된 감응을 하고, 생각하고, 배우고 깨칠 때 가장 센스 있다. <꽃>을 읽는 독자의 절실함과 가치는 독자마다 다를 수 있다. 꽃이 되는 대상은 자기일 수 있고, 연인일 수 있고, 직업일 수 있고, 물건일 수도 있다. 또 다른 그 무엇일 수 있다. 독자에게 절실함과 가치는 독자만의 것이 된다.『천 개의 고원』을 읽는 독자도 마찬가지이다. 그 절실함과 가치는 독자마다 다를 수 있다. 이 다름에 의하여 독자만의 고유한 의미를 생성할 수 있다.

센스 있음은 생활의 느낌과 삶의 느낌을 갖는 것이다. 자기 생활과 삶의 느낌은 다른 누가 대신 할 수 없는 것이다. 그래서 센스 있음은 독자 자신만의 생활과 삶의 진정함이다. <꽃> 속에서 자신의 절실함과 간절함을 찾아내고 깨쳐 알았을 때 독자는 생활과 삶의 느낌을 갖는다.『천 개의 고원』속에서 절실함과 간절함의 문제를 해결한 독자는 생활과 삶의 느낌을 갖는다. 어느 때보다 어떤 것보다 삶의 진정함을 느낄 수 있다. 자신만의 특별한 느낌이고 고유한 느낌이다. 남과 나눌 수 없는 느낌이고 내적으로 차오르는 느낌이다.

5) 보석: 빛나게

보석의 속성은 반짝거림이다. 주변 대상과 달라서 눈에 띄고 가치 있다. 무엇보다 보석은 그 고유의 빛깔을 갖는다. 무엇과도 잘 어울린다. 우리의 관심을 끈다. 그래서 보석을 여러 곳에 붙인다. 몸에도 장신구에도 무기에도 붙인다. 이 보석은 움직이고 있는 것 위에서 순수 속도의 표현의 특질을 구성한다.(김재인 역, 2003: 770) 즉 보석은 그 자신보다는 함께 하는 것을 더 빛나게 드러낸다. 보석을 장신구로 옷에 붙이면, 보석은 그 사람을 돋보이게 한다. 보석의 종류인 금과 은은 물질이 아니라 무기에 적합한 표현의 특질이고, 보석은 무기에 상응하는 감응으로 무기와 동일한 속도 벡터를 갖는다.(김재인 역, 2003: 770-771) 보석이 대상의 속성을 다르게 드러나게 하는 것이다.

전쟁기계의 무기로서의 감응은 보석과 같다. 국가장치의 감응과는 달라서 눈에 띄고 가치가 있다. 고유의 색깔과 향기를 갖는다. 현재적 삶의 문제들과 잘 어울리고, 문제들의 본질을 직시하게 한다. 그래서 집중된 관심의 초점이 놓이고, 현재적 삶의 문제와 결합한다. 현재적 삶의 어떤 문제에도 결합시킬 수 있다. 결합된 감응은 그 문제로 인한 생활의 순수 속도의 표현을 만들어낸다. 감응 그 자체보다 감응으로 비롯된 현재적 삶을 더 빛나게 드러낸다. 감응으로 현재적 삶은 더 가치 있고 의미 있게 드러난다. 감응이 사유하게 하고, 알게 하고, 깨치게 하고, 다시 느끼게 하기 때문이다.

<꽃>의 감응으로 자기 자신의 빛깔과 향기로 자신을 이름한 독자나, 『천 개의 고원』에 대한 감응으로 자기의 삶의 문제를 밝힌 독자는 보석을 장신구로 몸에 붙인 것이다. 감응이 의식내용의 표현의 특질을 결정해 주기 때문에 독자는 자신만의 순수 속도를 갖는 표현의 특질을 구성한다. 독자는 자기 삶의 절실함을 텍스트에 대한 감응으로 풀어내는 것이다. 누구와도 나눌 수 없는 자기만의 삶의 세계를 열어가는 것이다. 텍스트를 이해한다는 말은 보석과 같은 감응으로 자신의 현재적 삶을 생성하는 일이다.

독자의 유목적 이해를 위한 감응은 보석을 닮아있다. 보석을 닮은 감응은 표현의 특질이다. 독자만의 감응이며, 독자만이 할 수 있는 감응이다. 특별하고 독특하고 고유하지만 독자의 생활이고 삶의 감응이다. 남들과 같은 감응이나 텍스트를 위한 감응이 아닌 독자 자신에게 진실하고 절실한 문제적 감응이다. 독자의 의식내용에 빛나는 표식이고 독자가 생성한 의미임을 알리는 표식이다. 독자의 생활이 드러나고 독자의 삶이 반영된 의미이고 가치이다. 우리는 고전으로 불리는 텍스트들에서 필자의 표식, 독자로서의 표식을

본다. 이들 독자는 자기만의 빛깔을 갖는 감응으로, 자기만의 특질을 품은 향기가 있는 의미를 생성한다. 어떤 독자라도 그렇게 할 수 있다.

4. 감응의 실행

유목적 읽기는 독자의 고유성을 드러내는 의미 생성을 지향한다. 독자의 텍스트 읽기는 독자만을 위한 읽기가 아닌 경우가 많다. 국가장치에 따른 마법적 의식의 흐름에 편승한 읽기나 사제들의 해석 원리에 따르는 읽기는 독자만의 고유성을 드러낼 수 없다. 이들 읽기는 유목적 읽기를 위한 토대를 제공할 수는 있다. 독자는 이들이 제공하는 텍스트 이해에 머물기보다는 자기 고유의 의미 생성을 이루어야 한다. 이를 위한 읽기가 전쟁기계의 의식의 흐름으로 의미를 생성하는 활동이고, 이 의미 생성을 위한 무기가 감응의 속성이다. 전쟁기계의 무기로서의 감응은 그 나름의 특질성을 갖는다.

독자는 텍스트를 읽을 때 여러 감응 형식을 갖는다. 국가장치에 의한 몰적이나 분자적 감응 형식이 있다. 이와 대비되는 전쟁기계에 의한 탈주적 감응 형식도 있다. 독자의 텍스트 이해는 감응 형식에 의하여 결정된다. 몰적이나 분자적으로 감응을 하면 전체성 또는 동일성의 토대가 된 이해나 논리성이나 타당성을 강조하는 이해를 하게 된다. 이들 감응 형식에 의한 텍스트 이해는 독자의 생활이나 삶과는 거리가 있다. '누구나 그렇게 이해하니까, 원리에 따르면 이런 의미가 되니까'라고 여기는 이해이다. 탈주적 읽기는 독자의 진정한 삶 속에서 생성된 의미이다. 이는 독자와 떨어질 수 없고, 독자 고유의 의미이다.

이 탈주적 또는 유목적 읽기를 위한 감응은 크게 다섯 가지의 속성을 갖는다. 방향적으로 투사, 벡터적으로 속도, 모델적으로 자유, 배치적으로 감응,

표현적으로 보석의 속성을 갖는다. 이들 속성으로 볼 때, 텍스트 이해와 관련된 감응의 속성으로 투사의 속성에서 '빠져나오기', 속도의 속성에서 '내식으로', 자유의 속성에서 '개성 있게', 감응의 속성으로 '센스 있게', 보석의 속성으로 '빛나게'를 들었다. 감성적 감응의 속성은 독자가 텍스트 내용에서 의미를 생성하게 하는 길잡이를 제공한다. 독자는 이 감응에서 비롯된 길잡이를 활용하여 지성적으로 사유하여 의미를 생성한다. 독자의 유목적 읽기를 위한 감응은 독자의 고유한 의미 생성을 위한 전쟁기계의 무기이다. 독자의 고유한 의미 생성은 독자의 생활과 삶에 토대를 둔 감응에서 비롯된다.

제7장

읽기와 간-영토화

1. 공간과 영토화

대장장이는 유목민도 정착민도 아니며 순회하는 자, 이동하는 자이다. 이와 관련해 특히 중요한 것은 대장장이들이 살아가는 방식이다. 그들이 사는 공간은 정착민들의 홈이 패인 공간도, 그렇다고 유목민들의 매끈한 공간도 아니다. 물론 이들도 천막이나 집을 소유할 수 있다. 하지만 이들은 이곳에 마치 '광상(鑛床: 쓸모 있는 광물이 땅에 묻혀 있는 부분)' 속에 들어있는 광물 자체처럼, 즉 동굴이나 구멍처럼 반지하나 지하 오두막에서 사는 것처럼 이러한 천막이나 집에 산다. 원래부터 그렇게 사는 것이 아니라 필요와 기술에 의해 이런 식으로 혈거(穴居, 동굴 속에서 삶) 생활을 하는 것이다. (김재인 역, 2003: 793) *( ) 설명은 필자.

들뢰즈와 과타리는 『천 개의 고원』(김재인 역, 2003) 12장에서 정착민이나 유목민과 달리 사는 사람들로 대장장이가 있다고 말한다.[1] 대장장이는 정착

---

1   이 논의는 '문제 3'과 '명제 8'을 토대로 한다.

민도 유목민도 아닌 순회하는 자이면서 이동하는 자이다. 순회하고 이동한다는 것은 어느 한쪽에 속하지 않음을 뜻한다. 대장장이는 정착민도 유목민도 될 수 없지만 필요에 따라 정착민과 함께하기도 하고, 유목민과 함께하기도 한다. 정착민이 홈 패인 공간에서 살고, 유목민이 매끈한 공간에서 산다면 대장장이는 동굴이나 반지하, 오두막에서 혈거(穴居) 생활을 한다. 이들의 삶은 광상(鑛床) 속의 광물같이 가치 있다.

대장장이의 삶이 광상 속의 광물과 같은 것은 공간에 대한 영토화의 특성 때문이다. 정착민과 유목민의 삶 공간은 서로 다른 모습을 하고 있다. 정착민과 유목민이 삶 공간을 영토화하는 방법은 다르다. 영토화는 공간을 차지하고 그 공간에 대한 주권을 사용하는 방법과 관련된다. 영토는 땅의 공간이지만 영토화는 땅의 문제보다는 공간에 대한 주권의 실행과 관련된다. 땅의 공간에 대한 주권을 실행하는 형태나 방식이 영토화인 것이다. 정착민의 홈이 패인 공간으로 영토화하기와 유목민의 매끈한 공간으로 영토화하기는 차이를 지닌다. 마찬가지로 대장장이의 공간에 대한 영토화하기도 이들과 구별된다. 특히 대장장이의 영토화는 두 영토화를 넘나들며 관계를 맺기에 그 가치와 속성이 광물과 같다.

영토화 문제는 땅의 공간에서만 있는 것이 아니다. 읽기의 상황에서 보면, 텍스트에도 공간이 존재한다. 좀 더 구체적으로, 읽기에서 영토화의 공간은 독자와 텍스트 사이에 존재한다. 이를 '텍스트 공간'이라 할 수 있다. 텍스트 공간은 독자가 텍스트를 읽을 때, 텍스트와 독자 사이에 생성된다. 텍스트 공간이 독자와 텍스트 사이인 것은 하나의 텍스트에 대하여 여러 독자가 공간을 공유하거나 나누어 가지기도 하기 때문이다. 들뢰즈와 과타리의 『천

문제 3-유목민은 어떻게 그들의 무기를 발명 또는 발견했는가?
명제 8-야금술은 필연적으로 유목과 합류하는 하나의 흐름을 구성한다.(김재인 역, 2003: 755)

개의 고원』에는 저자들이 생성한 텍스트 공간도 있지만 철학하는 독자들이 생성한 텍스트 공간도 있고,[2] 이 논의의 필자와 같이 철학자가 아닌 독자가 생성한 텍스트 공간도 있다. 텍스트 공간은 단지 공간으로만 존재하는 것이 아니며, 독자들은 이 공간을 영토화한다. 독자의 텍스트 공간에 대한 영토화는 정착민의 홈 패인 공간의 형태도 있고, 유목민의 매끈한 공간의 형태도 있다. 이들과 또 다른 형태인 대장장이의 구멍 뚫린 사이의 공간도 있다.

독자가 텍스트를 읽고 생성한 공간을 어떤 방식으로 영토화하느냐에 따라 텍스트 이해가 달라진다. 독자가 텍스트 공간의 영토화를 정착민의 홈 패인 공간으로 하는 방식과 유목민의 매끈한 공간으로 하는 방식은 그 과정과 결과가 다르기 때문이다. 더 근본적으로 텍스트 공간의 영토화에 작용하는 독자의 텍스트 이해의 본질과 속성이 다르다. 이는 정착민과 유목민의 영토를 순회하고 이동하는 대장장이가 자신만의 방식으로 공간을 영토화하는 특성을 낳게 한다. 독자가 텍스트를 읽고 생성한 공간의 영토화 방식의 차이에는 어떤 것이 있고, 그 결과는 어떻게 차이 날 수 있을까? 또한 대장장이와 같은 방식의 영토화는 어떤 특성이 있을까? 정착민, 유목민, 대장장이가 이루는 세 가지 영토화의 차이를 검토할 필요가 있다.

독자의 텍스트 이해는 다양한 방식의 설명이 가능하다. 이 장에서는 독자가 텍스트를 읽으면서 생성한 공간을 영토화하여 의미를 생성하는 방식을 탐구한다. 정착민의 공간 영토화 방식으로 읽는 것과 유목민의 공간 영토화 방식으로 읽는 것의 차이를 탐구한다. 또한 대장장이의 공간 영토화 방식으로 읽는 것을 검토한다. 이를 바탕으로 영토화 방식에 따른 독자의 의미 생성 방식의 차이점을 살펴본다. 또한 대장장이의 영토화 방식을 중심으로 독자가 의미를 생성하는 속성을 구체화한다. 이는 텍스트 이해의 본질을

---

2   이진경(2003)의 『노마디즘』과 이정우(2008)의 『천 하나의 고원』 등을 예로 들 수 있다.

탐구하고 읽기 교육의 논의 토대를 마련하여 읽기에 대한 인식과 읽기 교육
의 변화를 위한 것이다.

2. 텍스트 공간의 영토화

> 책에는 대상도 주체도 없다. 책은 갖가지 형식을 부여받은 질료들과 매우
> 다양한 날짜들과 속도들로 이루어져 있다. 책이 어떤 주체의 것이라고 말하는
> 순간, 우리는 이 질료의 구실과 이 질료의 관계들의 외부성을 무시하게 된다.
> 지질학적 운동을 설명하기 위해 사람들은 선한 신을 꾸며낸다. 다른 모든 것들
> 처럼 책에도 분절선, 분할선, 지층, 영토성 등이 있다. 하지만 책에는 도주선,
> 탈영토화 운동, 지각 변동(탈지층화) 운동 등이 있다. 이 선들을 좇는 흐름이
> 갖는 서로 다른 속도들 때문에, 책은 상대적으로 느려지거나 엉겨 붙거나 아니
> 면 반대로 가속되거나 단절된다. 이 모든 것들, 즉 선들과 측정 가능한 속도들이
> 하나의 배치물을 구성한다. 책은 그러한 배치물이며, 그렇기에 특정한 누군가의
> 것이 될 수 없다. 책은 하나의 다양체다. (김재인 역, 2003: 11-12)

들뢰즈와 과타리의 책에 대한 정의이다. 책은 고유한 형식을 부여받은
질료들로 이루어져 있으며 시공을 초월한다. 책에는 대상도 주체도 없다.
다만 여러 가지 공간적 속성들과 변동하는 속성이 내재한다. 책은 어떤 배치
에 놓이느냐에 따라 그 고유성이 드러나기에 누구의 것도 될 수 없는 다양체
다. 즉 독자가 어떤 배치를 하느냐에 따라 텍스트는 그 본질을 드러낸다.
이 논의에서는 독자의 영토화 배치를 중심으로 텍스트의 본질을 드러내는
특성을 살펴본다.

가. 모방적 영토화: 재-영토화

> 동방은 하늘도 다 끝나고/ 비 한 방울 나리잖는 그때에도/ 오히려 꽃은 빨갛게 피지 않는가/ 내 목숨을 꾸며 쉬임 없는 날이여// 북쪽 툰드라에도 찬 새벽은/ 눈 속 깊이 꽃맹아리가 옴작거려/ 제비 떼 까맣게 날라오길 기다리나니/ 마침내 저버리지 못할 약속이여// 한 바다 복판 용솟음치는 곳/ 바람결 따라 타오르는 꽃성(城)에는/ 나비처럼 취하는 회상(回想)의 무리들아/ 오늘 내 여기서 너를 불러 보노라 (이육사, <꽃> 전문)

이육사의 <꽃>은 일제강점기 때 지사(志士)의 간절한 마음의 표현으로 읽힌다. <꽃>을 읽는 독자는 시어로 지시되는 대상과 장소에 시적 화자의 마음을 연결한다. 그러면서 텍스트 공간을 구성해 나간다. 시에 표현된 각 대상을 장소에 하나하나 배치하여 공간을 생성하고, 그 공간에 지사의 마음을 품은 시적 화자를 배치한다. 북쪽 툰드라의 한 장소에 희망을 품고 나아갈 길을 찾는 지사를 위치시켜 텍스트 공간을 완성한다. 독자가 <꽃>의 텍스트 공간에서 마주하는 장소와 그 속의 대상들은 시적 화자의 마음과 연관됨으로써 존재감을 드러낸다. 이로써 독자는 <꽃>의 텍스트 공간에서 조국 독립을 소원하는 화자 마음을 읽어낸다. 그리고 이를 당연하다 여긴다. 요컨대, <꽃>의 독자는 텍스트 공간을 시적 화자의 조국애와 관련지어 영토화한다.

<꽃>의 텍스트 공간에 대한 독자의 영토화는 개별적이지 않다. 텍스트 공간에 대한 다른 독자의 영토화와 일치한다. 독자의 텍스트 공간에 대한 영토화가 다른 독자와 일치하는 것은 우연으로 일어나지 않는다. 왜냐하면 이와 같은 영토화는 국가장치[3]에 의한 흐름에 편승함으로써 일어나기 때문이

---

3   '국가장치'는 '전체적이고 동일성을 갖는 의식의 흐름'을 지시하는 들뢰즈와 과타리의 용어

다. 사회적 통념이나 학교 교육을 통한 학습에 의하여 이루어지는 것이다. <꽃>에 대한 이 영토화는 모든 독자가 늘 반복한다. <꽃>에 대한 영토화와 같이 많은 독자가 동일하게 반복하는 경우를 들뢰즈와 과타리는 홈 패인 공간에서의 영토화라 한다. 이는 다른 독자의 영토화를 반복하기에 '재-영토화'라 할 수 있다.

> 중력의 홈이 패인 공간 속에서 동일한 현상이 반복되려면 동일한 조건이 주어지거나 아니면 다양한 조건과 가변적인 현상들 간에 언제나 동일한 상수적 관계가 성립만 해도 충분하기 때문이다. 재생산하는 것은 반드시 재생산되는 것의 외부에 위치하는 고정된 관점의 항상성을 요구하는데, 이것은 마치 물가에서 물의 흐름을 지켜보는 것과 비슷하다. (김재인 역, 2003: 714)

홈이 패인 공간 속에서 동일한 현상이 반복되기 위해서는 조건이 같거나 가변적인 현상 속에서 상수가 같아야 한다. 또한 재생산되는 것은 그 외부에 고정된 관점이 있어야 한다. <꽃>을 읽는 독자가 동일성이 반복되는 영토화를 하는 것은 같은 조건과 상수를 갖기 때문이다. 저자의 삶의 태도가 조건이라면 그의 지사로서의 의지가 상수로 존재한다. 또한 동일한 영토화를 재생산하는 것은 외부에 위치하고 있는 시를 읽는 고정된 관점이 존재하기 때문이다. 그래서 어떤 독자가 <꽃>을 읽든 텍스트 공간의 영토화는 물의 흐름을 지켜보는 것과 차이가 없다. 이 재-영토화는 국가장치에서 비롯된 의식의 흐름을 따른 것이다.

이다. 이 국가장치는 특정 '의식의 흐름'을 지시하는 '추상기계' 중의 하나이다. 국가장치와 대비적인 추상기계로 '창의적이고 고유성을 갖는 의식의 흐름'을 지시하는 용어가 '전쟁기계'이다. 읽기와 관련된 추상기계(국가장치와 전쟁기계)에 대한 논의는 1장과 여수현·김도남(2021)을 참조할 수 있다.

국가의 기본적인 임무 중의 하나는 지배가 미치고 있는 공간에 홈을 파는 것, 즉 매끈한 공간을 홈이 패인 공간을 위한 교통수단으로 이용하는 데 있다. 단순히 유목민을 정복할 뿐만 아니라 이주를 통제하고, 좀 더 일반적으로 '외부' 전체, 세계 공간을 가로지르는 흐름의 총체에 대해 법이 지배하는 지대가 군림하도록 하는 것은 모든 국가의 사활적인 관심사이다. 왜냐하면 국가는 온갖 종류의 흐름을 즉 인구, 상품 또는 상업, 자금 또는 자본 등의 흐름을 어디서라도 포획하는 과정과 분리될 수 없기 때문이다. 그리고 더 나아가 그렇게 하려면 방향을 분명하게 규정해 나아갈 길을 고정해서 속도를 제한하고 유통을 규제하고, 운동을 상대화하고, 여러 주체와 객체의 상대적 운동을 세부적인 부분에 이르기까지 가감할 수 있도록 해야 한다. (김재인 역, 2003: 741)

국가의 국가장치 작동을 위해서는 주권이 미치는 공간에 홈을 파야 한다. 홈을 파는 일은 매끈한 공간에 칸을 쳐 구획을 나누고, 장벽을 세워 왕래를 막고, 교통수단을 위한 길을 내는 일이다. 공간을 절대성을 갖는 장소들로 만들어 지배함으로써 영토화하는 것이라 할 수 있다. 영토화는 주권의 공간을 법이 지배하도록 만든다. 이는 유목민을 정복하는 일이고, 이주나 이동을 통제하는 일이다. 국가장치는 통일성 있고, 동일성을 갖는 법칙을 선포하여 모든 사람의 의식의 흐름을 지배한다. 동일성을 지닌 법칙은 모든 사람에게 부지불식간에 받아들여짐으로써 당연히 따르게 되는 원칙이 된다. 이로써 법칙과 다른 의식의 흐름은 통제된다. 국가장치는 <꽃>을 저자의 지사적 삶을 바탕으로 한 의식의 흐름으로 읽게 만든다. 이는 다른 독자의 텍스트 공간의 영토화를 독자가 따라서 재-영토화하게 한다.

이와 같은 독자의 재-영토화는 포획된 결과이다. 국가장치의 흐름에 의하여 독자의 의식이 포획되어 그 흐름에 따르게 된 것이다. 국가장치는 공간 전체를 가로지르는 흐름을 지향한다. 국가장치의 속성은 전체성으로서 주권의 공간에 군림하는 것에 있다. 그래서 국가장치의 작동은 부지불식간에 일어나고 마법처럼 사람들의 의식을 끌어들인다. <꽃>을 저자의 지사적 의식에서 읽고 조국 독립 염원의 마음으로 읽어야 한다는 의식은 부지불식간에 마법처럼 독자들을 끌어들인다. 독자의 의식을 포획함으로써 독자들을 전체성의 의식에 합류하게 한다.

포획된 독자는 국가장치의 흐름에 따른다. 정해져 있는 방향으로 규정되어 있는 고정된 길을 제한된 속도로 움직여야 한다. 길에 있는 정해진 곳만 들려 필요한 것을 보고, 듣고, 말하며 유통함으로써 생각할 것이 제한되고, 관계를 맺어야 할 모든 요소가 세부적으로 정해진다. 포획된 독자의 텍스트 읽기는 정해진 흐름을 따른다. 그 흐름을 잘 따르냐 잘 따르지 못하느냐만 문제가 된다. 정해진 텍스트 공간을 재-영토화할 수 있느냐가 문제 될 뿐이다. 독자가 텍스트 공간에서 보고, 감각하고, 가는 방향과 길, 속도가 정해져 있으므로 재-영토화는 늘 같은 형태이다. 다른 사람들과 동일성을 이루고, 다 함께 전체성을 형성하게 된다.

나. 창의적 영토화: 탈-영토화

창의적 영토화는 유목민의 탈영토화를 의미한다. 유목민은 매끈한 공간에서 창의적이고 고유성을 띤 영토화를 이루어간다. 통일적인 동일성의 영토화가 아니라 현실적이고 개별적인 고유성을 가진 영토화를 이루기에 탈영토화이다. 유목민의 매끈한 공간에서의 영토화는 정착민의 홈 패인 영토화에서 벗어난다. 유목민의 매끈한 공간은 이동으로 인해 늘 다른 장소 공간에서의 영토화이기에 고유하다. 유목민의 영토화는 장소와 공간에 맞게 삶을 생성하여 새롭게 실행된다. 유목민의 영토화는 항상 달라야 하기에 탈영토화라 할 수 있다.

유목민을 닮은 독자의 텍스트 이해도 탈영토화를 한다. 유목 독자는 홈 패인 텍스트 공간에 대한 탈영토화를 이룬다. 예를 들어, <꽃>을 읽는 독자가 자신의 삶과 관련지어 텍스트 공간을 생성할 수 있다. 현재의 힘든 생활을, 희망을 품고 견디는 자신을 시적 화자와 동일시할 수 있다. 학위 취득을 위해 힘든 공부를 하는 학도에게 <꽃>은 다른 텍스트 공간을 만들게 하고, 다른 의미를 찾을 수 있게 한다. 이 독자는 <꽃>의 홈 패인 텍스트 공간을 알지만 이에서 탈주하는 텍스트 공간을 생성한다. 그래서 <꽃>의 텍스트 공간을 독자만의 것으로 탈-영토화한다.

텍스트 공간에 대한 탈-영토화는 의식과 의지가 필요하다. 앞에서 살펴보 았듯이 독자의 텍스트 공간에 대한 재-영토화는 부지불식간에 마법처럼 이루 어진다. 국가장치에 의하여 자연스럽게 받아들여야 하는 흐름 속에 편승하기 때문이다. 그렇지만 탈-영토화는 텍스트 공간의 영토화에 대한 독자의 자각 이 있어야 한다. 독자가 영토화를 자각하였다고 탈-영토화를 이룰 수 있는 것은 아니다. 탈-영토화를 위한 의지와 방법이 있어야 한다. 탈-영토화의 의지는 텍스트를 이해하겠다는 의식보다는 자기의 삶을 이해하겠다는 의식 에서 비롯된다. 이 의지에서 구체적인 방법도 생성될 수 있다.

독자의 탈-영토화에 대한 예로, 플라톤의 '동굴 비유'를 읽는 경우 를 살펴본다. 플라톤은 『국가론』 에서 배움을 동굴 속의 죄수에 비 유하여 설명한다. 동굴 속 죄수들 은 태양 아래 있는 실제의 대상을 보지 못한 채, 불빛에 의하여 죄수 앞의 벽에 비친 그림자만을 보게 된다. 그럼으로써 벽에 비친 그림

[그림 1] 플라톤의 동굴 비유
https://blog.naver.com/dibrary1004/
221403802949

자가 대상의 실체라고 생각하게 된다. 그러던 중 죄수 한 명이 풀려나 동굴 밖으로 나오면서 동굴 안에서 본 것은 그림자였음을 알게 된다. 그리고 동굴 밖에서 태양 아래의 사물을 보게 된다. 그렇지만 눈이 부셔 사물들을 제대로 보지 못한다. 그러다 다시 동굴 속으로 끌려 들어간 죄수는 동료 죄수들에게 자신이 본 것을 이야기한다. 그렇지만 동료 죄수들은 그의 말을 믿으려 하지 않는다. 플라톤은 동굴 속에서 대상을 인식하는 죄수들이 우리 자신이라고 말한다.

> 동굴은 지식의 획득과정을 중심으로 한 우리의 삶 전체를 나타낸다. 그렇기 때문에 동굴의 비유에서 말하는 동굴의 안과 밖은 별도의 공간을 지칭하는 것이 아니다. 우리의 삶에는 동굴의 안이라고 할 만한 곳도 없고 그 바깥에는 그것과는 다른 별도의 세계가 있는 것도 아니다. 철학자이건 상식인이건 간에 모든 사람은 우리의 삶이라는 동일한 세계 안에 살고 있다. 동굴의 비유 첫머리에서 다리와 목에 쇠고랑을 찬 죄수들의 모습을 그리고 난 뒤에는 소크라테스가 '그 죄수들은 바로 우리 자신'이라고 한 것은 결코 과장이나 농담이라고만 할 수 없다. (이홍우, 2010: 584)

이 동굴 비유는 우리 교육에서 다양하게 인용된다. 학생들의 학습이 어떻게 일어나는지, 왜 배움이 쉽지 않은지, 학습자의 인지적 조건이 어떠한지, 참된 배움이 무엇인지 등을 생각하게 하기 위해서이다. 그렇지만 독자가 동굴 비유에 대한 텍스트 공간을 탈-영토화하는 읽기의 경우도 있다. 플라톤의 학습에 대한 텍스트 공간의 영토에서 벗어나 독자 자신만의 탈-영토화를 이루는 것이다. 플라톤의 생각에 머물기보다는 독자의 현실에서 동굴 비유의 의미를 생성하는 것이다.

동굴로 귀환한 해방자에게 필요한 것은 '입에서 귀로, 다시 귀에서 입으로' 말이 흘러가도록 전해주는 언어적인 교수(敎授)나 교설(敎說)이 아니다. 그것은 기껏해야 학설(學舌)을 가져올 뿐이다. 학시습자(學時習者)의 존재 자체를 바꾸어 놓는 회화(誨化)가 필요하다. 이러한 회화의 도움을 받아 동굴 거주자들이 동굴 안에서부터 바깥으로 나아가는 학시습을 행하는 가운데 동굴 벽면에 비친 것보다 더 비은폐된 것을 만날 수 있어야만 그것이 그림자임을 알 수 있다. 하이데거가 말하듯이 비은폐성은 오직 끊임없는 해방의 사건 속에서만 일어난다. 그리고 그러한 해방 사건은 학시습과 회화를 통하여 가능하다. 따라서 하이데거의 말은 '진리는 교육을 통해서만 진리로 드러난다'는 의미를 지닌다. (엄태동, 2016: 185)

이 인용문에서 독자는 동굴 비유를 하이데거의 진리의 비은폐성 논의와 관련지어 교육의 의미를 새롭게 정의하고 있다. 이 글에서는 동굴 밖으로 나갔다가 들어온 죄수의 역할에 초점을 맞추어 교육의 의미를 밝히고 있다. 동굴 안에 계속 갇혀 있는 죄수를 학시습자(학습자)로 보고, 밖에 다녀온 죄수를 교사로 보고 있다. 그래서 학시습자의 인식을 바꾸는 학습을 위해서는 회화하는 교사의 역할이 있어야 한다는 것이다. 여기에서 교사는 죄수들이 동굴 밖으로 나가는 학시습을 수행하게 하여 비은폐된 진실을 만날 수 있도록 해야 한다. 또한 회화가 '입에서 귀로, 다시 귀에서 입으로'가 아닌 실제적 해방 사건이어야 하며 진리는 교육을 통해서만 드러남을 강조한다.

들뢰즈의 배움론 역시 동굴의 비유로 설명될 수 있지만, 플라톤처럼 동굴 밖으로 풀려나오는 비유가 아니라 동굴 속으로 들어가는 동굴 탐사의 비유로 설명될 수 있다. (중략) 동일자를 추구하는 플라톤에게서 배움은 동일자를 추구하는 동일자의 상기를 통해 무지에서 지로 나가는 직선의 형태를 취한다면,

다양체를 추구하는 들뢰즈의 배움은 우연적인 기호와의 마주침을 통해 사유가 촉발된다는 점에서 배움이 향할 목적지뿐만 아니라 배움의 경로 또한 예측될 수 없다. 동일자인 이데아를 분유하거나 닮아가려고 한다는 점에서 플라톤의 배움은 교육의 '철로 모형'으로 명명될 수 있다면, 누구도 예측할 수 없는 차이 생성의 세계인 이념의 탐험을 전제하는 들뢰즈의 배움은 '항해 모형'으로 명명될 수 있다. (김재춘·배지현, 2016: 231-233)

윗글에서 알 수 있듯이 독자는 동굴 비유를 들뢰즈의 배움론과 관련짓는다. 동굴 비유를 통하여 플라톤이 이야기하고 싶은 것은 이데아로 지칭되는 동일자를 강조하는 배움이다. 이데아인 동일자를 상기함으로써 무지에서 지로 나가는 배움은 한 방향, 한 길만 따르는 직선 형태를 보인다. 이에 비하여 들뢰즈의 배움은 우연적인 기호와의 마주침에 의한 배움으로 다양체를 추구한다. 들뢰즈의 배움은 목적지나 경로를 예측할 수 없는 배움이다. 요컨대, 플라톤의 배움은 하나의 이데아를 위한 '철로 모형'이고, 들뢰즈의 배움은 끊임없이 차이를 생성하는 '항해 모형'이다.

플라톤의 동굴 비유는 교육에 대한 논의에서 자주 만나는 친숙한 이야기다. 이 동굴 비유를 플라톤이 말하려는 것에 충실하게 읽는 경우도 있다. 그렇지만 위의 두 인용문에서와 같이 텍스트 공간의 영토화를 달리할 수도 있다. 이러한 텍스트 공간의 영토화가 탈-영토화이다. 텍스트 공간에 대한 영토화를 기존의 흐름을 따르지 않고 독자 자신의 현재 삶의 과제에 맞추어 실행하는 것이다. 이 탈-영토화는 국가장치의 흐름에서 벗어난 흐름으로 전쟁기계에 의하여 이루어진다. 플라톤의 동굴 비유는 앞으로 수많은 탈-영토화를 만들어 낼 것임을 짐작할 수 있다. 독자의 텍스트 이해는 전쟁기계의 흐름을 따라 텍스트 공간을 탈-영토화함으로써 새로운 의미를 생성할 수 있다.

유목은 전지구적인 규모의 기후 변화(이것이 오히려 이주와 결합된다)보다는 '국지적 기후 변동'에 의해 설명될 수 있다. 매끈한 공간이 형성되어 사방을 침식해 들어가고 계속 증대하려고 하는 대지 위에서는 반드시 유목민이 있다. 유목민은 이러한 장소에 살고, 거기에 머무르며, 이러한 장소를 증대시켜 나간다. 이러한 의미에서 유목민이 사막에 의해 만들어졌듯이 사막 또한 이들에 의해 만들어진다고 할 수 있다. 유목민은 탈영토화의 벡터이다. 유목민은 끊임없이 행로나 방향을 바꾸는 일련의 국지적인 조작을 통해 사막에 사막을, 스텝에 스텝을 첨가시켜 나간다. 사막은 소위 고정점으로서의 오아시스만이 아니라 국지적 우량에 따라 이동하는 일시적인 리좀적인 식물군도 포함하고 있는데, 바로 이것이 유목민의 행로 변경을 규정한다. 모래사막을 묘사하기 위한 이러한 용어들은 얼음 사막에도 똑같이 적용할 수 있다. 하늘과 땅을 나누는 것은 어떠한 선이나 중간을 개재하는 거리도, 원근법이나 윤곽도 없다. 시계는 한정되어 있으나 그럼에도 불구하고 여러 지점이나 대상이 아니라 <이것임>들, 즉 온갖 관계의 다양한 집합(바람, 눈이나 모래의 파동, 모래의 노래, 얼음을 깨는 소리, 모래와 빙원의 촉각적 질)을 기반으로 해서 성립하는 극히 섬세한 위상학이 존재한다. (김재인 역, 2003: 732-734)

유목민의 탈영토화는 국지적으로 일어나고, 매끈한 공간이 형성되는 곳에서 이루어진다. 또한 유목민의 탈영토화는 힘과 속도를 가진 방향성이 있는 이동 궤적(선분)을 지닌 벡터의 특성을 띤다. 그래서 끊임없이 행로와 방향을 바꾸어 매끈한 공간을 이동한다. 이 이동은 고정점이 없이 오아시스나 국지적으로 내리는 비에 따라 자라는 리좀적인 식물군을 쫓아 이루어진다. 매끈한 공간을 특정하게 구획 짓는 것은 존재하지 않는다. 그렇지만 각 장소는 그곳만의 고유한 특성(<이것임>)을 갖고 있다. 독자의 텍스트 공간의 탈-영토화도 마찬가지이다. 독자는 텍스트 공간을 자기만의 방식으로 탈-영토화한다.

독자의 텍스트 공간의 탈-영토화는 국지적 부분에서 일어나고, 탈-영토화가 가능한 부분에서 이루어진다. 독자의 탈영토화는 독자만의 생활이나 삶이 반영된 힘과 속도가 내재된 방향성을 갖고 이루어진다. 플라톤의 동굴 비유와 관련된 교육학적 논의를 보면, 이를 확인할 수 있다. 독자들은 자기의 교육적 관점과 과제를 토대로 동굴 비유의 텍스트 공간을 탈영토화한다. 여기에는 교육학자로서의 현실적 삶의 힘과 속도가 반영되어 있고, 내재된 방향성이 들어있다. 이를 통해 동굴 비유에서 각자의 고유한 의미를 생성해내고 있는 것이다.

독자의 이러한 탈영토화의 행로와 방향은 한정되지 않는다. 독자가 어떤 삶의 과제를 가지고 있는가에 따라 텍스트 공간에 대한 탈영토화는 달라진다. 동굴 비유의 교육적 해석에서 보듯이 탈영토화는 텍스트 공간을 특정하게 나누지 않고, 특정한 부분에 한정된 의미를 생성하지도 않는다. 텍스트 공간의 각 부분은 고유성을 지니고 있다. 독자는 텍스트 공간의 특정 부분의 고유성에 따라 탈-영토화를 하여 의미를 생성한다. 이때 독자가 생성한 의미는 다른 것과 같을 수 없는 독자만의 특별한 것이 된다. 이와 같이 독자가 생성한 의미를 <이것임> 또는 <차이 그 자체>라 할 수 있다.

다. 매개적 영토화: 간-영토화

매개적 영토화는 대장장이의 영토화를 의미한다. 대장장이는 홈 패인 공간이나 매끈한 공간에서 구멍을 뚫어 공간을 만들고 특유하고 내력 있는 영토화를 이루어간다. 대장장이의 영토화는 금속으로 무기와 도구를 만드는 야금술과 관련된다. 대장장이는 광물을 찾아내기 위해 광맥이 있는 곳은 어디나 구멍을 뚫는다. 홈 패인 공간의 장소이든 매끈한 공간의 장소이든 상관하지 않는다. 광맥은 주로 암석에 형성되어 있고, 암석은 주로 매끈한 공간에 위치한다. 이때 구멍에서 나온 광물의 가공에는 특별한 기술이 필요하다. 그래서 대장장이는 장인이다. 장인으로서 대장장이는 특별한 질료인 광물과 함께하고, 무기와 도구를 만드는 기술과 방법을 가졌다. 이들은 질료와 기술에 따른 삶을 살며, 자신만의 영토화를 이룬다. 대장장이의 영토화는 재-영토화도, 탈-영토화도 아니다. 이들의 영토화는 매개하고, 가로지르며, 교섭하는 간-영토화이다.

대장장이처럼 텍스트를 읽는 독자의 텍스트 이해는 간-영토화 방식을 따른다. 독자의 간-영토화는 구멍 뚫린 텍스트 공간에서의 간-영토화이다. <꽃>을 읽는 독자는 대장장이와 같이 자신의 장인적 삶과 관련지어 텍스트 공간을 영토화할 수 있다. 대장장이 독자의 텍스트 공간의 간-영토화는 장인으로서의 영토화이다. 대장장이 독자는 자기의 관심사나 직업, 자기 특유의 삶의 과제, 전문적인 기술이나 능력에 기초하여 간-영토화를 실행한다.

예를 들어, 식물학자는 <꽃>을 야생 꽃의 속성을 토대로 단단한 삶의 의지를 설명할 수도 있고, 겨울을 이겨냄의 가치로 <꽃>의 텍스트 공간을 영토화할 수 있다. 이와 같이 대장장이 독자는 <꽃>의 텍스트 공간에서 광물에 해당하는 대상이나 관념, 감정 등의 소재를 중심으로 특별한 의미를 찾아 영토화를 한다. 대장장이 독자도 유목민의 독자와 같이 <꽃>의 홈 패인 텍스트 공간을 알지만 이에서 탈주하는 텍스트 공간을 생성한다. 그래서 <꽃>의 텍스트 공간을 독자만의 특별한 것으로 간-영토화한다.

매개적 영토화는 대장장이에 의하여 이루어진다. 대장장이들은 야금술을 가진 자들이다. 이들은 표면적으로는 정착민과 유목민을 오가며 생활하는 순회하는 자이다. 홈이 패인 도시에 있기도 하고, 매끄러운 초원에 있기도 하다. 이들은 질료(금속)와 형상(무기, 도구)을 관계짓는 일을 한다. 그러면서 질료-형상의 끊임없는 변화를 생성한다.[4] 이 대장장이의 본질은 장인으로, 그들은 지하의 물질의 흐름에 순종하며 이동하는 자이다.[5](김재인 역, 2003:

770) 대장장이들은 금속을 찾아 이동하는 자들인 것이다. 금속이 있는 지하 광맥은 매끈한 유목 공간에 위치한다.[6] 이때의 대장장이들은 구멍 뚫린 공간을 생성한다.[7] 그렇기 때문에 대장장이는 "정주민적인 홈이 패인 대지와 매끈한 공간의 유목민적인 토지를 동시에 가로지르며 어느 한쪽에서도 정지하지 않는다."(김재인 역, 2003: 794) 정지하지 않고 이동하기에 이들의 삶은 유목적이다.

한편, 야금술을 지닌 대장장이는 환원자이면서 변형자이다.

일반적으로 말해 '환원자(réducter)'라는 야금술의 관념은 준비된 물질로부터 물질성의 해방과 구체화할 형상으로부터의 변형의 해방이라는 이중의 해방을 표현하고 있다. 야금술에서보다 형상과 물질이 딱딱하게 고정된 것처럼 보이는

---

4 야금술에서 여러 가지 조작들은 항상 다양한 문턱들 사이에 걸쳐 있기 때문에 에너지를 내포한 물질성은 준비된 질료를 표출하고, 질적인 변환이나 변형은 형상을 표출하게 된다. (김재인 역, 2003: 788)

5 장인으로서의 대장장이는 지하의 물질-흐름에 순종하기 때문에 이동자들이다. 물론 대장장이들은 '타자들', 즉 토지나 대지 또는 하늘과 관계를 맺고 있다. 다시 말해 정주 공동체의 농민들이나 그러한 공동체를 덧코드화하고 있는 제국의 관료들과 관계를 맺는다. 생존을 위해서는 이들이 필요하며, 살아남기 위해서는 제국의 저장 농산물에 의존해야 한다.(김재인 역, 2003: 790)

6 공간적으로는 지하가 매끈한 공간의 지면(sol)을 홈이 패인 공간의 대지와 결합시키고 있기 때문에 대장장이들은 유목민들과 관계를 맺게 된다. 제국의 주민이 된 농작민이 경작하는 평야에는 광맥이 존재하지 않는다. 광맥을 찾으려면 사막을 가로지르고 산맥 쪽으로 다가가야 했다. 그리고 광산 관리에는 항상 유목민이 얽혀 있다. 모든 광맥은 도주선이며 매끈한 공간과 통해 있다.(김재인 역, 2003: 791)

7 그들은 해변이나 산기슭에서 거대한 화강암 벽을 만나면 모두 암벽의 한가운데를 파고 들어간다. 그들은 어둠 속에서 살고 사랑하고 일하고 죽고 태어나며, 3-4세기 후에는 산 전체를 뚫고 지나가 멀리 떨어진 정반대 족에서 다시 모습을 드러낸다. 그들이 지나간 자리에는 도려낸 바위들과 사방으로 뻗어 나간 갱도, 그리고 무언가가 조각되고 새겨진 벽면, 자연적이거나 인공적인 기둥들, 나아가서 수천 수백 개의 무시무시하고도 매혹적인 형상들이 남겨지게 된다.(김재인 역, 2003: 793-794)

경우도 없을 것이다. 그러나 다양한 형상의 계기들은 연속적으로 전개되는 형상에 의해, 그 다양한 물질들의 변화는 연속적으로 변주되는 물질에 의해 대체되는 경향이 있다. 야금술이 음악과 본질적 관계를 맺고 있는 것은 단순히 대장장이가 내는 소리 때문이 아니라 이 양자를 관통하는 경향, 즉 서로 분리된 형상들을 초월해 형상의 연속적인 전개를 두드러지게 하고, 변화하는 다양한 물질을 초월해 연속적 변주를 우선시하는 경향 때문이다. 확대된 반음계법이 음악과 야금술을 동시에 움직이게 하고 있다. 음악가로서의 대장장이는 최초의 '변형자(tranforamteur)'였다. (김재인 역, 2003: 788-789).

대장장이의 야금술은 물질(금속)에서 물질성의 해방과 형상(무기, 도구)의 해방을 표현한다. 형상은 연속적으로 전개되는 형상에 의해, 물질은 연속적으로 변주되는 물질에 의해 대체된다. 대장장이는 물질과 형상을 고정된 것에서 해방시켜 새로운 것으로 환원시키기에 환원자이다. 이 대장장이는 또한 변형자이기도 하다. 음악과 관련지어 야금술을 보면, 음악이 형상을 초월한 형상의 연속적인 전개를 이루듯, 대장장이의 야금술도 물질을 초월해 연속적인 변주를 이루는 경향성을 갖는다. 그렇기 때문에 대장장이는 변형자이기도 한 것이다. 독자의 텍스트 이해도 야금술을 가진 대장장이를 닮은 경우가 있다. 독자는 텍스트의 내용(질료)과 의미(형상)를 변주하고 대체한다. 엄태동(2016)의 『하이데거와 교육』에서 학시습(學時習)과 회화(誨化) 대한 논의를 예로 들어 살펴보면 다음과 같다.

'학이시습지불역열호(學而時習之不亦說乎)'라는 문장은 우리말로 '배우고 때로 익히면 이 또한 기쁘지 아니한가'로 흔히 번역되고 있다. 그러나 공자 같은 위대한 분이 이러한 말을 했을 리 없다. '학은 하되 때때로(가끔, 시간이 날 때) 그것을 나의 것으로 익히면 된다'라는 식의 말은 공자 같은 성인이 할 수 있는 말이 아니다. 이 문장은 '무엇인가를 접하면 마땅히 시간을 내서, 만사를 제쳐두고, 없는 시간을 만들어서라도, 그것을 나의 것으로 익혀야 하며 이는 인간으로서 추구할 만한 가치가 무궁무진한 삶이다'라고 읽어야 한다. 그렇게 해석해야만 학과 습은 서로 구분되면서 따로 떨어져 있지 않고 하나로 결합되어 자기 초월의 근원적인 교육 활동을 형성할 수 있다. 시를 '때때로', '가끔' 등이 아니라 '적합한 때를 놓치지 말고', '없는 시간을 만들어서', '만사를 제쳐 놓고서' 등으로 읽어야 '학시습'이 인간사 가운데 가장 소중하고 각별한 일이라는 공자의 말이 갖는 원래의 의미가 살아난다. 이러한 점을 고려하여 자신의 존재 가능성에 대한 현존재의 염려가 요청하는 근원적인 자기 초월의 교육 활동을 '학시습(學時習)'이라 명명하고자 한다. 그것은 새로운 것을 만나게 되면 마땅히 시간을 내어 그것을 나의 것으로 익히는 활동이라는 의미를 지닌다. 자신의 존재 가능성과 연관을 갖는 무엇을 향해 탈존하면서(學), 그것을 고유한 것으로 참되게 드러내려고 애쓰는 수련의 시기를 거치는 가운데(時), 그것과 하나가 되어 무르익는 것(習)이 학시습인 것이다. 이러한 학시습이 인간의 본래적인 삶 속에 들어 있으면서 현존재의 고유한 존재 양식에 속하기 때문에 인간은 현존재로서 자신의 존재 가능성을 염려하면서 그것을 향해 초월할 수 있다. (엄태동, 2016: 89-90)

위 내용은 '학시습'에 대한 설명의 일부이다. 학시습(學時習) 각 글자가 지닌 의미를 설명한다. 위 인용문의 내용은 특히 '시(時)'에 내재된 의미를 중점으로 설명한다. 시(時)가 '때때로'나 '가끔'의 의미가 아니라는 것이다. 시(時)는 삶의 가치를 높일 수 있는 무엇인가를 시간을 내어서 반드시 해야 하는 의미로 해석하고 있다. 이에 학(學)과 습(習)을 결합하면 학생이 자기 초월을 하는 근원적 교육 활동을 실현할 수 있다고 보는 것이다. 이를 하이데거의 현존재로서의 학생이 존재 가능성을 실현하여 자기 초월을 이루는 것과 연결하여

'학시습(學時習)'이라고 명명하고 있다. 이 학시습은 현존재로서의 학생이 새로운 대상(존재자)을 만나 공속한 존재로 존재 가능성을 가짐으로써 탈존하고 (學), 존재 가능성을 자기 고유의 것으로 생성하는 시기를 거쳐(時), 자기를 존재 가능성과 하나가 되도록 무르익는 것(習)이다. 이를 통해 학생이 자신의 존재 가능성에 마음을 씀(염려)으로써 자기 초월을 이룰 수 있게 한다고 설명한다.

위 인용문의 저자는 시(時)에 대한 해석의 관점을 달리함으로써 새로운 의미가 생성됨을 보여준다. 이는 야금술을 가진 대장장이가 질료와 형상을 연속적인 전개와 변주로 환원하고 변형시키는 것과 같다. 또한 이와 같은 읽기는 암벽에 구멍을 뚫는 일과 같다. 저자는 하이데거의 현존재에 대한 논의를 교육자의 관점에서 해석하면서 『논어』의 한 구절의 특정한 글자에 주목하여 학습(學習)의 의미를 새롭게 생성하고 있다. 그 결과 하이데거의 현존재 개념은 교육에서의 학시습하는 자로 새롭게 생성된다. 저자는 대장장이처럼 학습(學習)과 시(時)의 질료와 형상을 환원하고 변형시킨다. 이러한 읽기는 대장장이가 광물을 채굴해 도구나 무기를 만드는 일과 닮았다. 텍스트의 특정 요소를 찾아내고, 이 요소로부터 새로운 의미를 생성해낸다. 그래서 『하이데거와 교육』은 정착민(하이데거를 공부하는 사람, 유학을 공부하는 사람 등)이나 유목민(교육학을 공부하는 사람, 교과 교육을 공부하는 사람 등)에게 상황에 따라 읽게 되는 텍스트가 된다. 학시습에 이어 교수의 속성을 설명하는 회화(誨化)에 대한 논의를 보면 다음과 같다.

다시 『논어』의 <술이(述而)>에 나오는 '학이불염회인불권(學而不厭誨人不倦, 학시습에 싫증을 느끼지 않고, 사람을 가르침에 있어 권태를 느끼지 않는다)' 이라는 유명한 문장을 살펴보자. 이 문장에서 학(學)은 습(習)이나 사(思)와 구분되는 학이 아니라, 학이시습(學而時習)의 의미를 지는 활동으로서의 학, 즉 학시습의 학을 가리키는 말로 사용되고 있다. 이러한 학시습과 대구를 이루는 단어가 회인(誨人)인데 이는 현존재의 심려가 요청하는 본래적인 교육의 면모를 그대로 담고 있는 그야말로 의미심장한 말이다. (중략) 매(每)와 결합되어 회(誨)를 이루고 있는 말(言)은 (중략) 일상적인 의사소통의 도구인 언어와는 구분되는 하이데거의 근원적인 언어와 관련된 아이디어, 즉 '존재의 말 걸어옴에 호응하여 화답함으로써 존재의 진리 안에 거주하게 된다'는 독특한 생각을 표현하는 데에도 적절하다. 하이데거가 말하는 근원적인 언어는 우리가 흔히 사용하는 '언어'와 '체험'이라는 구분보다 앞서는 것으로서 '존재의 이해를 통해 존재자를 어떠한 존재자로 분절(分節)하여 몸소 드러내며 진리로서 존재하는 현존재의 존재 양식' 자체를 의미한다. 이렇게 생각하면, '회'는 학시습하는 자가 근원적인 언어에 담겨 있는 존재의 진리를 단순히 귀나 입으로 듣고 말하는 것이 아니라, 존재의 진리가 드러나는 사태 속으로 뛰어들어 이를 직접 체득하게끔 한다는 의미를 지닌다. '회'는 아기가 어머니의 젖을 자기의 몸 안으로 받아들여 이전과는 다른 몸을 만들어 가듯이 학시습하는 자가 깨달음을 직접 자기의 것으로 증득(證得)하여 이것과 하나가 되도록 이끄는 활동이다. 이 점에서 '회'는 현존재의 심려가 요청하는 본래적인 교육의 면모를 온전히 그 안에 담고 있다. (엄태동, 2016: 91-93)

윗글은 회화(誨化)의 회(誨)자의 의미에 대한 설명이다. 학이불염회인불권(學而不厭誨人不倦)의 회인(誨人)은 학시습(學時習)과 대구를 이루는 글자로, 현존재가 다른 현존재로의 마음씀인 심려와 관련되어 있다. 여기에는 교사의 교수와 관련된 본래적인 교육의 면모가 내포되어 있다. 이는 회인(誨人)에서 회(誨)를 중심으로 구체화된다. 회(誨)는 매(每)와 언(言)이 결합된 것인데, 언(言)을 하이데거의 근원적인 언어와 관련된 것으로 해석한다. 즉 언(言)은 '존재의 말 걸어옴에 호응하여 화답함으로써 존재의 진리 안에 거주하게 된다'

를 함의함으로써 '진리로서 존재하는 현존재의 존재 양식'을 의미하는 것이다. 회(誨)는 근원적인 언어로 학시습하는 자가 존재의 진리가 들어 있는 사태 속으로 들어가 진리를 증득하게 한다. 즉, 회(誨)는 현존재의 염려가 요청하는 본래적인 교육의 면모를 온전히 내포하고 있다고 할 수 있다. 이와 관련하여 화(化)에 대한 논의를 보면 다음과 같다.

> 교육을 통하여 일어나는 이러한 인간 현존재의 질적인 전환을 잘 드러내는 말이 '가르칠 화(化)'이다. 화는 '사람 인(人)'이라는 글자 두 개가 함께 겹쳐져 있는 글자이다. 가르칠 化를 이루고 있는 두 글자인 亻도 사람을 의미하며, 匕도 사람을 의미한다. 『설문해자(說文解字)』에 따르면, 匕는 사람이 거꾸로 서 있는 형상에서 나온 것으로서 이전과는 전혀 다른 사람이 되었음을 의미하는 글자이다.(염정삼, 2007: 381) 이렇게 보면 화는 사람(亻)이 변모하여 이전과는 질적으로 전혀 다른 사람(匕)으로 거듭난다는 의미를 형상화해서 담고 있는 말이다. 그래서 이 말이 가르칠 화가 된 것이다. 회(誨)에 힘입어 이루어지는 학시습자의 질적인 전환을 보여주기 위하여 회인(誨人)의 인(人)을 화(化)로 바꾸어 쓰면, 우리는 '회화(誨化)'라는 말을 얻을 수 있다. 이것이 바로 동료 현존재들도 자신의 존재 가능성을 향해 학시습해 나가도록 도우려는 현존재의 심려가 요청하는 진정한 교육을 지칭하는 말이다. (엄태동, 2016: 93)

이 인용문은 회화(誨化)에서 화(化)의 의미를 설명한다. 화(化)자는 가르친다는 의미를 담고 있고, 그 자의(字義)에서도 교육의 본래적 교육의 면모를 찾을 수 있다. 화(化)에서 亻도 사람을 의미하고, 匕도 사람을 의미한다. 그런데 匕은 거꾸로 서 있는 사람으로 이전과 전혀 다른 사람으로 변화된 사람을 의미한다. 요컨대, 화(化)라는 것은 사람이 이전과는 전혀 다른 사람으로 거듭난다는 의미를 함축하고 있다. 그래서 회인(誨人)에서 인(人)을 화(化)로 대치하면 회화(誨化)라는 말이 된다. 이 회화(誨化)는 현존재가 동료 현존재들이 자신의 존재 가능성을 향해 학시습하도록 돕고 심려는 요청하는 교육(교사 행위)을 지칭한다는 것이다. 저자는 교사 현존재가 학생 현존재를 교육하는 행위를 회화(誨化)로 제시하고 있다. 회화(誨化)에 대한 설명에서도 저자는 대장장이와 같이 특정한 질료와 형상을 환원하고 변형시킨다.

일반 독자들은 필요에 따라 대장장이와 같은 텍스트 읽기가 필요하다. 이들 독자의 특성을 대장장이의 생활에서 유추해 볼 수 있다.

> 대장장이는 유목민들이 사는 곳에서 결코 유목민이 될 수 없으며, 정주민들이 있는 곳에서는 정주민이 될 수 없다. 또는 유목민들이 있는 곳에서는 절반 유목민이거나, 정주민이 있는 곳에서는 절반 정주민이 될 수도 없다. 대장장이와 다른 주민들 간의 관계는 이들 내재적인 특질인 이동, 즉 애매한 본질에서 파생되는 것이지 그 역은 아니다. 이들 정주민과 유목민들(그리고 그 외의 다른 주민들, 가령 계절에 따라 이동하는 숲의 거주자들)과 필연적으로 교류되는 것은 이들의 특수성, 즉 이들이 이동자 또는 구멍 뚫린 공간의 발명자이기 때문이다. 이들 자체가 이중적인 모습을 갖고 있다. 즉, 잡종이고 합금이며, 쌍생아적인 형성체이다. (김재인 역, 2003: 795-796)

대장장이는 정착민도 유목민도 아니다. 숲에 사는 이동민도 아니다. 이들과 생활하는 공간은 함께 하지만 다른 특수성을 갖고 있다. 다른 특수성은 공간을 영토화하는 방식에 따른 것이다. 정착민과 유목민, 숲속의 이동민과 함께 섞여 있지만 그들과는 구분된다. 광물을 쫓고, 광물과 함께하고, 광물에 의존한 영토화를 한다.

대장장이 독자도 마찬가지이다. 이들 독자는 텍스트 공간에 있는 광물과 같은 특정한 요소에 관심을 집중한다. 관심의 집중은 일시적일 수도 장기적

일 수도 있으며, 한 텍스트일 수도 여러 텍스트에 걸쳐 있을 수도 있다. 대장장이 독자는 광물과 같은 중요 요소에 기초하여 텍스트 공간을 간-영토화한다. 이 간-영토화는 주변 독자들에게 필요한 요소를 포함하고 있어 그들과 교류하게 한다. 간-영토화에는 전문가(장인)가 텍스트 공간에서 핵심적이고 공통적인 내용 요소로 영토화하는 성질이 있기 때문이다. 그런 점에서 간-영토화는 이중적이고 잡종이며 쌍생아적인 속성을 지닌다.

> 대장장이가 유목민과 정주민들과 맺는 관계는 이들이 다른 대장장이들과 맺고 있는 관계에도 영향을 미치게 된다. 이러한 잡종적인 대장장이, 무기 제조자와 도구 제조자인 대장장이는 정주민들과 동시에 유목민들과도 교류한다. 구멍투성이 공간 자체가 매끈한 공간과 홈이 패인 공간과 교류하고 있다. 왜냐하면 기계적 문, 즉 금속 계통선은 모든 배치물을 통과하기 때문이다. '운동으로서의 물질'보다 더 탈영토화되는 것도 없기 때문이다. 그러나 이러한 대장장이와 정주민들 간의 교섭이 유목민들과의 교섭과 동일한 방식으로 이루어지는 것은 아니며, 이 교섭은 대칭적이지도 않다. (김재인 역, 2003: 796-797)

대장장이 독자, 즉 텍스트 공간을 간-영토화하는 독자는 텍스트 이해와 관련하여 정착민이나 유목민과 소통한다. 소통이 필요한 누구와도 소통할 수 있다. 대장장이 독자에게 어떤 독자는 텍스트 공간의 영토화 방법만을 요구하기도 하고, 영토화 결과만 요구하기도 한다. 특정 텍스트에 한정된 요구도 있고, 텍스트류를 포괄하는 요구도 있다. 대장장이 독자는 장인이기 때문에 그와 소통을 원하는 독자는 장인이 지닌 기술에 맞게 교섭을 한다. 그러면 장인은 소통하고 있는 사람들에게 필요한 것을 제공한다. 간-영토화를 하는 독자가 꼭 전문가일 필요는 없지만 광물과 같은 특정 요소에 대해서는 특별함을 지녀야 한다. 이들 독자는 텍스트 공간의 특정 요소를 다루는

데 전문성을 지니고 있다. 이 전문성으로 대장장이와 같은 독자의 역할을
수행한다.

3. 텍스트 공간의 간-영토화

간-영토화는 야금술을 가진 대장장이와 같은 형태로 독자가 텍스트 공간
을 영토화하는 것을 가리킨다. 간-영토화는 탈영토화와 중첩되는 특성과 함
께 간-영토화만의 고유한 내적 특성을 지닌다. 독자가 대장장이와 같이 텍스
트 공간을 영토화하는 간-영토화가 이루어지는 조건을 토대로 간-영토화의
몇 가지 특성을 살펴본다. 이는 독자의 텍스트 이해의 내재적 속성을 점검하
는 차원이다.

가. 텍스트: 질료적 다양체

질료적 다양체는 텍스트의 질료로서의 특성이다. 대장장이는 질료를 형상
화하여 다양한 무기나 도구를 만든다. 독자는 텍스트를 읽고 의미를 생성한
다. 독자는 대장장이와 같이 텍스트 질료로 형상화된 의미를 생성하는 것이
다. 대장장이는 질료인 금속으로 무엇이든 만들 수 있다. 질료와 형상의 관계
는 정해져 있지 않다. 필요에 따라, 조건에 따라, 상황에 따라, 환경에 따라
만드는 것이 다르다. 대장장이로서의 독자도 마찬가지이다. 텍스트 질료로
생성할 의미는 정해져 있지 않다. 필요, 조건, 상황, 환경 등에 따라 다른
의미를 생성할 수 있다.
　권정생의 <강아지똥>은 많은 독자가 내용을 알고 있다. <강아지똥>의
내용은 질료로서 독자에게 주어진다. <강아지똥>의 내용을 파악한 독자는

의미를 생성한다. 줄거리를 기억하는 것만으로는 텍스트를 읽는 의미를 생성하지 못한다. 그렇기에 <강아지똥>의 질료를 가진 독자는 형상을 생성하는 작업을 해야 한다. 독자가 이 <강아지똥>을 읽어 가지게 된 질료로 생성할 의미는 정해져 있지 않다. <강아지똥>에는 여러 구성 요소가 있고, 사건이 있다. 또한 내용을 해석할 수 있는 독자의 입장과 사회문화적 시각이 존재한다. 즉 어떤 필요, 조건, 상황, 환경 등이냐에 따라 생성되는 의미는 달라진다. 대장장이가 상황에 따라 질료로 특정 형상을 만드는 것과 같다. 이때 텍스트 공간의 영토화가 이루어진다.

독자가 <강아지똥>을 읽고 영토화할 텍스트 공간의 질료 요소는 다양하다. 독자의 질료 요소 선택에 의해 텍스트 공간은 영토화된다. 독자가 영토화하는 텍스트 공간의 질료 요소에 따라 형상한 의미가 달라진다. 강아지, 참새, 농부, 흙덩이, 어미 닭과 병아리, 민들레 등의 인물 중에 특정 인물에 초점을 맞추어 영토화할 수도 있고, 인물들이 만든 여러 사건 중에 한 사건에만 초점을 맞추어 영토화할 수 있다. 또한 작가나 사회·문화적 요인에 초점을 맞추어 각 인물과 사건을 영토화할 수 있다. 그때마다 질료인 내용에서 생성되는 형상인 의미는 달라진다. 텍스트 내용에 대한 부분적 또는 전체적 영토화에는 제한성이 없다. 즉 독자가 텍스트 공간을 이루는 질료인 텍스트 내용은 다양체이다.

대장장이로서의 독자가 영토화하는 텍스트 공간도 다양체이다. 정착민과 유목민의 영토화와 비교해 볼 때 그렇다. 정착민으로서의 독자의 영토화는 단일적 고정성을 띤다. 누구나 질료로 생성하는 형상이 같다. 유목민으로서

[그림 2] 권정생의 <강아지똥>

의 독자의 영토화는 개별성과 고유성을 띤다. 그러면서 환경과 상황에 따라 변화한다. 대장장이로서의 영토화하는 유목민을 닮았지만 유목민만큼 다채로운 것은 아니다. 텍스트 공간을 이루는 특정한 질료에 집중하고, 그로부터 영토화를 이루어내기 때문이다. 정착민과 유목민의 텍스트 공간과 겹치는 부분에서 영토화가 이루어지지만, 대장장이 독자는 특정 요소만으로 다양한 의미를 생성한다는 점에서 차이가 있다. 그렇기에 대장장이는 유목민보다 전문적(장인)이고 구체적이며 특정한 계열성을 갖는다.

나. 영토화: 선별적 탐색성

선별적 탐색성은 텍스트에서 질료적 내용 요소를 선택하여 영토화하는 특성이다. 대장장이는 특정한 질료를 찾기 위하여 광맥이 있는 곳에 구멍을 뚫는다. 대장장이가 광물을 찾을 때, 암벽을 뚫고 흙을 판다. 광물을 포함하지 않은 돌과 흙은 한쪽에 버려진다. 광물을 포함한 부분만 선별한다. 이것을 가공하여 광물을 얻는다. 대장장이 독자가 의미를 생성하기 위해서는 텍스트 내용 요소를 선택해야 한다. 텍스트의 모든 내용을 질료로 삼지 않는다. 필요한 요소들만 선택하고 가공하여 의미를 생성할 질료로 활용한다. 대장장이로서의 독자가 텍스트에서 생성하는 의미는 질료인 내용에서 비롯된다.

> (대장장이는) 산을 기어오르는 것이 아니라 산을 구멍을 뚫고 지나가며, 대지에 홈을 파는 것이 아니라 파고 들어가고, 공간을 매끄럽게 하는 것이 아니라 공간에 구멍을 뚫어 대지를 마치 스위스 치즈처럼 구멍투성이로 만드는 것이다. (중략) 카인의 표지는 신체적이고 변용태적인 지하의 징후로서 정주민적인 공간의 홈이 패인 대지와 매끈한 공간의 유목민적인 토지를 동시에 가로지르며 어느 한쪽에서도 정지하지 않는다. 그것은 이동하는 자들의 방랑의 기호이며,

농업과 목축을 동시에 피해 간다는 의미에서 대장장이들의 이중의 절도 또는 이중의 배반이기도 하다. 카인의 일족이라는 이름은 역사의 배경에서 출몰하는 이들 야금술적 민족에게만 사용해야 하지 않을까? (김재인 역, 2003: 794)

대장장이가 광물을 찾기 위해 뚫는 구멍은 정착민이 홈을 파는 공간이나 유목민이 매끄럽게 하는 공간과는 다르다. 대장장이는 광물이 들어있는 특정한 곳에 필요한 구멍을 뚫는다. 광물을 찾기 위해 뚫는 공간은 정착민이 있는 공간과 유목민이 있는 공간을 구분하지 않는다. 이들은 어느 쪽이든 광물이 있는 곳이면 구멍을 뚫는다. 정착민의 공간이든 유목민의 공간이든 가리지 않고 구멍을 뚫어 광물 질료를 찾아 취하기에 '이중의 절도'이고 '이중의 배반'이다. 그렇기에 성경 속의 범죄를 저지른 카인과 같다는 것이다. <강아지똥>을 읽은 독자가 텍스트 공간에서 의미 생성을 위한 내용 요소를 찾아 선택하는 일은 대장장이와 같다. 독자는 텍스트 공간에서 의미 생성에 필요한 요소가 있는 특정한 지점을 선택한다.

텍스트 공간에서 필요 요소의 선택은 점적이다. 점적이라는 말은 특정한 장소에서 특정한 것만 고른다는 것이다. 독자는 텍스트 공간의 한 부분을 장소로 선택하고, 그 장소에서도 특정 요소만을 선택한다. 그렇기에 양이 많기보다는 적을 수 있고, 불필요한 요소를 포함하지 않는다. 필요한 요소가 있다면 어떤 부분이든 선택된다. 필요한 요소를 선택하는 장소가 정해져 있는 것도 아니다. 필요한 요소를 포함하고 있는 부분은 어떤 장소이든 구멍을 뚫는다. 텍스트 공간 이곳저곳에서 필요한 내용 요소들이 선택된다.

필요 요소의 선택은 접속적이고 계열적으로 이루어진다. 접속은 리좀적으로 뻗어가다 마주치게 된 것과 관계를 맺는 것이고, 계열은 각 요소가 내용적으로 공통의 속성을 지니고 있으면서 일정한 체계로 통일적 조직을 이룰 가능성이 있는 것이다. 대장장이는 광물만을 찾아내고 특정 광물만 선별하여 금속괴를 만든다. 독자도 텍스트 공간에서 마주치고, 공통성이 있으면서 통일적인 조직을 이룰 수 있는 내용 요소를 선택한다. <강아지똥>에서 특정 의미를 생성하는 독자의 필요 요소의 선택은 접속적이고 계열적으로 이루어진다.

다. 방법: 연속적 변주성

연속적 변주성은 의미 생성 방법이 갖는 속성이다. 대장장이는 질료와 형상의 관계를 고정하지 않는다. 이는 질료의 물질성으로부터의 해방과 형상의 형상성으로부터의 해방(김재인, 2003: 788)을 이루는 것이다. 특정 질료는 특정한 것만을 만들고, 특정 형상은 늘 같은 형상이어야 함에서 벗어나는 것이다. 대장장이가 만드는 것은, 같은 질료로도 필요로 하는 것은 무엇이든 다르게 만들고, 같은 무기나 도구를 만들어도 똑같게 만들지 않는다. 특정 질료는 특정 형상이 되어야 한다는 의식을 갖지 않기 때문이다. 이는 독자가 텍스트 공간에서 특정 요소를 선택해도 그 요소는 기존의 의미를 반복하지 않음을 뜻한다.

연속적 변주에서 첫째는 질료의 변주이다. 질료의 변주는 질료에 고정적 물질성을 부여하지 않은 것이다. 고정적 물질성은 질료에 한 가지 속성만을 부여하는 것이다. 이런 고정적 물질성을 강조하면 특정 질료는 특정한 무기나 도구만 될 수 있게 된다. 그렇지만 질료가 어떤 것과 결합하느냐에 따라 그 물질성은 바뀌게 된다. 텍스트와 관련해 보면, 텍스트 공간은 내용 요소들로 구성된다. <강아지똥>에서 강아지똥이 있는 공간에 바람, 빛, 비, 흙, 돌, 참새, 병아리, 농부, 달구지, 민들레 등이 있다. 텍스트 공간을 구성한 요소는 주변에 놓이는 요소에 따라 다른 함의를 갖는다. 텍스트 공간을 구성하는 내용 요소는 정해져 있지 않고, 독자가 텍스트를 읽는 상황에 따라 달라진다.

<강아지똥>의 독자가 어떤 요소에 관심을 두고 텍스트 공간을 구성하는가에 따라 각 내용 요소의 함의는 달라진다.

연속적 변주에서 둘째는 형상의 변주이다. 형상의 변주는 표현된 것, 생성된 것의 정형성이 없는 것이다. 형상이 정형성을 갖는 것은 동일한 조건에서만 가능하다. 그렇지만 대장장이가 만들고 생성하는 형상은 동일 조건을 가질 수 없다. 동일 조건을 만들기 어려울 뿐만 아니라 만들 필요가 없다. 어떤 무기를 만들든, 어떤 도구를 만들든 다르게 된다. 독자가 텍스트 공간을 영토화할 때도 마찬가지이다. 텍스트 공간에서 선택하여 접속하고 계열 짓기에 따라 영토화는 달라진다. 독자는 <강아지똥>의 텍스트 공간을 영토화할 때 동일 영토를 만들지 않는다. 같은 질료적 요소라도 계열적 관계를 달리하면 다른 의미가 생성된다. 예로 독자는 자기 이해의 관점에서 내용 요소를 계열화할 수도 있고, 상대 배려, 상호 존중, 상호 관계 등의 관점에서 요소를 계열화할 수도 있다. 같은 요소라도 계열적 배치에 따라 생성 의미는 다른 영토화를 이룬다.

연속적 변주에서 셋째는 질료-형상의 변주이다. 질료와 형상도 고정성과 정형성을 벗어날 수 있기에 질료-형상의 변주는 당연하다. 대장장이는 한 가지 질료로 다양한 무기와 도구를 만든다. 무기와 도구를 만들 때 같은 질료를 사용할 필요도 없다. 대장장이는 질료-형상의 관계의 동일성을 고려하지 않는다. 독자가 텍스트를 읽을 때도 마찬가지다. 텍스트 공간에서 동일 요소의 선택과 동일 계열로 접속하지 않으면 동일 의미는 생성되지 않는다. 텍스트 공간의 요소 선택만 달리해도 생성 의미는 달라진다. <강아지똥>에서 어떤 요소를 선택하느냐에 따라 독자의 의미 생성은 다르게 나타난다. 그 결과 독자의 텍스트 공간에 대한 영토화는 다른 독자와의 일치에서 벗어난다.

라. 생성 의미: 개별적 특이성

개별적 특이성은 생성 의미의 특성이다. 대장장이가 질료로 만든 형상인 무기나 도구의 특성이다. 대장장이가 만든 것은 각각의 것이 모두 개체성을 갖는다. 개별의 것들마다 다른 특질을 갖는 것이 특이성이다. 개별의 것들이 특이성을 가지는 것은 질료에서 비롯된 것이기도 하고, 대장장이에게서 비롯된 것이기도 하며, 이웃하는 환경 조건에서 비롯된 것이기도 하다. 독자가 생성하는 텍스트 의미의 영토화도 마찬가지이다. 대장장이로서의 독자가 하는 텍스트 공간의 영토화는 특이성을 갖는다. 구체적으로 텍스트 공간을 구성하고 있는 요소의 속성에서, 의미를 생성하는 독자의 속성에서, 독자가 텍스트를 읽는 환경의 조건(현재적 삶의 과제)에서 영토화는 특이성을 갖는다.

> 야금술은 항상적 법칙, 가령 언제 어디에서나 타당한 금속의 융해 온도를 발견했기 때문에 하나의 과학이라고 말하는 것도 별다른 도움이 되지 않는다. 왜냐하면 야금술은 우선 몇 개의 변화선들과 분리할 수 없기 때문이다. 즉, 운석과 천연 금속의 변화, 원광석과 금속 함유량의 변화, (인공적인 것이건 자연적인 것이건) 합금들의 변화, 금속에 가해지는 공정들의 변화, 특정한 조작을 가능하게 해주는 성질 또는 특정한 조작의 결과로서 발생하는 성질들의 변화(가령 수메르에서는 원산지와 정련도에 따라 구리의 12가지 변종을 구별해 목록으로 만들었다). 이 모든 변수들은 다음과 같은 두 가지 포괄적인 항목의 유형으로 나누어 볼 수 있을 것이다. 먼저 다양한 차원을 가진 시공간적인 특이성이나 <이것임>, 그리고 그것들과 결합하는 변형이나 변용 과정으로서의 조작. 두 번째로 이러한 특이성과 조작에 대응하는 다양한 층위의 변용태적 질이나 표현의 특질(경도, 무게 색깔 등). (김재인 역, 2003: 779)

야금술은 여러 가지 변화선을 내포하고 있다. 다루는 금속의 변화, 원광석의 변화, 합금의 변화, 공정의 변화, 조작에 따른 성질의 변화 등이 그것이다. 그렇기에 생성한 무기와 도구들도 특이성을 만드는 변수를 갖는다. 이 변수는 다양한 차원을 가진 시공간 측면에서의 특이성(이것임)과 이들 특이성을 결합하는 조작에서 변형과 변용이 생긴다. 또한 특이성은 다양한 층위의 변용태(감응)의 속성이나 표현의 속성에서 비롯된 특이성도 존재한다.

독자의 텍스트 공간의 영토화도 마찬가지이다. 텍스트를 읽고 해석하는 방법을 익히고 있지만 텍스트 이해 자제가 다양한 변화선을 포함하고 있다. 텍스트 자체의 변화, 텍스트 내용을 이루는 소재의 변화, 그 소재 결합의 변화, 텍스트 내용 생성의 변화, 표현에 따른 내용 성질의 변화가 존재한다. 이런 변화의 요인들에 의하여 독자의 텍스트 공간의 영토화는 특이성을 갖는 변수를 갖는다. 다양한 차원에서의 시공간에서 비롯된 특이성 있는 내용으로 텍스트 공간을 구성하고, 의미 생성으로 영토화하는 과정에서 비롯된 특이성도 존재한다. 또한 텍스트 공간에 대한 다양한 차원에서의 감응과 이를 단서로 생성한 의미가 지닌 특이성도 있다. 이와 같이 독자의 텍스트 공간의 영토화는 특이성을 갖는다. 하이데거의 텍스트를 읽는 대장장이 독자는 현재에도 특이성을 생성한다. 플라톤의 동굴 비유의 독자도 그렇고 모든 텍스트의 독자가 그렇다.

마. 독자: 보편적 편재성

보편적 편재성은 영토화의 존재적 특성이다. 대장장이와 같은 독자의 텍스트 공간에 대한 영토화는 어디에나 편재한다. 읽기 초보자나 읽기 전문가에게서도 존재하고, 홈 패인 공간에서 이루어지는 읽기나 매끈한 공간에서 이루어지는 읽기에도 존재한다. 국가장치의 흐름을 따르는 읽기에서도, 전쟁기계의 흐름을 따르는 읽기에서도 존재한다. 그렇다고 독자의 모든 읽기가 대장장이의 야금술과 같은 방식으로 이루어진다는 것은 아니다. 자기만의 특정한 방식을 적용하여 텍스트 공간을 영토화할 때, 독자의 읽기는 대장장이의 야금술로서의 읽기에 해당한다.

> 장인으로서의 대장장이는 지하의 물질-흐름에 순종하기 때문에 이동자들이다. 물론 대장장이들은 '타자들', 즉 토지나 대지 또는 하늘과 관계를 맺고 있다. 다시 말해 정주 공동체의 농민들이나 그러한 공동체를 덧코드화하고 있는 제국의 관료들과 관계를 맺는다. 생존을 위해서는 이들이 필요하며, 살아남기 위해서 제국의 저장 농산물에 의존해야 한다. 그러나 일을 통해 거주자들과 관계를 맺으며, 부분적으로는 이들에게 의존하고 있다. 그리고 필요한 목탄을 얻기 위해 산림 근처에 작업장을 마련해야 한다. 또 공간적으로는 지하가 매끈한 공간의 지면(sol)을 홈이 패인 공간의 대지와 결합시키고 있기 때문에 대장장이들은 유목민들과 관계를 맺게 한다. 제국의 주민이 된 농작민이 경작하는 평야에는 광맥에 의존하지 않았다. 광맥을 찾으려면 사막을 가로지르고 산맥 쪽으로 다가가야 했다. 그리고 광산 관리에는 항상 유목민이 얽혀 있다. 모든 광맥은 도주선이며, 매끈한 공간과 통해 있다. (김재인, 2003: 790-791)

윗글을 보면, 대장장이는 지하의 물질-흐름에 순종하는 이동자로 정착민뿐 아니라 이들의 관리자들과 관계를 맺고 먹을거리를 얻는다. 정착민들에게 필요한 무기나 도구를 생산하면서 관계를 맺고 있다. 그렇지만 정착민이 되는 것은 아니다. 금속을 가공한 목탄을 얻기 위해 숲 근처에 머문다. 이들의 구멍 뚫린 공간은 매끈한 공간과 홈 패인 공간을 결합하게 만들어 이들이 유목민과도 관계 맺게 한다. 이들은 광맥을 찾기 위해서 사막과 산맥으로 가야 한다. 대장장이의 광맥은 새로움을 찾는 탈주이고, 유목적인 삶을 닮아 있다.

대장장이를 닮은 독자는 텍스트에서 특이성의 의미를 찾기 위한 읽기를 하는 자이다. 이들 독자는 국가장치의 흐름을 따르는 독자나 이와 관련된 읽기 전문가들과 관계를 맺고 있다. 그래서 기존의 읽기 이론이나 방식을 알고 있다. 그렇지만 텍스트 공간에서 특이성이 있는 의미를 생성하기 위해 자기의 길을 나선다. 늘 새로운 영토화를 이루는 것에 관심을 둔다. 그래서 새로운 이론에 기초한 특이성을 가진 의미를 생성한다. 그렇기에 이들의 텍스트 이해도 유목적 속성을 갖는다는 점에서 탈-영토화하는 독자와 중첩되는 부분이 있다. 이와 같은 대장장이 독자의 유목적 읽기는 어디에나 편재한다.

4. 텍스트 공간의 영토화 방향

독자는 텍스트를 읽고 텍스트 공간을 생성한다. 텍스트 공간은 독자가 생성하는 것이다. 이 텍스트 공간은 상황에 따라 독자 간에 닮을 수 있다. 학교 교육에서 배운 텍스트에 대한 독자의 텍스트 공간이 그것이다. 학교에서는 독자들이 텍스트를 읽고 생성할 텍스트 공간을 특정한 방식으로 특정한 형태가 되도록 한다. 그래서 이들 독자는 특정 텍스트에 대하여 유사한 텍스트 공간을 생성한다. 그렇게 되면 텍스트 공간은 여러 독자가 공유하는 것이 된다. 즉 텍스트 공간은 텍스트와 독자 사이에 존재한다. 이 텍스트 공간을 독자들은 의미를 생성할 때 특정하게 규정함으로써 영토화를 한다. 텍스트 공간의 영토화는 독자의 생성 의미에 따라 다른 형태가 된다.

독자가 텍스트를 읽고 의미를 생성하여 텍스트 공간을 영토화하는 방식은 세 가지이다. 첫째는 재-영토화이다. 독자는 다른 독자들과 같은 방식으로 같은 의미를 생성함으로써 텍스트 공간을 재-영토화한다. 둘째는 탈-영토화이다. 탈-영토화는 다른 독자와 다른 방식으로 텍스트 공간을 영토화하는 것이다. 탈-영토화는 다른 독자의 재-영토화와 다른, 기존의 영토화에서 벗어난 것이다. 셋째는 간-영토화이다. 간-영토화는 텍스트 공간에서 특정 구성 요소를 중심으로 영토화를 하는 방식이다. 어떤 텍스트 공간에서든 필요한 요소만 선택하여 영토화한다. 독자의 간-영토화는 재-영토화나 탈-영토화와 다른 방식의 영토화이지만 이들과 소통한다.

독자가 텍스트에서 의미를 생성하는 일은 텍스트 공간을 영토화하는 일이다. 독자가 텍스트 공간을 영토화하면 그 텍스트는 독자의 인식과 삶의 영역으로 들어온다. 다른 말로 하면, 영토화는 독자가 텍스트에 자기의 생활과 삶과 관계 짓는 일이며, 이를 통해 자기 이해를 이루고, 자기 삶을 밝힌다. 독자는 어떤 방식으로든 텍스트를 영토화할 수 있다. 어느 영토화가 더 좋고 나쁜가의 문제는 아니다. 언제 어떻게 텍스트를 읽고 어떤 의미를 찾을 것인가의 문제이다. 독자들은 각자의 삶의 처지에서 어떤 읽기를 지향할지 선택할 수 있다.

제8장

읽기 국가장치

1. 읽기와 국가장치

우리는 특정한 의식을 활용하여 대상을 인식하는 존재이다. 여기서 '의식 (意識)'의 사전적 의미는 '사회적·역사적으로 형성되는 사물이나 일에 대한 개인적·집단적 감정이나 견해 또는 사상'이다.(표준국어대사전) 우리의 대상 인식은 사회적·역사적으로 이미 형성되어 있는 감정, 견해, 사상에 기초한다. 그리고 학습을 통하여 이 인식을 새롭게 생성해 가지게 된다. 이미 가지고 있든, 새롭게 생성하든 의식은 우리가 대상을 인식할 수 있게 한다. 이는 우리의 대상 인식이 코드화된 방식으로 이루어짐을 의미한다. 이러한 대상 인식을 가능하게 하는 의식을 들뢰즈와 과타리의 '추상기계'를 통하여 좀 더 구체적으로 파악할 수 있다.[1] 추상기계는 대상을 인식하는 의식 작용이나 의식 흐름으로, 국가장치와 전쟁기계를 그 하부 요인으로 포함하고 있다.(김 재인 역, 2003: 422-426) 우리의 의식이 코드화나 초(덧)코드화된 방식으로 작

---

[1] 들뢰즈와 과타리의 '추상기계'에 대한 기초적인 개념은 이진경(2003a: 202-210)을 참조할 수 있다.

동하는 것을 국가장치라고 한다. 코드화된 것에서 탈코드화 방식으로 작동하는 것을 전쟁기계라고 한다.

이 장의 논의에서는 독자의 텍스트 이해와 관련된 추상기계인 읽기 국가장치에 대하여 검토한다.[2] 읽기 국가장치는 추상기계의 국가장치를 텍스트 읽기와 관계지은 것이다. 읽기 국가장치는 국가장치를 이루는 하위 구성단위라 할 수 있다. 읽기 국가장치는 독자의 텍스트 읽기와 이해에 작용하는 국가장치이다. 이 읽기 국가장치는 독자의 텍스트 읽기에 제한된 것으로, 국가장치의 일반적인 속성을 내포한다. 또한 독자의 텍스트 읽기에 제한되어 있기에 읽기만의 특성을 드러내는 점도 있다. 국가장치가 대상에 대한 의식의 흐름과 관련되어 있기에, 읽기 국가장치는 독자의 텍스트 읽기에 대한 의식의 흐름과 관련된다. 국가장치는 국가-형식[3]과 관련되어 있어서 개별적인 것이기보다는 전체적인 것이다. 들뢰즈와 과타리의 유목론에 대한 논의[4] 관점에서 볼 때, 차이성보다는 공통성과, 매끄러운 것보다는 홈 패인 것과 관련된다. 그리고 분자적인 것보다는 몰적인 것과 관계를 맺고 있다.

독자의 텍스트 읽기와 이해도 개별적인 것과 전체적인 것, 차이성을 강조하는 것과 공통성을 강조하는 것, 창의적 방식으로 읽는 것과 같은 방식을

---

2 텍스트 이해와 관련된 추상기계에 대해서는 여수현·김도남(2022)을 참조할 수 있다.

3 국가-형식은 공동체를 구성한 집단이 '국가'를 이룰 수 있게 하고, 국가가 '국가'로 작용(기능)'할 수 있게 하는 집단 내에 존재하는 외현적 양식이다. 대표적인 국가-형식은 리더(지도자), 조직(사제, 판관), 법률 등이다. 이 외현적 양식은 집단의 내재적 의식이나 제도 등의 요인에 의하여 작동한다. 이 국가-형식이 작동하게 하는 내적 요인이 국가장치이다. 국가 탄생을 성경을 통하여 설명하는 이진경(2003a: 371-372)의 언급을 보면 다음과 같다. '백성들은 계속 왕을 요구했고, 그리하여 사울을 왕으로 세우게 되지요. 그리고 다윗이 그 뒤를 잇고 그 아들 솔로몬이 그 뒤를 잇지요. 이런 과정을 거쳐 국가장치는 정비되고, 백성들의 삶 또한 정착적인 양상으로 확고하게 굳어집니다. 즉, 국가장치 수립을 통해 히브리인은 유목민에서 정착민으로 변환되는데, 이를 상징하는 사건이 바로 성전 설치였습니다.'

4 들뢰즈와 과타리의 유목론에 대한 논의는 『천 개의 고원』, 김재인 역(2003), 12장 '1227년-유목론 또는 전쟁기계'에서 이루어진다.

반복하여 읽는 것, 개인의 고유성을 강조하는 것과 독자들의 동일성을 강조하는 것 등이 있다. 이들 이해에서 앞쪽의 것은 읽기 전쟁기계와 관련된 것이고,[5] 뒤쪽의 것이 읽기 국가장치와 관련된 것이다. 읽기 국가장치는 전체성, 공통성, 반복성, 통일성 등을 강조하는 독자의 의식의 흐름이다. 이 의식의 흐름은 읽기에서 기본적이고 토대가 되는 읽기 능력과 관계되어 있다. 개별성, 차이성, 창조성, 고유성을 강조하는 읽기를 위해서는 읽기 국가장치에서 강조하는 읽기 능력을 갖추어야 한다. 이 읽기 국가장치의 의식을 기반으로 하여 창의적이고 독자만의 고유한 읽기 능력을 실행할 수 있다. 그렇다고 읽기 국가장치만을 강조하는 읽기는 독자에게 필요한 읽기를 하지 못하게 할 수도 있다.

> 색은 공과 다르지 않고, 공은 색과 다르지 않다. 색이 곧 공이고, 공이 곧 색이다. 느낌(受)도 생각(想)도 행동(行: 마음 작용)도 의식(識)도 다 마찬가지다. (色不異空 空不異色 色卽是空 空卽是色 受想行識 亦復如是. (般若心經의 일부)

이 인용문은 반야심경(般若心經)의 핵심 내용의 일부이다. 이 구절을 읽고 이해하는 것은 일반 독자에게는 어려운 일이다. 글을 읽을 줄 모르거나 한자를 몰라서 어려운 것이 아니다. 이 텍스트에 대한 기본적인 정보와 담화 관습은 물론, 낱말과 각 구절이 내포하고 있는 의미와 텍스트에 대한 사회문화적인 의식을 모르기 때문이다. 이 경전은 한자로 260여 글자로 되어 있어 쉽게 외울 수도 있지만 텍스트 의미를 이해하는 것은 어려운 일이다. 텍스트에 대한 구체적인 정보는 물론 각 구절이 지시하는 것을 밝혀 인식할 수 있는 기제가 없기 때문이다. 읽기 국가장치는 이런 텍스트를 읽을 수 있게

---

5   읽기 전쟁기계에 대한 논의는 김도남(2023)을 참조할 수 있다.

하는 기본적인 토대를 만드는 의식의 흐름이다. 독자가 이 텍스트를 이해하는 데 필요한 토대가 되는 것을 익히게 되면 이 텍스트를 읽을 수 있게 되고, 이 텍스트에 대한 공통적인 의미를 이해할 수 있게 된다. 이를 가능하게 하는 것이 읽기 국가장치이다. 그리고 이 이해를 토대로 독자가 자기 삶의 상황에 따라 창의적으로 이해할 수 있게 하는 것이 읽기 전쟁기계이다.

이 장에서는 읽기 국가장치에 대하여 검토한다. 읽기 국가장치는 읽기에 대한 토대가 되는 의식의 흐름이고, 사유의 형식이다. 읽기 국가장치는 읽기가 일어나는 사회 곳곳에 작용하여 학습 독자에게 전달된다. 학습 독자는 이 읽기 국가장치를 부지불식간에 습득하게 된다. 읽기 국가장치의 집중적인 전달 통로는 교육이다. 국가장치의 생성과 작용의 특성을 바탕으로, 읽기 국가장치에 대하여 논의한다. 읽기 국가장치가 지닌 기본이 되는 속성을 논의하기보다는 읽기 국가장치가 가진 한계를 함께 검토한다. 이를 통하여 읽기 교육의 실행에 대한 간접적 시사점을 점검한다. 읽기 국가장치에 충실한 교육적 접근이 중요한 것은 분명하지만 이에 내재된 한계를 점검함으로써 변화의 방향을 탐색한다.

2. 읽기 국가장치의 구조

교육제도는 국가-형식 중 하나이고, 교육과정은 대표적인 국가장치이다. 읽기 국가장치의 대표적인 것은 읽기 교육과정이다. 읽기 교육과정은 모든 독자에게 텍스트 읽기에 대한 동일한 의식의 흐름을 제공한다. 이러한 읽기 교육과정은 본질적으로 특정한 구성 구조와 작용 구조를 포함하고 있다. 그러면서 독자의 의식 흐름을 주도한다. 읽기 국가장치의 개념을 정리하고, 내재적으로 작용하고 있는 구성 요인을 밝혀본다.

가. 읽기 국가장치의 개념

읽기 국가장치는 독자의 텍스트 읽기에 관여하는 보편성을 가진 의식의 흐름이다. 독자는 지각하지 못할 수도 있지만 텍스트 읽기는 의식의 흐름에 기초한다. 읽기 국가장치는 개별적인 독자의 미시적 문제이기보다는 읽기 전반에 대한 거시적 문제와 관련된다. 독자가 어떤 텍스트를 읽더라도 읽기 국가장치가 관여한다. 읽기 국가장치는 독자가 텍스트를 읽는 데 언제나 관여하는 의식의 흐름이기 때문이다. 즉 독자의 텍스트 이해는 읽기 국가장치에 기초를 둔다. 독자가 읽기 국가장치를 벗어날 수는 있으나 스스로 벗어나기는 쉽지 않다.

> 이런들 어떠하며 저런들 엇더하료.
> 만수산 드렁칡이 얽어진들 엇더하리.
> 우리도 이같이 얽혀서 백 년까지 누리리라.
>
> (이방원(1367-1422), <하여가> 전문)

> 이 몸이 죽고 죽어 일백 번 고쳐 죽어
> 백골이 진토 되어 넋이라도 있고 없고
> 임 향한 일편단심이야 가실 줄이 있으랴
>
> (정몽주(1337-1392), <단심가> 전문)

우리나라 일반 독자라면 누구나 위 두 시조를 이해한다. 독자들은 학교에서 두 시조 저자들의 일화와 함께 읽는 방법을 익혔다. 그래서 이 두 시조는 누구나 같은 의미로 이해한다. 그리고 독자들은 시적 화자들의 마음에 공감한다. 이들 독자는 두 시조와 관련하여 다른 이야기를 듣거나 다르게 해석하는 방법은 알지 못한다. 이 시조를 읽고 다른 의미를 생각하거나 해석하는 일도 용납하지 않는다. 지금까지 그렇게 해 왔고, 앞으로도 그렇게 해야 한다. 다른 의미로 해석하거나 이해하는 일은 저자들의 숭고한 마음을 훼손하는 일이 된다. 그렇기에 독자들은 이 시조가 전달하는 참된 진실만을 생각하고 음미해야 한다. 그렇게 해야 하고, 그렇게 해야 바른 이해이다.

읽기 국가장치는 이들 시조를 독자들이 이해하는 것과 관련된다. 독자들이 두 시조를 읽으면 같은 생각, 같은 의미, 같은 이해를 한다. 어느 독자도 예외가 없다. 다른 해석은 용납되지 않는다. 저자의 의도가 명백하고, 그동안 모든 독자가 그렇게 이해해왔다. 읽기 국가장치는 텍스트 이해에서 공통된 근거(방법)에 의해 동일한 의미로 해석하고, 이해하게 하는 의식의 흐름이다. 독자는 이 의식의 흐름을 받아들이고, 이에 따라 텍스트 이해를 한다. 독자가 위 두 시조를 해석할 수 있게 하고, 이해하게 하는 것은 읽기 국가장치이다.

사유 혼자 힘으로는 결코 가져본 적이 없는 중후함, 그리고 국가를 포함해 모든 것이 사유 자체의 효력 내지는 승인에 의해 존재하는 것처럼 보이게 만들어주는 중심이 그것이다. 그러나 국가도 얻는 것이 있다. 국가-형식은 이런 식으로 사유 속에서 전개됨으로써 뭔가 본질적인 것, 즉 전반적인 동의를 획득하는 것이다. 오직 사유만이 국가는 당연히 보편적이라는 것이라는 허구를, 국가를 합법적인 보편성의 수준으로까지 끌어올려 줄 수 있는 허구를 고안해 낼 수 있다. 마치 이 세상에는 단 한 명만의 군주만이 존재하다가 그가 전 세계로 확대되어 현실적이든 잠재적이든지 간에 모든 것을 그저 신민들로 취급하게 되는 것처럼 보이도록 만들어주는 것이다. (김재인 역, 2003: 720)

이 읽기 국가장치에 대한 이해를 위해 들뢰즈와 과타리의 국가장치에 대한 설명을 참조해 보자. 위 인용문에서 보면, 국가장치는 공인된 사유이다. 사유가 공인되면 사유 자체로서는 가져보지 못한 중후함이 생긴다. 위 시조에 대한 독자의 이해는 공인된 사유에서 비롯된 것이고, 그 속성은 중후하다. 국가장치는 특정 사유가 모든 구성원에게 승인되어 효력을 얻게 된 것이다. 이런 사유가 국가 단위에서 승인되어 효력을 갖게 될 때 국가장치가 탄생한다. 이런 국가장치의 존재로 국가-형식은 본질적인 것, 전반적인 동의를 하는 것을 갖게 된다. 위 시조를 읽는 독자는 국가-형식의 하나인 교육을 통하여 보편적이고 모두가 승인하는 이해를 한다. 국가-형식은 이들 국가장치를 통하여 '보편적인 것' 즉 '합법적 보편성'을 얻게 되고, 국가가 국가로서 존재할 수 있게 한다. 들뢰즈와 과타리는 이 국가장치를 이루는 보편적인 것, 합법적인 보편성은 허구라고 본다. 국가장치는 합법적 보편성을 위해 단 하나의 절대적 군주를 전제하고, 이를 맹목적으로 따르는 신민들을 만들기 때문이다.

읽기 국가장치는 여러 국가-형식 중 하나인 '교육'과 관련된다. 텍스트를 어떻게 읽는지를 학생 독자에게 알려주는 것이 교육이다. 교육은 독자가 읽기 국가장치를 습득하여, 텍스트 이해를 보편적으로 할 수 있게 한다. 독자의 사유가 보편성을 지닐 수 있도록 하는 것이다. 즉 학습된 읽기 국가장치에 근거를 두고 하는 독자의 텍스트 이해의 사유는 합법적 보편성을 지닌다. 그래서 독자는 누구에게나 두루 통하는 이해를 할 수 있게 하는 사유를 가지게 된다. <하여가>나 <단심가>를 독자가 이해하는 방식은 합법적인 보편성을 띤다. 학교에서 두 시조의 창작 배경을 배웠고, 배운 것으로 사유하며 이해했기에 합법적이다. 독자들이 두 시조의 내포적 의미를 동일하게 이해하기에 보편이 된다.

들뢰즈와 과타리에 의하면 이런 국가장치는 허구이다. 그렇다면 읽기 국가장치도 허구이다. 두 시조를 누구나 창작 의도만으로 해석하여 같은 의미로 이해하게 하기 때문이다. 시조를 해석하게 하는 창작 의도는 그 실체를 확인할 수 없지만 누구나 당연하게 받아들인다. 창작 의도는 절대 군주의 명령처럼 모든 독자 신민을 복종하게 만든다. 다르게 보면, 창작 의도가 절대 군주의 명령은 아니지만, 교육이 모든 독자가 두 시조를 같은 방법으로 해석하고 이해하도록 만들었다. 교육은 두 시조를 창작 의도에 근거해 해석하도록 독자들에게 약속을 받은 것이다. 독자들은 이들 시조를 읽을 때면 약속된 사유의 형식대로 해석하고, 단일한 의미로 이해한다. 요컨대, 독자가 읽기 국가장치에 의해 텍스트 이해를 하는 것은 절대 군주의 명을 따르는 것이거나, 약속을 이행하는 것이다. 두 시조의 의미가 진정 저자들의 창작 의도만으로 해석하고 이해해야 하는지는 분명하지 않다. 시를 해석하는 다양한 방법이 존재하고, 창작 의도가 정말 그런지 확인할 수 없기 때문이다. 그렇기에 읽기 국가장치도 허구적이다.

> 국가는 사유에 내부성 형식을 부여하고, 다시 사유는 이 내부성에 보편성의 형식을 부여한다. 이리하여 '세계적인 조직의 목적은 각각의 자유로운 국가들 안에서 이성적인 개인들을 만족시키는 데' 있게 된다. 이처럼 국가와 이성 간에는 기묘한 교환이 이루어진다. 하지만 이 교환은 동시에 분석적 명제이기도 한데, 왜냐하면 실현 가능한 이성은 마치 실제의 국가가 이성의 생성이듯이 권리상의 국가와 일치하기 때문이다. (김재인 역, 2003: 720-721)

국가장치가 허구라 할지라도 국가는 국가-형식을 통해 사유와 관계한다. <하여가>와 <단심가>를 읽는 독자는 국가-형식 중 하나인 교육이 제시한 창작 의도로 이해한다. 이는 들뢰즈와 과타리가 말하는 것과 같이, 국가의 국가-형식(교육)은 사유의 내부성 형식(창작 의도)을 부여하고, 독자가 국가장치가 제공한 내부성 형식을 당연한 것으로 받아들임으로써, 그 내부성 형식은 보편성을 지니게 된다. 이 국가장치의 작용은 국가 안의 이성적 개인들을 만족시키는 것과 관련된다. <하여가>나 <단심가>에 대한 교육과 독자들의 텍스트 이해에는 기묘한 교환관계가 있는 것이다. 이는 국가-형식이 독자의 이성을 생성하고, 독자의 이성은 국가-형식의 보편성을 담보하는 것으로 작용한다. 이는 독자의 텍스트 이해가 일차적으로 읽기 국가장치에 절대적으로 의존함을 함의한다. 읽기 국가장치가 없으면 독자는 텍스트에 대한 어떤 이해도 이루어낼 수 없다. 독자가 <하여가>와 <단심가>를 아무런 단서도 없이 읽는다면 무의미 텍스트일 뿐이다.

읽기 국가장치는 사유의 내부성 형식이 어떻든 독자가 텍스트를 읽고, 해석하고, 이해하는 데는 절대적이다. 독자가 텍스트를 아무런 단서 없이 읽는 것은 현재의 초등학생이 노자의 『도덕경』이나 하이데거의 『존재와 시간』을 읽는 것과 다를 바가 없다. 독자는 읽기 국가장치에 의존하여 어떤 텍스트든 읽을 수 있다. 이 읽기 국가장치는 텍스트 읽기 관련된 사회적 관습이나 학교 학습 속에 내재한다. 독자가 읽기 국가장치와 만나고 이를 체득하는 것은 부지불식간에 일어난다. 독자는 이 읽기 국가장치에 근거해 텍스트를 읽고 이해한다.

나. 마법: 참된 사유의 제국

읽기 국가장치는 어떻게 시작되는가? 이는 국가장치의 생성과 궤를 같이 한다. 국가-형식의 작용 방식이기 때문이다. 국가장치는 의식 흐름인 사유와 관련이 있다. 국가장치와 관련된 사유의 형식은 개인 내부에서 비롯된 것이기보다는 외부에서 주어진 것이다. 국가장치란 말 자체가 개인의 속성과는 거리가 있다. 이는 사유의 형식이 외부에 존재하고, 이를 개인이 따르거나 수용해 주도적으로 활용함을 함의한다.

사유의 내용들은 종종 너무 체제 순응적이라는 비판을 받곤 한다. 하지만 정작 중요한 것은 사유의 형식 자체이다. 사유 자체가 이미 국가장치로부터 빌려온 모델에 순응하고 있기 때문인데, 바로 모델이 사유에의 목적, 길, 도관, 수로, 기관 등 전체적인 오르가논(=논리적 도구)를 지정해주는 것이다. 따라서 모든 사유를 포괄하는 하나의 사유의 이미지가 존재한다. (김재인 역, 2003: 718-719)

들뢰즈와 과타리에 따르면, 국가장치는 사유와 관련이 있다. 사유의 내용은 논리성이나 근거의 타당성이 필요하다. 논리성과 타당성은 특정 기준을 '따라야' 하기에 체제 순응적이다. <하여가>와 <단심가>의 해석은 '창작 의도'로 논리성과 타당성을 확보하고 있다. 이 사유의 논리성과 타당성이 비판의 대상이 되는 것이다.[6] 하지만 더 많은 관심을 두어야 하는 것이 사유의 형식이다. 사유는 국가장치에서 비롯된 것이고, 국가장치가 제공하는 모델을 따라야 한다. 국가장치가 제공한 모델은 사유의 목적, 방법, 절차, 구조 등의 논리적 도구를 지정해 준다. 이로써 사유는 특정한 형식으로 고착화된 '사유의 이미지' 형태로 존재한다. 국가장치와 관련된 사유는 고착된 형식인 사유의 이미지가 지닌 속성을 내포한다. 읽기 국가장치에 의한 독자의 사유도

---

6 이런 사유의 이미지를 우리는 독단적 혹은 교조적 이미지, 도덕적 이미지라고 부를 수 있다. 물론 이 이미지에는 여러 가지 변이형들이 있다. 가령 '합리론자들'과 '경험론자들'은 모두 이 이미지를 확립한 것으로 가정하지만, 결코 똑같은 방식으로 가정하는 것은 아니다. 더구나 앞으로 보게 될 것처럼, 이처럼 암묵적인 이미지를 받아들이기까지 철학자들은 수많은 후회나 수정을 겪고, 또 명시적인 개념적 반성에서 비롯되는 가운데 그 이미지를 훼손하고 전복하려는 경향의 수많은 실선들을 덧칠해놓고 나서야 겨우 이 암묵적인 이미지를 받아들인다. 그렇지만 아무리 철학자가 진리는 결국 '어떤 도달하기 쉽고 모든 사람들이 이해할 수 있 사태'가 아니라고 강조한다고 해도, 이 이미지는 암묵적인 상태에서 계속 굳건히 버티고 있다. 바로 이런 이유에서 우리는 철학들에 따라 바뀌게 되는 이러저러한 사유의 이미지가 아니라 철학 전체의 주관적 전제를 구성하는 하나의 단일한 이미지 일반에 대해 말하는 것이다. 철학의 가장 일반적인 전제들에 의문을 품었던 니체는 이 전제들이 본질적으로 도덕적이라고 말한다.(김상환 역, 2004: 294-295)

이들 사유의 이미지가 지닌 속성을 반영하여 이루어진다.[7] 들뢰즈와 과타리는 국가장치와 관련된 사유의 형식을 두 가지 이미지로 구분한다. 독자의 읽기 국가장치와 관련된 사유의 형식도 두 가지 이미지를 반영하는 것으로 볼 수 있다.

> 그런데 사유의 이미지는 주권의 두 극에 상응하는 두 개의 머리를 갖고 있다. 먼저 참된 사유의 제국(imperium). 이것은 마법적 포획, 장악 내지 속박(lien)에 의해 작동하며, 정초를 놓는다(뮈토스). 그리고 자유로운 정신들의 공화국. 이것은 맹약 내지 계약에 의해 진행되며, 입법 조직과 법률 조직을 만들어내며 근거를 정당화해 준다(로고스). 이 두 개의 머리는 고전적인 사유의 이미지에서는 끊임없이 서로 간섭하고 있다. (김재인 역, 2003: 719)

국가장치와 관련된 사유의 이미지의 형식은 두 가지이다. 이름하여 '참된 사유의 제국'과 '자유로운 정신의 공화국'이다. 이 두 가지 사유의 이미지가 국가장치에 내재한다. 참된 사유의 제국으로 불리는 사유의 이미지는 절대 권력자인 황제에 의해 다스려지는 제국의 형식에서 비롯된 것이다. 자유로운 정신의 공화국은 국가에 대한 주권이 국민에게 있어 국민이 뽑은 대표가 법에 따라 정치를 하는 국가-형식에서 비롯된 것이다. 이 절에서는 제국적 사유의 이미지를 검토하고, 다음 절에서 공화국적 사유의 이미지를 살핀다.

참된 사유의 제국에서 '참된'이란 말은 중의적으로 쓰인 말이면서 비판적 의도가 담겨 있다. 사유의 이미지가 독단적·교조적·도덕적인(김상환 역, 294-295) 속성을 내포하고 있기 때문이다. '참됨'은 실체적 참됨이라기보다는 제국의 황제나 특정 종파의 교조(教祖), 실체가 분명하지 않은 강요된 도리와

---

7   텍스트 이해와 관련된 사유의 이미지에 대한 논의는 2장과 김도남(2022)을 참조할 수 있다.

같은 것으로 영문(일이 돌아가는 형편이나 까닭)을 잘 모르지만 참됨으로 존재하고, 참됨으로 받아들여야 하는 강요된 참됨이다. 이런 참됨을 들뢰즈와 과타리는 '마법'이라고 한다. 마력(魔力)에 이끌려 이성적인 판단을 하지 못하고 따른다는 것이다. '참된'은 근거는 모르지만 누구나 따르기 때문에 따라 하는 사유를 이끈다. 그렇기에 참된 사유의 제국은 사유의 이미지 중 하나이다.

> 이미 국가 외부에 존재하는 강력한 세력을 가진 조직들이나 기묘한 패거리 등은 문제가 되지 않으며, 국가는 자연 상태로 내몰린 반항적 신민들과 국가-형식 속으로 자발적으로 귀순하는 협력적인 신민들을 구분하는 유일한 원리가 된다. 사유로서는 국가에 의지하는 것이 유리하듯 국가 입장에서도 사유 속에서 전개되어 이로부터 유일한 보편 형식으로서 정당성을 인가받는 것이 유리하다. (김재인 역, 2003: 720)

참된 사유의 제국에 의한 사유의 이미지는 이를 인정하고 따르는 신민과 그렇지 못한 신민을 구분한다. 이때 국가는 사유의 이미지를 따르는 신민과 따르지 않는 신민을 구분하는 유일한 기준(원리)이 된다. 사유는 이러한 분명한 기준이 되는 국가에 의지하는 것이 유리하고, 국가도 유일한 사유로 보편적인 형식의 정당성을 인정받는 것이 유리하다. 그러다 보니 사유와 국가는 협응하여 유일의 기준을 강화한다. 독자의 텍스트 이해도 이를 따른다. 읽기 국가장치는 유일한 기준인 사유의 이미지로 독자의 텍스트 이해가 진리가 될 수 있게 담보해 주고, 국가-형식인 교육도 독자들로부터 유일한 보편 형식으로서 정당성을 인정받을 수 있다.

우리는 현재의 읽기 교육이 왜 인지적 관점에서 이루어져야 하는지 잘 묻지 않는다. 독자 중심 읽기가 정말 읽기의 진리를 담보할 수 있는지 의문을 품지 않는다. 다른 관점을 배척하고 있지만, 배척된 읽기 관점이 진정 잘못된 것인지 답하지 못한다. 그렇기에 인지적 접근에서 비롯되지 않은 교육 내용 요소를 성취기준으로 활용한다.[8] 인지적 관점이 완벽하다면 그렇게 할 필요가 없다. 그러함에도 읽기 교육은 인지적 관점 또는 독자 중심 관점으로 이루어져야 한다는 의식의 흐름을 이루고 있다. 제국의 마법이 작용하고 있는 것이다. 이를 거부하는 것은 쉬운 일이 아니다. 마법에서 벗어나기 위해서는 마법 속에 갇혀 있음을 알아야 하지만, 마법에 포획된 이상 포획된 사실조차 잊게 된다. 마법에 걸린 사람에게는 마법이 가장 합리적인 것이기 때문이다.

다. 계약: 자유로운 정신의 공화국

2022 개정 읽기 교육과정의 내용 체계표의 '과정·기능' 범주를 보면, '내용 확인과 추론', '평가와 창의', '점검과 조정'으로 구분하고 있다. 이 범주는 기존의 읽기 기능 범주인 사실적 이해, 추론적 이해, 비판적 이해와 초인지 작용을 재정리한 것이다. 독자의 텍스트 읽기는 이들 교육 내용 범주의 읽기 규칙(기능) 안에서 이루어진다고 보는 것이다. 이들 교육 내용의 범주는 초등학교부터 고등학교까지 지도되고, 대학수학능력시험(수능)에서의 읽기 영역 평가의 범주가 된다. 읽기 교육의 읽기 규칙 범주는 사실(축어)적 이해, 추론적 이해, 창의적 이해, 평가적 이해, 비판적 이해 등으로 구분할 수 있다. 교육과정 개정 때마다 이들 읽기 규칙 범주를 재배치하는 방식으로 읽기 교육의 내용 체계를 구성한다. 이들 읽기 규칙 범주는 국가-형식이 학습 독자들과 계약을 위한 계약 내용이라 할 수 있다.

8　[6국02-01] 글의 구조를 고려하여 주제나 주장을 파악하고 글의 내용을 요약한다.
　　[6국02-04] 문제 상황과 관련된 다양한 관점의 글을 읽고 이를 문제 해결에 활용한다.

독자가 텍스트 읽는 실제 활동을 할 때는 읽기 교육과정의 내용(읽기 규칙) 범주는 큰 역할을 하지 못한다. 이 논문을 읽는 독자는 사실적·추론적·비판적 읽기의 규칙(방식)을 의식하여 읽지 않는다. 독자는 이들 읽기 규칙과 관계없이 자기에게 필요한 것을 찾기에 집중한다. 이 논의를 읽는 독자가 사실·추론·비판적 이해를 염두에 두는 일은 거의 없다. 그런데 읽기 교육에서는 이를 강조하여 지도한다. 이들 텍스트 이해의 방식이 활용되는 곳이 따로 있기 때문이다. 읽기 능력을 평가하는 시험을 볼 때, 이들 텍스트 이해의 방식이 필요하다. 그렇기에 사실·추론·비판적 읽기 규칙은 읽기 교육과정 내용 체계와 평가(학습 평가와 수능)에서만 활용된다. 이는 국가-형식과 독자의 계약 때문에 벌어지는 일이다. 국가-형식은 계약 조건을 내세워 독자와 계약을 하고, 독자는 계약을 수락할 수밖에 없다. 읽기 교육이 이를 실행한다. 이로써 국가-형식이 요구하는 계약이 성립되면서 읽기 규칙은 사유의 이미지 속성을 갖는다.

앞의 항에서 언급된, 사유의 이미지의 두 극 중 '자유로운 정신의 공화국'은 이 계약에 의하여 작동하는 국가장치이다. '자유로운 정신의 공화국'에서 '자유로운 정신'도 중의적 의미를 포함하고 있다. 자유로운 정신은 계약을 준수함으로써 얻는 자유로움이다. 계약된 자는 계약된 사항을 실행할 때만 주체가 된다. 자유로움은 계약된 조건에 따라 그 무엇인가를 할 때만 주체에게 주어진다. 공화국은 법에 근거해 통치되고, 법은 개인들이 선출한 대표자들이 만든다. 그렇기에 개인들은 자신의 대표(입법자)가 만든 법과 자연스러운 계약 관계가 성립한다. 따라서 법을 따라 개인이 활동할 때 자유로운 주체가 된다.

소위 근대 철학과 근대 국가 또는 이성적 국가에서는 모든 것이 입법자와 주체(=신민)를 중심으로 운용된다. 따라서 국가가 입법자와 주체(=신민)을 구별할 때는 사유가 이 양자의 동일성 사유할 수 있도록 해주는 형식적 조건을 충족시켜야 한다. 항상 복종하라. 복종하면 할수록 너희들은 주인이 될 수 있다. 왜냐하면 너희들은 오직 순수이성, 즉 너희 자신에게만 복종하고 있기 때문이다. 철학은 토대를 놓는 역할을 자임한 이래 항상 기존 권력을 찬양하고, 국가의 여러 기구의 원리를 국가 권력의 여러 기관들 속으로 전사해 왔다. 공통감(sens commun), 즉 <코기토>를 중심으로 한 모든 능력들의 통일은 절대화된 국가의 합의(consensus)인 것이다. 이러한 대 작업은 특히 칸트의 '비판'에 의해 철저하게 수행되고 다시 헤겔주의가 이를 이어받아 발전시킨 바 있다. (김재인 역, 2003: 721)

공화국은 근대 철학에 기초한 근대 국가로서 이성적 국가이다. 공화국에는 입법자와 주체가 존재한다. 공화국을 이루는 국가에서는 입법자와 주체(신민)가 구별되지만, 이들이 동일한 주체가 되게 하는 것은 동일성의 사유를 가능하게 하는 형식적 조건 때문이다. 입법자가 만든 법에 대하여 주체(신민)가 동의함으로써 동일성의 사유를 하는 형식적 조건이 성립된다. 이 조건은 주체가 자신의 대표인 입법자가 만든 법을 자신이 만든 것으로 인정하고 지키는 것이다. 이는 주체와 입법자가 법적 계약 관계를 맺음을 전제한 것이다. 그래서 주체는 법에 대한 계약 관계에 의하여 동일성의 사유를 할 수 있게 된다. 이로써 법에 복종하는 것이 주인(주체)이 되는 것이다. 입법자와 동일성의 사유하는 주체가 법을 준수하는 것, 즉 복종하는 것은 주인(주체)이 되는 일인 것이다.

법에 대한 동일성의 사유는 자기의 준칙(도덕 법칙들의 최고 원칙)[9]을 따르는

---

9 '너의 의지의 준칙이 항상 동시에 보편적 법칙 수립의 원리로서 타당할 수 있도록, 그렇게 행위하라.'
   '그 준칙이 보편적 법칙이 될 것을, 그 준칙을 통해 네가 동시에 의욕할 수 있는, 오직

것으로 자기모순이 없는 순수이성이다. 동일성의 사유에 의한 법에 복종하는 것은 자신에게 복종하는 것으로 주체의 행위가 된다. 독자가 읽기 규칙에 따라 읽기를 하는 것이 주체적 행위가 되는 것은 이 때문이다. 계약적 관계에서 읽기 규칙을 정한 입법자와 동일성의 사유를 할 것을 약속했고, 그 약속에 따라 읽기를 하는 것이다. 독자가 계약적 관계에서 입법자(전문가)가 만든 읽기 규칙을 자기의 것이라고 여기고, 이를 따르는 것뿐인데도, 독자는 자기를 개체적 주체라고 여긴다.

3. 읽기 국가장치의 특성

> ·읽기는 독자가 자신의 배경지식이나 경험을 활용하여 언어를 비롯한 다양한 기호나 매체로 표현된 글의 의미를 능동적으로 구성하는 행위이다.
> ·독자는 다양한 상황 맥락과 사회·문화적 맥락 속에서 자신의 읽기 목적을 달성하기 위하여 다양한 유형의 글을 읽는다.
> ·독자는 읽기 과정을 점검·조정하며 읽기 과정에서 부딪히는 문제를 해결하기 위해 적절한 읽기 전략을 사용하여 글을 읽는다.
> ·독자는 읽기 경험을 통해 읽기에 대한 긍정적 정서를 형성하고 삶과 공동체의 문제 해결을 위해 공동체 구성원과 함께 독서를 통해 소통함으로써 사회적 독서 문화를 만들어 간다.
> (2022 국어과 교육과정 읽기 영역 내용 체계표의 '핵심 아이디어')

이 내용은 2022 국어과 교육과정의 읽기 영역 내용 체계표에 있는 '핵심 아이디어'의 내용이다. 읽기 개념, 읽기 목적, 읽는 방법, 읽기 태도를 규정하고 있다. 이 읽기 영역 내용 체계표의 핵심 아이디어는 우리나라 모든 학생이

그런 준칙에 따라서만 행위하라.'(백종현 역, 2012: 370)

따라야 할 규범이다. 이 핵심 아이디어는 읽기에 대한 국가적 규정으로서 제국적 명령이 되어 학습 독자의 의식을 포획하여 따르게 하고, 입법자들이 정한 법으로 독자의 순수이성을 발현시키게 된다. 이 핵심 아이디어는 국어 교과서의 읽기 학습 내용(읽기 규칙)으로 구체화되어 학생 독자에게 제시된다. 학생 독자들은 자유로운 정신을 실현하는 계약을 체결하는 활동인 읽기 교육을 통하여 이 규정을 당연한 것으로 생각하고 받아들인다. 이후 학생들의 읽기에 대한 인식과 읽기 활동은 동일성의 사유에 기초하여 합리적인 보편적 방식으로 이루어진다. 학생들은 주체가 되어 읽기를 수행하는 것으로 여기지만 실제로는 사유의 이미지에 불과하다. 이는 읽기 국가장치의 핵심인 교육과정이 지닌 속성이다. 이 읽기 국가장치는 독자들의 읽기에 대한 모든 것을 결정한다고 할 수 있다. 독자가 입법자가 정한 법을 따르는 것은 이성적인 것으로 내적인 모순이 없는 당연한 것이다. 이 읽기 국가장치의 작용적 특성을 몇 가지 검토해 본다.

가. 사유의 이미지

읽기 국가장치는 텍스트를 읽는 독자 사유의 형식과 관련된다. 독자가 텍스트를 읽고 이해하는 것은 사유의 형식을 따라 이루어진다. 어휘나 문장의 의미 파악뿐만 아니라 한 편의 텍스트를 읽고 이해하는 것은 사유의 형식을 따른다. 기호를 해독하여 기의를 인식하는 것 자체가 사유와 관련되어 있고, 텍스트를 읽고 해석하여 의미를 찾아내는 것은 사유 활동이다. <하여가>나 <단심가>를 독자가 창작 의도에 따라 이해하는 것은 사유의 형식에 따른 것이다. 이들 두 시를 다른 방식으로 해석할 수 있는데 독자는 그렇게 하지 않는다. 이 시를 해석하는 사유의 형식을 따라서 해석하고 이해한다. 독자가 사유의 형식을 따르지 않고 텍스트를 읽는다면 그 텍스트는 무의미만 전달하게 된다.

> 사유의 고전적 이미지 그리고 이 이미지가 유도하는 정신적 공간의 홈 파기
> 방식은 보편성을 주장한다. 실제로 그것은 두 개의 '보편 개념'을 이용해 홈을
> 파는데, 존재의 궁극적인 근거이자 모든 것을 포괄하는 지평으로서의 <전체>와
> 존재를 우리를 위한 존재로 전환시켜주는 원리로서의 <주체>가 그것이다. 제국
> 과 공화국이 그것이다. 이 둘 사이에, 즉 '보편적 방법'의 지휘 아래 존재와
> 주체라는 이중적 관점에서 홈 패인 정신적 공간에 온갖 종류의 실재와 진리가
> 존재하는 것이다. (김재인 역, 2003: 727)

들뢰즈와 과타리는 이런 사유의 형식은 이미지를 갖는다고 말한다. 이것을
'사유의 이미지'라고 하는데, 사유의 형식을 지각했을 때 마음속에 떠오르는
느낌이나 인상을 가리킨다. 이 사유의 이미지는 우리의 정신작용(사유)이 틀
에 갇힌 형식화된(홈 파기 방식) 형태로 이루어지도록 하면서, 보편성이 있는
것으로 받아들여지게 한다. 이 사유의 이미지가 보편적인 것으로 인식되어
국가장치의 기능을 하도록 하는 두 가지 조건이 있다. 하나는 제국적인 포괄
성의 형태를 취하는 '전체(성)'이고, 다른 하나는 공화국적인 자유성의 형태
를 취하는 '주체(성)'이다. 제국적 전체(성)와 공화국적 주체(성)의 사유의 이
미지는 '보편적 방법'으로 인식되어 홈 패인 사유 활동의 합리성을 담보한다.
즉 <하여가>나 <단심가>를 창작 의도에 따라 이해하는 것의 합리성을 보장
한다.

> 공준들이 굳이 말해질 필요는 없다. 공준들은 이 사례들이 선택될 때는 물론
> 이고 그 본질이 전제될 때 침묵을 지키고 있을수록 훨씬 더 효과적으로 힘을
> 발휘한다. 이 공준들은 모두 함께 사유의 독단적 이미지를 형성한다. 이 공준들

은 재현 안의 같음과 유사성의 이미지를 통해 사유를 압살해버리지만, 이 이미지가 가장 심층적인 수준에서 훼손하는 것은 사유하기의 의미에 있다. (김상환 역, 2004: 367-368)

사유의 이미지가 보편적인 것으로 받아들여지는 것은 공준(公準)[10]의 속성이 있기 때문이다. 들뢰즈는 사유의 이미지가 갖는 공준성에 대하여 논의한 바가 있다.[11] 제국적 전체성이나 공화국적 주체성의 사유의 이미지도 이들 공준의 속성을 갖는다. 위 인용문에서 보면, 공준의 작용(선택, 전제)은 굳이 말해지지 않더라도 효과적으로 강력한 힘을 발휘한다. 그렇게 되면서 국가장치로 작용하는 제국적 전체성이나 공화국적 주체성과 연관된 사유의 이미지는 독단적 특성을 갖는다. 공준으로 받아들여지기에 독단적이지만 보편적인 것으로 인식된다. 이 사유의 이미지는 재현적 사유와 사유의 유사성을 통해 개별적 고유한 사유를 압살하고 훼손하게 된다.

---

10 공리(公理)처럼 자명하지는 않으나 증명이 불가능한 명제로서, 학문적 또는 실천적 원리로서 인정되는 것.(표준국어대사전, https://stdict.korean.go.kr/search/searchView.do)

11 들뢰즈가 제시한 8가지 공준. 1) 원리의 공준 또는 보편성 사유의 공준(사유 주체의 선한 의지와 사유의 선한 본성). 2) 이상(理想)의 공준 혹은 공통감의 공준(인식능력들의 조화로운 일치로서의 공통감과 이 일치를 보증하는 할당으로서의 양식). 3) 모델 공준 또는 재인의 공준(모든 인식능력들이 똑같다고 가정된 하나의 대상에 대해 적용되도록 유도하는 재인, 그리고 할당의 수준에서 한 인식능력이 자신의 대상들 중의 하나를 다른 인식능력의 어떤 다른 대상과 혼동한 때 일어나는 오류 가능성). 4) 요소의 공준 및 재현의 공준(이때 차이는 같은 것과 유사한 것, 비유적인 것과 대립적인 것의 보충적인 차원들에 종속된다). 5) 부정적인 것의 공준 또는 오류의 공준(여기서 오류는 사유 안에서 일어날 수 있는 잘못된 모든 것을 동시에 표현하지만, 이 모든 것은 언제나 외적인 메커니즘들의 산물이다). 6) 논리적 기준의 공준 혹은 명제의 공준(지칭은 진리의 장소로 간주되고, 의미는 단지 명제의 중성화된 분신이나 무한정한 이분화에 불과하다). 7) 양상의 공준 혹은 해들의 공준(문제는 내용상의 명제들을 기초로 전사되거나 형식상 해결 가능성에 의해 정의된다). 8) 목적이나 결과의 공준(앎에 대한 배움의 종속성과 방법에 대한 교양의 종속성).(김상환 역, 2004: 367)

사유의 이미지의 재현과 유사성은 읽기 국가장치의 작용 특성이다. <하여가>와 <단심가>에 대한 독자의 이해 과정을 떠올려 보면, 재현이고 유사성을 무한 반복하고 있음을 알 수 있다. 독자의 텍스트 이해는 독단적 사유의 이미지에 의하여 이루어지는 경향이 있다. 읽기 국가장치의 작동으로 이루어지는 텍스트 이해에서는 이를 벗어나기 어렵다. 이 사유의 이미지는 재현으로 동일성을 반복하게 만들면서 제국적 전체성이나 공화국적 주체성이 따르는 기준(법률, 정해진 방법, 창작 의도)이 보편적인 것이 되게 한다. 이 사유의 이미지는 독자가 외부의 기준을 수용하여 충실히 따르게 함으로써 자기 고유의 사유를 제한(압살)한다. 이는 독자가 텍스트 이해에서 자기의식을 소거하고, 자기 고유의 사유를 버리게 한다.

나. 포획

독자가 자기의식을 소거하고 자기 사유를 버렸지만 텍스트를 이해할 수 있다. 독자는 남의 의식으로 사유를 하는 것이다. 그 사유는 자유를 잃은 사유에 의한 것이고, 자신의 의지와 무관한 사유에 의한 것이다. 읽기 국가장치에 종속된 사유를 하는 것이다. <하여가>와 <단심가>를 읽고 이해하는 독자의 사유에는 자유가 없고, 자신의 의지가 내재하지 않는다. 읽기 국가장치에 얽매여 사유하고 이해하는 것이다. 읽기 국가장치는 독자의 사유를 정해진 방식에 의존하여, 종속된 형태로 이루어지게 한다. 이는 독자의 사유하는 의식이 읽기 국가장치에 사로잡힘, 즉 포획된 것이기 때문이다. 읽기 국가장치에 포획된 독자의 의식과 사유에는 자유가 없다.

파란 녹이 긴 구리거울 속에/ 내 얼굴이 남아 있는 것은/ 어느 왕조의 유물이기에/ 이다지도 욕될까.// 나는 나의 참회의 글을 한 줄에 줄이자./ — 만 이십사

년 일 개월을/ 무슨 기쁨을 바라 살아왔던가.// 내일이나 모레나 그 어느 즐거운 날에/ 나는 또 한 줄의 참회록을 써야 한다./ ― 그때 그 젊은 나이에 왜 그런 부끄런 고백을 했던가.// 밤이면 밤마다 나의 거울을/ 손바닥으로 발바닥으로 닦아 보자.// 그러면 어느 운석(隕石) 밑으로 홀로 걸어가는/ 슬픈 사람의 뒷모양이/ 거울 속에 나타나 온다. (윤동주의 <참회록> 전문)

이 <참회록>을 좋아하는 독자가 많다. 이 시를 읽을 때마다 시인의 오묘한 감성을 느낀다. 그렇지만 이 시를 읽고 이해하는 독자는 시에서 느껴지는 감성의 오묘함보다는 시의 시대적 배경에 집중한다. 그래서 조국을 잃은 암울한 시대의 암담한 상황에서 자기를 찾고 있는 화자에게 공감한다. 독자가 <참회록>을 이렇게 읽고 이해하는 것은 자유로운 사유나 자기 의지에 의한 것이 아니다. 읽기 국가장치에 속박된 사유에서 비롯된 것이다. 속박된 사유는 시에서 느껴지는 오묘한 자기의 감성에 대해서는 관심을 두지 않는다. 오묘한 감성에 관심을 두는 것은 보편성을 벗어나는 일이기 때문이다. 즉 독자는 포획된 사유로 텍스트를 이해하는 것이다.

> 정치적 주권은 두 극을 가진다. 즉 포획, 속박, 매듭, 투망을 통해 움직이는 마법사로서의 무시무시한 황제라는 극과 협약, 협정, 계약이라는 절차를 따르는 판관으로서의 왕이라는 두 극을 말이다. (김재인 역, 2003: 815)

이처럼 국가장치는 기묘한 리듬에 따라 작동하는데, 우선 이것이 커다란 수수께끼이다. 즉 <묶는(束縛) 자로서의 신> 또는 마법사로서의 황제, 즉 한 눈으로도 멀리 있는 것까지 포획하고 묶을 수 있는 기호를 쏘아대는 <외눈박이 인간>이라는 커다란 수수께끼가 있다. 다른 한편 판관으로서의 왕은 <외팔이 신>으로서, 한쪽 팔만 들어 올려도 그것이 곧 정의(正義)와 기술, 법과 도구의 요소가 된다. <외눈박이>와 <외팔이>는 국가 인간 사이에서는 언제나 연속해서 나타난다.(김재인 역, 2003: 816)

독자 사유의 포획에 관여하는 국가장치는 두 극이 있다. 첫째 극은 제국의 황제 극으로 마법적 힘으로 포획을 하고, 둘째 극은 공화국의 판관(왕)의 극으로 협약의 법으로 포획한다. 이들 두 극은 국가장치를 이루는 주요 구성 요소이다. 이들 두 극은 기묘한 리듬을 따라 작동하는데, 마법사로서의 황제는 한 눈만으로 멀리 있는 것까지 포획할 수 있는 기호를 쏘아대는 '외눈박이'이다. 판관으로서의 왕은 한 팔만 들어 올려도 정의와 법의 요소가 작동하게 하는 '외팔이'이다.[12] 이들 외눈박이와 외팔이는 국가장치의 요소로서 언제나 작동한다. 독자들이 <참회록>을 화자가 살았던 암담한 시대적 상황에서 자신을 찾는 것으로 인식하는 것은 이들 외눈박이와 외팔이의 영향이다.

외눈박이 황제는 마법을 사용하여 신민을 포획한다. 마법은 사람들을 홀리는 불가사의한 술법이다. 불가사의한 술법은 논리적이고 합리적인 근거가 분명하지 않음에도 사람들이 그것을 당연시하는 것이다. <참회록>을 시적 화자 자신을 찾는 것으로 이해는 독자는 시인에 대하여 직접 경험하여 알고 있는 것이 없다. 이 시를 그동안 해석해 온 사회적 관습에 따라 그렇게 이해한 것이다. 외팔이 판관 왕은 계약으로 포획한다. 계약은 사람이나 조직체가 서로 간에 지켜야 할 의무를 정한 것이다. 약속을 하고 그 약속대로 하는 것이 계약인 것이다. 판관인 왕은 계약으로 포획하는 자이다. <참회록>을 읽는 독자가 시인이 살았던 시대적 상황을 단서로 해석을 하는 것은 국가장치인 판관과 계약 맺고(교육을 받고), 계약대로 약속을 이행하는 것이다. 독자의 판관(입법자)과의 계약은 학교 교육을 받음으로써 자연스럽게 이루어

---

12   외눈박이와 외팔이의 텍스트 이해와 관련된 특성에 대한 논의는 2장과 여수현·김도남 (2022)을 참조할 수 있다.

진다.

읽기 국가장치에 의한 독자의 포획은 부지불식간에 일어난다. 마법적 포획은 일상의 텍스트 읽기 활동에서 일어나고, 계약적 포획은 학교 교육을 통하여 주로 일어난다. 물론 이들 두 극은 상보적으로 서로 넘나들며 일어날 수 있다. 어린 독자가 일상에서 텍스트 읽기를 할 때, 기존 세대의 독자가 관여하여 마법적으로 포획한다. 학습 독자가 학교에서 텍스트 읽기를 배울 때, 계약적 관계가 성립된다. 어린 독자와 학습 독자는 자신이 포획 당하고 있다는 것을 알지 못한다. 포획은 사로잡음이다. 사로잡음은 생각이나 마음이 온통 한곳으로 쏠리어 다른 것에 마음을 못 쓰게 하는 것이다. 국가장치에 의한 포획은 어린 독자나 학습 독자를 대상으로 하기에 사로잡기가 어렵지 않다. 포획된 독자는 자신의 의지와는 무관하게 국가장치에 의존하여 텍스트를 인식한다. 이 포획된 인식에는 자유가 없지만 이를 모르는 상태에 있는 독자에게는 자발적인 순응이 내재한다.

다. 주체

독자는 국가장치에 포획된 이해를 하지만 이를 주체로서 실행한다. 주체는 어떤 행위를 주도하는 주인을 가리킨다. 독자는 국가장치에 포획되어 있지만, 텍스트 이해를 할 때에는 주체가 된다. 이 말에는 내적 모순이 있다. 포획된 자는 주체적으로 행위를 할 수 없다. 그런데 읽기 국가장치에 포획된 독자가 주체적 행위를 한다는 것이다. 이는 국가장치에 포획된 독자가 읽기를 할 때, 자기가 주체적으로 읽기를 하고 있다고 여기는 것에서 비롯된 것이다. <하여가>, <단심가>, <참회록>을 읽고 이해하는 독자는 자신이 읽기 국가장치에 포획된 읽기를 하고 있지만, 자기를 주체로 여긴다. 독자들이 텍스트를 읽기 규칙에 맞추어 읽고 이해를 할 때, 그 이해의 행위는 읽기 국가장치에 포획된 것이지만, 독자는 자기가 주체적으로 읽고 있다고 여기는 것이다. 즉 독자가 배운 대로 텍스트를 읽고 이해하는 자기를 주체로 여기는 것이다.

> 따라서 국가가 입법자와 주체(신민)를 구별할 때는 사유가 이 양자의 동일성을 사유할 수 있도록 해주는 형식적 조건을 충족시켜야 한다. 항상 복종하라. 복종하면 할수록 너희들은 주인이 될 수 있다. 왜냐하면 너희들은 오직 순수이성, 즉 너희 자신에게만 복종하고 있기 때문이다. (김재인 역, 2003: 721)

위 내용은 앞에서도 인용했었다. '자유로운 정신의 공화국'을 요소로 하는 국가장치는 주체의 역할을 강조한다. 읽기 국가장치가 자유로운 정신의 공화국의 사유 방식으로 작동할 때도 독자 주체의 역할을 강조한다. 읽기 국가장치를 통해, 독자가 주체가 되기 위해서는 읽기 사유를 입법자(판관, 왕)와 동일성을 가질 수 있게 형식적 조건을 충족시키는 것이 필요하다. 이 형식적 조건을 충족한 독자는 입법자가 만든 읽기 규칙(법률)을 잘 지키게(복종) 된다. 공화국의 구성원으로서 준칙을 따르는 이성적인 독자가 읽기 주체가 되고, 읽기 규칙을 지키는 것은 입법자(전문가)와 의식의 동일성을 이루었기 때문이다. 즉 독자가 읽기 규칙의 입법자(전문가)들과 동일성을 가질 수 있게 형식적 조건을 충족하면 주체가 된다. 이는 읽기 전문가들이 규정해 놓은 읽기 규칙(법, 방법)을 자기 자신이 만든 것으로 여기는 것이다. 독자가 읽기 전문가들의 정해 놓은 읽기 규칙을 자기가 만든 것으로 여기는 논리는 공화국적 법에 따른 계약이 있어서이다. 입법자를 법에 의하여 자신을 대신하면서 대표하는 자로 인정(선출)하는 것이다. 법에 의해 입법자는 주체를 대신하고 대표한다. 그래서 읽기 입법자도 독자 주체를 대표한다. 이 대표가 만든 법은 읽기 독자 주체가 만든 것이 된다. 따라서 자신이 만든 준칙을 따르는 것은 이성적인 것이다. 복종은 주인을 만든다. 읽기 규정에 복종하면 할수록 독자는 읽기 주체가 될 수 있다.

읽기 규칙에 충실한 읽기를 하는 것이 읽기 주체가 되는 까닭은 그것이 순수이성의 것이기에 그렇다. 독자는 이성적으로 텍스트를 이해해야 한다. 독자가 이성적으로 텍스트 이해를 했을 때, 그 이해가 바른 이해이다. 그래서 누구나 그 바른 이해를 지향한다. 여기서 바른 이해는 이성 중의 순수이성에 의한 이해이다. 순수이성은 독자의 준칙, 즉 읽기 전문가(입법자)가 정한 읽기 규칙을 동일성의 조건에서 따라 실행하는 것이다. 속설적 표현으로 '네 준칙에 따라 행동하라'라는 정언명령을 수행하는 것이다. 읽기 국가장치를 따르지만 독자가 자신의 읽기에 주인(주체)이 되는 길은 읽기 규칙과의 동일성을 이루는 읽기를 하는 것이다. 독자가 <하여가>, <단심가>, <참회록> 등 텍스트를 읽을 때, 국가장치가 제공하는 읽기 규칙에 충실한 읽기를 수행할 때 읽기 주체가 된다.

> 칸트 시대부터 철학자가 교수, 즉 국가 공무원이 된 것은 그리 놀랄만한 일은 아니다. 국가-형식이 사유의 이미지에 영감을 불어넣는 순간 모든 것이 규제되는 것이다. 완벽한 호혜주의인 셈이다. 게다가 국가 형식의 다양한 변화에 따라 사유의 이미지도 계속 다른 윤곽을 가진다. 따라서 동일한 사유의 이미지가 철학자를 묘사하고 지시해온 것은 아니며 앞으로도 반드시 그렇다고 볼 수는 없을 것이다. 마법적 기능과 이성적 기능 사이를 왔다갔다하는 경우도 있을 것이다. 고대의 제국적 국가에서는 시인이 사유의 이미지의 조련사 역할을 담당했으며, 근대 국가에서는 사회학자들이 철학자들의 역할을 대체해 왔다. (김재인 역, 2003: 721-722)

읽기 국가장치의 읽기 규칙을 만드는 것은 읽기 전문가들이다. 국가장치의 법을 만드는 것은 칸트 이전에는 사제(판관, 왕)들이었고, 칸트 시대에는 철학자들이었다. 이들 사제나 철학자들은 교사나 국가 공무원이 되어 신민들이 주체가 되도록 이끌었다. 이들이 제공하는 국가장치(사유의 이미지)가 작동함으로써 다른 인식들은 모두 제거가 되었다. 시대의 변화에 따라 근대에 들어와서는 국가장치도 변화하고, 사제의 역할을 맡은 이들도 변하여 사회학자들로 바뀌었다. 읽기 국가장치도 계속 동일한 것은 아니다. 시대의 변화에 따라 읽기 국가장치도 달라지고, 읽기 국가장치를 떠받치는 사제들도 바뀌었다. 전기(傳記)적 비평가에서 신비평가로 또 독자반응이론가로, 행동주의 심리학자에서 인지심리학자로 또 해석학자로 변화하면서 읽기 국가장치는 저자의 의도에서 텍스트 구조로, 읽기 기능과 스키마로, 지평의 융합으로, 자기 생성으로 변화하고 있다.

읽기 국가장치에 의한 읽기 주체는 읽기 규칙을 스스로 따름을 전제한다. 읽기 규칙을 스스로 따르는 것이 이성적인 것이기 때문이다. 입법자와 동일성을 이루는 사고로 순수이성에 의한 정언명령을 실행하는 것이다. 이 읽기 주체는 동일성의 사유에 의하여 자기 사유가 아닌 것을 자유로운 자기의 사유로 착각을 한다. 이 착각에 의하여 읽기 규칙을 준수하는 읽기가 주체적 읽기이고 보편적 읽기이며 이성적인 읽기가 된다. 독자는 이 착각을 지각하지 못하기 때문에 이를 절대적인 것으로 신념화한다. 그렇지만 이 독자 주체에 의한 읽기는 자기의 사유가 없는 읽기, 즉 자기의식이 관여하지 않는 읽기이다. 주체적 읽기인데 독자의 의식이 관여하지 않는 읽기는 자기 모순적이다. 국가장치 내에 의식이 머무르는 독자는 이를 지각하지 못한다. 그렇지만 읽기 전쟁기계에 의한 자기의식을 갖게 되면 이를 지각할 수 있게 된다.

라. 보편성

읽기 국가장치가 독자 주체를 포획하는 대표적인 수단이 보편성이다. 독자 주체가 순수이성을 토대로 읽기 규칙을 따르는 것은 합법적인 보편성이 내재해 있다고 여기기 때문이다. 독자가 참된 진리의 제국에서 비롯된 사유의 이미지와 관련된 읽기 규칙(관습)이나, 자유로운 정신의 공화국에서 비롯된 사유의 이미지와 관련된 읽기 규칙(이론)도 합법적인 보편성을 요구한다. 합법적인 보편성은 누구에게나 타당하게 인정되어 따르고 준수해야 할 규범의 속성이다. 읽기 국가장치는 이 보편성을 전제한다. <하여가>, <단심가>의 창작 의도, <참회록>의 시대 상황은 독자들에게 규범적인 것으로 받아들여진다.

무위의 방식을 행하며, 일거리를 없애는 태도로 일하고, 정해진 맛이 없는 것을 참맛으로 안다. 작은 것을 크게 보고, 적은 것을 많게 보며, 원한을 덕으로 갚는다. 어려운 일을 하려는 자는 그 쉬운 일부터 하고, 큰 일을 하는 자는 그 작은 일부터 한다. 세상의 어려운 일은 반드시 쉬운 일에서부터 시작되고, 세상의 큰일은 반드시 작은 일에서부터 일어난다. 이런 이치로 성인은 끝끝내 일을 크게 벌이지 않는다. 그래서 결국 큰 일을 이룰 수 있게 되는 것이다. 대개 쉽게 하는 승낙에는 믿음이 부족하고, 사태를 너무 쉽게 보면 반드시 많은 어려움에 봉착하게 된다. 이런 이치로 성인은 오히려 모든 일을 어렵게 대한다. 그래서 종내 어려움이 없게 되는 것이다.(爲無爲, 事無事, 味無味, 大小多少, 報怨 以德, 圖難於其易, 爲大於其細, 天下難事, 必作於易, 天下大事, 必作於細, 是以聖人 終不爲大, 故能成其大, 夫輕諾必寡信, 多易必多難, 是以聖人猶難之, 故終無難矣. (『道德經』 63장, 최진석 역, 2002: 452-453)

노자(老子)의 『도덕경(道德經)』은 동양의 고전이다. 이 『도덕경』은 다양하게 해석되고, 이해되고 있다. 철학적 사상으로 이해되기도 하고, 바른 삶을 위한 행동 규범으로도 이해된다. 또한 종교(도교)의 경전으로도 인식된다. 『도덕경』 해석의 내적 논리는 여러 가지가 존재한다. 무위(無爲), 자연(自然), 순리(順理), 순환(循環), 변화(無常), 여성성, 겸손(謙遜), 성인 등이 그것이다. 이들 중 대중적인 것(무위)도 있고, 해석적인 것(無常)도 있다. 『도덕경』을 읽고 해석하는 독자의 읽기 규칙 중 대중적인 것(관습)이든 해석적인 것(계약)이든 이들이 수용되는 것에는 보편성이 관여한다. 『도덕경』의 해석은 옳을 수도 있고 아닐 수도 있다. 읽기 국가장치로서의 보편성은 주체들의 수용에 달려있다. 옳은 읽기 규칙이라도 주체들이 받아들이지 않으면 보편성은 없다. 그렇기에 읽기 국가장치의 보편성은 읽기 규칙의 옳음에 있는 것이 아니라 마법적이든 계약적이든 독자의 수용에 달려있다. 이는 읽기 국가장치를 이루고 있는 읽기 규칙들이 옳지 않은 것이 있음을 함의한다.

사유로서는 국가에 의지하는 것이 유리하듯이 국가 입장에서도 사유 속에서 전개되어 이로부터 유일한 보편 형식으로서 정당성을 인가받는 것이 유리하다. 그리고 각각의 국가의 개별성은 각국의 우연적인 도착성(倒錯性)이나 불완전성과 마찬가지로 그저 [우연한] 사실에 불과할 뿐이다. 왜냐하면 권리상 근대 국가는 '합리적이고 이성적인 공동체 조직'으로 정의되기 때문이다. 이 공동체는 이미 개별성으로는 내부적·정신적 개별성(민족정신)만을 가질 뿐이며, 동시에 이 공동체 조직을 통해 보편적 조화(절대정신)에 공헌하기 때문이다. 국가는 사유에 내부성의 형식을 부여하고, 다시 사유는 이 내부성에 보편성의 형식을 부여한다. 이리하여 '세계적인 조직의 목적은 각각의 자유로운 국가들 안에서 이성적인 개인들을 만족시키는 데' 있게 된다. (김재인 역, 2003: 720)

이 인용문에서 보면, 사유와 국가-형식에 내재하는 보편성은 서로 인정해 줌으로써 존재한다. 각 국가의 존재 형식을 보면, 국가의 존재 근거는 절대적인 것이 아니고 도착(倒錯, 상하가 바뀌어 서로 어긋남)적이거나 불완전한 것으로서 우연적인 것이다. 이는 근대 국가가 '합리적이고 이성적인 공동체 조직'으로 정의되고 있는데 기초한다. 간단히 말해, 국가의 존재 근거는 합의되고 규정된 것에 불과한 것이다. 부언하면, 각 공동체(국가)는 개별적으로 내부적·정신적 개별성을 가지며, 공동체 내에서 보편적 조화를 추구한다. 국가가 사유에 내부성의 형식을 부여하면, 사유가 이 내부성에 보편성을 부여하게 된다. 요컨대, 보편성은 절대적인 것이 아니라 국가장치에 따라 변화하는 상대적인 것이다. 그래서 세계적인 조직을 이루더라도 각 국가는 국가 내의 이성적인 개인들을 만족시켜야 한다. 읽기 국가장치의 보편성은 절대적인 것이 아니라 내부적으로 인정되고 모두에게 받아들여질 때 보편성을 이룬다는 것이다.

읽기 국가장치의 보편성은 독자 주체들이 읽기 규칙을 당연시하는 것이다. 그런데 이들 읽기 규칙들이 절대적으로 옳은 것이기 때문에 당연시하는 것이 아니라는 것이다. 사실·추론·비판적 읽기가 독자들에게 절대적으로 옳은 것은 아니다. 독자들이 텍스트를 읽고 이해할 때, 사실·추론·비판적 읽기를 하지 않는 경우도 많이 있는 것이다. 그렇기에 인용문에 언급된 내용을 조금 더 확대하여 해석하면, 읽기 국가장치의 보편성은 독자 주체들에게 강제적으로 주입된 것이다. 그래서 국가는 이성적인 개인들을 만족시키는 것을 목적으로 한다. 읽기 국가장치의 읽기 규칙을 독자 주체들에게 강제 주입시키는 일은 계획적, 체계적으로 이루어진다. 독자 주체가 어릴 때부터 장기간에 걸쳐 부지불식간에 받아들일 수 있게 한다. 그렇게 함으로써 독자 주체들이 읽기 국가장치를 무비판적으로 수용하고, 이를 보편적인 것으로 여기게 만든다.

마. 코드화

독자 주체가 읽기 국가장치를 보편성을 지닌 것으로 받아들이고 활용하는 것은 코드화와 관계된다. 읽기 국가장치는 독자 주체가 텍스트 읽기를 원활하게 할 수 있도록 이끈다. 그렇게 되어 독자 주체들은 각자의 사유의 형식으로 텍스트를 읽고 이해한다. 독자 주체들이 텍스트를 읽고 이해할 수 있게 되는 일은, 읽기 사유에 홈을 파고, 코드값을 받음에서 비롯된다. 읽기 교육은 독자가 특정한 형식의 사유를 하도록 홈을 파는 것이고, 코드 값을 부여하는 것이다. 그렇게 함으로써 읽기 국가장치는 독자 주체들이 텍스트를 읽고 이해할 수 있게 한다. 독자 주체는 개별적 코드값을 부여받기도 하고, 초코드 값에 의해 관리되기도 한다. 읽기 국가장치의 코드값을 부여받은 독자는 주체가 되어 텍스트를 읽고 이해할 수 있게 된다.

공리1-전쟁기계는 국가장치의 외부에 존재한다.
명제1-이러한 외부성은 먼저 신화, 서사시, 연극 그리고 각종 놀이에 의해 확인된다.

조르주 뒤메질은 인도-유럽 신화에 대한 결정적인 분석에서 정치적 주권 또는 지배권은 <마법사-왕>과 <판관-사제>라는 두 개의 머리로 이루어져 있음을 보여주었다. 즉 국왕(rex)과 사제(flamen), 라이(raj)와 브라만, 로물루스(Romulus)와 누마(Numa), 비루나(varuna)와 미트라(Mitra), 전제 군주와 입법자, 묶는(束縛) 자와 조직하는 자 등으로 말이다. 그리고 당연히 이 두 극은 밝음과 어둠, 격렬함과 평온함, 신속함과 장중함, 공포와 규율, '묶는 것'과 '계약' 등으로 서로 대립하고 있다. 그러나 이러한 대립은 상대적인 것일 뿐 양극은 마치 <하나>의 분할을 표현하거나 아니면 반대로 지고한 통일체를 구성하기라도 하듯 하나의 쌍을 이루어, 서로 교대해 가면서 기능한다. (김재인 역, 2003: 671-672)

위 인용문은 『천 개의 고원』 12장의 시작 부분이다. 이 부분을 읽고, 구체적으로 의미하는 바를 이해하는 독자는 많지 않다. 독자는 이 텍스트를 읽을 수 있는 코드값은 부여받지 못한 것이다. 코드값을 부여받지 못한 독자는 텍스트의 선택부터 텍스트 읽고 이해하는 것까지, 텍스트 이해의 일체 활동에 어려움을 겪는다. 그렇기에 독자는 읽기 국가장치가 제공하는 텍스트 읽기에 필요한 코드값을 부여받아야 한다. 읽기 국가장치가 독자 주체에게 제공하는 코드값은 나이에 따라, 학교급에 따라, 읽기 활동 결과 등에 따라 다르다. 읽기 국가장치에 들어있는 코드값은 읽기 사제(판관)들에 의해 생성되며, 다양한 경로들 통하여 독자 주체에게 전달된다. 독자에게 코드값을 전달하는 대표 기관을 학교라 할 수 있다. 학교에 다녔다고 하여 모두가 같은 읽기 코드값을 부여받는 것은 아니다. 읽기 국가장치는 독자가 습득하는 코드값을 독자 주체에 따라 달리할 수 있다.

> 장기의 말들은 모두 코드화되어 있다. 즉 행마나 포석 그리고 말끼리의 절대 관계를 규정하는 내적 본성 또는 내적 특성을 구비하고 있다. 즉 각각의 내재적 성질을 부여받고 있다. 마(馬)는 마이고, 졸은 졸이며, 포는 포이다. 말 하나하나는 소위 상대적 권력을 부여받은 언표의 주체와 비슷하며, 이러한 권력들은 언표 행위의 주체, 즉 장기를 두는 사람 또는 놀이의 내부성 형식 속에서 조합된다. (김재인 역, 2003: 674)

이 인용문은 국가장치를 장기를 예를 들어 설명하는 내용이다. 국가장치에 의한 작용이 장기판의 말들과 같다는 것이다. 장기를 두는 기사(놀이자)는 자기 계획에 의하여 말을 운영할 수 있는 초코드값을 가지고 있다. 이에 비해 장기의 말들은 각자의 코드값만 가지고 있다. 장기 놀이자는 말의 각 코드값에 맞게 초코드값으로 말을 조작하는 일이다. 장기 놀이자가 언표 행위의 주체라면, 장기의 말은 언표의 주체가 된다. 읽기 국가장치가 언표 행위의 주체라면 독자 주체는 언표의 주체가 된다. 언표의 주체인 독자는 자신에게 부여된 코드값 이상을 하는 일은 불가능하다. 읽기 국가장치는 언표 행위의 주체로서 언표의 주체인 독자 주체들에게 코드값을 부여하고, 코드값대로 작용하게 한다. 읽기 국가장치에 포획된 독자 주체는 자신에게 부여된 코드값대로만 텍스트 이해를 할 수 있다.[13]

읽기 교육은 읽기 국가장치가 학습 독자의 사유에 홈을 파고 코드값을 부여하는 과정이다. 학습 독자가 읽기 국가장치로부터 코드값을 받는 합의의 과정이다. 이 읽기 교육에서는 읽기 국가장치가 제공하는 읽기 코드값을 잘 받아들이는 학습 독자가 있는 반면 그렇지 못한 독자도 있다. 이때, 코드값을 잘 받아들이고 못 받아들이는 것은 학습 독자 개인의 일이다. 이는 읽기 국가장치와 독자 주체가 읽기 규칙 습득에 대한 합의를 한 형태인 것이다. 이 합의는 이성적인 존재 간에 이루어진 것이기 때문에 독자 주체는 이를 따라야 한다. 자신이 주도한 것이 아니지만 합의한 것이기에 따라야 하는 것이다. 이 합의를 따르는 것이 이성적임을 인정받는 것이다. 그리고 읽기 코드값도 자신의 것이 아닌 사제(입법자)의 것이지만 합의에 의하여 주고 받은 것이기에 독자 주체의 것이 된다. 읽기 국가장치가 제공한 코드값에 따른 읽기를 하는 독자 주체는 자신의 읽기 코드값은 알지 못한다. 본질적으로 읽기 주체를 대표하는 것은 읽기 국가장치가 된다.

---

13 장기는 전쟁이기는 하나 제도화되고, 규칙화되어 있는 전쟁으로서 전선과 후방 그리고 다양한 전투를 포함해 코드화되어 있다.(김재인 역, 2003: 674)

4. 읽기 국가장치의 과제

읽기 국자장치는 독자가 텍스트를 읽고 이해하는 데 관여하는 의식의 흐름이다. 이 읽기 국가장치는 모든 독자들에게 동일하게 작용하고, 독자의 읽기 행위를 관리한다. 독자들은 부지불식간에 읽기 국가장치를 받아들이고 따르게 된다. 집에서, 학교에서, 사회에서 이루어지는 모든 읽기 활동에 국가장치가 관여하기 때문이다. 특히 학교에서 만나게 되는 읽기 국가장치는 독자에게 강력한 영향력을 발휘한다. 학교에서의 읽기 국가장치는 분명한 형태를 이루고 있고, 학습 목표, 내용, 방법이 구체화되어 있다. 이 읽기 국가장치는 독자 사유의 형식을 결정하여 텍스트 이해의 양식을 규정한다. 독자는 습득한 읽기 국가장치에 의존하여 텍스트 이해를 하게 된다.

이 읽기 국가장치는 독자에게 읽기에 필요한 기초와 기본적인 능력을 갖추게 하고, 표준적이고 공통적인 읽기를 하게 한다. 그렇기에 읽기 교육에서는 절대적으로 필요한 것이다. 학습 독자들은 이 읽기 국가장치가 제공하는 읽기 규칙들을 익힘으로써 독자가 될 수 있다. 읽기 국가장에서 요구하고, 제공하는 것을 습득하지 못한 학습 독자는 읽기를 할 수 없게 된다. 읽기 국가장치는 이런 공통적인 전체성의 속성을 지닌 것이기에 독자에게는 텍스트 이해의 토대를 제공해 준다. 그렇기에 읽기 국가장치는 보편적이고 일반적이고, 규준적인 읽기 규칙으로 이루어져 있다. 그렇기에 독자에게는 반드시 필요한 것이다.

그렇지만 읽기 국가장치가 읽기의 모든 것을 제공하는 것이 아니다. 읽기에서의 기초와 공통적인 것을 제공하여, 독자의 텍스트 이해를 지원한다. 독자는 읽기 국가장치가 이런 속성을 가지고 있음을 알아야 한다. 읽기 국가장치에만 의존하는 독자는 자기의 읽기를 외면하거나 존재를 의식하지 못한다. 읽기는 독자 자신을 위한 측면도 있다. 읽기에 충실하거나 읽기 국가장치에 모든 것을 일임한 독자는 자기를 잃어버린다. 자기만의 읽기에, 더 나아가서는 자기를 찾고 생성하는 읽기를 하지 못하게 되는 것이다. 읽기 국가장치에 충실하여 외적 규준을 따르는 텍스트 읽기와 이해는, 자기를 찾고 생성하는 읽기와 이해의 토대가 될 뿐이다. 이 토대를 발판으로, 독자는 자기를 생성하고 자기 삶을 생성하는 유목적 읽기를 실행해야 한다.

제9장

읽기 전쟁기계

1. 읽기와 전쟁기계

[가] 요컨대 전쟁 역량의 출현을 국가의 지배권의 계보와 혼동하게 되면 모든 것이 엉망이 되어버리는 것이다. 그렇게 되면 전쟁기계는 오직 부정적인 범주들을 통해서밖에는 이해될 수 없게 된다. 국가 외부에 아무것도 존재하지 않는다고 생각하게 되니 말이다. 그러나 본래의 외부성의 환경으로 되돌아가면 전쟁기계는 국가장치와는 다른 종류에 속하며 다른 본성을 가질뿐더러 다른 기원에서 유래한다는 사실이 명백해진다. 전쟁기계는 국가의 두 개의 머리 사이에 또는 국가의 두 분절 사이에 위치하며, 한쪽에서 다른 쪽으로 이동하려면 필연적으로 그래야만 한다고 말해야 할 것이다. 그러나 '사이'가 설령 전광석화와 같은 순간, 덧없는 일순간에 지나지 않더라도 전쟁기계는 스스로의 환원 불가능성을 적극적으로 표출한다. 국가 자체는 전쟁기계를 갖고 있지 않다. 국가는 단지 군사제도 형태로만 전쟁기계를 전유할 수 있지만 이 전쟁기계는 끊임없이 국가에 문제를 제기한다. (김재인 역, 2003: 678)

글 (가)는 들뢰즈와 과타리가 말하는 전쟁기계'의 개념을 짐작하게 해준다.

전쟁기계는 국가장치와는 다르게 국가 외부에 존재하는 무엇이다. 전쟁기계는 국가가 지배적 권력을 행사할 수 있게 하는 국가장치와는 다른 계보의 것이다.[2] 국가장치와는 다른 종류이고, 다른 본성을 지녔으며, 다른 기원에서 유래한 것이다. 이런 전쟁기계는 제국(帝國)의 절대적 권력을 위한 국가장치와 공화국(共和國)의 계약적 관계를 위한 국가장치 사이에 위치할 수 있지만 독립적인 것이다.[3] 또한 이 두 국가 사이를 오갈 수도 있지만 독립성, 그 본질은 변하지 않는다. 그렇기에 국가는 전쟁기계를 가질 수 없다. 국가가 일시적으로 전유할 수는 있지만,[4] 전쟁기계는 언제나 국가 바깥에서 외부성으로 작용한다.

이 전쟁기계가 독자의 텍스트 읽기와 관계를 맺을 때, '읽기 전쟁기계'가 된다. 읽기 전쟁기계는 읽기 교육의 실천이나 읽기 교육을 받은 독자가 읽기를 실행할 때 작동한다. 읽기 전쟁기계는 근원적으로 읽기 국가장치와 관련되어 있다. 읽기 국가장치는 국가 차원에서 읽기에 대한 특정한 지배적 의식으로 권력을 행사하는 것과 관련된다. 이 읽기 국가장치는 앞 장에서 살폈다. 읽기 전쟁기계는 이 읽기 국가장치와 다른 종류이고, 다른 본성을 가졌으며,

---

1   들뢰즈와 과타리는 『천 개의 고원』(김재인 역, 2003) 12장(1227년-유목론 또는 전쟁기계)에서 전쟁기계에 대하여 논의한다. 이 책의 다른 부분에서도 전쟁기계를 국가장치와 함께 추상기계의 범주 속에서 논의한다.(김재인 역, 2003: 422-431) 이 추상기계는 의식 기계를 뜻한다. 국가장치는 구심점을 향하여 수렴되는 의식 기계를, 전쟁기계는 구심점에서 발산되는 의식 기계를 의미한다.(여수현·김도남, 2021: 220)

2   국가장치와 전쟁기계의 특징과 텍스트 이해와의 관련성에 대해서는 1장이나 여수현·김도남(2021)을 참조할 수 있다.

3   들뢰즈와 과타리가 제시한 마법과 같은 제국적 국가장치와 계약에 의한 공화국적 국가장치의 특성과 텍스트 이해와의 관련성은 1장과 여수현·김도남(2022)을 참조할 수 있다.

4   국가장치의 전쟁기계에 대한 전유의 문제는 『천 개의 고원』(김재인 역, 2003) 12장의 '명제 9-전쟁은 반드시 전투를 목표로 하는 것은 아니며, 특히 전쟁기계는 무조건 전쟁을 목표로 하고 있는 것은 아니다.(일정한 조건 하에서) 전투와 전쟁이 어쩔 수 없이 전쟁기계로부터 유래하더라도 마찬가지이다'를 논의하는 내용을 참조할 수 있다.(797-812)

다른 기원에서 유래한 것이다. 읽기 전쟁기계도 국가의 두 종류의 분절된 머리 사이에 위치하여 어느 한쪽에 일시적으로 포함될 수 있다. 그렇지만 읽기 전쟁기계는 언제나 독립성을 지닌다. 그렇기에 읽기에 대한 국가 차원의 지배적 권력은 읽기 전쟁기계를 갖고 있지 않다. 국가 차원에서는 일시적으로 읽기 전쟁기계를 전유할 수 있지만, 읽기 전쟁기계는 국가 차원의 읽기 방식에 대하여 문제를 제기하는 외부성으로 존재한다.

들뢰즈와 과타리가 말하는 전쟁기계를 한마디로 정의하기는 어렵다.[5] 정의할 수 없어서 그런 것이 아니라 전쟁기계의 속성이 무엇과의 관계에서 보느냐에 따라 달라지기 때문이다. 전쟁기계는 존재 형식의 측면에서 보면 국가장치와 대비되지만, 발생의 측면에서 보면 홈 패인 공간과 대비되는 매끈한 공간과 관련된다. 본질적 측면에서 보면 정착민이나 이주민의 삶과 대비되는 유목민의 삶과 관련되고, 기능적 측면에서 보면 전체성·동일성의 고착과 대비되는 개별성·생성성의 변화와 관련된다. 활동적 측면에서 보면 안정적이고 방어적인 소극성과 대비되는 도전적이고 전투적인 적극성과 관련된다. 그렇기에 전쟁기계를 어느 특정한 속성으로만 정의하려고 하기보다는 배치에 의한 작용 속에서 파악하고 인식할 필요가 있다. 전쟁기계 자체가 유목민의 생활에서 비롯된 것이기에 유동적이고 상황적인 것이다. 그렇기에 언제나 국가의 지배적인 제도의 외부성으로 존재한다.

읽기 전쟁기계도 단일하게 정의할 수 있는 것이 아니다. 텍스트를 어떤 배치 속에서 읽는가에 따라 다른 특성을 갖는다. 텍스트 읽기가 다양체의

---

5   전쟁기계에 대한 구체적인 설명은 이진경(2003a)에서 몇 곳에서 구체적으로 제시되어 있다. '전쟁기계는 구체적인 대상물이 아니라 국가장치와 같이 배치에 따른 의시적 흐름이다. 좀 더 구체적으로 말하면, 탈주선 상에서 탈주선을 그리는 배치가 전쟁기계인 것이다.'(이진경, 2003a: 738) 전쟁기계란 새로운 것을 창조하는 활동이나 사유, 글, 움직임, 창작 등의 모든 자유로운 흐름에 상관적인 배치로 형성되고 작동하는 기계라 할 수 있습니다.(이진경, 2003b: 300)

성질을 내포하고 있기에, 읽기가 어떤 양식으로 실현되느냐에 따라 읽기 전쟁기계는 다른 특성을 가진 것으로 인식되고 작용한다. 읽기 국가장치와 대립되고, 홈 패인 읽기 방식과 대립되며, 단일하거나 동질적인 이해의 지향에 대립된다. 또한 전체성이나 동일성에 고착된 텍스트 이해와 대립하고, 방어적인 소극적인 읽기 태도와 단일하고 고정된 관점이나 정해진 경로를 따르는 관점과 대립한다. 읽기 전쟁기계의 본질이 될 수 있는 기준은 유목성이라 할 수 있다. 들뢰즈와 과타리가 『천 개의 고원』 12장의 제목을 '유목론 또는 전쟁기계'라고 한 것에서 이를 짐작할 수 있다. 유목성은 정착(정주)성과 대비되면서 국가성과도 대비된다. 그렇기에 읽기 전쟁기계의 본질 속성도 유목성에서 비롯된 것이다.

유목민의 삶을 이루는 본질이 유목성이다. 이 유목성을 토대로 읽기 전쟁기계를 대강 정의할 수 있다. 읽기 전쟁기계는 독자의 고유한 삶을 위한 자기 생성을 이끄는 텍스트 이해에 작용하는 의식 흐름이다. 유목민의 유목성은 자신들의 고유한 삶을 사는 것과 관련된다. 이 삶을 위해서는 유랑하며 머무는 장소에서 살아남을 수 있는 자기를 생성해야 한다. 이렇게 유랑하면서 자기 삶을 살게 할 자기 생성이 유목성의 본질이다. 독자의 텍스트 이해에 이 유목성을 내포하여 실행할 수 있게 하는 의식 흐름[6]이 존재한다. 이 유목성을 내포한 텍스트 이해에 대한 의식 흐름이 읽기 전쟁기계인 것이다. 읽기 국가장치가 독자에게 다른 독자와 같은 텍스트 이해로 자기를 버리거나 잊게 하는 것이라면, 읽기 전쟁기계는 독자가 자기의 고유성을 찾게 하거나 밝혀

---

[6] 전쟁기계를 '의식(의) 흐름'이라고 정의하는 것은 여수현·김도남(2021)을 참조한 것이다. 추상기계가 '의식 기계'(220)이고, 국가장치나 전쟁기계도 의식의 요인과 흐름의 요인을 포함하고 있기 때문이다. 특히 텍스트 이해와 관련하여 볼 때, 특정 관점(예, 저자 중심, 텍스트 중심, 독자 중심 등)은 독자의 의식을 형성하고 일정 기간 지속되는 흐름의 특성이 있다. 이를 반영하여 읽기 전쟁기계를 '읽기 의식(의) 흐름'으로 정의하였다. 이 정의는 전쟁기계의 부분적 요인을 중심으로 정의한 것에 지나지 않는다.

알게 하는 것이다. 이로써 읽기 전쟁기계는 독자가 자기의 고유한 삶을 위한 자기 생성을 지향하는 읽기를 가능하게 하는 것이다.

이 장에서는 이 읽기 전쟁기계에 대하여 탐구한다. 이 논의는 텍스트 이해에 대한 구체적인 방법에 대한 미시적 접근이 아니라 관점을 정립하는 거시적 접근이다. 읽기 전쟁기계는 어떤 읽기 양식에서 접근하는가에 따라 달라지겠지만 텍스트 이해에 관여하는 몇 가지 요인들을 중심으로 살펴본다. 특히 읽기 국가장치와 대비되는 작용적 특성을 중심으로 검토한다. 이를 바탕으로 읽기 전쟁기계에 내재해 있는 속성들을 밝혀본다. 이는 들뢰즈와 과타리의『천 개의 고원』12장에서 논의하는 유목성을 이루는 요소들을 토대로 한다. 이를 통하여 읽기 국가장치와 대비되는 읽기 전쟁기계에 대하여 앞으로의 논의 토대를 마련한다. 이 논의는 독자의 텍스트 이해의 지향은 물론 읽기 교육에서 더 관심을 가져야 할 것을 밝히기 위한 것이다.

2. 읽기 전쟁기계의 근저

[나] 이러한 점을 고려하여 자신의 존재 가능성에 대한 현존재의 염려가 요청하는 근원적인 자기 초월의 교육 활동을 '학시습(學時習)'이라 명명하고자 한다. 그것은 '새로운 것을 만나게 되면 마땅히 시간을 내어 그것을 나의 것으로 익히는 활동'이라는 의미를 지닌다. 자신의 존재 가능성과 연관을 갖는 무엇을 향해 탈존하면서(學), 그것을 고유한 것으로 참되게 드러내려고 애쓰는 수련의 시기를 거치는 가운데(時), 그것과 하나가 되어 무르익는 것(習)이 학시습인 것이다. 이러한 학시습이 인간의 본래적인 삶 속에 들어 있으면서 현존재의 고유한 존재 양식에 속하기 때문에 인간은 현존재로서 자신의 존재 가능성을 염려하면서 그것을 향해 초월할 수 있다. (엄태동 2016: 89~90)

글 (나)는 하이데거의 존재론에 대한 철학을 교육학의 학습 개념으로 풀어내는 내용이다. 저자는 하이데거의 현존재에 대한 철학적 논의나 논어(論語)의 학이시습지불역열호(學而時習之不亦說乎)에 대한 기존 의미에 집착하지 않는다. 교육학자로서 학습이 어떤 것이 되어야 하는가를 해명하고 있다. 이와 같이 기존의 전체성에 토대를 둔 이해가 아닌 독자의 개별적 고유성을 가진 이해를 하게 하는 의식이 읽기 전쟁기계이다. 읽기 전쟁기계는 글 (나)의 저자가 하이데거의 텍스트나 논어를 읽을 때와 같이 자기 삶의 과업(교육학)을 위한 읽기의 의식 흐름이다. 이 읽기 전쟁기계의 밑바탕이 되는 기초적인 요인들에 대하여 살펴본다.

가. 읽기 전쟁기계의 개념역

읽기 전쟁기계는 독자의 텍스트 읽기에 대한 의식의 일종이다. 이 의식이 특정 경향성을 띠게 되어 독자들 사이에 작용할 때 의식 흐름이 된다. 독자의 텍스트 이해는 독자가 속해 있는 읽기에 대한 의식 흐름에 종속된다. 독자가 어떤 읽기의 의식 흐름을 따르고 있느냐에 따라 또는 어떤 의식 흐름을 가지고 있느냐에 따라 텍스트 이해가 달라진다. 독자의 텍스트 이해는 이 읽기에 대한 의식 흐름을 벗어날 수가 없다. 독자의 텍스트 이해 활동은 의식 흐름이 형성하는 읽기 존재 양식에 따라 이루어지기 때문이다. 독자의 텍스트 읽기 활동이 존재 양식에 기초하지 않는다면 규정할 수 없는 행동이 되어 설명이 불가능하다. 독자의 텍스트 읽기는 의식 흐름에 따른 일정한 존재 양식을 가진다. 이 존재 양식은 고정된 것은 아니고 변화한다. 이를 변화시키는 대표적인 것이 교육이다. 독자의 텍스트 이해에 대한 의식은 교육에 의해 형성되고 변화한다.

독자의 텍스트 이해와 관련된 의식 흐름에의 참여는 무의식적 또는 의식적이다. 독자는 텍스트 이해에 대한 특정 관점을 의식적으로 선택할 수도 있다. 그렇지만 대부분 독자의 텍스트 이해와 관련된 의식 흐름에의 참여는 무의식적이다. 독자가 의지적으로 선택하기보다는 부지불식간에 참여하게 된다. 텍스트 읽기의 활동이 어릴 때부터 시작되기 때문에 어린 독자는 자신도 모르게 읽기를 함께 하는 독자의 의식 흐름에 합류한다. 그렇게 되어 독자는 어떤 의식 흐름을 따르는지도 모르는 사이에 받아들이고 따르게 된다. 이와 같이 부지불식간에 이루어지는 것을 들뢰즈와 과타리는(김재인 역, 2003: 672) '마법적으로 포획하는 방법'(마법적 포획)이라고 한다. 실제 독자의 텍스트 읽기는 무의식적으로 받아들인 의식의 흐름에 의하여 이루어진다. 이를 가능하게 하는 것이 일차적으로는 가정이고, 이차적으로는 교육이다. 학교 교육은 독자의 텍스트 읽기에 대한 의식 흐름에 의식적으로 참여할 수 있게도 한다. 학교 교육은 읽기를 어떤 관점에서 어떻게 해야 하는지를 알 수 있게 하기 때문이다. 학교 교육을 통하여 특정 읽기 관점을 받아들여 따르는 것을 들뢰즈와 과타리는 '계약적 관계에 의한 주체'[7]라고 한다.

읽기 전쟁기계는 독자의 텍스트 읽기에 관여하는 의식 흐름의 일종이다. 읽기에 대한 의식 흐름은 읽기를 어떻게 해야 한다는 독자의 관념이면서 신념과 관련된다. 관념은 의식내용으로 인식의 본질을 결정하고, 신념은 신뢰하여 의지하고 따르는 실행의 규정을 결정한다. 읽기에 대한 의식의 흐름은 텍스트 이해의 본질 인식과 이해를 위한 실행의 근거이다. 읽기 전쟁기계는 텍스트 읽기에 대한 관념이면서 신념의 한 종류인 것이다. 읽기에 대한

---

[7] 자유로운 정신의 공화국. 이것은 맹약 내지 계약에 의해 진행되며, 입법 조직과 법률 조직을 만들어 내며 근거를 정당화해 준다.(로고스)(김재인 역, 2003: 719) 항상 복종하라. 복종하면 할수록 너희들은 주인이 될 수 있다. 왜냐하면 너희들은 오직 순수이성, 즉 너희들 자신에게만 복종하고 있기 때문이다.(김재인 역, 2003: 721) 이에 대한 텍스트 이해와 관련된 논의는 여수현·김도남(2022: 135-138)을 참조할 수 있다.

인식 본질과 실행 규정은 서로 관련이 있다. 인식 본질에 따라 실행 규정이 결정되는 것이다. 텍스트 이해는 독자가 합류한 의식 흐름에 따라 달라지게 된다. 독자의 읽기에 대한 의식 흐름의 한 종류가 읽기 전쟁기계이다. 이 읽기 전쟁기계는 읽기에 대한 의식 흐름의 거시적 두 범주 중 하나이다.

읽기 전쟁기계는 단일한 개념으로 정의되지 되지 않는다. 읽기에 대한 의식 흐름은 여러 요인을 포함하는 범주를 이룬다. 한 범주를 구성하는 여러 요인이 각기 다른 특성을 드러내기 때문이다. 즉 읽기 전쟁기계에 의한 텍스트 읽기는 단일한 개념으로 정의하기가 어렵다. 텍스트 이해에 필자, 독자, 텍스트, 해석 방법, 읽기 방법 등의 요인이 관여하고, 그 존재 양식을 보는 시각도 다양하다. 독자가 텍스트를 읽는 이유도, 기대도, 과정도, 성취도 다르다. 텍스트 읽기를 무엇에 초점을 두고 보는가에 따라 다른 존재 양식으로 드러난다. 읽기 전쟁기계는 이들 읽기의 존재 양식의 다양성과 관련되어 있다. 읽기의 존재 양식이 읽기 전쟁기계를 생성하기도 하고, 읽기 전쟁기계가 읽기의 존재 양식을 생성하기도 한다. 텍스트 읽기의 존재 양식과 읽기 전쟁기계는 상생적 관계에 있다. 이는 읽기 전쟁기계가 어떤 요인이나 기준으로 단정할 수 없음을 뜻한다.

읽기 전쟁기계는 관념적[8]이다. 읽기 전쟁기계는 물질적인 또는 실체적인 무엇으로 지각되는 것이 아니다. 의식 흐름이기 때문에 심리적이고 사회적이며 유동하는 관념 속성이다. 실제적인 전투를 할 수도 있지만 심리적인 전쟁이다. 그렇다고 심리전은 아니다. 전쟁은 상대가 있어야 실행되는 사회적 행위이다. 읽기 전쟁기계는 사회적 관념인 것이다. 이 관념은 독자가 이미 있는 것을 수용하거나 자기가 만든 것을 사회에 전파해 공유해야 한다. 읽기

---

8 '관념적'에서 '적'이라는 말은 사전에 '그 성격을 띠는', '그에 관계된', '그 상태로 된'의 뜻을 더하는 접미사'(표준국어대사전)로 정의되어 있다. 이 논의에 쓰인 '-적'은 이 사전적 의미를 포함하여 '성질'이나 '경향', '지향'의 의미를 포함한다.

전쟁기계는 독자의 상황에 따라 수용하거나 전파될 수 있다. 수용과 전파는 독자의 의지와 관계없이 이루어질 수도 있고, 의지적으로 이루어질 수도 있다. 이에 따른 읽기의 변화는 읽기에 대한 자각이 있고, 의지가 강할 때 효과적으로 이루어진다. 독자가 자기 읽기에 대하여 의지적으로 자각할 때, 읽기 전쟁기계를 적극 수용하고 전파할 수 있다.

읽기 전쟁기계는 유목적이다. 유목이라는 용어는 정착과 대비된다. 유목은 유동(流動)을 그 속성으로 하고, 정착은 머묾을 그 속성으로 한다. 읽기 전쟁기계는 정착이 없는 이리저리 자주 옮겨 다님에서 비롯되는 속성을 내포한다. 읽기 전쟁기계가 유목성을 지님을 뜻한다. 이 유동은 정착과 대비적 관계의 속성이면서 내적인 고유의 속성이 있음을 의미한다. 정착이 홈 패이고, 국가적이고, 몰(mole)적이고, 포획적이라면, 유목은 매끄럽고, 부족적이고, 분자적이고, 탈주적이다. 그러면서 본질적으로 삶과 관계되고, 개별적이고, 창조적이고, 자기 생성(되기)적이고, 사건적이고, 특개적(thisness)이다. 읽기 전쟁기계는 읽기 국가장치와 대비되는 속성도 있지만 본질적인 고유한 속성도 있다. 이의 토대가 유목성이다.

읽기 전쟁기계는 절단적이다. 절단은 연결되거나 연속되지 되지 못하도록 끊음이다. 끊음은 더 이상 연속되지 못하게 하는 것이면서 새롭게 시작함을 함의한다. 이 절단은 '기계'에 내포된 속성이다.[9] 절단은 어떤 것이 더 이상 지속하지 못하게 하거나 다른 것이 되게 하는 것이다. 톱(기계)으로 자라는 소나무를 자르면(끊음) 통나무가 된다. 통나무를 자르면 판자나 각목이 된다. 판자나 각목을 자르면 가구가 된다. 절단은 생성을 내포한다. 읽기 전쟁기계의 절단도 마찬가지이다. 읽기에 대한 의식의 흐름을 절단하면 이전과는

---

9   기계라는 말은 '어떤 것과 접속하여 어떤 흐름을 절단하고 채취하는 방식으로 작동하는 모든 것'(이진경, 2003a: 131)을 뜻한다.

다른 의식이 생성된다. 읽기 전쟁기계는 절단의 속성을 가지고 있다. 이는 연속적인 읽기에 대한 의식의 흐름의 절단이다. 이 절단은 모든 것이 단절되어 없어지는 것을 의미하는 것이 아니다. 다른 것이 되거나 새로운 의식으로 이어지도록 하는 것이다. 즉 생성적 절단인 것이다.

읽기 전쟁기계는 고유적이다. 고유는 본디부터 있던 개별적인 독특함이다. 독자는 개별적 존재로 각자의 감성과 지성을 가지고 있다. 고유는 타고난 것일 수도 있고, 선택한 것일 수도 있으며, 생성한 것일 수도 있다. 읽기 전쟁기계는 독자의 고유한 감성과 지성의 작용에 관계한다. 읽기 교육은 독자의 고유성을 제한한다. 읽기 국가장치는 고유성을 억제한다. 홈 패인 읽기는 정해진 방식을 강조한다. 물적 읽기는 전체성과 동일성으로 개별적 고유성을 억압한다. 이들 읽기는 독자의 개별적 고유성을 버리도록 이끈다. 그렇게 됨으로써 독자는 텍스트 이해에서 개별적 고유성을 잃거나 버리고 전체성이나 동일성에 함몰된다. 읽기 전쟁기계는 독자의 개별성과 관련된다. 자기 삶과 관련되고, 자기 현실과 관련된다. 독자의 현실적인 과업을 위한 것이고, 현재 독자의 생활 속에 있는 절실한 과제이고, 실제 삶의 실현과 직결된 이해를 위한 것이다. 자기의 감각과 감성과 지성을 동원해 해결할 과업을 위한 읽기를 위한 것이다. 자기를 버려야 하는 것이 아니라 자기를 지키고 생성하는 읽기를 위한 것이다. 이를 위한 읽기가 텍스트 이해의 고유성을 갖게 한다. 이를 위한 의식 흐름이 읽기 전쟁기계이다.

읽기 전쟁기계는 외부적이다. 외부는 바깥에 존재함이다. 독자가 내부(內部, 읽기 국가장치)를 지니고 있을 때 드러난다. 즉 독자가 읽기 국가장치에 함몰되어 있을 때, 읽기 전쟁기계는 외부적이다. 읽기 전쟁기계는 스스로 외부이면서 내부와 관계 속에 있을 때도 있다. 그렇기에 외부는 내부와 공존한다. 외부는 내부와 다른 것이지만 관계가 있을 때만 외부가 된다. 다시 말해, 내부에 의해 그 존재함이 인정되고, 의식되고, 상호 관계가 있을 때 외부가 된다. 내부와 외부는 불필요하면 외면할 수 있고, 필요할 때는 도움을 받고, 경우에 따라서는 대립한다. 읽기 전쟁기계는 독자가 따르는 지배적인 읽기 의식 흐름과는 다르기에 외부의 것이다. 이 읽기 전쟁기계도 읽기 국가 장치와의 관계 속에 있다. 외부는 내부에 영향력을 지닌다. 그 반대는 성립하기 어렵다. 다른 말로 하면, 내부는 외부의 영향을 받아들인다. 이는 내부의 선택에 의한 것이지만 내부의 변화를 동반한다.

나. 읽기 전쟁기계의 성질

읽기 전쟁기계는 독자의 텍스트 이해에 관여하는 의식의 흐름으로써 특정한 성질을 가지고 있다. 성질은 사물이 가지고 있는 본질적이고 고유한 특성이다. 읽기 전쟁기계의 성질은 읽기 전쟁기계에 내재해 있는 본질적인 고유한 특성이다. 읽기 전쟁기계의 성질은 내재되어 있으면서 작동을 할 때 드러나게 된다. 글 (나)의 저자가 하이데거와 논어를 읽을 때 작용하는 읽기 전쟁기계는 특정한 성질이 있다. 이 읽기 전쟁기계의 성질은 그 본질을 구성한다기보다는 작용하면서 발현되는 것이다. 즉 읽기 전쟁기계의 성질은 누가 어떤 텍스트를 어떻게 읽느냐, 즉 읽기 존재 양식에 따라 발현된다. 이 읽기 전쟁기계의 성질은 읽기 존재 양식을 어떤 작용점에서 보는가에 따라 달라진다. 읽기 전쟁기계의 성질을 몇 가지로 구분하여 보면 다음과 같다.

첫째는 내재적 성질이다. 읽기 전쟁기계는 그 자체적으로 지니고 있는 성질이 있다. 물론 이 성질도 읽기 국가장치와 대비되어 드러나는 점이 있다. 읽기 전쟁기계에는 주인성이 내재한다. 읽기 전쟁기계는 독자가 의식적이고 의지적으로 활용하거나 부려야 그 존재가 드러난다. 읽기 전쟁기계는 임자가 있는 것이다. 읽기 전쟁기계의 존재가 드러나기 위해서는 이를 가능하게 하는 주관자가 있어야 한다. 읽기 전쟁기계의 작용으로 이루어지는 읽기에는 주인이 존재한다. 반면, 텍스트 분석적 관점이나 독자의 인지적 관점에는 읽기를 주관하는 주인이 분명하지 않다. 텍스트 분석으로 주제를 찾는 접근은 당연히 주인 의식이 배제되어야 하고, 인지적 관점의 의미 구성도 독자의 주인 의식에 의한 것이 아니라 배경지식에 의한 비의지적 주관(主管)에 의존한다. 그런데 읽기 전쟁기계는 누가 무엇이라고 하더라도 독자가 주인이 되어 부리는 것이다. 글 (나)에서 보면, 독자는 교육학자로서 자기 과업을 위한 읽기를 하면서, 자기 읽기에 주인성을 갖고 있다.

이 주인성은 이질성과 외부성을 요구한다. 이질성은 이미 있는 것과 다름의 특성이다. 외부성은 전체성의 바깥에 존재하는 특성이다. 이질성은 독자의 읽기가 지닌 개별적 특별함에서 비롯된 특성이다. 독자의 텍스트 이해가 자기 삶의 문제이고, 삶에서 해결해야 할 자기 과업을 위한 것이기에 자신만의 것이다. 그렇기 때문에 다른 독자의 것과는 다른 의식 흐름이고, 자기만의 의식이다. 이를 다른 독자의 입장에서 보면 이질적이고, 독자 자신의 입장에서 보면 당연적이다. 외부성은 전체성 바깥에 있는 의식 흐름이기에 독립적이고 자율적인 특성을 갖는다. 독자의 텍스트 이해가 지배적인 의식 흐름을 벗어나 소수적인 의식 흐름을 갖는 것에서 독립적이고 자율적이다. 읽기 전쟁기계는 전체성의 흐름을 따르지 않는 자율적 읽기를 하게 한다. 자율은 자기 행동에 대한 것을 스스로 규정하고 관리하는 것이다. 독자의 자율은 자기의 읽기를 의지적으로 실행하는 것이다. 자기가 텍스트 이해에 활용하는 관점, 원리, 방법, 과정(절차) 등이 어떤 것이고, 이해 결과가 어떤 종류여야 하는지를 알고 실행해야 하는 것이다. 읽기 전쟁기계는 독자가 이질적이고 외부성을 지닌 읽기를 하게 함으로써, 무의식적으로 하거나 부지불식간에 하는 텍스트 이해를 벗어나 주인된 읽기를 하게 한다.

둘째는 외현적 성질이다. 읽기 전쟁기계에 의한 독자의 텍스트 읽기 활동에서 외부적으로 드러나는 특성이다. 독자의 텍스트 읽기에서 인식되는 읽기 전쟁기계는 독자성(獨自性)이 있다. 독자성은 그 자체로 독특함을 가지는 특성이다. 읽기 전쟁기계는 독자에 의하여 사용될 때 독자마다 독특함을 드러낸다. 텍스트 이해가 독자의 삶의 과제와 관계를 맺고 있기 때문이다. 읽기 전쟁기계에 의한 텍스트 이해는 독자만의 것이면서, 독자만이 할 수 있는 것이다. 독자가 자기 삶의 과제를 실행하기 위해 텍스트 이해를 하기 때문이다. 독자가 어떤 텍스트 읽든 그 텍스트에서 찾거나 이해를 하게 되는 것은 자기이다. 좀 더 적극적으로 말하면, 자기의 생성인 것이다. 자기를 이해하고, 자기를 생성하는 것은 남을 따라서 하거나 남과 동일하게 할 수 없는 것이다. 읽기 전쟁기계는 독자가 자기 자신에게 필요한 읽기를 실행하게 함으로써, 전체성과 동일성에 대비되는 독자적인 이해를 하게 한다.

이 독자성은 개별성과 변이성을 토대로 한다. 개별성은 여럿이 있지만 각자가 서로 구별되게 하는 특성이다. 변이성은 같은 토대를 가지지만 드러난 모양이나 상태가 각기 구분되는 특성이다. 읽기 전쟁기계는 독자가 텍스트를 읽고 이해를 하게 할 때, 독자마다 구별되는 특성을 드러내게 한다. 독자가 자기만의 과제를 가지고 텍스트 읽기를 하기에, 읽기의 활동 방식과 텍스트 이해의 결과는 각기 다르게 된다. 독자가 자신의 어떤 점에 집중하여 무엇을 생성하느냐에 따라 독자의 읽기는 달라진다. 변이성은 독자의 텍스트 읽기의 관점이나 방식이 같은 것이라 하더라도 읽기 실행에서는 독자마다 다르게 되는 것이다. 텍스트 읽기에서 밝혀내야 할 것이 텍스트 내에 있는 것이 아니라 독자에게 있는 것이기에 독자마다 다른 읽기를 실행할 수밖에 없다. 같은 결과를 전제한 경우에는 동일성이 드러날 수 있지만 읽기 전쟁기계는 독자만의 텍스트 이해 결과를 전제하기에서 같은 것이라도 변이될 수밖에 없다. 읽기 전쟁기계가 독자의 읽기가 개별성과 변이성을 가지게 하기 때문에 독자성을 띠게 된다.

셋째는 작용적 성질이다. 읽기 전쟁기계의 활동에 의한 독자의 텍스트 읽기 활동이 갖는 특성이다. 독자의 텍스트 읽기 활동은 특정 관점이나 원리에 고정되거나 구속되지 않는 원심성이 있다. 원심성은 중심에서 멀어지거나 벗어나려는 원심력을 기반으로 한다. 읽기 전쟁기계는 텍스트 이해에 대한 지배적인 의식 흐름에서 벗어나려는 특성을 드러낸다. 독자의 읽기 활동이 지배적인 의식 흐름을 따름은 독자가 자기 과제보다는 텍스트나 다른 독자의 이해에 집중함을 의미한다. 즉 원심성을 갖는다는 것은 기준이나 공통성, 동일성에서 벗어난 자기 과제가 중심이 된 읽기를 수행함을 의미한다. 글(나)를 보면, 저자는 하이데거의 존재론이나 논어의 학이시습(學而時習)에 대한 충실한 논의를 하기보다는 교육학에 충실한 논의를 한다. 이는 저자들이 원심성을 가지고 자신의 문제에 충실한 들뢰즈 텍스트 읽기를 한 것이다. 읽기 전쟁기계는 지배적인 읽기 의식에서 벗어나 자신의 과제에 충실한 읽기를 실행하려는 원심성이 있다.

이 원심성에는 반발성과 도전성이 내재한다. 반발성은 행동이나 의식을 거스르거나 어기어 따르지 않는 특성이다. 읽기 전쟁기계는 근원적으로는 읽기 국가장치에 반발하는 것이다. 국가장치가 몰적이고 전체적인 동일성을 강조하는 것에 반발하는 것이다. 이는 읽기 국가장치에 의한 읽기가 자기 삶이나 과제를 버리고, 표준이나 기준에 충실한 텍스트 이해를 강조하기 때문이다. 읽기 전쟁기계가 몰적 표준성에 반발함은 독자가 자기 과제에 집중할 수 있게 한다. 도전성은 남들이 알려주지 않고, 남들이 해 보지 않은 것을 해 보는 특성이다. 독자가 자기의 과제에 집중한 텍스트 읽기는 정해진 방법이나 따라야 할 규정이 없다. 독자는 텍스트에서 자기의 과제를 지각하고, 이 과제를 실행할 수 있는 자기를 생성한다. 그러므로 읽기 전쟁기계에 의한 읽기는 도전성을 내포한다. 규정을 따르거나 기준에 맞추는 것이 아닌 자기만의 과제를 위한 읽기는 도전적일 수밖에 없다. 읽기 전쟁기계에는 독자가 기존의 읽기 관점이나 방식에 대한 반발성과 새로운 관점이나 방법을 찾게 하는 도전성에 바탕으로 둔 원심성이 내재한다.

넷째는 실행적 성질이다. 읽기 전쟁기계는 독자의 텍스트 읽기가 특정한 양태로 실행되게 한다. 읽기 전쟁기계에 의한 독자의 텍스트 읽기는 자각성을 특성으로 한다. 자각은 자기가 하는 일에 대하여 의식하고 있어서, 행동의 의도와 목적은 물론 방법과 절차가 무엇인지 알고 이를 관리하고 책임져야 함을 깨닫고 있음이다. 읽기 전쟁기계에 의한 읽기를 하는 독자는 읽기의 특정 관점(의식)을 무시하거나 몰(표준)적 읽기에 대하여 몰라서 그런 것이 아니다. 다른 관점이나 몰(표준)적 읽기에 대하여 알고 있지만 그 읽기가 자기 삶의 과제 실행에 도움을 주지 않기 때문에 자기 관점과 방식에 대한 자각으로 읽기를 실행하는 것이다. 자기의 읽기 방식과 텍스트 이해에 대하여 자각하는 것이다. 텍스트에서 저자의 사상을 탐색하거나 텍스트의 주제를 탐구하는 것, 배경지식을 활용하여 의미를 구성하는 것 등은 표준적인 것을 따르는 읽기이다. 자각성은 독자가 자기의 텍스트 이해 활동에 대한 분명한 인식을 특성으로 한다. 다른 독자나 동일한 텍스트 이해를 하는 것이 아닌 자기의 과제를 위한 텍스트 이해를 실행하는 것이다.

이 자각성은 정황성과 배치성에 근거한다. 정황성은 일이 일어나거나 진행되는 사정이나 상황에 따르는 특성이다. 읽기 전쟁기계는 독자가 어떤 텍스트를 언제 읽는가에 따라, 즉 텍스트 이해의 사정이나 상황을 따르게 한다. 언제 어떤 텍스트를 읽든 독자의 사정이나 상황이 관여한다. 이 독자의 사정이나 상황에 따라 텍스트 이해를 하게 하는 것이 정황성이다. 몰적인 읽기는 정황에 따르지 않는 언제나 동일한 방식을 강조한다. 하지만 읽기 전쟁기계에 의한 읽기는 독자가 텍스트를 읽는 정황이 무엇보다 중요하게 작용한다. 배치성은 읽기와 텍스트 이해와 관련된 외적 조건의 구성 문제이다. 정황이 독자에게서 비롯된 조건이라면 배치는 텍스트에서 비롯된 조건이다. 텍스트가 어떤 배치에서 독자와 관계하느냐에 따라 텍스트 이해는 달라진다. 독자가 읽게 되는 텍스트는 필자, 다른 텍스트, 다른 독자, 이해 관습, 사회 환경, 해석 이론 등이 관련되어 있다. 읽기 전쟁기계는 이들로 배치를 이루어 텍스트를 읽게 한다. 배치에 따라 텍스트 의미가 결정된다. 읽기 전쟁기계는 독자의 텍스트 읽기가 독자가 처해 있는 상황에 따른 정황성과 텍스트가 구성하고 있는 배치성에 의하여 자기 읽기를 인식한 자각성을 내포한다.

다섯째는 지향적 성질이다. 지향은 의지적인 목적이나 나아갈 방향을 가짐을 의미한다. 읽기 전쟁기계에 의한 텍스트 이해 활동은 고유성을 지향한다. 읽기 전쟁기계는 자기만의 읽기를 실행할 것을 전제한다. 독자는 개인의 삶이 있고, 그에 따른 과업이 있다. 독자의 텍스트 읽기는 이를 위한 것이다. 그러므로 독자의 텍스트 이해는 다른 독자와 동일한 양식을 취할 수 없다. 설사 독자의 과업이 동일하더라도 그 과업을 실행하는 방법이나 내용은 다를 수 있기에 이해의 결과는 동일하지 않다. 읽기 전쟁기계는 독자만의 고유한 텍스트 이해를 실행하게 한다. 글 (나)에서 보면, 독자는 자기만의 고유한 이해를 이루고 있다. 이런 고유성의 지향에 의하여 몰성에서 탈주하는 읽기가 가능하게 된다. 몰적 읽기가 자기를 잊게 하는 텍스트 이해를 요구한다면, 읽기 전쟁기계는 자기를 찾거나 알게 하는 읽기를 하게 한다. 이를 가능하게 하는 것이 읽기 전쟁기계인 것이다. 읽기 전쟁기계는 독자가 동일성에 포획되어 자기와 멀어지는 이해를 막아 개별적 고유성을 갖게 하여 자기를 지킬 수 있게 한다.

이 고유성은 자기성, 소수성, 미래성에 근거한다. 자기성은 독자가 자기 자신을 의식하고, 밝힘으로써 자기를 규정하고 생성해 내는 특성이다. 독자가 텍스트를 읽으며 자기에게 의식을 집중하면 자기가 드러나게 되기에, 자기의 존재와 역할, 과업, 지향 등을 자각한다. 이 자각한 것을 실행하고 이루기 위해서는 이를 할 수 있는 자기를 생성해야 한다. 즉 텍스트 이해는 자기를 생성하는 일이며, 생성된 자기로 자기 일을 실행하는 일이다. 텍스트 이해를 통한 자기 생성은 텍스트를 읽을 때마다 반복된다. 이를 가능하게 하는 것이 읽기 전쟁기계이다. 소수성은 표준적인 인식에 포획되지 않음으로써, 자기만의 고유함을 찾아 지니는 것이다. 소수자는 자기의 의식 세계가 있어서 남의 의식 세계나 표준적인 의식 세계에 흡수되지 않는 자이다.[10] 소수성은 이를 이루는 특성이다. 읽기 전쟁기계는 독자가 소수자가 되게 하는 소수성을 내포하고 있다. 미래성은 자기가 존재하지 않거나 앞으로 올 것과 관련된 의식 특성이다. 읽기 전쟁기계는 현재에 없거나 앞으로 올 것과 관련된 텍스트 이해를 하게 한다. 몰적 읽기가 과거에 토대를 둔 읽기 즉 과거적 현재를 중요시한다면 읽기 전쟁기계는 아직 존재하지 않은 미래에 토대를 둔 읽기, 즉 미래적 현재를 중요시한다. 읽기 전쟁기계는 독자가 아직 존재하지 않은 텍스트 이해를 하도록 이끈다. 읽기 전쟁기계는 자기 생성을 위한 자기성, 자기만의 고유성을 지키는 소수성, 미래적 현재를 강조하는 미래성이 내재된 텍스트 읽기를 지향함으로써 개별성을 갖게 한다.

[표 1] 읽기 전쟁기계의 성질

구분	읽기 전쟁기계의 성질[국가장치]
내재적 성질	주인성[계약성], 이질성[동질성], 외부성[마법성],
외현적 성질	독자성[공통성], 개별성[전체성], 변이성[고정성]
작용적 성질	원심성[구심성], 반발성[흡수성], 도전성[안정성]
실행적 성질	자각성[자동성], 정황성[관습성], 배치성[지속성]
지향적 성질	고유성[전체성], 자기성[타자성], 소수성[준거성], 미래성[과거성]

---

10 들뢰즈와 과타리는 『천 개의 고원』(김재인 역, 2003)에서 소수자에 대하여 다양한 방식을 언급한다. 소수자는 표준성을 강조하는 다수자와 대립하는 개별적 고유성을 가진 자이다. '소수자의 특성은 예를 들어 소수자가 단 한 사람의 성원으로 구성되더라도 셀 수 없는 것의 역량을 확보하는 데 있다. 이것이 바로 다양체의 공식이다. 보편적 형상으로서의 소수자 또는 모든 사람 되기.'(김재인 역, 2003: 899)

다. 읽기 전쟁기계의 특성

읽기 전쟁기계에 의한 읽기는 글 (나)의 저자와 같이 전체성을 벗어난 독자 개별적 고유성을 드러낸다. 읽기 전쟁기계가 텍스트 읽기의 존재 양식을 결정하고, 독자는 이 존재 양식에 따라 텍스트 이해를 하게 된다. 전체성을 강조하는 읽기 존재 양식은 독자가 자기를 버리는 텍스트 읽기를 하게 하지만 고유성을 강조하는 읽기 존재 양식은 독자가 자기를 지키고 가질 수 있게 텍스트 읽기를 하게 한다. 이를 가능하게 하는 것이 읽기 전쟁기계인 것이다. 글 (나)의 저자는 하이데거나 논어 이해에서 자기를 버리고 남을 따르는 읽기가 아닌, 자기를 지키고 가지는 읽기를 하고 있다. 읽기 전쟁기계에 의한 독자의 읽기 특성을 몇 가지 살펴본다.

첫째, 독자의 측면에서는 자기 삶의 형성성을 들 수 있다. 전쟁기계는 유목민의 삶에 내재된 유목성에서 비롯되었다. 읽기 전쟁기계도 유목성의 특정 속성을 내포하고 있다. 유목성은 이동에 따른 환경에 적응한 삶을 생성하는 속성을 내포한다. 읽기 전쟁기계로 텍스트를 읽는 독자도 이 속성을 내포한다. 독자가 텍스트를 읽어야 하는 중요한 이유도 자기 삶과 관련되어 있다. 삶에 대한 지혜를 얻기 위하여 텍스트를 읽는 것이다. 읽기 전쟁기계는 독자 삶의 문제를 부각하고 초점화하는 특성을 갖는다. 독자는 텍스트를 통하여 어떤 삶을 살지를 밝히고, 그 삶을 실현하기 위한 의지와 노력이 필요하다. 이를 자기 삶의 형성이라고 할 수 있다. 삶이 특정한 형상을 가질 수 있도록 생성하고 가꾸는 것이다. 독자의 삶의 형성은 텍스트를 통하여 방향은 물론 구체적 형식과 내용을 마련한다고 할 수도 있지만, 독자가 살아야 할 삶이 내실 있고 충실하게 될 수 있도록 할 수도 있다. 글 (나)에서 보면, 텍스트는 독자가 살아야 할 삶을 내실 있고, 충실하게 살 수 있도록 해주고 있다. 권정생의 <강아지똥>을 읽는 독자의 경우에는 텍스트가 독자의 주체적 삶의 방향과 형식과 내용을 마련하게 한다고 볼 수 있다. 읽기 전쟁기계는 독자의 텍스트 이해가 자기 삶을 형성하게 하는 속성을 지닐 수 있게 한다.

둘째, 텍스트 이해의 측면에서 과업을 위한 독창성을 들 수 있다. 읽기 전쟁기계에 의한 독자의 텍스트 이해는 삶의 과업과 관련된다. 이 과업을 위한 텍스트 이해는 독자가 자기 힘으로 하는 특별한 이해를 필요로 한다. 글 (나)에서 보면, 그동안 교육에서 학생의 배움을 학습(學習)으로 정의하던 것을 '학시습(學時習)'으로 새롭게 규정하고 있다. 다른 사람들이 주목하지 않던 것에 주목하여 새로운 해석을 한 것이다. 이것이 과업의 실행을 위한 독창성이다. 과업을 위한 독창성은 독자가 지각하고 있는 현실에서의 자기 인식과 관련되어 있다. 자기가 누구이고, 무엇을 해야 하며, 해야 할 과제의 의미가 무엇인지를 분명하게 알고 있을 때 가능하다. 이를 위한 텍스트 이해를 위해서 우선되어야 할 것이 자기 과업에 대한 이해이다. 이 과업도 텍스트 이해를 통하여 밝힐 수도 있지만 그 삶의 환경 속에서 드러난다. 독자는 이에 대한 관심을 집중할 때, 자기 과업을 분명히 할 수 있다. 과업이 분명해 야지만 텍스트 읽기에서 읽기 전쟁기계를 활용하게 된다. 이로 인한 텍스트 이해는 독창성을 갖는다.

셋째, 읽기 행위의 본질적 측면에서 분자적 주체성을 들 수 있다. 들뢰즈와 과타리의 분자는 구성 요소들의 전체성을 강조하는 몰성에서 벗어난 개체를 지시한다. 몰성은 다수의 구성원이 전체성의 토대 위에서 개별적 고유성을 버리고 다수적 동일성을 띠는 것이다. 분자는 이 몰성에서 벗어나는 개별적 주체성을 갖게 되는 것이다. 몰성에서 벗어남은 개별적 주체의 생성을 전제 한다. 읽기에서는 그 생성의 근원에는 독자 자신이 있다. 텍스트 이해가 몰성 에서 벗어남은 독자가 자기 자신을 분자적 주체로 생성함을 뜻한다. 분자는 탈주하는 개별체로 자기 생성을 필요로 하고, 이 생성에는 주체가 필요하다. 독자가 전체성에서 동일성이 내재한 텍스트 이해를 할 때에도 자기 생성이 필요하다. 이때의 자기 생성은 독자만의 고유함을 생성하는 것이 아니라 남들과 공통된 또는 동질성을 갖는 자기를 생성하기에 분자적 주체를 필요로 하지 않는다. 분자적 주체의 생성은 남과 다른 자기의 개별적 고유함을 실현해야 하기에 주체는 절대적이다. 독자는 자신의 과업이 분명할 때, 또는 자기에 대한 의식이 있을 때 분자적 주체성을 드러낸 텍스트 읽기를 실행하게 된다. 읽기 전쟁기계가 이를 가능하게 하는 것이다. 글 (나)를 보면, 독자의 분자적 주체성의 생성을 엿볼 수 있다.

넷째, 읽기 방법의 특성적 측면에서 상황적 가변성(변형성)을 들 수 있다. 읽기 전쟁기계에 의한 읽기 방법은 고정된 형태를 갖는다고 할 수 없다. 그리고 읽기 전쟁기계에만 국한된 읽기 기능이나 읽기 전략이 있는 것도 아니다. 읽기 전쟁기계에 의한 텍스트 읽기는 유목성이 내재한 읽기(유목적 읽기)를 효율적으로 실행할 수 있는 방법이면 어떤 것이든 배척하지 않는다. 이것은 읽기 전쟁기계에 의한 읽기의 방법이 상황에 따라 달라짐을 의미한다. 사실 텍스트의 내용을 파악하는 데 필요한 기본적인 문식성 요인은 어떤 읽기를 하든 필요하다. 그리고 자기 과업을 실행하기 위한 읽기 방법은 정해진 것이 없다. 독자가 텍스트를 읽는 상황에 맞게 읽기 방법을 선택하고, 읽기 방법을 변형시킬 수 있다. 고정되고 규정된 읽기 방법을 따로 필요로 하지 않는 것이다. 전체성이나 동일성을 위한 텍스트 읽기는 고정되고 규정된 방법이 반드시 있어야 한다. 그렇지만 개별적 고유성을 위한 읽기에서는 고정되고 규정된 읽기 방법이 따로 있을 필요가 없다. 독자 삶의 과업의 필요로 또는 텍스트 이해에의 필요로 읽기 방법은 달라진다. 읽기 상황에 따라 읽기 방법이 선택되고, 같은 상황이라도 다른 읽기 방법이 다양하게 존재할 수 있다.

다섯째, 읽기 활동의 결과적 측면에서 현실적 실제성을 들 수 있다. 현실적 실제성은 독자의 텍스트 이해가 현재에서의 실질적 의의가 있음을 의미한다.

텍스트 이해가 막연한 무엇을 위한 것이 아니라는 것이다. 읽기 전쟁기계는 독자의 현실적 현재 삶의 과제와 관련되어 있다. 누군가 읽거나 읽었기 때문에 텍스트를 읽는 것이 아니라 독자가 읽어야 하기 때문에 읽는 것이다. 조금 말을 바꾸면, 텍스트를 어떻게 읽어야 하기 때문에 그렇게 읽는 것이 아니라 독자가 그렇게 읽어야 하기 때문에 그렇게 읽는 것이다. 자기를 텍스트에 내어 맡기는 것이 아니라 자기에게 텍스트가 필요한 것이 되도록 만드는 것이다. 이는 독자가 텍스트를 대면하여, 텍스트가 자기 삶의 과업에 기여할 수 있게 읽어내는 것이다. 텍스트는 단일한 양태를 드러내지만 이에 대한 반응의 다양성은 독자의 몫이기 때문이다. 독자가 자기에게 집중하고, 자기 과업에 집중하면 텍스트는 독자에게 필요한 것을 제공하게 된다. 곧 텍스트 이해는 독자가 자기를 드러내는 일이면서 자기를 밝히는 일이 된다. 독자가 자기를 드러냄은 현재적이고 현실적일 때 가능하다. 이때 실제성이 작동한다. 독자가 현재적이고 현실적이지 않은 자기를 드러내게 되면 텍스트 이해는 실제성을 읽게 된다. 읽기 전쟁기계는 이러한 읽기를 하게 하지 않는다. 독자의 현실적 사태 속에서 텍스트 이해가 의의를 가질 수 있도록 이끈다.

3. 읽기 전쟁기계의 요점

[다] 들뢰즈의 차이생성 배움론은 우연성의 교육학이자 감각의 교육학이다. 그러나 나는 무엇보다 이를 '기쁨의 교육학'이라고 부르고 싶다. 타자가 정한 목적지를 향해, 타자가 파놓은 홈을 따라가야만 하는 배움은 지루하지만 견뎌내야 하는 '노동'의 성격을 지닌다. 특목고나 SKY 대학에 진학하기 위해 또는 좋은 직장에 취업하기 위해 노동하는 우리 학생들은 보면, 우리 사회와 학교에는 '노동의 교육학'이 너무나 만연해 있다는 생각이 든다. 그러나 들뢰즈의

차이생성 배움론에서 배움이란 낯선 기호를 감각한 주체/신체가 차이생성과 창조를 위한 자신의 신체와 욕망이 원하는 방향이면 어디로든 자신의 존재론적 지평을 확장해 나가는 활동이기 때문에 배움의 활동 자체가 기쁨으로 충만할 수밖에 없다. 마치 밥 먹는 것조차 잊어버리고 놀이에 흠뻑 빠져있는 어린아이들처럼 말이다. 바로 이런 의미에서 들뢰즈의 차이생성의 배움론은 '기쁨의 교육학'을 전제하고 요청한다. (김재춘·배지현, 2016: 285)

글 (다)는 저자들이 들뢰즈의 『차이와 반복』 등의 텍스트를 읽고, 교육에 대한 입장을 밝힌 내용이다. 저자들은 들뢰즈의 텍스트를 철학적 관점이 아닌 교육학 관점에 읽고 생성한 생각을 드러낸다. 현재 대학입시 중심으로 전개되는 교육적 의식 흐름을 '노동의 교육학'이라고 비판하면서, 기호 감각을 통한 차이생성을 실현하는 교육적 의식 흐름[11]을 '기쁨의 교육학'이라고 밝히고 있다. 들뢰즈의 텍스트를 교육학자의 관점에서 읽어내는 일도 읽기 전쟁기계를 활용한 읽기라고 할 수 있다. 글 (다)의 저자들이 읽기 전쟁기계를 활용한 들뢰즈의 텍스트 읽기를 바탕으로, 독자의 텍스트 읽기에서의 사북(가장 중요한 부분)을 알아본다.

가. 읽기 목적 정립

읽기 전쟁기계를 활용한 독자의 텍스트 읽기를 먼저 그 목적 측면에서 살펴볼 필요가 있다. 독자가 텍스트를 읽는 목적은 다양하다. 정보를 얻기 위해 읽기를 하기도 하고, 텍스트의 주제를 찾기 위해 읽기를 하기도 한다. 텍스트를 읽는 목적은 읽기 존재 양상을 판단하는 데 중요하게 작용할 수

---

11   이와 관련된 텍스트 이해에 대한 논의는 김도남(2019, 2022)을 참조할 수 있다.

있다. 읽기 전쟁기계를 활용한 읽기도 내적으로 지향하는 목적이 있다. 읽기 전쟁기계는 본질적으로 독자의 개별적 고유성을 확립하기 위한 텍스트 이해를 지향한다. 이 읽기가 지향하는 목적을 구체화하면 세 가지 정도로 정립할 수 있다.

첫째는 독자 삶의 과업을 이루기 위하여 읽기를 실행한다. 글 (나)와 글 (다)를 보면, 독자들은 자기 삶의 과업을 가지고 있다. 이 삶의 과업이 읽기 전쟁기계를 활용한 읽기를 하게 한다. 텍스트의 주제를 찾기 위한 읽기나, 무엇을 위한 것인지 분명하지 않은 의미 구성을 위한 읽기에는 독자 삶의 과업이 존재하지 않는다. 텍스트가 포함하고 있거나 텍스트를 통하여 드러나는 주제는 독자 삶의 과업과 관계가 없다. 텍스트 내용과 독자의 배경지식을 종합하여 독자가 구성하는 의미도 독자의 삶의 과업과는 관계가 없다. 읽기 전쟁기계를 활용한 읽기가 아니라 읽기 국가장치를 따르는 읽기이기 때문이다. 글 (나)와 글 (다)에서 확인할 수 있듯, 읽기 전쟁기계를 활용한 읽기는 독자 삶의 과업을 실현하기 위한 읽기이다. 독자는 누구에게나 삶의 과업이 존재한다. 삶의 과업은 텍스트를 읽기 전부터 있을 수도 있지만 텍스트를 읽으면서 밝힐 수도 있다. 또한 어린 독자는 어린 독자대로 삶의 과업이 있고, 성인 독자는 성인 독자대로 삶의 과업이 있다. 읽기 전쟁기계를 활용한 읽기는 독자 삶의 과업 실현을 목적으로 한다.

둘째, 독자의 자기 찾기를 위한 읽기를 실행한다. 읽기의 존재 양식은 독자가 자기를 버리게 하는 읽기를 실행하게 하는 것도 있고, 자기를 찾게 하는 읽기를 실행하게 하는 읽기도 있다. 읽기 국가장치에 의존한 읽기는 주로 자기를 버리게 하는 읽기를 실행하게 한다. 전체성을 유지하게 하는 기준이나 표준을 강조하는 준거적 읽기가 이에 속한다. 기준이나 표준을 따르는 준거에는 동일성이 전제되어 있다. 준거적 읽기는 다른 독자와 같아야 함을 강조하고, 벗어나는 것을 허용하지 않는다. 즉 자기를 버리게 하는 읽기를 실행하도록 강요한다. 읽기 전쟁기계를 활용한 읽기는 이와 대비되는 읽기이다. 탈준거적 읽기를 강조한다. 텍스트를 읽는 독자의 의식이 향하는 방향이 자기이다. 독자의 의식이 자기를 향해 있기 때문에 자기가 언제나 관심의 대상이 된다. 자기를 찾아 밝히는 텍스트 읽기를 지향하는 목적이 되는 것이다.

셋째, 독자는 자기 삶을 생성하는 읽기를 실행한다. 삶의 과업을 목적으로 하는 읽기나 자기 찾기를 목적으로 하는 읽기의 궁극의 지향은 독자 자신의 삶을 생성하는 것이다. 삶의 생성은 자기가 누구인지를 자각하고, 무엇을 위해 어떻게 살아야 하는지를 알고, 그 앎에 따른 삶을 이루는 것이다. 독자의 자기 삶은 텍스트 이해가 밝혀주기도 하고, 텍스트 이해가 지향하는 삶을 더욱 빛나게 하기도 한다. 삶의 생성은 자기의 현재적 현실에서 시작된다. 삶은 현실에서 비롯되고, 가장 근원적이고 절실한 것이다. 자기의 의지에 의하여 실현될 수 있는 것이고, 자신이 결정할 수 있는 일이다. 독자의 텍스트 이해를 삶의 관점에서 보면, 텍스트 이해는 자기 삶의 이해이고 삶의 생성이다. 읽기 전쟁기계의 활용적인 면에서 보면, 글 (나)도 글 (다)도 텍스트 이해가 독자의 삶을 생성하는 일임을 알 수 있다.

나. 읽기 방법의 유형

읽기 전쟁기계에 의한 읽기는 존재 양식에 따른 읽기 방식이 있다. 읽기 전쟁기계를 활용한 읽기는 읽기 국가장치와 대비되는 방법적 특성이 있다. 읽기 방법 특성은 텍스트 읽기를 수행하는 구체적이고 실제적인 읽기 기능이나 읽기 전략의 문제가 아니라 텍스트 이해에 접근하는 양식이라고 할 수 있다. 이 접근 양식이 하나만 있는 것이 아니고 몇 가지 종류가 있을 수 있기 때문에 유형이라 할 수 있다. 읽기 전쟁기계에 의한 텍스트를 읽는 방법의 유형은 유목성에 근거한 읽기 국가장치에 의한 읽기와 대비적 관점에서 비롯된 구분이라고 할 수 있다. 읽기 전쟁기계의 의한 읽기 방법의 유형을 살펴보면 다음과 같다.

첫째, 내향적 읽기 방법이다. '내향적'이라는 말은 독자가 텍스트를 읽는 의식 작용의 방향성과 관련된다. 내향은 독자의 의식 작용이 자기 자신에게로 향하는 것이다. 관련하여 외향은 독자의 의식 작용이 마음 밖에 있는 대상으로 향하는 것이다. 텍스트나 텍스트의 내용, 또는 관련된 다른 것으로 향하는 경우에는 외향이 된다. 내향적 읽기는 독자의 의식 작용이 자기를 밝혀 이해하고, 찾아서 갖고, 세우고, 지키고, 채우고, 키우고, 가꾸어 이루는 생성적 읽기이다. 자기의 과업을 자각하고, 과업을 실행하는 텍스트 이해를 함으로써 자기 삶을 이루는 읽기가 내향적 읽기이다. 글 (다)를 보면, 저자들은 자기 삶의 과업을 위한 읽기 실행을 보여주고 있다. 들뢰즈의 논의의 본질을 밝히기 위한 것이 아니라 교육학자로서 교육의 본질을 밝히기 위한 텍스트 읽기를 실행했다. 어떤 독자이든 자기 삶의 과제가 크든 작든 있기 마련이다. 이를 위한 텍스트 읽기가 내향적 읽기이다.

둘째는 절단적 읽기 방법이다. '절단적'이라는 말은 독자의 텍스트 이해가 다른 독자들의 이해와 가지는 연관성과 관련된다. 절단은 연속된 것을 잘라서 끊음을 뜻한다. 따라서 절단적 읽기는 독자가 텍스트 이해를 할 때 다른 독자들의 텍스트 이해와의 관계를 잘라서 끊고 독립된 방식으로 실행함을 뜻한다. 절단이라는 말의 내포는 연속적인 흐름이 존재하고, 절단하는 자도 그 흐름에 합류하고 있음을 전제한다. 이는 절단이 의지적이고 필요에 의해 이루어지는 것임을 함의한다. 글 (나)와 글 (다)의 저자들이 자기 과업을 위한 관련 텍스트를 읽을 때, 그 텍스트들이 다른 독자들에 의하여 어떻게 읽히는지 모르지 않는다. 그것을 알면서도 자신이 텍스트를 읽을 때는 다른 독자의 읽기 방식을 절단해 내고, 자기 방식으로 텍스트 이해를 실행하였다. 절단적 읽기는 다른 독자의 텍스트 이해를 따르지 않고, 자기만을 위한 텍스트 이해를 실행하는 읽기 방법이다.

셋째는 탈주적 읽기 방법이다. '탈주적'이라는 독자의 텍스트 이해가 토대가 되는 것으로부터 벗어나는 이탈성과 관련된다. 탈주는 어떤 곳에 빠져나와 달아남을 뜻한다. 탈주적 읽기 방법은 이미 형성되어 있는 텍스트 이해에 대한 사회적 또는 관습적 인식의 토대에서 벗어나는 읽기를 의미한다. 이 탈주적 읽기도 텍스트 이해에 대한 인식이 이미 존재하고 있고, 독자도 인식을 가지고 텍스트 이해를 하고 있음을 전제한다. 이 전제된 텍스트 이해의 인식에서 벗어나는 읽기가 탈주적 읽기이다. 텍스트 이해에 대한 사회적 토대가 없다면 탈주할 이유도 없다. 그러므로 탈주는 공통성과 동일성을 요구하는 텍스트 이해에서 독자가 의지적으로 벗어나는 것을 뜻한다. 독자가 이 텍스트 이해에서 벗어나야 하는 이유는 자기를 찾아야 하기 때문이다. 사회적 또는 관습적 텍스트 이해만을 따르는 독자는 자기를 잃게 되고, 자기 삶을 찾을 수 없게 된다. 독자는 자기를 찾기 위해 탈주적 읽기를 실행한다.

넷째는 외부적 읽기 방법이다. '외부적'이라는 말은 독자의 텍스트 이해가 개별적 독특성을 갖는 것과 관련된다. 외부는 내부를 이루는 경계 밖에 존재함을 뜻한다. 외부적 읽기 방법은 내부를 이루는 텍스트 이해의 경계가 있고, 이 경계 너머에 존재하는 텍스트 이해를 실행하는 읽기이다. 이를 위한 읽기를 위해 독자는 내부를 이루는 텍스트 이해를 알고 있어야 외부적 읽기를 할 수 있다. 외부적 읽기는 자기만의 이해를 이루어야 성립된다. 이는 텍스트를 보는 자기만의 인식 틀이 있어야 함을 의미한다. 글 (다)를 보면, 저자들은 교육을 보는 시각을 가지고 있다. 이 시각이 텍스트 읽기에서 비롯된 것일 수 있지만 근원적으로는 교육자로서의 독자의 과업과 긴밀하게 관련되어 있다. '노동의 교육학'과 '기쁨의 교육학'이라는 구분이 독자의 과업을 위한 텍스트 읽기에서 얻게 된 시각이다. 이로써 저자들은 개별적 독특성을 갖는 텍스트 이해를 실행하고 있다. 이는 어떤 독자이든 자기 과업을 실행하기 위한 읽기 전쟁기계를 활용한 읽기를 실행하면 얻게 될 텍스트 이해이다. 이 텍스트 이해를 위한 읽기 방법이 외부적 읽기 방법이다.

다. 텍스트 이해의 특징

읽기 전쟁기계에 의한 읽기에서도 독자는 결과를 얻게 된다. 텍스트 이해를 그 결과로 가지게 되는 것이다. 읽기 전쟁기계에 의한 텍스트 이해는 독자만의 개별적 고유성이 내재되어 있다. 이 텍스트 이해는 독자의 자기 밝힘이나 자기 찾기와 관련된 것으로 자기만의 의미라고 할 수 있다. 그렇기 때문에 전쟁기계의 의한 텍스트 이해의 의미는 다른 특성을 갖는다. 특히 텍스트 이해의 전체성과 대비하였을 때 그 특징이 분명하게 드러난다. 그렇다고 읽기 전쟁기계를 활용한 텍스트 읽기에서의 이해 특징이 예전에는 없었다고 말하는 것은 아니다. 읽기 전쟁기계는 텍스트가 존재하고 이를 독자가 해석하여 이해하면서부터 존재하기 시작했다. 특정 독자들은 읽기 전쟁기계에 의한 이해를 실행하였고, 그 성과가 있었다. 그래서 다양한 문화의 발전이 있었다고 할 수 있다. 다만, 존재하고 있었지만 그 특징을 규명할 논리적 토대를 가지 못했던 것이다. 읽기 전쟁기계라는 관점에서 보았을 때, 그 특징이 인식되고 분명해진다. 읽기 전쟁기계에 의한 텍스트 읽기에서의 텍스트 이해의 특징을 몇 가지로 구분하여 살펴본다.

첫째, 창조적 이해이다. '창조적'이라는 말은 텍스트 이해의 발생적 성질과 관련된다. 창조는 없던 것을 처음으로 만듦이다. '창의'가 다른 의견, 새로운 의견을 생각하는 것과 닮았지만 같은 것은 아니다. 창의가 이미 있는 것을 전제하는 것과 달리 창조는 없던 것을 있게 함을 뜻한다. 창조적 이해는 아직 어떤 독자도 하지 않았던 텍스트 이해를 이룸을 의미한다. 이 창조적 이해는 같음을 반복하지 않는다. 그러므로 유일한 이해이다. 이 유일함이 개별적 고유성을 갖게 한다. 창조적 이해는 남을 따르는 이해가 아니기에 독자만이 할 수 있고, 해야 하는 이해이다. 읽기 전쟁기계는 이를 가능하게 한다. 그렇다고 창조적 이해의 내용을 다른 독자가 인식하지 못하거나 동의할 수 없는 것은 아니다. 읽기 전쟁기계가 독자 삶의 과업을 실행하게 하는데 독자는 누구나 삶의 과업을 가지고 있기에, 이에서 비롯된 창조적 이해를 인식할 수 있는 것이다. 글 (다)에서 교육학을 '노동의 교육학'과 '기쁨의 교육학'은 들뢰즈 텍스트에 대한 창조적 이해에서 비롯된 것이다. 글 (다)의 독자는 글 (다)의 맥락을 파악하면 저자들의 창조적 이해 내용을 인식할 수 있다.

둘째, 탈영토적 이해이다. '탈영토적'이라는 말은 독자의 텍스트 이해가 지닌 특징이나 성질의 속성적 범주와 관련된다. 탈영토는 영토나 소속, 범주, 경계 내에서 벗어나거나 빠져나옴을 뜻한다. 탈영토적 이해는 특정한 속성을 지닌 텍스트 이해의 범주 속에서 벗어난 이해의 실행을 가리킨다. 탈영토는 영토에서 벗어나 다른 영토로 들어감을 함의한다. 즉 탈영토적 텍스트 이해는 현재 이루어지고 있는 특정 속성을 지닌 텍스트 이해의 범주를 벗어나 다른 범주의 텍스트 이해를 함을 뜻한다. 여기서 벗어나야 할 텍스트 이해의 속성적 범주는 자기를 잃게 하는 동일적이고 동질적인 텍스트 이해이고, 들어가야 할 텍스트 이해의 속성적 범주는 자기를 찾게 하고 지키게 하고, 가지게 하는 텍스트 이해의 속성 범주이다. 글 (나)와 글 (다)를 보면, 이 글의 저자들은 철학적 텍스트 이해의 속성을 지닌 텍스트들을 교육학의 속성을 내포한 텍스트 이해를 함으로써 탈영토적 텍스트 이해를 실행하고 있다.

셋째, 자기생성적 이해이다. '자기생성적'이라는 말은 독자의 텍스트 이해가 무엇인가에 기여해야 하는 작용성과 관련된다. 자기생성은 스스로가 자기 자신의 특정한 부분을 새롭게 만들어 가지게 됨을 뜻한다. 독자가 텍스트 이해로 만들 수 있는 자기 자신의 부분은 제한하기 어렵다. 얼핏 의식내용의 부분이라고 여겨지지만 행동 능력이나 신체 기능적 부분도 생성할 수 있다. 이들 각 생성의 근원적인 본질이 삶이라 할 수 있다. 삶은 독자가 생성할 모든 것을 포함하면서 근본적이고 실체적인 부분이다. 독자의 텍스트 이해로 자기 삶을 생성하게 하는 것은 텍스트 이해 작용의 궁극적 지향이다.

4. 읽기 전쟁기계의 실현

[라] 그러나 전쟁기계의 외부성의 형식은 오직 스스로 변신할 때만 존재할 수 있다. 즉 산업의 혁신이나 기술의 발명, 상업적 유통망 또는 종교적 창조 등 국가로서는 이차적으로밖에는 전유할 수 없는 이 모든 흐름이나 경향들 속에 존재한다. 따라서 외부성과 내부성, 끊임없이 변신을 거듭하는 전쟁기계와 자기 동일적인 국가장치, 패거리와 왕국, 거대 기계와 제국 등은 상호 독립해 있는 것이 아니라 끊임없는 상호 작용의 장 속에서 공존하고 경합하고 있다. 바로 이 상호 작용의 장이 국가 내부에 자신의 내부성을 명확하게 한정하지만, 또한 국가를 벗어나거나 국가에 대항하는 것처럼 보이는 것 속에서 자신의 외부성을 그려낸다. (김재인 역, 2003: 690)

[마] 세상 사람들이 모두 아름답다고 하는 것을 아름다운 것으로 알면, 이는 추하다. 세상 사람들이 모두 좋다고 하는 것을 좋은 것으로 알면, 이는 좋지 않다. 유와 무는 서로 살게 해주고, 어려움과 쉬움은 서로 이뤄주며, 길고 짧음은 서로 비교하며, 높음과 낮음은 서로 기울며, 음과 성은 서로 조화를 이루고, 앞과 뒤는 서로 따른다. 이로써 성인은 무위하는 일을 하며, 불언의 가르침을 행한다. 만물이 잘 자라는 것을 보고, 그것을 자신이 시작했다고 하지 않고, 잘 살게 해주고도 그것을 자신의 소유로 하지 않으며, 무엇을 하되 그것을 자신

을 뜻대로 하려 하지 않는다. 공이 이루어져도 그 이룬 공 위에 자리를 잡지 않는다. 오로지 그 공 위에 자리를 잡지 않기 때문에 버림받지 않는다.(天下皆知 美之爲美, 斯惡已. 皆知善之爲善, 斯不善已. 有無相生, 難易相成, 長短相較, 高下相 傾, 音聲相和, 前後相隨. 是以聖人處無爲之事, 行不言之敎. 萬物作焉而不辭, 生而 不有, 爲而不恃, 功成而弗居. 夫唯弗居, 是以不去.) (노자의 도덕경(道德經) 2장, 최석진(역), 2001: 35(필자 일부 수정))

[바] "그런데 한 가지 꼭 필요한 것이 있어."
민들레가 말하면서 강아지똥을 봤어요.
"……."
"네가 거름이 돼 줘야 한단다."
"내가 거름이 되다니?"
"네 몸뚱이를 고스란히 녹여 내 몸속으로 들어와야 해. 그래야만 별처럼 고운 꽃이 핀단다."
"어머나! 그러니? 정말 그러니?"
강아지똥은 얼마나 기뻤던지 민들레 싹을 힘껏 껴안아 버렸어요./ 비는 사흘 동안 내렸어요./ 강아지똥은 온 몸이 비에 맞아 자디잘게 부서졌어요……. 부서 진 채 땅속으로 스며들어 가 민들레 뿌리로 모여들었어요. 줄기를 타고 올라가 꽃봉오리를 맺었어요./ 봄이 한창인 어느 날, 민들레 싹은 아름다운 한 송이 꽃을 피웠어요. 향긋한 꽃 냄새가 바람을 타고 퍼져 나갔어요. 방긋방긋 웃는 귀여운 꽃송이엔 강아지똥의 눈물겨운 사랑이 가득 어려 있었어요. (권정생, <강아지똥> 일부)

글 (라)-(바)에 대한 독자의 읽기 존재 양식은 여러 가지이다. 저자의 사상 을 밝히는 읽기도, 텍스트의 주제를 탐구하는 읽기도, 독자가 의미를 구성하는 읽기도 가능하다. 또한 독자가 자기를 찾고 지키는 읽기도 가능하다. 글 (라, 마)를 독자 스스로 읽어 이해하기 위해서는 다소 높은 읽기 능력이 필요할 수도 있다. 반면, 글 (바)는 텍스트 이해의 기초 능력만 있으면 된다. 글 (바)도 누가 어떻게 읽는가에 따라 읽기 전쟁기계를 활용한 읽기를 할 수 있다. 결국 어떤 텍스트이든 독자가 자기를 찾아 가꾸는 읽기가 가능하다. 읽기 전쟁기계가 바탕이 되는 읽기는 텍스트의 문제가 아니라 독자의 의지로 실행하는 읽기이다.

읽기 전쟁기계를 활용한 텍스트 이해는 지금 창안된 것이 아니다. 능숙한 독자는 예전부터 이 읽기를 실행하여 왔다. 각 분야의 새로운 관점과 방식과 결과들이 있어 왔다. 읽기 이론도 마찬가지이다. 외우고, 주석을 달고, 저자의 사상을 찾고, 텍스트를 분석하고, 독자의 지평을 활용했다. 읽기 이론은 앞으로도 다양하게 나타날 것이고, 이를 위한 새로운 텍스트 읽기가 존재할 것이다. 읽기 전쟁기계는 이런 읽기를 위한 기제이다. 자기를 찾는 또는 자기를 밝히는 읽기는 현재 시점에서 읽기 전쟁기계로 여는 읽기 관점이다. 이 관점도 앞으로 새로운 읽기 전쟁기계에 의하여 대체될 것이다.

읽기 전쟁기계는 들뢰즈와 과타리의 유목론에서 비롯된 읽기에 대한 독자의 의식 흐름이다. 읽기 국가장치와 대립하는 의식 흐름이다. 이 읽기 전쟁기계는 독자의 개별적 고유성을 가진 텍스트 이해를 지향한다. 이는 몰적 읽기에 내재된 텍스트 이해의 전체성이나 동일성에서 탈주하는 분자적 읽기를 통해 실현된다. 이의 실현을 위해서는 독자가 자기 읽기에 대한 자각이 필요하다. 자기가 실행하는 읽기가 어떤 것인지 자기 찾기를 위한 읽기가 어떻게 해야 하는지를 알아야 한다. 독자가 자기 찾기를 위한 읽기를 스스로 자각하는 일은 어렵다. 읽기 교육의 도움이 있어야 가능하다. 읽기 교육에서는 독자가 자기 읽기에 대한 자각으로 읽기 전쟁기계를 활용할 읽기를 실행할 수 있도록 해야 한다. 이에 대한 읽기 교육의 관심이 필요하다.

제10장 유목적 읽기

1. 독자와 유목성

들뢰즈와 과타리는『천 개의 고원』12장[1]에서 여러 측면에서의 유목성을 논의하고 있다.[2] 이 논의는 이들 유목성 논의를 토대로 독자의 유목성을 살핀다. 독자도 유목민의 속성을 갖지만 실제 유목민은 아니기에 다른 속성도 있다. 유목민은 유목이 필요한 실제 환경 속에서 삶을 영위한다. 유목성은 이들 유목민의 삶 속에 내재한다. 초원, 빙원, 사막 등에서의 유목민의 삶에는 도시인들과 같은 동일한 일상의 반복이 없다. 삶의 장소를 수시로 바꾸어야 하기 때문이다. 유랑(流浪)하는 삶은 매년, 매일, 매시간 다르다. 유목민은

---

1 『천 개의 고원』(김재인 역, 2003) 12장의 제목은 '1227년-유목론 또는 전쟁기계'이다. Massumi(2005)는 '1227: Treatise on Nomadology– The War Machine'로 영역했다.

2 들뢰즈와 과타리는『천 개의 고원』(김재인 역, 2003) 12장에서 공리 3개, 명제 9개, 문제 3개를 제시하면서 전쟁기계와 유목성에 대하여 논의한다. 이에 대한 논의는 현재 우리의 삶을 해명하기 위한 것이다. 공리 3개만 예로 들면 다음과 같다. '[공리1] 전쟁기계는 국가장치 외부에 존재한다. [공리2] 전쟁기계는 유목민의 발명품이다.(국가장치의 외부에 존재하며, 군사제도와 구별되는 한에서) 이러한 의미에서 유목적인 전쟁기계는 공간 지리적 측면, 산술적 또는 대수적 측면, 변용태적 측면의 세 가지 측면을 갖는다. [공리3] 유목적 전쟁기계는 소위 표현의 형식이며, 이것과 관련된 내용의 형식이 바로 이동적 야금술이다.'

이동한 장소에 맞춰 살아야 한다. 이를 위해 자신을 새롭게 바꾸어야 한다. 환경을 바꿀 수 없기 때문이다. 들뢰즈와 과타리는 이 유목민의 삶의 속성에 주목한다. 유목민의 삶에 내재된 유목성으로 우리의 삶을 분석한다. 들뢰즈와 과타리의 논의에 따르면, 우리의 삶 속에도 다양한 형태의 유목성이 내재한다. 특히 동일성이 반복되는 몰(mole)적인 삶에서 벗어나 자기 고유의 삶을 여는 생활은 유목성을 토대로 한다.

자기의 고유한 삶을 추구하는 독자에게도 유목성은 내재한다. 이들 독자가 텍스트를 읽고 이해하는 행위는 유목민과 닮은 점이 있다. 유목민이 자연환경에 따라 삶을 위해 자기를 생성[3]한다면, 독자는 텍스트로 자기 삶을 위한 자기를 생성해야 한다. 이때 독자는 유목민과 달리 텍스트 선택의 폭이 넓다. 또한 텍스트에 모든 것을 맞춘 삶을 위한 자기 생성이 아니라 텍스트와의 공속[4]으로 삶을 위한 자기를 생성한다. 유목민이 환경에 제약된 삶을 위한 자기 생성을 한다면, 독자는 텍스트와 교섭적 관계 속에서 자기 생성을 한다는 차이점이 있다. 독자의 삶을 위한 자기 생성에는 유목민과 달리 선택의 여지가 있다. 그렇지만 자기 고유의 삶을 위한 자기 생성이라는 점에서 닮아 있다. 독자도 유목민의 유목성을 내적으로 공유한다. 이 유목성의 발현으로 텍스트를 이해하는 독자가 '유목적 독자'이다.

---

[3] '생성'은 들뢰즈와 과타리의 'devenir'를 번역한 말로 '되기'라고도 많이 쓰인다. '생성' 또는 '되기'는 『천 개의 고원』 10장에서 주로 논의된다. 12장의 논의에서는 '생성(되기)'이 내재되어 논의된다. '바둑의 경우에는 바둑알이 분배되어 공간을 확보하고 어떠한 지점에서도 출현할 수 있는 가능성을 유지하는 것이 문제가 된다. 바둑알은 한 점에서 다른 점으로 움직이는 것이 아니라 목적도 목적지도 없이, 출발점도 도착점도 없는 끝없는 되기(=생성)이다.'(김재인 역, 2003: 675)

[4] 공속(共屬)은 하이데거의 Zusammenngehörigkeit를 번역한 용어로 '떼려야 뗄 수 없는 하나로 서로가 서로에게 속해 있다'(엄태동, 2016 : 18)를 의미한다.

배움을 동일성의 논리가 아니라 차이의 논리로 새롭게 사유하려는 이 책은 다양한 차이 이론들 가운데 들뢰즈의 차이의 철학에 주목하고자 한다. 들뢰즈는 '동일성을 전제한 차이'가 아닌, '차이 그 자체'의 논의를 통해 자신만의 독특한 존재론과 인식론을 전개한다. 들뢰즈에 따르면 개별자들은 얼마나 유사한지, 대립적인지 등을 따져볼 때 생기는 개별자 간의 차이는 차이 그 자체가 아니라 '개념적 차이'이다. 다시 말해, 개념화를 통해 드러나는 개별 존재자들 간의 차이는 개념적 차이일 뿐 차이 그 자체는 아니다. 들뢰즈는 이처럼 '개념화'라는 동일성에 기반한 차이가 아니라 동일성의 매개 없이 그 자체로 발생하고 증식하는 '차이생성' 체계에 대해 논증하면서 차이의 일차성에 근거한 새로운 형이상학을 썼다. 즉 그는 차이를 존재의 생성이나 창조의 원동력으로 본다. (김재춘·배지현, 2016: 3-4)

윗글의 저자들은 배움을 차이생성으로 보고 있다. 배움이 차이생성이라는 주장을 들뢰즈의 논의에 기초하고 있음을 밝힌다. 저자들은 교육학자로서 배움의 개념을 정의하고 있다. 이 배움이 차이생성이라는 정의는 기존의 교육적 의식 흐름에서는 없었다. 이 글의 저자들은 들뢰즈의 책을 통해 배움을 새롭게 정의하고 있다. 이 배움에 대한 정의는 들뢰즈의 관점으로 교육을 바라봄으로써 정리되는 것이 아니다. 저자들이 배움에 대한 관념을 자기의식 내에서 생성해야 하는 일이다. 들뢰즈의 배움에 대한 개념을 토대로 저자들은 배움에 대한 관념을 생성해 낸 것이다. 이는 교육학자로서의 저자들이 해야 할 일이다. 이들 저자는 배움에 대한 관념의 생성으로, 이 관념에 기초한 교육을 실행하는 삶을 산다. 동일성을 반복하는 교육을 하는 것이 아니라 학생들이 차이 그 자체를 실현하도록 교육한다. 이 글의 저자들은 텍스트 이해를 자기 삶과 연결하는 유목적 독자의 '유목적 읽기'의 특성을 보여준다.

유목적 독자는 삶을 위한 자기 생성을 해야 한다. 독자의 자기 생성은 텍스트 이해로 자기를 찾음으로써 이루어진다. 유목적 독자의 자기 생성은 독자가 밝혀야 하는 자기 삶과 관련된다. 유목민은 동일성이 반복되는 현재적 삶을 버려야 살 수 있다. 그렇다고 자연환경 속에 지향해야 할 삶이 있는 것도 아니다. 유목민은 자연환경에 따라 자기를 생성하여 자기 삶을 이룬다. 유목민의 삶은 동일성 반복의 삶이기보다 차이생성적 삶이다. 그렇기에 유목민을 닮은 유목적 독자도 차이생성적 자기 삶을 위한 자기 생성적 텍스트 이해를 해야 한다. 이 삶을 위한 자기 생성을 하는 독자의 텍스트 읽기가 유목적 읽기이다. 유목적 읽기는 유목성이 내재된 텍스트 이해를 지향한다. 자기 고유의 삶을 위한 차이생성을 하는 읽기이다. 이는 독자가 텍스트 이해로 자기의 현재적 삶을 자각(自覺)하고, 또 텍스트 이해로 자기를 생성하여 살아야 할 삶을 밝히는 일이다.

그런 점에서 독자의 유목성은 유목민의 삶과 독자 삶에서 공통성을 추상한 것이라 할 수 있다. 유목민이 유목 환경에서 자기 생성으로 삶을 살아내야 하는 절실함이 있다면, 유목적 독자는 텍스트를 읽고 새로운 자기 생성으로 삶을 밝혀내야 하는 절실함이 있다. 어떤 점에서는 유목민의 유목성에 비하여 독자의 유목성이 부분적이라 할 수 있지만, 삶의 실현이라는 점에서 보면 동질성을 갖는다. 독자도 자신의 새로운 삶의 무게를 감당해야 하기에 유목민과 다르지 않다고 할 수 있다. 유목민에게는 삶에 대한 선택의 여지가 없지만 독자에게는 동일성을 반복하는 삶을 살지, 탈주하여 새로운 삶을 살지에 대한 선택이 있다. 유목적 독자에겐 유목민과 다른, 유목민에게는 없는 선택 특성이 있다. 삶의 선택은 또 다른 지혜와 용기를 필요로 한다.

이 장에서는 유목적 독자의 속성을 고찰한다. 들뢰즈와 과타리의 유목론 논의를 토대로 독자의 유목성을 검토한다. 독자의 유목성은 전쟁기계에 의한 텍스트 이해의 속성이다. 이는 텍스트 이해와의 전쟁으로 현재와 미래의 독자 삶을 생성하는 텍스트 이해의 속성이다. 이는 텍스트 이해가 독자의 삶을 이루게 하는 것이고, 독자는 텍스트 이해로 자신의 삶을 이루어야 함을 의미한다. 이는 독자가 텍스트를 읽는 본질적인 이유 중의 하나이다. 독자는 자기 고유의 삶을 이루기 위하여 텍스트를 읽는다. 이 논의에서는 이를 위한 유목적 독자에게 내재하는 유목성을 검토한다. 이를 통하여 유목적 읽기의 속성을 검토한다. 이는 유목적 읽기의 특성을 밝힘으로써 유목적 읽기를 교육하기 위한 토대를 마련하기 위한 것이다.

2. 유목적 읽기의 개념

우리는 텍스트를 읽고 있을 때 독자가 된다. 이 독자는 여러 양식으로 존재한다. 텍스트 읽기를 어떻게 보는가에 따라 존재 양식은 달라진다. 독자는 남의 요구로 텍스트를 읽기도 하고, 호기심에서도 읽는다. 시간을 보내거나 흥미 거리가 있어 읽기도 하고, 무엇인가 절실하게 기대하는 것을 얻기 위해서도 읽는다. 독자의 존재 양식은 읽는 상황에 따라 달라진다. 독자의 존재 양식을 저자, 텍스트, 독자 요인의 측면에서 보면, 저자의 사상을 좇는 독자, 텍스트의 주제를 탐구하는 독자, 배경지식으로 의미를 구성하는 독자 등으로 구분된다. 독자의 존재 양식은 그 구분 방식에 따라 여러 가지로 분류할 수 있다. 이들 독자의 존재 양식은 각기 다른 속성을 지닌다.

유목적 독자는 독자의 존재 양식 중 하나이다. 유목적 독자는 들뢰즈와 과타리가 『천 개의 고원』 12장에서 논의하는 유목론에 근거를 둔 독자이다. 유목적 독자는 유목론에 내재한 유목민의 속성(유목성)으로 텍스트 이해를 하는 독자이다. 따라서 유목적 독자는 유목성을 발현하는 독자라고 할 수 있다.[5] 유목민은 세계 곳곳에 산다. 초원, 빙원, 사막뿐만 아니라 밀림, 평원(평지), 도시 주변에도 산다. 유목민 삶의 특성은 이동과 목축에 있다. 유목민은 목축을 위해 잦은 이동을 해야 한다. 유목민의 이동은 낯선 환경에서의 삶을 요구한다. 이들에게 정착은 기르는 동물의 먹이 부족으로 삶을 유지할 수 없게 한다. 그러기에 자주 이동해야 하고, 이동한 장소의 환경에 맞는 삶을 살아야 한다. 자연환경에 맞추는 삶은 그 환경에 맞는 새로운 능력을 필요로 한다. 유목민은 이 능력을 생성하여 가짐으로써 삶을 이어간다. 이를 위해 유목민은 기존의 자기를 버리고, 새 환경에서 살 수 있는 자기를 생성한다. 현재를 사는 독자도 유목민과 같이 변화하는 생활 환경 속에서 새 삶을 위한 자기 생성을 요구받고 있다. 유목민이 삶을 위해 자기를 새롭게 생성하듯, 유목적 독자도 새 삶을 위해 자기를 새롭게 생성해야 한다.

들뢰즈와 과타리는 『천개의 고원』(김재인 역, 2003) 12장에서 유목성의 핵심 요인으로 '전쟁기계'를 내세운다.[6] '전쟁'은 동일성, 전체성, 공통성을 지닌 기존 것과의 단절을 의미한다. 즉, 창조적 생성을 가리킨다. 읽기 교육의 관점에서 독자 중심 읽기가 기존의 몰적으로 이루어지던 텍스트 중심 읽기와 대립하여 밀어낸 것이 이 전쟁의 한 예시가 될 수 있다. '기계'는 흐름을 절단하여 새로운 것이 되게 하는 도구성을 뜻한다. 칼은 채소의 흐름을 절단하여 김치가 되게 하는 기계이다. 독자의 배경지식(칼)은 텍스트의 흐름을 절단하여 독자만의 의미를 구성(음식)하게 하는 것과 같다. 전쟁기계는 유목민이 낯선 환경에서의 삶을 유지할 수 있게 하는 내적 도구이다. 전쟁기계는 기존의 동일성(전체성)과 전쟁하여 흐름을 절단하고 새로움을 생성하게 하는 의식(사유) 흐름의 요인이다. 유목적 독자는 기존의 동일성과 통일성을 지닌 텍스트 이해의 흐름을 절단하여 새로운 이해를 실행하는 독자이다. 유목적 독자는 텍스트 읽기에 전쟁기계를 사용하는 독자인 것이다.[7]

---

5   독자의 텍스트 이해에서의 유목성에 대한 논의는 여수현·김도남(2021)을 참조할 수 있다.
6   추상기계에 대한 논의는 『천 개의 고원』(김재인 역, 2003)과 이진경(2003a: 202-210)을 참조할 수 있다. 텍스트 이해와 관련된 논의는 1장과 여수현·김도남(2021)을 참조할 수 있다.

전쟁기계는 탈주를 가능하게 한다.[8] 탈주는 동일성을 지닌 몰성에서 벗어남이다. 들뢰즈와 과타리는 전쟁기계와 대립되는 개념에 대해 '국가장치'라는 말을 사용한다.[9] 국가장치는 동일성, 통일성, 전체성, 정착성 등의 몰적 의식의 흐름이다. 탈주는 이 국가장치의 동일성, 전체성 등의 의식에서 벗어남이다. 전쟁기계가 생성성, 개별성, 고유성 등의 의식의 흐름으로 탈주를 가능하게 한다. 유목민처럼 유목적 독자도 전쟁기계를 내적 의식 요인으로 지녀 탈주하는 읽기를 한다. 즉 유목적 독자는 몰적 동일성의 텍스트 이해에서 탈주하여 분자[10]적인 자기만의 개별적인 고유한 삶을 생성하는 텍스트 이해를 하는 독자이다. 즉 몰적 텍스트 이해에서 탈주하여 고유성을 갖는 자기 생성으로 자기 삶을 이루는 독자이다. 탈주하는 읽기(탈주적 읽기)는 텍스트에 대한 몰적 이해를 토대로 하면서, 이를 벗어나 자기 삶의 고유성을 생성하는 읽기이다. 이 읽기의 독자는 의미를 구성하는 독자가 아니라 자기를 생성하는 독자이다. 좀 더 구체적으로 텍스트 이해를 통하여 자기의 고유한 삶을 위해 자기를 생성하는 독자이다.

유목적 읽기는 유목성이 내재된 읽기이다. 유목적 읽기는 텍스트의 주제 탐구나 독자의 의미 구성을 필요로 하지만 이를 지향하지는 않는다. 유목적

---

7   들뢰즈와 과타리의 전쟁기계에 대한 논의를 바탕으로 한 독자의 유목적 텍스트 이해에 대한 논의는 9장과 여수현·김도남(2021, 2022)과 김예진·김도남(2022)을 참조할 수 있다.

8   독자의 텍스트 이해에 관한 전쟁기계의 탈주성에 대한 논의는 9장과 여수현·김도남(2021)을 참조할 수 있다.

9   들뢰즈와 과타리는 의식의 흐름을 설명하기 위해 추상기계라는 개념을 논의하는데, 이 추상기계 속에 국가장치와 전쟁기계가 있다. 이에 대한 텍스트 이해와 관련된 논의는 여수현·김도남(2021)을 참조할 수 있다.

10   들뢰즈와 과타리의 논의에서 몰(mole)은 전체적이고 동일한 국가장치에 의한 의식의 흐름과 관련되어 있다. 반면 분자(molecule)는 개별적이고 고유하고 창의적인 의식의 흐름인 전쟁기계와 관련된다. 들뢰즈와 과타리의 논의에서 몰과 분자는 대립적인 속성을 지닌 용어로 사용된다. 텍스트 이해에서의 몰성(전체성)과 분자성(개별성)에 대해서는 2장과 여수현·김도남(2022)를 참조할 수 있다.

읽기는 유목민과 같이 삶을 위한 자기 생성을 하는 읽기를 지향한다. 유목적 읽기는 독자의 전쟁기계에 의한 읽기이다. 독자의 전쟁기계는 텍스트 이해에 내재된 동일성의 의식의 흐름이나 독자의 동일성에 기초한 삶을 절단한다. 그리고 텍스트 이해를 통한 독자의 개별적이고 고유한 삶을 이루게 한다. 독자의 전쟁기계는 텍스트를 읽을 때, 독자가 국가장치의 동일성에 기초한 몰적 삶을 인식하고, 자기만의 특개성[11]을 갖는 삶에 의식을 집중하게 한다. 바꾸어 말하면, 독자가 자기 고유의 삶을 위한 자기 생성에 집중하면 전쟁기계가 작동한다. 독자의 전쟁기계는 텍스트에 대한 의식의 흐름을 절단함으로써 자기 삶에 집중할 수 있게 한다. 현재의 몰적 인식의 침윤에서 탈주해 자기 고유의 삶을 실현할 수 있게 한다.

[가] 들뢰즈는 나에게 삶의 자세, 사유 방식, 개인적 취향 등에까지 큰 변화를 가져다주었다. 자연스럽게 나의 전공 분야인 교육과 교육학에 대한 생각에도 많은 변화를 생겼다. 교육학자로서 들뢰즈의 아이디어를 교육에 적용하려는 것은 너무나도 당연한 시도였다. 그동안 교육과정 정책에 많은 관심을 가져왔기 때문에 들뢰즈와의 만남 후에 일어난 나의 이러한 변화를 주변 사람들은 교육과정 전공자의 철학적 전회(轉回)라고 생각할지도 모른다. 들뢰즈와 만남 후 교육에 대한 나의 생각은 판이하게 달라졌다. '의도된 활동'으로부터 '우연한 마주침을 통한 활동'으로, '정신적·의식적 활동'으로부터 '신체적·감각적 활동'으로, '재인식·재생산의 활동'으로부터 '차이생성과 창조의 활동'으로 교육을 새롭게

---

11   특개성은 불어 heccéité의 번역어로 영어로는 haecceity(massumi, 2005: 260)나 thisness로 번역된다. '특개성이란 원리 둔스 스코투스(Duns Scotus)가 환원 불가능한 개체화의 원리를 정리하기 위해 사용한 개념인데 영어로는 'thisness'로 번역합니다. 이것을 '이것'이라고 말하게 하는 것이 바로 thisness요 heccéité라는 겁니다. 저는 이를 개별성과도 구별하여 어떤 구체적 조건 속에서 어떤 개체에게만 특정한 것이란 의미에서 특개성(特個性)이라고 번역할까 합니다.'(이진경, 2003b: 55)

이해하기 시작했다. 교육에 대한 이러한 관점의 변화는 인간 삶의 의미와 사유에 대한 관점의 변화에 따른 것이다. 사유하는 존재로서 인간은 근본적으로 감각하는 존재로서 인간이라는 토대 위에서만 의미를 지닌다. (김재춘·배지현, 2016: 283-284)

독자의 텍스트 이해는 삶의 생성이기도 하다. 글 (가)의 저자들은 들뢰즈의 텍스트 이해가 자기 생성이고 삶의 생성임을 밝히고 있다. 저자들은 들뢰즈의 텍스트를 읽고, 교육학자로서의 자기 생성을 증언하고 있다. 그리고 자기 생성이 삶의 생성을 이루어냄을 고백한다. 저자들은 교육학자로서 교육에 대한 의식의 전환이 이루어졌음을 강조한다. 들뢰즈로 인하여 기존의 교육적 의식에서 탈주하여 새로운 교육적 의식을 자기 내에서 생성하게 되었다는 것이다. 교육을 의도된 활동, 정신적·의식적 활동, 재인식·재생산의 활동으로 알던 자기에서, 우연한 마주침을 통한 활동, 신체적·감각적 활동, 차이생성과 창조의 활동으로 아는 자기를 생성했다는 것이다. 이 생성은 저자들이 교육적 삶을 새롭게 생성하는 것으로 이어지고 있음을 볼 수 있다. 이 글의 저자들은 들뢰즈의 텍스트를 통해 자기 생성으로 교육자로서의 삶의 변화를 이루었음을 보여준다. 이들뿐 아니라 실제 많은 독자는 텍스트 이해를 통하여 자기를 생성하고 자기 삶의 변화를 이룬다.

유목적 읽기는 독자의 자기 생성 즉 삶의 생성을 지향한다. 그렇다고 텍스트 주제 탐구나 의미 구성을 부정하거나 배척하는 것은 아니다. 유목적 읽기는 이들 읽기의 양식을 존중하고, 이들 양식에 의존한다. 탈주나 절단은 토대가 되는 대상이 있을 때 가능하다. 주제 탐구나 의미 구성은 유목적 독자의 탈주와 절단의 토대가 된다. 주제 탐구나 의미 구성은 동일성이나 전체성에 토대를 둔 몰성, 또는 국가장치의 의식의 흐름을 형성한다. 유목적 독자는 이들의 의식 흐름을 절단한다. 몰성에서 탈주하게 한다. 이로써 독자의 현재적 삶을 바꾸고, 미래적 삶을 열 수 있는 자기를 생성하게 한다. 유목적 독자는 자기의 고유한 삶을 이루어내기 위해 텍스트를 읽는 독자이다. 유목민에게 가장 시급하고 절실한 것이 이동한 장소에서 삶을 살아내는 것이듯, 유목적 독자도 텍스트에서 자기의 고유한 삶을 생성하는 것이 가장 시급하고 절실하다. 유목적 읽기는 삶을 위한 자기 생성을 지향한다.

3. 유목적 독자의 특성

텍스트는 관념의 공간이다. 이 관념의 공간이 텍스트 세계를 이루고 있다. 독자는 이 텍스트 세계를 유목민처럼 유랑한다. 독자가 유랑하는 텍스트 세계는 크기와 깊이를 가늠할 수 없다. 독자는 한 텍스트에서 다른 텍스트로 이동한다. 이동의 경로나 방향이 딱히 정해진 것은 없다. 독자의 이동에 계열성이 있을 수도 있지만 반드시 그런 것은 아니다. 독자의 텍스트 읽기는 유목민이 특정 장소에 머무는 것과 같다. 유목민은 머무는 장소에 맞는 새로운 삶을 시작한다. 독자의 텍스트 이해도 독자로 하여금 새 삶을 시작하게 한다. 유목민이 머무는 장소에서 새 삶을 살 수 있는 자기를 만들듯, 독자의 텍스트 이해도 새 삶을 살 수 있는 자기를 만든다. 유목민이 전쟁기계로 새로운 삶을 가꾸듯, 독자도 읽기 전쟁기계로 텍스트를 유랑하며 새로운 삶을 가꾼다. 글 (가)에 내재한 유목적 독자의 특성을 검토한다.

가. 주관성: 삶 속의 독자

글 (가)에서 보면, 유목적 독자는 자기 삶을 위해 텍스트를 읽는다. 텍스트를 이루고 있거나 텍스트가 포함하고 있는 것을 알거나 찾기 위한 것이 아니다. 또한 텍스트와의 관계 속에서 의미를 구성하기 위한 것도 아니다. 독자는 삶을 계획하고 실행하기 위하여 읽는다. 유목적 독자는 텍스트에서 자기 고유의 삶의 과제(과업)를 자각하고, 이 과제를 해결하기 위해 읽는 것이다. 독자 고유의 삶의 과제는 다른 누가 해결해 줄 수 없다. 그렇기에 독자가 직접 해야만 한다. 이런 유목적 독자는 유목적 읽기를 주관(主管)하는 자이다. 주관은 '어떤 일을 책임을 지고 맡아 관리함'(표준국어대사전)을 의미한다. 유목적 독자가 책임지고 맡아 관리하는 것은 크게 세 가지이다. 첫째는 텍스트 이해를 주관한다. 독자는 어떤 텍스트를 읽고, 어떻게 읽을지를 결정하고, 읽기를 실행한다. 둘째는 자기 삶을 주관한다. 독자는 텍스트를 통하여 밝힌 삶을 지향과 방향을 토대로 자기 삶을 관리한다. 셋째는 텍스트 이해와 삶의 연결을 주관한다. 텍스트 이해는 자기 삶의 연결을 어떻게 주관하느냐에 따라 다른 형태를 이룬다. 주관에 따라 깊이 관련될 수도 있지만 서로 분리될 수도 있다.

유목적 독자는 텍스트 이해의 주관자이다. 독자의 존재 양식이 다양하듯 독자의 텍스트 이해도 다양하다. 유목적 독자는 텍스트를 읽고 이해하는 방향과 지향을 주관한다. 유목적 독자는 텍스트를 읽으면서 국가장치에 의한 몰적 이해에 충실할지, 전쟁기계에 의한 분자적 탈주를 실행할지를 결정한다. 유목성에 기초한 읽기를 위해서는 탈주하는 읽기를 실행한다. 이를 위해 탈주하는 읽기의 방향은 자기 삶을 향해야 하고, 그에 따른 텍스트 이해의 실행도 필요하다. 이 과정에서 텍스트의 어떤 요인에 관심을 집중할지 선택하고, 가치를 부여하고, 해석하여 의미를 생성하고, 이들과 관련된 자기를 생성해야 한다. 텍스트를 읽고 내용을 인식하고 해석하는 일체의 활동은 독자의 주관에 의하여 이루어진다. 독자는 텍스트를 어떻게 읽어야 하는지, 텍스트에서 무엇을 이해해야 하는지, 이해가 지향하고 이루어야 할 것이 무엇인지를 결정하고 실행한다. 유목적 독자는 이를 주관한다.

유목적 독자는 자기 삶을 주관한다. 삶의 주관은 삶을 지각하고, 규정하고, 계획하고, 실행하는 것과 관련된다. 누구나 삶을 살지만 자기 삶을 문제 삼지 않는 경우가 많다. 자기 삶이 무엇이고, 어떤 것이어야 하는지를 따져보지 않기 때문이다. 물적인 의식 흐름에서의 삶은 자기가 선택하거나 결정할 수 있지 않다. 삶의 형식과 내용이 이미 결정되어 있기 때문이다. 그 주어진 형식과 내용에 얼마나 충실한 삶을 사는가가 관심이 된다. 이 삶에서는 자기 삶의 주관자가 자신이 아니라 동일성, 공통성, 전체성을 대표하는 국가장치가 된다. 이 삶에서는 삶을 살고 있지만 자기 삶이 아닌 다른 삶을 사는 것이다. 유목적 독자는 자기의 삶이 어떤 것이어야 하는지, 자기 삶의 의미와 가치가 무엇인지, 자기 삶의 형식이 어떤 것이어야 하는지, 자기 삶을 살기 위해 무엇을 해야 하는지, 자기 삶을 어떻게 실행해야 하는지를 밝히고 맡아 관리하는 것이다. 이는 현재 삶을 밝히는 것이면서, 미래의 삶을 가꾸는 것이다. 이는 독자가 텍스트를 읽는 본질이 된다.

유목적 독자는 텍스트 이해와 자기 삶과의 연결을 주관한다. 이 주관은 유목적 독자가 유목적 읽기를 하게 한다. 독자의 텍스트 이해는 자기 삶과 거리가 없을 수도 있지만 거리가 멀 수도 있다. 저자의 사상이나 텍스트의 주제는 독자 의식과 거리가 멀다. 사상이나 주제는 객체로서 독자의 의식 바깥에 존재한다. 독자가 관계를 맺을 수 있지만 간접적이다. 의미는 텍스트와 독자 사이에 존재한다. 독자에게 좀 더 가깝거나 텍스트에 좀 더 가까울 수 있다. 그렇지만 독자의 의식 바깥에 존재하는 것은 마찬가지이다. 그러나 독자의 자기 생성은 거리가 없다. 텍스트로부터 자기 삶을 위한 과제를 실행할 수 있는 자기를 생성하는 일은 텍스트 이해와 구분되지 않는다. 유목적 독자는 이를 주관한다. 텍스트 이해가 자기 삶을 실행하는 자기를 생성할 수 있게 책임지고 관리한다.

나. 유랑성: 자기 찾는 독자

글 (가)를 보면, 유목적 독자는 전쟁기계를 그 내적 속성으로 지니고 있다. 저자들은 들뢰즈의 텍스트를 읽고, 교육에 대한 기존의 의식의 흐름을 절단한다. 그리고 교육에 대한 새로운 의식의 흐름을 생성한다. 이 교육에 대한 새로운 의식은 교육에 대한 기존의 의식에서 탈주한 것이다. 새로운 의식으로의 탈주에는 절단하고 생성하는 전쟁기계의 속성이 내재한다. 탈주는 진공 상태에서는 일어나지 않는다. 내적 요인과 외적 요인의 협응이 있어야 일어난다. 유목민의 내적 요인은 삶에 대한 욕망이나 의지이고, 외적 요인은 환경 변화이다. 이들 내·외적 요인들이 상보적으로 작용하면 탈주가 일어난다. 이 탈주는 일회성이 아니다. 요인들의 작용이 있으면 언제나 일어난다.

글 (가)의 유목적 독자도 자기 삶을 새롭게 하려는 욕망이 내적 요인이 되고, 이를 지원할 들뢰즈의 텍스트가 외적 요인이 되어 상보적으로 작용했다. 탈주는 유목적 독자를 유랑하게 한다. 유랑의 내재적 목적은 기존의 자기의식을 절단하고, 새로운 자기의식을 생성하여 자기 고유의 삶을 찾아내는 것이다. 유목민의 유랑 속에는 자기 삶을 영위할 수 있는 자기를 생성하는 일이 내재한다. 자기의 생성은 한곳에 머물러서는 일어나지 않는다. 자기를 생성할 수 있는 것을 찾아 이동해야 한다. 이 이동에는 잠시 머묾이 포함되어 있지만 그것도 유랑의 한 부분일 뿐이다. 유목적 독자의 유랑도 텍스트 속에서 자기 삶을 위한 자기 생성으로 이루어진다.

유목적 독자는 텍스트 세계를 유랑한다. 텍스트는 관념이 구성하는 공간을 지니고 있다. 이 텍스트들의 공간은 개별적이거나 독립적이지 않다. 각 텍스트의 관념 공간들은 중복되고, 맞닿아 있고, 특정 요소들로 연결되어 있다. 텍스트의 관념 공간들이 연합하여 형성하는 관념 공간이 텍스트 세계를 이루고 있다. 텍스트는 개별적이지만 관념 공간은 연합된 구조체를 이루고 있다.[12] 이 관념 공간의 구조체가 텍스트 세계이다. 텍스트 세계를 이루는 낱낱의 텍스트는 각기 다른 외형을 갖고 있다. 이 개별 텍스트는 특정 관념 공간에 뿌리를 두고 있다. 같은 공간에 뿌리를 둔 텍스트들은 계열관계를 이루기도 한다. 또한 특정 요인을 중심으로 연합하여 텍스트 범주를 이루기도 한다. 유목적 독자는 이들 텍스트 세계를 유랑한다. 유랑에서는 낱낱의 텍스트를 옮겨 다닐 때도 있고, 계열을 이루는 텍스트들 내에서 이동할 때도 있으며, 계열 간을 이동할 때도 있다. 또한 특정 범주 속의 텍스트들에서 이동할 수도 있고, 범주 사이를 이동할 수도 있다. 유목적 독자는 이들 텍스트 세계를 유랑하면서 자기 생성을 이루어낸다.

유목적 독자는 관념 세계를 유랑한다. 글 (가)의 저자들은 들뢰즈의 텍스트에 내재한 관념의 세계를 유랑했다. 관념은 텍스트의 내적 구성 요소이다. 텍스트는 관념을 그 내용으로 한다. 이 관념의 존재 형식은 다양하다. 한 텍스트에 하나의 관념이 있을 수도 있고, 여러 관념이 있을 수 있다. 또한 하나의 관념이 여러 텍스트에 걸쳐 있기도 한다. 어떤 관념은 외현적으로는 관계가 없지만 내재적으로는 관계가 있는 것도 있다. 유목적 독자는 이들 관념의 세계를 이동해 다닌다. 텍스트의 관념 세계는 폭과 깊이를 가늠할 수 없기에 그 속에서의 이동은 유랑이 된다. 관념을 따라 이동할 때, 관념 간의 구분이 분명할 수도 있지만 그렇지 않을 수도 있다. 그 존재 형식이 텍스트처럼 외현적으로 드러나는 것이 아니기 때문이다. 이 관념 간의 이동은 관념의 자기화를 전제한다. 텍스트가 드러내는 관념을 지각한 것만으로는 이동의 조건이 되지 않는다. 관념 간 이동은 관념과 관련한 자기 생성이 이루어진 상태에서 다른 관념으로 옮겨가는 것만이 관념 간 이동이 된다.

---

12 텍스트들이 연결되어 관념의 연합적 구조체를 이루는 것을 상호텍스트성이라 할 수 있다. 텍스트 이해에서의 상호텍스트성에 대한 논의는 김도남(2014)을 참조할 수 있다.

독자의 관념 간 이동 조건은 자기 생성의 여부이다. 독자는 텍스트의 관념을 이동하면서 각 관념에 따른 자기 생성을 이루게 된다.

유목적 독자는 자기 삶을 유랑한다. 글 (가)에서 보듯, 독자의 자기 삶들 사이의 이동은 자기 생성과 관련된다. 삶은 내적 내용과 외적 형식을 갖는다. 내용과 형식은 관계가 있지만 일치하는 것은 아니다. 삶의 내적 내용은 감성이나 지성과 관련되어 있다. 감성은 감각을 통한 대상에 대한 인식능력이다. 대상에서 무엇을 어떻게 감각하여 지각하고 인식할지는 자기 생성에 달려있다. 같은 대상이라도 감각 능력에 따라 다른 것이 된다. 지성은 사고하고 이해하고 판단하는 지적 능력이다. 지성은 인식하고 관계 짓고 정리하여 대상과 관념에 대한 인식을 형성할 수 있게 하는 정신작용이다. 이 감성과 지성은 자기의 삶을 이루는 근원적인 것이다. 감성과 지성(이성)은 삶의 지향과 목표, 양식과 태도, 만족과 기대, 계획과 실천 등과 연결되어 있다. 그러면서 다양한 양상으로 드러난다.

삶의 형식은 지위, 역할, 직업, 관계 등으로 사회적으로 결정되는 경우가 많다. 본인의 의지에 의하여 실현될 수도 있지만 사회적인 인정이 필수적이다. 외적 형식은 자주 바뀔 수도 있지만 그렇지 않을 수도 있다. 유목적 독자는 자기 삶의 내용과 형식을 이동한다. 특히 자기 삶의 내용인 감성과 지성의 요인들 사이를 이동한다. 유목적 독자가 텍스트에서 무엇을 지각하고 이해하며 판단하느냐는 자기 생성에 달려있다. 유목적 독자는 이 감성과 지성 작용으로 이루어지는 자기 삶의 세계를 생성하며 유랑한다. 이를 통해 자기 삶의 형식에 내재한 본질적 가치를 실현한다.

다. 생성성: 감응하는 독자

유목적 독자는 텍스트 이해로 자기를 생성한다. 독자의 자기 생성은 텍스트와 '같은 형식'의 의식을 생성하는 것이다. 이해는 물건을 얻는 것과는 형태가 다르다. 글 (가)에서 알 수 있듯, 이해는 주는 것을 받아서 가지는 것이 아니라 자기의 의식 속에서 발현해 생기게 하는 것이다. 텍스트를 이해한다는 것은 독자가 텍스트의 내용 세계를 자기 내에서도 실현할 수 있게 됨을 가리킨다. 즉 텍스트의 내용 세계와 같은 형식의 세계를 독자의 의식 속에서 생성함을 뜻한다. 이때 형식의 세계 생성은 의식내용 그 자체를 의미하기보다는 의식내용을 생성할 수 있는 의식적 능력의 생성을 뜻한다. 유목적 독자는 자기의식 속에 생성할 형식의 세계를 가진 텍스트를 배치할 필요가 있다. 텍스트의 배치와 함께 텍스트에서 감응할 형식의 요소를 결정해야한다. 텍스트 배치가 달라지면 이 감응이 달라지고, 생성할 자기가 달라진다. 또한 텍스트에서 감응할 형식이 무엇인가에 따라 생성하는 자기가 달라진다. 배치와 감응은 서로 다른 것이지만 협응하여 자기 생성을 이루게 한다.

생성은 감응을 위한 배치를 필요로 한다.[13] 배치는 어떤 일이 일어나도록 관련 환경을 조성하는 일이다. 유목적 독자는 텍스트 이해를 위한 관계 요인의 배치를 필요에 맞게 해야 한다. 요소들의 배치에 의하여 감응이 이루어지고 텍스트 이해가 결정된다. 어떤 배치는 텍스트의 주제 탐색을 위한 것이 되기도 하고, 의미 구성을 위한 것이 되기도 한다. 또한 독자의 삶을 위한 자기 생성을 위한 것이 되기도 한다. 글 (가)의 유목적 독자는 들뢰즈의 텍스트들을 읽기 텍스트로 배치하여 교육에 대한 자기의식을 인식하고, 여기에서 탈주하여, 교육에 대한 새로운 의식을 생성한 것이다. 자기 생성적 텍스트 이해는 배치에 의하여 결정된다. 독자는 배치 속에서 텍스트에 감응하고, 사유하고, 판단한다. 유목적 독자는 배치의 요소를 선택하고, 구조화하고,

---

13   감응과 관련한 들뢰즈와 과타리의 논의는 『천 개의 고원』(김재인 역, 2003: 758-775) 12장의 '명제 7. 유목적 삶은 전쟁기계의 무기를 "변용태"로 갖고 있다.'에서 이루어진다.

작용하게 한다. 그럼으로써 독자의 텍스트 이해가 자기 삶과 관계를 맺을 수 있도록 한다.

생성은 감응에 의존한다. 감응은 텍스트 이해를 달리하게 한다. 감응은 대상에 대한 감각적이고 정감적인 감식 작용이다. 이 감응은 인지적 지각과 사유 작용을 이끌어 대상에 대한 판단과 이해를 가능하게 한다.[14] 독자의 텍스트 읽기에도 감응이 작용한다. 어떤 배치의 조건에서 무엇에 감응하느냐가 텍스트 이해의 내용을 결정한다. 독자가 텍스트를 읽을 때 감응의 요소와 감응의 내용을 한정하기 어렵다. 텍스트 요인과 독자 요인의 배치에 따라 감응이 달라진다. 또한 독자가 어떤 요소의 어떤 감응에 집중하느냐에 따라 지각에 작용하는 감응이 결정된다. 즉 독자가 텍스트의 어떤 요소에 어떻게 집중하여 감응하느냐에 따라 텍스트 이해가 결정된다. 이는 독자의 삶을 위한 자기 생성과도 깊이 관련된다. 텍스트에서 삶과 관련된 요소에 삶과 관련된 감응을 할 때 텍스트 이해는 삶과 연결된다.

이해는 감응에서 비롯된 생성이다. 독자의 감응은 지각을 결정한다. 이 지각은 독자의 자기 생성의 근원이 된다. 독자의 텍스트 내용 인식에는 감각적이고 정감적인 감응이 먼저 작용한다. 독자는 이를 토대로 지각하고 사유하여 텍스트 이해에 이른다. 독자의 텍스트 이해가 어떻게 이루어질 것인지가 감응에서 비롯된다. 그렇기에 텍스트를 구성하고 있는 요소나 이들 요소에 감응하는 일이 중요하다. 독자는 텍스트를 읽으면서 작용하는 감응의 내용을 의식하고, 필요한 감응에 의식을 집중할 필요가 있다. 의식이 집중된

14　'용도에 따라 (즉 인간을 살상하느냐 아니면 재화를 생산하느냐에 따라) 무기와 도구를 구별해 볼 수도 있을 것이다. 그러나 이러한 외재적 구별은 하나의 기술적 대상에 대한 이러저러한 차이적 적용을 설명할 수 있을지 몰라도 일반적으로 무기와 도구가 상호 전환될 수 있는 가능성을 배제할 수 없기 때문에 양자의 내적인 차이를 주장하기가 상당히 어려워진다.'(김재인 역, 2003: 758-759) 이 말은 어떤 물건이 도구인가, 무기인가의 구분이 감응(변용태)에 의하여 이루어진다는 것이다.

감응의 내용을 사유로 이끌고 이해할 수 있게 해야 한다. 이 이해가 삶과 연결된 자기를 생성할 수 있게 한다. 즉 독자의 삶을 위한 자기 생성의 토대는 감응에서 비롯된다.

라. 변화성: 접속하는 독자

글 (가)의 유목적 독자는 변화하는 독자이다. 독자의 변화는 그 형태가 정해져 있지 않다. 무엇으로든 변화할 수 있는 속성을 내포하고 있다. 이 독자의 변화는 의식 흐름의 변화이다. 글 (가)는 저자들의 교육에 대한 의식의 변화를 보여준다. 그 변화는 국가장치에 기초한 홈 패인 의식의 흐름에서 전쟁기계에 기초한 매끄러운 의식의 흐름으로의 변화이다. 홈 패인 의식의 흐름 작용은 반복적이고 동질적이다. 반면, 매끄러운 의식의 작용은 일회적이고 이질적이다. 이들 의식 작용은 저절로 일어나지 않는다. 외부 대상과의 접속을 필요로 한다. 반복적이고 동질적인 의식은 대상과의 접속이 매번 동일하게 이루어지는 데서 기인한다. 일회적이고 이질적인 의식은 대상과의 접속이 매번 다르고 차이 나게 이루어지는 데서 기인한다. 동일성과 차이성은 의식 작용이 일어나는 공간적 특성에서 비롯된다. 동일성의 의식 작용은 국가장치에 의하여 형식이 정해진 홈 패인 공간에서 일어난다. 차이성의 의식 작용은 전쟁기계에 의하여 정해진 형식이 없는 매끈한 공간에서 일어난다. 요컨대, 의식 작용의 변화는 접속하는 매끄러운 의식의 공간에서 일어난다. 이는 유목민의 매끄러운 삶의 공간에서 변화를 이루어내는 것과 같다. 독자의 변화도 자기 내부에서 자기 생성을 함으로써 가능하다.

유목적 독자의 의식 변화는 거듭된다. 유목적 독자의 의식 변화는 텍스트를 이해할 때마다 일어난다. 유목적 독자는 자기 생성에 집중하기에 텍스트와의 접속은 그때마다 의식 변화를 가져온다. 독자 중심 관점을 보면, 독자는 자신의 배경지식을 활용하여 텍스트의 내용을 표상하고, 의미를 구성한다. 이때 독자의 의식 작용은 구성할 의미에 집중된다. 독자의 의식은 의미 구성을 실행하는 관리자로서 역할을 할 뿐이다. 이때의 독자 의식은 의미 구성의 관리 기능을 한다고 할 수 있다. 관리자로서 독자는 구성된 의미에서 직접적인 이득을 얻지 못한다. 즉 의식의 내용에 변화를 이루지 못하는 것이다. 반면, 유목적 읽기 관점에서 보면, 글 (가)에서와 같이 독자는 자기의 의식 자체에 집중한다. 그렇게 하기에 텍스트와의 접속은 의식내용을 변화하게 한다. 즉 의식 자체에 변화가 일어나게 한다. 의식 자체의 변화는 전환과 초월 작용이 있다. 전환 작용은 의식의 내용이 다른 형태로 바뀌는 것이고, 초월 작용은 동일 의식내용이 고양된 형태로 바뀌는 것이다. 유목적 독자의 의식 변화는 이 두 가지를 포함한다. 또한 의식의 변화는 텍스트를 이해할 때마다 거듭된다.

유목적 독자의 의식 변화는 텍스트와의 접속에 의존한다. 접속은 다른 두 가지 대상이 특정 요소를 이용하여 연결되는 것이다. 텍스트 이해에서 텍스트 내용 요소와 독자의 의식 요소가 접속된다. 텍스트 내용과 접속되는 독자의 요소는 감성 요소, 인지 요소, 개념 요소, 관점 요소, 대상 요소 등 다양하다. 접속은 이들 요소 중 특정한 것에 의하여 독자의 의식이 텍스트 내용에 집중함으로써 이루어지는 연대이다. 연대는 독자의 의식이 텍스트의 내용과 동형이거나 동질의 조직체를 이루는 것이다. 연대적 접속은 독자의 의식과 텍스트 내용이 결합하거나, 독자의 의식이 텍스트의 내용을 전적으로 수용하는 것이 아니다. 연대적 접속은 독자의 의식 내에서 텍스트의 내용과 같은 동형이나 동질의 조직체를 생성함으로써 연결되는 것이다. 이 접속이 텍스트 내용의 어떤 요소와 연대하느냐에 따라 의식 변화가 결정된다. 독자의 의식 변화는 텍스트와의 접속에서 이루어지며 접속 요소가 의식내용을 결정한다. 유목적 독자는 자기 삶을 위한 자기 생성에 기여하는 접속 요소를 선택하여 접속해야 한다.

유목적 독자의 의식 변화는 삶의 추동력을 만든다. 추동력은 일을 할 수 있게 지원하는 힘이다. 삶과 관련된 추동력은 새로운 삶을 실행할 수 있게 하는 내재적인 역량이다. 유목적 독자의 의식은 삶과 직결되어 있고, 의식의 변화는 변화된 삶을 살 수 있게 한다. 삶의 변화는 의식의 변화에서 비롯되는 것이다. 독자가 텍스트와의 접속에서 의식 변화를 이루게 되면, 이는 삶의 변화와 직결된다. 의식 변화는 삶의 지향이나 내용을 제시하고, 실행의 방향을 결정한다. 더 나아가서는 삶을 실행할 수 있는 힘이 된다. 삶의 실행은 본질적으로 의식에 의존하여 이루어지기에 의식 변화는 당연히 삶의 변화를 이루게 한다. 이러한 모든 변화는 독자의 자기 생성으로 수렴한다.

마. 현존성: 실행하는 독자

유목적 독자는 삶을 주관하는 독자이다. 삶의 주관은 현재 자기가 누구이며, 무엇을 해야 하고, 왜 해야 하는지를 알 때 할 수 있다. 그러기에 삶의 주관은 현재 자기에서 이루어진다. 글 (가)의 저자들은 현재 교육적 자기 삶을 주관한다. 이를 하이데거의 말을 빌려 표현하면 '현존재'이다.(엄태동, 2016) 하이데거의 논리를 빌리면, 독자는 텍스트와 존재를 공속한 현존재이다.(김도남, 2021) 현존재는 존재 물음으로 존재를 밝혀 존재 가능성을 확립해야 한다. 이 존재 가능성에 자기를 기획투사(기투)함으로써 존재를 실현한다. 현존재는 존재를 실현할 때 실존한다. 유목적 독자도 텍스트와 접속하여 자기를 밝히고, 밝힌 바대로 자기 삶을 실현할 때 실존한다. 다시 말해 유목적 독자는 현재 삶의 시공간 속에서 실존하는 현존성을 내포한다. 유목적 독자는 실존(실행)하는 현존성을 지니고 있다. 유목적 독자는 현재 자기 삶을 기반으로 새로운 삶을 계획하고 그 삶을 실현하는 자이다.

유목적 독자의 현존은 자기 이해에서 비롯된다. 자기 이해는 자기가 누구인지 아는 것이다. 자기가 누구인지 아는 것은 자기 삶의 현실 속에서 자기를 생성해 밝힘으로써 이루어진다. 자기를 생성해 밝히는 일은 저절로 또는 홀로 할 수 없다. 나를 나 홀로 밝힐 수 있는 자는 신뿐이다. 신은 '나는 나다(I am who I am, 출 3:14)'라고 말한다. 그렇지만 누구도 홀로 자기를 밝힐 수 없다. 자기는 무엇과의 관계 속에서 자기이다. 독자는 텍스트와의 관계 속에서 독자인 것이다. 자기는 다른 사람이나 대상과의 관계를 맺을 때 드러난다. 독자의 자기는 텍스트와 접속할 때 드러난다. 드러난 자기를 밝혀 규정할 때 현존할 수 있다. 현존성은 자기가 누구이고, 무엇을 해야 하고, 왜 해야 하는지를 밝힘으로써 실현된다. 독자가 텍스트 이해로 자기를 밝혀 규정한 대로 자기 삶을 실행할 때 현존하게 된다. 유목적 독자는 텍스트와 접속하여 자기를 생성하여 밝히고, 밝힌 자기를 실행하는 독자이다.

현존은 실행하는 일이다. 현존은 삶과 직결되어 있다. 즉 현존은 현재 살아서 살고 있음을 뜻한다. 현재 살아서 살고 있음은 자기가 자기 삶을 주관하여 살고 있음을 뜻한다. 현존하기 위해서는 현재의 시공간과 삶의 상황에서 자기를 주관해야 한다. 자기의 주관은 개별적이고 고유한 자기의 삶을 책임지고 관리하는 일이다. 들뢰즈와 과타리가 말하는 특개성(이것임, heccéité)을 가진 자기의 삶을 실현하는 것이다. 특개성은 현재 그 시간과 장소에서 그것으로써 삶을 살아내는 것이다. 유목적 독자는 텍스트에 따라 끊임없이 변화한다. 그렇기에 변하지 않는 고유성을 가질 수 없다. 글 (가)에서 보면, 저자들에게 유목적 독자로서의 삶이 기대된다. 저자들은 기대대로 현존하는 교육적 실행을 할 것이다. 유목적 독자는 현재 그 시공간의 상황 안에서 드러나는 자기의 개별적인 고유성을 드러내는 삶을 이룬다. 유목적 독자는 현존하는 독자이다. 현존하는 존재를 실행하는 독자이다.

유목적 읽기는 독자 현존의 토대이다. 유목적 읽기는 독자가 유목성이 내재된 텍스트를 이해하는 읽기이다. 독자의 현존은 유목적 읽기를 통하여 실행된다. 유목적 읽기는 텍스트를 새로운 삶을 위한 자기 생성을 목적으로 읽는 것이다. 그래서 읽는 과정을 이 목적을 이룰 수 있도록 실행하고, 목적에 부합하는 텍스트 이해를 이루는 것이다. 이로써 유목적 독자는 현존할 수 있다. 텍스트 이해는 다양체이다. 독자가 텍스트에서 무엇에 주목하느냐에 따라 이해는 달라진다. 독자는 텍스트 이해의 어떤 경로이든 선택하여 실행할 수 있다. 유목적 독자는 삶을 위한 자기 생성의 경로를 선택한 독자이다. 유목적 독자는 텍스트 이해를 실행함으로써 현존할 수 있게 된다.

4. 유목적 읽기의 속성

유목적 읽기는 독자가 자기 삶을 위한 자기 생성을 내적 속성으로 지닌다. 독자의 텍스트 이해에 내재된 속성은 접근 관점에 따라 다를 수 있다. 텍스트 중심 읽기 관점은 텍스트 구성 요소 간의 유기적 관계인 구조의 분석을 그 내적 속성으로 한다. 독자 중심 읽기 관점은 독자의 배경지식과 읽기 기능의 활용을 그 내적 속성으로 한다. 텍스트 이해에 대한 속성은 독자가 어떤 관점에서 텍스트를 읽는가에 따라 달라진다. 여기서는 글 (가)에 내재된 유목적 읽기의 속성을 검토한다.

가. 절단적 창조성

글 (가)에서 보면, 저자들은 들뢰즈의 텍스트로 인해, 교육자로서의 교육에 대한 자신들의 인식이 달라졌음을 밝히고 있다. 저자들의 교육에 대한 인식의 변화는 기존이 생각을 구체화하거나 확장하는 것과는 다른 변화이다.

기존의 교육에 대한 인식을 버리고 얻은 인식으로, 예전의 교육에 대한 것과는 다른 새로운 인식이다. 이는 유목적 전쟁기계가 기존의 의식 흐름을 절단하고 새로운 의식 흐름을 생성한 결과이다. 유목적 읽기는 기존의 의식 흐름을 절단하고, 새로운 의식 흐름의 생성하는 읽기이다. 새롭다는 것은 기존의 것과는 다름의 속성을 갖는 창조성을 의미한다. 창조는 없던 것을 새롭게 만듦이다. 절단적 창조성은 글 (가)의 저자들처럼 기존에 가지고 있던 의식을 절단하고, 이전의 것과는 다른 의식을 새로 생성해 가지는 것이다.

유목적 독자가 텍스트 이해를 통하여 절단하는 것은 '자기'의 의식이다. 글 (가)를 보면, 저자들은 교육자로서의 교육에 대한 의식내용을 가지고 있다. 독자들은 누구나 저자들과 같이 삶에서 특정 과제에 대한 의식내용을 가지고 있다. 유목적 읽기는 이들 과제에 대한 현재적 자기의 의식을 절단하는 것이다. 텍스트 이해는 이를 가능하게 한다. 텍스트를 읽는 독자의 관심이 자신의 삶을 향해 있을 때 의식의 절단이 일어난다. 텍스트에서 자기의 의식을 자각하고, 자기의 의식을 새롭게 할 단서를 찾아야 한다. 절단하는 텍스트 이해는 유목민이 새로운 환경 속에서 기존의 삶을 버리고, 새 환경에서 새로운 삶을 사는 것과 같다. 기존의 삶을 버리고 새로운 삶을 생성할 단서는 새 환경 안에 있다. 유목적 독자가 자기의 현재 몰적 의식을 절단하고 새로운 의식을 생성할 단서는 텍스트 이해에 내재한다.

글 (가)에서 보듯, 유목적 독자가 창조할 의식은 자기 삶과 관련된 것이다. 글 (가)의 저자들은 들뢰즈의 텍스트를 읽고, 들뢰즈 철학에 충실한 의식을 창조적으로 생성한 것이 아니다. 교육학자로서 자기 삶의 과제인 교육에 충실한 자기의 의식을 생성했다. 글 (가)의 저자들의 말을 빌리면, '전회(轉回)'를 일으켰고, '판이(判異)'하게 다른 의식을 생성했다. 이러한 의식의 창조는 유목적 독자의 내부에서 일어난다. 유목적 읽기는 독자 내부에서 자기의 의식을 창조하는 읽기이다. 동일한 생각을 많이 하고 깊게 하는 것이 아니라,

상이한 생각, 차이 나는 생각, 이질적 생각을 깊이 있게 하는 것이다. 독자 내부에서의 이 창조적인 생각은 의식을 새롭게 함으로써 자기를 생성하게 하고, 자기 삶을 생성하게 한다.

글 (가)에서 보듯, 유목적 읽기의 절단적 창조성은 실천을 전제한다. 글 (가)의 저자들의 자기 생성은 실천을 내포하고 있다. 글 (가)의 내용을 보면, 저자들은 들뢰즈의 텍스트 이해에 충실한 관념의 생성에 머물 수 없다. 교육에 대한 창조적 의식으로 자기 생성을 이룬 독자들은 이를 자기 삶 속에서 실천한다. 저자들이 실천을 회피하고 싶어도 그럴 수 없다. 기존의 교육적 의식에 기초한 교육을 실행하려고 해도, 이미 의식의 전환이 이루어졌기 때문에 그런 교육은 실행할 수 없다. 자기의식의 실현인 삶은 자기 내부에서 이루어진 자기 생성에서 비롯되기 때문이다. 유목적 읽기는 글 (가)의 저자들과 같이, 텍스트 이해로 이루게 된 자기 생성을 삶 속에서 실천한다. 이로써 유목적 읽기는 자기 삶의 생성하는 읽기가 된다. 기존의 자기의식을 절단하고, 새로운 자기의 의식을 생성하는 유목적 읽기는 삶을 위한 읽기이다.

유목적 읽기의 절단적 창조성은 전쟁기계의 탈주성에 기초한다. 절단적 창조성은 기존의 의식 흐름을 전달하여 다른 의식 흐름으로 나가게 한다. 이는 현재적 몰성에서 벗어나 자기의 고유성을 추구하는 탈주성과 상통한다. 유목적 읽기는 국가장치의 몰적 인식을 토대로 전쟁기계의 탈주성을 실현하는 읽기인 것이다. 국가장치에 의존하는 몰적 텍스트 이해를 토대로 자기를 생성하는 전쟁기계의 탈주를 실현하는 읽기이다. 전쟁기계는 국가장치가 있어야 존재할 수 있듯, 몰적 인식이 있어야 탈주적 인식이 존재할 수 있다. 현재적 의식이 있어야 절단할 의식이 있고, 현재적 삶이 있어야 새롭게 할 삶이 존재한다. 유목적 읽기의 절단적 창조성은 독자의 현실과 현재의 삶에 기초한다.

나. 분자적 탈주성

유목적 독자는 몰성에서 탈주하는 분자적 독자[15]이다. 분자적 독자는 자기의 특개성(heccéité)을 가진 독자이다. 글 (가)에서 보면, 저자들은 기존의 교육에 대한 몰적 인식을 벗어나 저자들만의 개별성과 독특성을 지닌 인식을 생성했다. 교육이 의도된 활동이 아니라 우연한 마주침을 통한 활동이고, 정신적·의식적 활동이 아니라 신체적·감각적 활동이며, 재인식·재생산의 활동이 아니라 차이생성과 창조적 활동이라는 것이다. 저자들의 이 교육 활동에 대한 인식에서 전자들이 몰성에 속한다면, 후자들은 분자성에 속한다. 전자의 인식은 동일성, 동질성, 통일성, 전체성 등을 지향하는 국가장치의 마법적 힘이나 계약에 의한 주체의 힘에 의존한다면,[16] 후자는 개별성, 차이성, 고유성, 특개성 등을 지향하는 전쟁기계의 분자적 탈주성의 힘을 지녔다. 글 (가)의 저자들은 들뢰즈의 텍스트를 통하여 교육에 대한 현재의 몰적 인식에서 탈주하여 특개성을 지닌 분자적 인식을 생성했다.

분자적 탈주는 몰성을 지닌 토대에서 비롯된다. 탈주가 성립하기 위해서는 탈주할 토대가 있어야 한다. 글 (가)에서 보듯, 토대가 없는 탈주는 존재하지 않는다. 그렇기에 탈주는 몰성에 대한 자각에서 비롯된다. 텍스트 이해에 대한 독자의 의식이 몰성에 갇혀 있음을 자각하지 못할 때 탈주는 일어나지 않는다. 이때는 몰성이 텍스트 이해의 모든 것이기 때문이다. 이는 자기의

---

15 들뢰즈와 과타리는 구성원이 전체성을 지향하는 것을 '몰(mole)'이라고 하고, 개별성을 지향하는 것을 '분자(molecule)'라 한다.(이진경, 2003b: 110-120) 이와 관련하여 몰적 의식(동일성, 전체성)을 따른 독자를 '몰적 독자'라 할 수 있고, 분자적 의식(고유성, 특개성, 개별성)을 따른 독자를 '분자적 독자'라 할 수 있다.

16 들뢰즈와 과타리(김재인 역, 2003: 815-822)는 전제군주국가의 황제의 명령과 같이 사람들이 무조건 따라야 하는 것을 마법(적인 힘)이라고 하고, 공화국에서 법률에 따라야 하는 것을 계약(적인 힘)이라고 한다. 이와 관련된 논의를 여수현·김도남(2021)을 참조할 수 있다.

의식적 흐름이 몰성에 갇혀 있음을 자각하지 못하고 있음을 의미한다. 독자가 텍스트 이해에 대한 자기의 의식이 몰성에 갇혀 있음을 자각할 때, 탈주가 시작된다. 몰적 이해에 대한 자각은 외적 도움이 있어야 가능하다. 이는 일차적으로 다른 텍스트 이해의 관점을 인식하는 것에서 비롯된다. 실제 텍스트 이해에 대한 접근 관점과 방법은 다양하다. 일반적으로는 다른 접근 관점을 의식하게 되면 몰성의 자각과 분자적 탈주가 가능하다. 학생 독자의 경우에는 교육과정(국가장치)에 의하여 다른 관점을 접근이 차단되는 경향이 있다. 이를 보완하는 방법은 교사가 다른 관점에 대한 정보를 제공하는 것이다. 교사가 몰성에 기초한 텍스트 이해를 지도하면서, 학생이 몰성을 자각할 수 있게 하고, 분자적 탈주의 방법을 안내하는 것이다.

탈주는 몰적 경계(문턱)를 넘어야 한다. 유목적 독자의 텍스트 이해는 유목성의 요건을 갖추어야 한다. 자기 삶과 관련된 개별적이고 고유성을 지닌 특개성을 띠어야 한다. 이는 텍스트 이해의 몰성에 대한 자각을 넘어 분자적인 자기 생성이 되어야 함을 뜻한다. 몰적 의식의 상태를 지각한 상태이지만 자기 삶에 대한 깨침이 이루어지지 않은 경우에는 몰적 상태에 머물고 있는 것이다. 탈주는 텍스트 이해의 결과로 의식 변화가 이루어진 상태가 되어야 한다. 이는 몰적 이해를 하는 자기를 내려놓고, 분자적 이해를 하는 자기를 생성하는 문턱을 넘어야 함을 의미한다. 몰적 이해와 분자적 이해의 경계는 관념적인 것이지만 분명하다. 그 경계의 넘음은 독자 자신도 알 수 있고, 다른 독자도 인식할 수 있다.

텍스트 이해의 경계는 의식의 거름 장치와 같다. 글 (가)에서 보면, 저자들은 현재의 교육에 대한 인식의 경계와 들뢰즈의 텍스트 읽기를 통한 인식의 경계를 구분하고 있다. 교육에 대한 두 인식 사이에는 분명한 경계가 있다. 인식의 경계는 교육에 대한 의식내용의 특성을 구분해 준다. 이들 교육에 대한 인식의 경계는 저자들이 교육에 대한 의식을 거르고 가르는 역할을 한다. 교육에 대한 새로운 인식을 생성하기 위해서는 이들 사이에 있는 경계를 넘어야 한다. 이 경계를 넘을 때, 저자들은 교육에 대한 현재적 의식내용은 내려놓았다. 그리고 교육에 대한 새로운 의식내용을 생성해 가지게 되었다. 인식의 경계는 불필요한 것을 내려놓게 하고, 생성할 것을 갖추게 한다. 유목적 독자의 삶을 위한 자기 생성을 지향하는 읽기에도 경계가 존재한다. 유목적 독자도 이 경계를 넘을 때 몰적 인식의 흐름을 내려놓고, 분자적 인식의 흐름을 갖는 자기를 생성한다.

다. 자각 리좀성

유목적 독자는 자각을 리좀[17]적으로 하는 독자이다. 글 (가)에서 보듯, 독자의 자각은 자기에 대한 인식적 깨침의 이룸이다. 유목적 독자는 텍스트 이해로 자각하게 된다. 자각은 자기의식 내에서 일어나는 일이다. 그렇다고 자각이 자연적으로 일어나는 것은 아니다. 유목적 독자의 자각은 텍스트의 이해를 통하여 일어난다. 글 (가)의 저자들처럼, 독자로서 자기 삶에 초점을 두고 텍스트의 내용을 인식하게 되면 자기에 대한 인식이 드러나게 된다. 이 자기에 대한 인식을 구체화함으로써 자각할 수 있다. 이 자각은 정해져 있거나 미리 예견할 수 있는 것이 아니다. 또한 자기 의지대로 할 수 있는 것도 아니다. 독자가 텍스트의 내용을 어떻게 인식하고, 또 어떤 텍스트와 관계를 맺는가에 따라 결정된다. 유목적 독자의 자각은 텍스트가 결정하거나 독자가

---

17   리좀(rhizome)은 들뢰즈와 과타리가 『천 개의 고원』 1장에서 다루는 중요한 개념이다. '리좀은 시작도 끝도 갖지 않고 언제나 중간을 가지면 중간을 통해 자라고 넘쳐난다. 리좀은 n차원에서, 주체도 대상도 없이 고른판 위에서 펼쳐질 수 있는 선들의 다양체들을 구성하는데, 그 다양체들로부터는 언제나 <하나>가 빼내진다(n-1). 그러한 다양체는 자신들의 차원들을 바꿀 때마다 본성이 변하고 변신한다.'(김재인 역, 2003: 47)

일방적으로 결정할 수 없다. 또한 텍스트와의 관계 맺음 속에서 끊임없이 이어진다. 이 자각은 들뢰즈와 과타리가 말하는 리좀의 특성을 내포한다. 어떤 텍스트와 관계를 맺는가에 따라 달라지고, 어떤 텍스트와 언제, 어디서, 어떤 접속을 하는가에 따라 변화하고 지속한다.

독자의 자각은 발현이면서 밝힘이고 생성이다. 발현은 잠재되어 있거나 내재해 있던 것이 현재화(顯在化)하는 것이다. 밝힘은 알지 못하고 있거나 분명하게 알지 못하고 잘하지 못하던 것을 분명하게 알고 하게 되는 것이다. 생성은 이전에는 없던 것을 있게 만드는 것이다. 독자의 이 자각이 텍스트와의 접속을 통하여 일어나지만 그 형태는 단일하지 않다. 텍스트의 요소에 따라 또는 독자의 집중력에 따라 달라진다. 글 (가)에서 보면, 저자들은 교육 활동에 대한 자각을 하고 있다. 들뢰즈의 텍스트 이해를 통해, 교육 활동에 대하여 기존에는 모르고 있었고, 독자에게는 없었던 의식을 새로 가지게 되었다. 글 (가)의 저자들은 교육에 대하여 기존에 가지고 있지 못했던 의식 내용을 생성하여 가지게 된 것이다. 교육 활동이 '우연한 마주침 활동이고, 신체적·감각적 활동이며, 차이생성과 창조적 활동'이라는 의식은 기존의 저자들에게는 없었던 것이다. 이들 의식을 들뢰즈의 텍스트를 읽고 생성하게 된 것이다. 이러한 의식 생성은 텍스트와의 리좀적 접속에서 비롯된 것이다. 저자들의 교육에 대한 의식은 다른 텍스트와 접속하게 되면 변화한다.

텍스트와의 리좀적 접속은 자각을 반복하게 한다. 독자가 자기 삶을 늘 새롭게 하기 위해서는 자각의 반복이 필요하다. 이 반복을 가능하게 하는 것이 리좀이다. 들뢰즈와 과타리의 리좀은 접속을 통합 끊임없는 생성을 지시한다. 리좀은 둘 이상의 대상이 특정 요소와 접속하는 만남이고, 이 만남은 끊임없이 일어나고, 이 만남에서 무엇인가가 생성된다는 것이다. 무엇이 무엇과 접속하느냐에 따라 생성이 달라진다. 독자와의 규정되지 않은 텍스트의 접속이 리좀이다. 독자는 텍스트와의 접속을 끊임없이 해야 하고, 그 접속에서 무엇인가를 끊임없이 생성하게 된다. 유목적 독자의 텍스트와의 접속은 삶의 요소를 중심으로 한다. 그래서 자기 삶과 관련된 어떤 것을 끊임없이 생성하게 된다.

자각의 리좀성은 독자의 삶의 변화를 지속시킨다. 유목적 독자는 텍스트의 요소와 접속할 때마다 자각하게 된다. 독자가 텍스트를 읽을 때마다 필요한 요소와 접속하기 때문이다. 유목적 읽기는 텍스트에서 새로운 요소들과 끊임없이 접속하는 읽기이다. 유목적 읽기는 동일한 텍스트 요소와 접속하거나 텍스트에서 동일한 관계를 반복하는 것이 아니다. 텍스트와 동일한 요소로 접속하더라도 탈주성을 가지고 인식하며, 동일한 텍스트를 읽더라도 접속하는 요소는 달리하게 된다. 유목적 독자의 텍스트와의 접속은 늘 새로움을 생성하는 리좀의 속성을 갖는 것이다. 이로 인하여 독자는 텍스트를 읽고 이해할 때마다 자기의식을 새롭게 생성하게 되고, 삶의 변화를 이루어낸다. 리좀은 단절되거나 정지하지 않은 접속이다. 한 곳이 단절되고, 한 곳이 정지하더라도 다른 부분으로 끊임없이 이어지는 것이 리좀이다. 그렇기에 텍스트와의 접속을 통한 독자의 자각은 멈추지 않는다. 즉 유목적 독자 삶의 변화는 지속된다.

라. 자기 초월성

유목적 독자는 자기의식을 초월하는 독자이다. 초월은 의식의 한계를 넘을 인식을 지시한다. 의식의 초월은 현재의 자기의식의 한계를 넘음을 뜻한다. 글 (가)의 저자들은 유목적 독자로서 텍스트 이해로 자기의식의 초월을 지향하고, 초월을 이루었다. 텍스트 중심 접근이나 독자 중심 접근에서는 독자의 자기의식 초월은 관심 밖의 것이다. 독자의 텍스트 이해가 본질적으로 자기의식의 초월성을 내포하기에 자기의식 초월은 간접적으로 기대할 뿐이다.

유목적 독자는 자기의식의 초월을 직접적으로 지향한다. 유목적 읽기에서의 텍스트 이해가 자기 생성을 지향하고 있고, 자기 생성의 본질이 자기의식의 초월이기 때문이다. 텍스트는 독자가 자기의식의 초월할 수 있는 단서를 무한히 품고 있다. 독자가 이들 단서를 인식하고 활용하면 자기의식의 초월은 텍스트 이해가 있을 때는 반드시 일어난다. 유목적 독자는 이들 텍스트 단서를 활용하여 자기의식의 초월을 이룬다.

초월은 현재적 자기의식을 벗어남이다. 현재적 자기는 자기의식에서 비롯된 삶의 요소들의 지각에서 드러난다. 자기가 누구이며, 무엇을 하고 있고, 왜 그것을 해야 하는지 등을 인식하는 것과 관련된다. 자기의식의 초월은 삶의 요소들을 바꾸거나 생성하게 한다. 삶의 요소들의 변화는 당연히 현재적 자기를 벗어나게 한다. 현재적 자기를 벗어남은 새로운 자기를 생성함을 내포한다. 새로운 자기를 생성함은 자기에 대한 인식은 물론, 해야 할 것과 그것을 왜 해야 하는지를 새롭게 규정함을 함의한다. 더 나아가 새로운 자기를 삶 속에서 실현하는 것을 함축한다. 유목적 독자의 자기의식 초월은 삶으로의 실현을 지향한다. 텍스트 이해를 함으로써 자기를 새롭게 밝히고, 그 밝힌 자기를 삶 속에서 실현한다. 이를 위하여 의식의 초월을 추구한다.

자기의식의 초월은 자기 생성을 구체화한다. 유목적 독자의 자기 생성은 텍스트의 관념 세계와 자기 삶의 세계를 연합함으로써 이루어진다. 연합은 두 개 이상의 대상이 하나의 조직체를 만드는 것이다. 이 연합은 두 개 이상의 대상이 서로의 속성을 내세우지 않고 하나로 결속되는 결합이나, 두 개 이상의 대상이 서로의 속성을 버리고 하나로 결속되는 융합과는 다르다. 조직체는 체계를 갖춘 체제나 단체로, 조직을 이루고 있는 구성소들이 각자의 역할을 수행한다. 유목적 독자가 자기의식의 초월로 자기를 생성할 때, 텍스트의 관념 세계와 독자의 삶의 세계가 따로 존재한다. 이 두 세계를 유목적 독자가 연합을 함으로써 자기의식의 초월로 자기 생성을 구체화한다. 이는 텍스트의 관념 세계를 그대로 독자의 자기의식으로 받아들이거나 자기 삶의 세계를 텍스트의 관념 세계와 일치시키는 것이 아니다. 텍스트의 관념 세계와 독자의 삶의 세계가 조직체를 이루도록 하는 것이다. 이는 텍스트의 관념 세계를 공유하면서 독자의 고유한 삶의 세계를 열어 밝히는 자기 생성을 함을 의미한다.

자기의식의 초월은 자기 삶을 이끈다. 삶은 의식에서 비롯된다. 자기가 누구인지, 무엇을, 왜 하고 있는지에 대한 자기의식이 삶을 이끈다. 그리고 자기의식이 반영된 삶이 본래적[18] 삶이다. 본래적 삶은 자기의 개별성과 고유성을 드러내는 삶이다. 의식이 반영되지 않고, 의식되지 않은 삶은 비본래적 삶이다. 자기를 잊고 살아가는 생활은 본래성을 상실한 삶이다. 자기 삶의 본질에 대한 자기의식이 존재하지 않기 때문이다. 고유한 자기 삶을 살기 위해서는 자기의식이 있어야 한다. 자기의식이 동일하게 반복되는 경우에도 비본래적 삶이다. 자기의식의 초월이 없으면 자기를 잊고 살기 때문이다. 유목적 독자가 추구하는 탈주는 자기의식의 초월로, 본래적 삶을 살 수 있게 이끈다. 자기의식의 초월이 자기 삶에 대한 의식을 구체화하기 때문이다. 즉 유목적 읽기는 독자가 자기의식의 초월로 자기 삶을 살 수 있게 한다. 자기의식의 초월이 자기 삶을 밝힌다.

마. 삶 중심성

유목적 독자는 현존하는 독자로 현재와 미래를 함께 여는 독자이다. 현존

---

18 '본래적'과 '비본래적'이라는 용어는 엄태동(2016)이 하이데거의 철학에 기초한 교육을 논의하면서 사용한 용어이다. '본래적'은 현존재가 공속한 '존재'를 삶에서 실현하는 것을 의미하고, '비본래적'은 '존재'를 밝히기는 했으나 삶에서 실현하고 있지 못함을 지시하는 말이다.

은 삶의 문제이다. 이때, 삶은 숨 쉬며 생명 활동을 이어가는 것을 뜻하는 것은 아니다. 삶은 자기의식이 밝히고 있는 자기 과제(과업)와 지향에 의해 기획된 대로 살아가는 것이다. 유목적 읽기는 삶에 충실한 읽기이다. 글 (가)에서의 독자를 보면, 텍스트 이해를 통하여 자기의 고유성을 밝히고, 자기 삶의 과업을 설정하고, 과업 실현을 위한 과제를 구체화한다. 이들 과제를 해결하기 위한 방안을 마련하여, 과제를 해결 활동을 수행하는 것이 삶이다. 유목적 읽기는 이를 위한 텍스트 이해를 추구한다. 그래서 유목적 독자는 자기 삶을 중심으로 텍스트 이해를 이루어나간다. 자기 삶을 벗어난 읽기는 다른 것을 추구하는 읽기이다. 그렇기에 유목적 독자는 자기 삶을 위한 자기 생성을 하는 텍스트 이해를 실행해야 한다.

삶은 현실에서 시작하여 미래를 지향한다. 유목적 독자는 탈주로 자기 이해를 이루어야 한다. 탈주는 현실이 없으면 이루어질 수 없다. 현실은 유목적 독자가 텍스트 이해로 자신의 몰적 현실을 자각한 상태이다. 자기 삶에 대한 자각이 이루어지지 않은 상태는 현실일 수 없다. 몰적 의식이 모든 것일 때는 자기 삶에 대한 자각이 존재할 수 없다. 그러므로 현실이 존재하지 않는다. 유목적 독자의 텍스트 이해는 무엇보다 먼저 현실의 몰적 자기와 자기 삶을 자각하는 것이다. 자기의식에 내재한 몰성에 대한 인식은 이를 벗어날 토대가 된다. 자기의식의 몰성에 대한 자각은 분자적 자기를 함께 자각하게 한다. 텍스트 이해가 이를 가능하게 하는 것이다. 즉, 자기의식에 내재한 몰성에 대한 자각은 분자성으로의 탈주를 강행하게 한다. 유목적 독자는 늘 자기 삶의 생성에 초점을 둔 텍스트 이해를 지향하기 때문에 이것이 가능하다. 분자적 자기 삶으로의 탈주는 현실을 벗어나게 하면서 미래의 자기를 생성하게 한다. 앞으로 무엇을 해야 할지에 대한 의식이 생겨나게 한다. 이 의식은 새로운 텍스트를 찾게 만든다. 그 텍스트 속에 미래의 자기 삶을 열 단서가 들어있기 때문이다.

탈주하는 삶은 자기 생성을 필요로 한다. 자기의 고유한 삶은 자기 외부나 다른 어디에서도 찾을 수 있는 것이 아니다. 자기 내부에 그 삶을 살 수 있는 자기가 있다. 독자는 텍스트 이해를 통하여 자기를 생성해야 한다. 자기만의 고유한 삶을 살기 위해서는 누구에게나 마찬가지로 적용된다. 자기 생성이 없이 자기 삶을 산다는 것은 있을 수 없다. 유목적 독자의 자기 생성은 텍스트 이해에서 비롯된다. 텍스트의 내용에서 자기를 생성할 수 있는 요소를 찾아야 하고, 이를 바탕으로 자기를 생성해 내야 한다. 존재 물음으로 존재를 밝히든, 텍스트 타자를 환대하는 소통을 하든, 재형상화를 통하여 자기 정체성을 밝히든 자기의 생성을 이루어야 한다. 유목적 독자는 자기 생성을 통하여 몰성에서 탈주할 수 있고, 자기 고유의 삶을 살아낼 수 있다.

유목적 독자가 밝힌 고유한 삶은 현재에서 시작된다. 현재는 자기의식으로 자기를 인식하고 있을 때이다. 유목적 독자의 텍스트 이해는 자기 현재를 밝혀야 한다. 사실 독자는 텍스트를 읽을 때 언제나 자기를 의식한다. 독자가 텍스트를 읽을 때, 자기에 대한 의식은 여러 다른 의식과 함께한다. 텍스트 내용이 독자에게 여러 가지 의식을 가질 수 있게 이끌기 때문이다. 이때 독자는 자기의 필요에 의하여 특정한 의식을 선택하여 텍스트 읽기를 지속한다. 이 선택에 의한 의식에 의하여 텍스트 이해가 이루어지게 된다. 유목적 독자는 여러 의식 중 자기에 대한 특히, 자기 삶에 대한 의식을 선택한다. 그렇게 함으로써 유목적 독자는 자기 현재를 인식할 수 있게 된다. 유목적 텍스트 이해는 이것에서 시작된다.

5. 유목적 읽기의 실천

독자가 읽는 텍스트의 어떤 내용은 독자의 인식 한계 밖에 있다. 얼핏 생각해 보면, 노자(老子)의 도덕경(道德經), 불교의 경전, 칸트, 니체, 하이데거, 들뢰즈의 텍스트들이 그렇다. 따지고 보면, 이홍우 교수나 노명완 교수의 텍스트도 그렇다. 우리가 연구를 위하여 참고하는 논문들도 마찬가지이다. 좀 더 생각해 보면, 동화 '바위나리와 아기별'(마해송)이나 '강아지똥'(권정생), 유아 그림책인 '종이 봉지 공주'(로버트 문치)를 읽어도 우리의 인식 한계 밖에 있는 내용이 있다. 이런 텍스트를 통해 인식의 한계에 부딪히면 독자는 회피할 수도 있고, 도전심을 가질 수도 있다. 회피를 선택한 독자는 자기의 인식 한계 내에 머물게 된다. 도전심을 선택한 독자는 자기의 인식 한계를 벗어나 새로운 인식 세계와 삶의 세계를 열게 된다. 도전심을 선택한 독자는 여러 텍스트를 이동하며 유랑을 즐긴다. 유목민처럼 늘 자기를 새롭게 생성하여 삶을 열어간다. 텍스트는 독자가 유목민처럼 유랑할 세계를 담고 있다. 독자는 텍스트를 이동하면서 유목성이 내재된 읽기를 하며 늘 새로운 자기를 생성할 수 있다. 이로써 자기 고유의 삶을 살 수 있다. 이는 유목적 읽기에 대한 인식과 선택에 의하여 이루어진다.

> 길이 끝나면 거기 새로운 길이 열린다. 한쪽 문이 닫히면 거기 다른 쪽 문이 열린다. 겨울이 깊으면 거기 새봄이 걸어 나온다. 내가 무너지면 거기 더 큰 내가 일어선다. 최선의 끝이 참된 시작이다. 정직한 절망이 희망의 시작이다.
> (드라마 <변혁의 사랑> 중에서)

새로운 길, 다른 쪽 문, 새봄, 더 큰 나, 참된 시작, 희망은 도전심을 선택함으로써 시작된다. 인식의 한계를 열기 위한 독자의 선택이 자신의 고유한 삶을 열 수 있다. 이 논의에서는 유목적 읽기의 속성을 살폈다. 유목적 읽기는 유목성이 내재된 읽기로 독자의 고유한 삶을 위한 자기 생성을 지향한다. 이는 텍스트에 대한 몰적 인식의 흐름에서 탈주하여 분자적 인식의 흐름을 형성함으로써 가능하다. 이를 위한 텍스트 이해는 읽기 국가장치에 의한 동일성을 반복하는 읽기가 아니라 읽기 전쟁기계에 의한 독자의 개별적인 고유한 삶을 생성하는 읽기를 통해 가능하다. 이런 읽기를 하는 독자의 특성은 주관성, 유랑성, 감응성, 변화성, 현존성 등을 들 수 있다. 독자들이 이들 특성이 발현되도록 읽기를 실행하면 유목적 독자가 될 수 있다. 유목적 독자의 텍스트 이해인 유목적 읽기의 속성은 절단적 창조성, 분자적 탈주성, 자각리좀성, 자기 초월성, 삶 중심성 등 들 수 있다. 유목적 독자가 이들 속성이 내재된 읽기를 실행할 때 유목적 텍스트 이해가 실현된다.

모두 폭풍우 같은 시간을 보내는 동안, 세상은 금방이라도 변혁될 것 같았지만 무언가 바뀐다는 것은 생각보다 느린 것이어서 아직은 그 변화를 체감하지 못하고 있다. (드라마 <변혁의 사랑> 중에서)

유목적 읽기는 들뢰즈와 과타리의 유목론(nomadism)에 근거한 텍스트 이해에 대한 접근 관점이다. 들뢰즈와 과타리의 유목론은 인식의 세계를 새롭게 열어주는 속성이 있다. 이에 따른 텍스트 이해도 그런 점이 있다고 본다. 들뢰즈와 과타리의 논의에 대하여 많은 연구자들이 폭풍우 같은 사고로 연구를 진행하는 시간을 보내고 있다. 이 논의도 그런 점이 있다. 이런 논의로 텍스트 이해의 세상이 금방이라도 변혁될 것으로 기대하지만 무언가 바뀐다는 것은 느린 것이라 변화를 체감하는 것이 어려울 수 있다. 그렇지만 변화는 필요하기에 유목적 읽기를 위한 체계적이고 구체적이며 치밀한 논의를 계속할 필요가 있다.

제11장 　　　　　　　　　　　탈주적 읽기

1. 읽기와 탈주

　우리는 늘 선택한다. '나인 것'과 '나 아닌 것'을. 내게 선택권이 있을 수도, 없을 수도 있다. 나의 선택은 배움에서 비롯된다. 나인 것은 '나의 것'이 아니라. '나를 이룬 것', '나 자체인 것', '나 스스로인 것', '나 본디(본연)의 것', '나 본성의 것' 등이다. 이 나인 것을 선택하는 것도 배워야 할 수 있다. 나인 것을 선택하는 것을 배우지 않으면 할 수 없다. 나인 것을 선택해야 하는 것을 잊거나, 선택해야 하는지 모를 수 있다. 지금까지 우리는 나인 것을 선택해 본 경험이 있는가? 언제 나인 것을 선택했고, 그 결과는 어땠는가? 읽을 텍스트 선택에서 나인 것을 해 본 적이 있는가? 텍스트를 읽고 나인 것의 의미를 선택한 일이 있는가? 물론 형식적으로는 내가 선택했을 수 있다. 여기서 묻는 것은 진정한 나의 선택이 있었는가를 묻는 것이다.

　아무도 그에게 수심을 일러준 일이 없기에/ 흰나비는 도무지 바다가 무섭지 않다.// 청 무우밭인가 해서 내려갔다가는/ 어린 날개가 물결에 절어서/ 공주처럼 지쳐서 돌아온다// 삼월달 바다가 꽃이 피지 않아서 서글픈/ 나비 허리에

새파란 초승달 시리다 (김기림, <바다와 나비> 전문)

　이 시를 읽을 때, 독자가 선택할 수 있는 것은 없다. 독자는 각 낱말·행·연의 의미와 시 전체의 의미로 남이 정해 놓은 것을 선택한다. 철없는 나비가 세상에 나갔다가 냉혹한 현실에 좌절했다는 의미의 선택은 나인 것이 아니다. 이 의미의 선택은 독자의 자기 결정에 의한 것이 아니다. 잘 모르는 누군가 그런 것이라고 했다고 하니까 독자도 그렇다고 선택한 것이다. '선택'이라는 말에는 다른 것이 있다는 것을 전제한다. 그런데 다른 것이 아닌 특정한 것만 선택하는 것은 이유가 있다. 그 이유는 그렇게 해야 한다고 배웠기 때문이다. 이 시를 읽는 독자들은 누구나 나 아닌 것을 선택한다. 그런 선택을 하도록 배운 것이다. 배운 대로 선택하면 이 시의 진정한 의미를 이해한 것이라고 여긴다. 나 아닌 것을 선택해야 진정한 텍스트 이해가 된다고 여기는 것이다. 이 시를 읽는 독자는 나인 것을 선택할 자유를 가진 적이 없다. 언제나 나 아닌 것의 선택을 강요받았다. 그렇기에 독자는 나인 것의 선택을 잊고 있다. 나인 것의 선택이 있는지조차도 모른다.

　독자의 텍스트 이해에는 나인 것의 선택은 잊혀졌다. 그렇기에 독자는 언제나 텍스트의 의미 이해에서 나 아닌 것을 선택한다. 어떤 어려움이 있어도 나 아닌 것을 선택해야 한다고 생각한다. 그렇기에 독자는 나 아닌 것이어야만 텍스트 이해를 할 수 있다고 여긴다. 언제나 텍스트 이해는 나 아닌 것으로 해야 한다고 여기는 것이다. 그렇기에 독자의 텍스트 이해에 대한 평가 기준은 나 아닌 것에 얼마나 충실한가이다. 독자가 텍스트를 읽고 이해한다고 함은 남의 것을 따르는 것이다. 남의 기준(이론), 남과 같음(객관), 남과 함께(공통)로 텍스트 이해를 한다. 독자의 나인 것의 선택은 금지된 것과 같다. 독자가 이 금지를 어기면, 즉 나인 것을 선택하면 정말 안 되는 것인가? 학교에서 나인 것을 선택하게 가르칠 수는 없는가? 사실 학교는 나 아닌 것을 선택하도록 가르치고, 학생은 그렇게 배우는 것에 익숙해져 있다. 나인 것의 선택을 잊어버리게 한다. 그러다 보니 독자가 나 아닌 것만을 선택하게 된 것이다. 독자는 이해의 전체성 속에서 자기를 잊고 텍스트 이해를 실행한다. 들뢰즈와 과타리는 『천 개의 고원』(김재인 역, 2003)에서 전체성 속에서 자기 잊음의 상태로 머무르는 것을 '몰(mole)성'[1]이라 한다.

독자가 언제까지 몰성에 갇힌 텍스트 이해를 해야 하는가? 몰적 상태의 이해와 다른 방식의 이해도 있다. 나인 것을 선택하는 텍스트 이해의 방식이 있다. 나인 것의 선택을 들뢰즈와 과타리의 용어를 빌리면 '분자(molecule)성' 이다. 분자성은 몰을 이루고 있는 각 분자의 개별적 특성이다. 텍스트 이해와 관련된 분자성은 나인 것을 선택하는 텍스트 이해 방식이다. 몰성에서 벗어나 자기만의 고유함과 특개성[2]을 가진 나인 것을 선택한 텍스트 이해를 하는 것이다. 텍스트 이해에서 분자성은 독자 고유의 특개성 있는 텍스트 이해를 뜻한다. 몰성의 텍스트 이해를 하던 독자가 분자성의 텍스트 이해를 하는 일은 바로 일어나지 않는다. 몰성에서 분자성으로의 텍스트 이해를 위해서는 이를 가능하게 하는 과정이나 단계가 필요하다.

독자의 텍스트 이해가 몰성에서 분자성으로 변화하기 위해서는 이를 위한 과정이 필요하다. 몰성에서 분자성으로의 변화를 가능하게 하는 것이 탈주[3]

---

1 들뢰즈와 과타리가 『천 개의 고원』(김재인 역, 2003)에서 구성원의 전체성을 지시하는 용어로 'mole(몰)'을, 구성원의 개별성을 지시하는 용어로 'molecule(분자)'을 사용한다. 김재인 역(2003: 373)에서는 몰(mole)을 '그램분자'로 번역한다. 몰과 분자의 개념에 대한 설명은 이진경(2003a: 227-229)을 참조할 수 있다. 독자의 텍스트 이해와 관련한 몰성(몰적 선분성)과 분자성(분자적 선분성)에 대한 논의는 김도남(2020)을 참조할 수 있다.

2 '특개성'은 'heccéité'(불)를 번역한 말로 이진경(2003)의 번역어이다. 김재인(2003)은 '이 것임(thisness)'으로 번역하고, 이정우(2016: 200)는 '이-것'으로 번역한다. Massumi(1987)는 'haecceity'(영)를 사용한다.

3 탈주는 fuite(프)의 번역어이다. 『천 개의 고원』(김재인 역, 2003: 376)에서는 '도주'라는 용어를 사용한다.

이다. 탈주는 벗어나 달아남이다. 벗어나야 하는 대상이나 상태는 나 아닌 것에 머무르는 몰성의 자기이다. 탈주는 나 아닌 것에서 벗어나 나인 것을 선택하는 것이다. 나인 것을 선택함으로써 탈주하여 도달해야 하는 대상이나 상태가 지닌 속성이 분자성이다. 요컨대, 독자가 몰적 텍스트 이해에서 분자적 텍스트 이해로 가기 위한 과정이 '탈주'인 것이다. 탈주가 분자성을 향해 이루어지기에 몰성은 배제해야 하고, 분자성을 생성해야 하거나 목표로 해야 한다. 탈주적 이해는 몰적 이해를 토대로 하지만 몰적 이해를 벗어나는 것을 과제로 삼는 것이다. 탈주적 이해의 과정을 거치면 분자적 이해를 이루거나 분자적 이해를 할 수 있게 된다. 몰적 이해에서 분자적 이해로의 과정에서 탈주적 읽기가 일어난다.

이 장에서는 몰성에서 탈주하여 분자성을 이루기 위한 독자의 텍스트 읽기를 검토한다. 탈주적 읽기는 독자의 텍스트 이해가 개별적 특개성을 지닌 고유성을 가지도록 하는 것이다. 나 아닌 것의 선택에서 출발하여 나인 것의 선택에 도달하는 과정이다. 그러므로 탈주적 읽기는 분자적 이해를 지원하는 또는 주도하는 읽기이다. 이때, 몰적인 읽기 방식은 독자가 벗어나야 할 것이지, 없애 버려야 하는 것은 아니다. 몰적 텍스트 이해가 없으면 탈주적 읽기도 분자적 이해도 없다. 이 논의에서는 독자가 텍스트를 읽을 때, 어떻게 읽는 것이 탈주적 읽기인지 검토한다. 이는 독자의 텍스트 이해의 속성을 밝히기 위한 것이고, 텍스트 이해 교육의 변화를 위한 토대를 마련하기 위한 것이다.

2. 탈주적 읽기의 구조

독자의 텍스트 이해는 관습적이면서 습관적이다. 독자는 텍스트를 읽을 때 사회적으로 지켜지고 인정되는 보편적인 방식을 따른다. 그렇게 읽고 이해하는 것이 바른 읽기라고 생각한다. 그러다 새로운 방식을 익히거나 절실히 필요해 다른 방식을 사용할 때도 있다. 그렇지만 그런 읽기는 금방 잊는다. 관습적이거나 습관적인 텍스트 이해가 '몰적'이라면, 필요에 의해 새로운 방식으로 하는 이해는 '분자적'이라 할 수 있다. 이 두 방법 사이에 존재하는 텍스트 이해 방식의 접근이 '탈주적'이라 할 수 있다. 이들 텍스트 이해의 속성을 검토한다.

가. 텍스트 이해의 몰성: 몰적 읽기

독자의 텍스트 이해는 몰성이 토대가 된다. 몰성은 공식적이면서 보편적인 텍스트 이해의 속성이다.[4] 독자의 텍스트 이해에는 몰성이 필요조건으로 작용한다. 텍스트 이해가 몰성에 기초해 성립하는 것이다. 몰성은 텍스트 이해가 공식적인 것이 되게 함으로써 정당성을 갖게 한다. 텍스트 이해의 공식적 정당성은 보편성과 표준성을 내포한다. 보편성은 텍스트 이해의 논리가 합당하여 독자가 당연한 것으로 인식하게 한다. 표준성은 텍스트 이해의 내용과 형식이 두루 통용될만한 조건을 갖추고 있어 독자가 따르도록 한다. 텍스트 이해의 보편성은 누구에게나 받아들여지는 공통성과 모두에게 동일하게 받아들여지는 일반성을 내포한다. 그래서 텍스트 이해의 몰성은 독자의 텍스트 읽기에 토대를 이루어 주면서, 텍스트 이해의 기본을 갖출 수 있게 한다.

몰적 텍스트 이해(몰적 이해)에 함의된 공식성과 보편성은 나인 것의 '배제'를 전제한다. 공식성은 비공식을 배제함으로써 드러난다. 보편성도 특수하거

---

4 텍스트 이해의 몰성은 들뢰즈와 과타리의 『천 개의 고원』(김재인 역, 2003: 718-729)에서 논의하는 '국가장치'의 속성과 관련된다. 국가장치를 이루는 사유의 보편성은 몰적 텍스트 이해의 보편성과 동질의 것이라 할 수 있다. 읽기 국가장치에 대한 논의의 김도남(2023)을 참조할 수 있다.

나 개체적인 것을 배제함을 전제한다. 공식성과 보편성에서 제외되는 것은 양적으로 다양하고, 질적으로 풍부할 수 있다. 텍스트에 대한 공식적 이해나 보편적 이해는 몇 가지의 소수나 일부분만의 선별을 내포한다. 몰적 텍스트 이해는 공식성과 보편성의 지위를 가지면서, 다른 이해는 모두 제외함을 뜻한다. 그렇기에 몰적인 텍스트 이해는 탈주적 이해를 불러오고, 다른 이해가 주변에 머물게 한다. 그러면서 텍스트 이해의 몰성을 지키려는 의지와 이를 벗어나려는 도전(지향)을 잠재적으로 품고 있다.

또한 읽기의 토대와 이해의 기본이라는 말도 다른 것의 지향을 내포한다. 토대는 다른 무엇인가를 하기 위한 기초를 의미하고, 기본도 우수한 것을 이루기 위한 바탕을 의미한다. 읽기의 토대는 다른 읽기를 위한 준비가 된 상태를 지시하고, 이해의 기본은 우수하고 특별한 이해를 위한 기반을 갖추게 되었음을 지시한다. 텍스트 읽기와 텍스트 이해는 토대와 기본을 갖추는 것이 필요하다. 그렇기에 읽기의 토대와 이해의 기본은 필수적이고 근본적이다. 그렇다고 기초적인 읽기 활동과 기본적인 텍스트 이해로 독자의 이해가 마무리되는 것은 아니다.

> 껍데기는 가라./ 사월도 알맹이만 남고/ 껍데기는 가라.// 껍데기는 가라./ 동학년(東學年) 곰나루의, 그 아우성만 살고/ 껍데기는 가라.// 그리하여, 다시/ 껍데기는 가라./ 이곳에선, 두 가슴과 그곳까지 내논/ 아사달 아사녀가/ 중립의 초례청 앞에 서서/ 부끄럼 빛내며/ 맞절할지니// 껍데기는 가라./ 한라에서 백두까지/ 향그러운 흙가슴만 남고/ 그, 모오든 쇠붙이는 가라. (신동엽, <껍데기는 가라> 전문)

이 시에는 여러 상징적 표현이 있다. 이 시를 이해하기 위해서는 상징적 표현의 해석이 필요하다. 상징적 표현의 의미가 파악되었을 때, 시에 대한 이해가 일어날 수 있다. 시 자체만 보면, 시의 상징적 표현이 지시하는 의미는 분명하지 않다. '껍데기', '사월', '알맹이', '동학년(東學年)', '곰나루' 등 여러 시어가 상징적이고, 그 지시 대상을 알기 어렵다. 그래서 이 시를 읽는 독자들은 시어가 지시하는 것이 무엇인지를 알아야 한다. 그런데 독자가 스스로 시어의 의미를 파악하는 것은 가능하지 않다. 시를 반복해 읽어도 시어가 지시하는 의미를 인식하는 일은 일어나지 않는다. 시를 잘 읽는 독자도, 시를 잘 읽지 못하는 독자도 마찬가지이다. 시를 이해하기 위해서는 이들 시어의 의미를 알려주는 교육이 필요하다. 독자가 시어의 상징적 의미를 배우지 않고 아는 일은 일어나지 않는다.

<껍데기는 가라>를 독자가 이해할 수 있게 하는 것은 학교 교육이다. 교육은 독자가 시의 상징적 표현의 의미가 무엇인지를 알게 한다. '껍데기'가 무엇이고, '사월', '알맹이', '동학년', '곰나루' 등이 지시하는 것이 무엇인지를 규정한다. 교육을 받은 독자들은 이 시의 의미를 '참된 세상에 대한 기원'으로 인식한다. 교육은 '모든' 독자가 상징적 표현의 의미를 동일하게 인식하게 한다. 공식적이고 보편적인 이해를 할 수 있게 하는 것이다. 이는 개별 독자의 특성을 반영한 이해를 배제한다. 그래서 <껍데기는 가라>에 대해 배운 독자는 모두 이 시를 같은 의미로 이해하게 된다. 또한 관련된 시를 읽을 때도 같은 방식으로 읽게 된다. 이런 방식의 텍스트 읽기가 몰적 읽기이다. 이 <껍데기는 가라>의 읽기를 토대로, 몰적 읽기와 이해의 특성을 몇 가지 정리하면 다음과 같다.

첫째는 표준성이다. 몰적 텍스트 이해는 표준의 속성을 갖는다. 표준은 일반적이거나 평균적인 것(표준국어대사전)[5]이다. 표준성은 교육을 통하여 모든 독자가 유사한 의미로 텍스트를 이해하는 특성이다. 이런 텍스트 이해의

---

5   https://stdict.korean.go.kr/search/searchView.do

표준성은 내적인 지향을 지닌다. 교육을 통하여 전달 또는 전승되는 텍스트 이해에 독자가 참여하는 것이다. 이런 지향으로 몰적 이해를 이룬 독자는 보편적인 텍스트 의미를 수용하고, 이에 동화된다. 사회적으로 전달되는 의미를 독자의 의식내용으로 받아들이는 것이 동화이다. 이런 동화는 독자가 표준을 따르는 것이기에 외부적 일반성 의존하게 한다. 즉 독자의 자주성을 억제하는 결과를 낳는다.

둘째는 종속성이다. 텍스트 이해의 몰성은 객관적 의미를 따르는 속성이다. 여기서 '객관적'이라는 말은 나 아닌 것을 전제한다. 종속은 기본이 되는 것이나 주가 되는 것에 딸려 붙음이다. 종속성은 객관화되어 사회적(교육적)으로 통용되고 있는 텍스트 의미를 독자가 따라서 이해하는 속성인 것이다. 이 종속적 텍스트 이해는 수렴성을 인식적 방향으로 지닌다. 객관적으로 받아들여지고, 당연한 것으로 인식되는 텍스트 의미로 독자의 이해가 수렴되는 것이다. 수렴은 하나의 구심점이 있고, 그 구심점으로 모이게 되는 것이다. 텍스트 의미가 단일의 의미로 통일되고, 모든 독자가 이 구심이 되는 의미에 집중되는 이해를 이루는 것이다. 텍스트 이해의 수렴성은 다른 의미를 밀어내는 배타적 속성을 갖는다.

셋째는 계약성이다. 계약은 개인이나 조직체 간에 지켜야 할 의무를 약속하고, 그 약속을 지킴이다. 몰적 의식을 따르는 독자들은 텍스트 이해의 규칙과 규정된 의미에 대한 계약성을 갖는다. 텍스트 이해에 대한 교육 활동은 이들 계약의 관계를 정립하는 일이다. 이런 계약적 텍스트 이해의 활동에는 준수해야 하는 책무가 내재한다. 독자가 텍스트 이해의 규칙과 규정된 의미를 인식하는 활동은 계약된 책무를 준수함으로써 이루어진다. 독자가 정해진 규칙을 준수함으로써 규정된 텍스트 의미를 찾고 이해할 수 있는 것이다. 독자는 계약 관계에서 비롯된 규칙 이행 책무를 충실히 따름으로써 규정된 의미를 이해할 수 있게 된다. 이런 계약의 실행은 독자의 자기성을 억압하여 타율성을 갖게 한다.

넷째는 일치성이다. 몰적 이해는 독자들 간의 이해가 같아야 함을 전제한다. 일치는 여러 대상이나 참여자들이 특정 요인에 대해 어긋나지 않고 같거나 들어맞음이다. 텍스트에 대한 독자 간의 이해가 일치를 이루는 것이다. 이해의 몰성이 지닌 대표적 특성이 구성원들의 일치성이다. 이런 텍스트 이해는 전체성이 강조되면서 평가 가치로 공통성이 내재한다. 전체성은 독자의 개별적 이해보다는 독자공동체의 조직적 특성에 기초한 공동의 의미를 우선하는 특성이다. 그러다 보니 이해에 대한 평가는 공동의 의미에 기초한 이해에 가중치를 부여한다. 이러한 독자 간 일치성은 자기 검열을 통해 전체에 대한 귀속성을 강화하게 만든다. 이러한 귀속성의 강화는 독자의 자기성을 잊거나 잃게 하는 역할을 한다.

다섯째는 일반성이다. 텍스트 이해의 몰성은 누구에게나 당연하게 여겨지는 일반성을 요구한다. 일반은 개별적인 것과는 달리 누구에게나 통용되는 공통의 성질의 것을 가리킨다. 몰적 텍스트 이해는 독자 누구나 같은 의미로 텍스트를 이해해야 한다고 여긴다. 그래서 독자의 텍스트 이해는 개별적인 특수함이나 특별함은 소거된다. 이로 인해 텍스트 이해의 일반성은 다른 독자의 이해와 다름이 없는 평범성을 기대하는 경향이 있다. 텍스트 이해의 평범성은 이해의 일반성을 내세우면서 자기 이해를 감추고 가두게 한다. 이해의 보편성의 요구나 추구는 독자의 자기성을 버리게 유도한다.

나. 텍스트 이해의 분자성: 분자적 읽기

분자적 이해는 몰적 이해를 토대로 이루어진다. 분자는 몰을 구성하는 요소지만 몰성과 분자성은 대립적이다.[6] 몰성이 나인 것의 배제라면 분자성은 나인 것의 선택이다. 그래서 이해의 분자성은 몰성을 배척한다. 나인 것의 선택이 나 아닌 것을 배척하는 것이다. 선택과 배척은 분자성과 몰성이 함께 존재한다는 것을 전제로 일어나는 작용이다. 공존하고 있지만 한쪽의 선택은 다른 쪽을 배척하게 한다. 텍스트 이해에서 분자성은 독자의 개별성이나 특수성을 드러내는 이해이다. 독자가 텍스트 이해에서 개별성과 특수성을 선택한 것이다. 이 선택에 의해 공식성과 보편성이 배제되는 것이다. 이는 이해의 분자성이 이해의 몰성과 다른 것임을 뜻한다. 그러면서 이해의 분자성은 이해의 몰성에서 벗어난 개별의 각자성을 전제한다. 분자가 몰의 구성 성분이듯, 이해의 분자성은 이해의 몰성을 토대로 가지고 있고, 이 토대에서 벗어난 이해의 속성이다.

분자성은 각자성이면서 구별성이다. 독자의 텍스트 이해에서 분자성은 충분조건으로 작용한다. 분자성이 실현된 텍스트 이해가 이루어질 때 독자의 진정한 이해가 성립하는 것이다. 텍스트 이해가 각자성을 가짐으로써 만족성을 갖는다. 만족성은 텍스트 이해가 독자에게 가치 있게 작용함을 의미한다. 분자적 이해의 구별성은 독자의 이해가 독자마다 차이가 나는 이해의 속성이다. 구별성은 다른 독자들과 다름의 속성이다. 분자성은 독자 삶의 상황에 따라 텍스트 이해가 이루어져야 함을 전제한다. 규정된 읽기 방식이나 정해진 의미가 없기 때문에 독자는 자기 삶의 상황에 따라 의미를 찾고 텍스트 이해를 실행한다. 텍스트 이해의 구별성은 독자만의 고유한 이해를 지향한다. 그래서 분자적 텍스트 이해는 개별적이고 자기 생성적이다.

분자적 텍스트 이해에 함의된 각자성과 구별성은 '생성'을 전제한다. 각자성은 자기만의 것을 생성해 가짐으로써 드러난다. 구별성도 특별하게 다른 것을 생성함으로써 드러난다. 분자적 이해는 몰적인 것을 벗어난 개별적인

---

6   분자는 몰을 구성하는 성분이다. 그렇기에 분자와 몰은 하나이다. 그런데 '대립적'이라고 표현하는 것은, 이들을 집합적 전체성을 중심으로 보느냐, 개별적 차이성을 중심으로 보느냐의 문제로, 인식적 측면에서의 규정이다.

것이어야 한다. 개별적인 것은 물적인 것에서는 찾거나 얻을 수 없기 때문에 생성을 해야 한다. 의미의 각자성과 구별성은 개별적인 것이기 때문에 다른 것에서 구할 수 없다. 개별적인 것이기 때문에 남이 해줄 수 없다. 나인 것에서 온(생성된) 것이다. 그렇기에 분자적 이해는 누가 대신해 줄 수 없는 것이다. 나인 것이기에 독자가 생성해야만 존재하는 것이다. 생성해야 존재한다는 것은 싫다고 피할 수 없고, 안 할 수 없음을 의미한다. 생성을 피하거나 안 하면 분자적 텍스트 이해는 존재하지 않는다. 나 아닌 것은 독자가 관여하지 않아도 존재하지만 나인 것은 독자가 생성하지 않으면 존재하지 않는다.

분자적 이해를 위한 분자적 읽기는 읽기 본질의 지향을 내포한다. 읽기 본질의 지향은 독자가 텍스트를 읽는 행위에 내재된 근원적인 성질을 추구하는 것이다. 읽기의 근원적인 성질은 독자의 변화이다. 독자가 자신을 새롭게 생성하기 위하여 텍스트를 읽는 것이다. 자기를 새롭게 함은 다른 독자와 같은 존재가 되는 것이 아니라 자기만의 고유성을 가진 존재가 되는 것이다. 독자가 자기만의 고유성을 가진 존재가 되기 위해서는 나인 것의 선택이 필요하다. 나인 것의 선택은 읽기 본질 지향을 실천하는 것이다. 독자의 변화는 고유한 자기의식을 생성함으로써 일어나고, 가치 있는 자기 삶을 생성함으로써 이루어진다.

자세히 보아야/ 예쁘다
오래 보아야/ 사랑스럽다
너도 그렇다.

(나태주, <풀꽃1> 전문)

이 시는 애독자가 많다. 누구나 이해할 수 있는 시이다. 이 시의 분자적 읽기는 배운 것을 토대로 나인 것을 선택해야 가능하다. 그러기 위해 먼저 나에게 사랑스러운 대상을 찾아야 한다. 그리고 그것을 오래 보고 자세히 보았는지를 떠올려보아야 한다. 자세히 보고, 오래 보면 예쁘고 사랑스러운 것, 그리고 너를 찾아야 한다. 너는 자기 자신일 수도 있고, 자기 삶일 수도 있으며, 자기 과업일 수도 있다. 이 논의의 필자에게는 들뢰즈과 과타리의 『천 개의 고원』이 그렇다. 자세히 보니 예쁘고, 오래 보니 사랑스럽다. 그리고 나의 평생 과업인 읽기 교육이 그렇다. 독자들은 누구나 자기 삶과 삶의 과업이 있다. 그 삶과 과업이 한 가지만 있는 것도 아니다. 필자의 여러 개의 삶, 여러 개의 과업이 모두 자세히 보면 예쁘고 오래 보면 사랑스럽다. 그리고 모두가 '너'이다. 이런 이해를 통해 독자는 자기의 고유한 삶을 생성하고, 과업을 더욱 충실히 실행할 수 있다. 이런 분자적 읽기의 특성은 몰적 읽기와는 다르다. 독자의 <풀꽃> 읽기를 토대로, 분자적 읽기의 특성을 몇 가지 살펴보면 다음과 같다.

첫째는 차이성이다. 분자적 텍스트 이해는 몰적 텍스트 이해와의 다름의 속성을 갖는다. 차이는 하나 이상의 것이 있고, 이들이 서로 같지 않음을 지시한다. 차이성은 각자의 특유성에서 비롯된 것으로, 각 독자가 자기만의 의미로 텍스트를 이해함을 뜻한다. 특유성은 자기만이 가지고 있는 것으로 개인의 삶과 삶의 과업에서 비롯되는 특이함이나 특별함이다. 이런 차이성을 강조하는 텍스트 이해도 내적 지향을 갖는다. 남과 다른 자기만의 생각, 자기만의 과업, 자기만의 삶을 실현하는 것이다. 이런 지향의 분자적 이해를 이룬 독자는 자기 현실의 과업(과제)을 실행하는 데 필요한 텍스트 의미를 찾아내고, 활용한다. 자기 현실이나 현재적 과제 해결에 필요한 것에 집중하여 텍스트를 이해한다. 이런 자기 과업에의 집중은 자기를 의식하고, 자기를 밝히는 활동으로 자주성을 강화하는 결과를 낳는다.

둘째는 주관(主管)성이다. 텍스트 이해의 분자성은 주관적 의미를 찾는 속성이다. 주관은 해야 할 일을 남에게 의지하지 않고 도맡아 이루어내는 것이다. 텍스트 이해의 주관성은 이해의 주인으로서 자기 현실에서 나인 것에 의지해 자기에게 절실한 텍스트 의미를 찾아 이해하는 속성이다. 현재적 자기 자신에게 절대적이고 필요한 의미를 밝혀 가지는 것이다. 이 주관적 텍스트 이해는 발산적인 인식 방향을 지닌다. 현실적이고 상황적이며 자기중심적인 이해를 이루어내는 것이다. 발산적 이해는 원심력의 힘으로 표준이나 동일성에서 벗어나 각자 개별적 의미를 가지는 것이다. 독자의 텍스트 이해의 주관은 자기의 현재성에 대한 의식이 토대가 된다. 독자는 자기 과업에서 비롯된 현재의 자기를 분명하게 의식하고, 텍스트와의 관계를 주도하고, 자기에게 필요한 의미를 생성해야 한다. 텍스트 이해의 주관성은 자기만의 의미를 찾아내는 주체적 속성을 갖는다.

셋째는 형편성이다. 형편은 독자가 텍스트를 읽어야 하는 개인의 특정한 상태나 텍스트와의 관계를 맺는 상황이다. 형편성은 텍스트 이해의 방법이나 따라야 하는 조건, 이해할 내용이 사전에 정해져 있지 않음을 뜻한다. 즉 텍스트 이해에서 밝혀야 할 의미나 이해의 결과가 독자에 따라, 읽는 상황에 따라 달라짐을 뜻한다. 텍스트 이해의 형편성은 텍스트를 읽는 독자의 현재적 상황에 의해 이해가 결정되는 속성이다. 분자적 읽기를 하는 독자의 텍스트 의미는 독자의 과업이나 관심에 따라 결정된다. 텍스트를 읽는 독자의 현재적 상황이 텍스트 의미를 결정하는 것이다. 읽는 방법이 정해져 있거나 찾아야 할 의미가 따로 존재하지 않는다. 독자가 텍스트를 읽는 상황 속에서 이해가 결정되는 것이 형편성이다.

넷째는 개별성이다. 분자적 이해는 독자 개인이 자기만의 이해를 지향한다. 각 독자는 읽을 텍스트를 선택하고, 그 텍스트를 읽어야 하는 필요성을 갖고 있다. 실행해야 할 자신의 과업이 있다. 누구를 위한 것이거나 텍스트에 대하여 알기 위한 것이기보다는 자기를 위한 것이고, 자기 과업을 실행하기 위한 것이다. 텍스트를 읽는 것은 자기에게 필요하기 때문이다. 텍스트가 어떤 진리를 담고 있더라도 자기에게 필요하지 않은 것이면 읽을 필요가 없다. 이 말은 독자가 자기에게 필요해서 텍스트 읽고, 필요에 맞는 이해를 이루어야 한다는 것이다. 자기를 밝히지 못하는 읽기는 자기를 찾고 있는 독자에겐 가치가 없다. 독자는 자기를 밝히거나 자기 과업을 실행하기 위하여 텍스트를 읽고 이해하는 것이다. 개별성은 자기를 위한 읽기를 통해 드러난다.

다섯째는 독특성이다. 텍스트 이해의 분자성은 독자만의 특별함을 요구한다. 특별함은 다른 독자가 볼 때는 특이함이지만 독자 자신이 볼 때는 당연함이다. 특별함은 일반적이거나 보편적인 것과는 같이 할 수 없음을 함의한다. 이는 독자의 텍스트 이해가 공통적이거나 동질적인 것과는 다른 형태를 취함을 의미한다. 독자가 텍스트를 읽고 찾아낸 의미나 이해가 특수하거나 특별함이 독특함이다. 독자 자신의 과업과 이 과업에서 비롯된 상황 속에서 이루어지는 텍스트 이해는 특별할 수밖에 없다. 일반적인 이해를 통해서는 독자만의 독특성을 지닌 분자적 읽기는 이루어질 수 없다. 들뢰즈와 과타리의 『천 개의 고원』을 철학 텍스트로만 보면 읽기를 설명하는 논리는 찾아낼 수 없다. 『천 개의 고원』을 독자만의 특별함으로 읽어낼 때, 각 독자만의 이해의 독특성을 지닐 수 있다.

다. 텍스트 이해의 탈주성: 탈주적 읽기

탈주적 읽기는 몰적 읽기와 분자적 읽기 사이에서 이루어지는 읽기이다. 몰적 텍스트 이해를 토대로 분자적 텍스트 이해를 이루기 위한 과정의 텍스트 이해이다. 사실 독자의 분자적 텍스트 이해는 탈주적 텍스트 이해를 통하여 이루어진다. 탈주적 텍스트 이해의 결과가 분자적 텍스트 이해라 할 수 있다. 이는 탈주적 읽기가 분자적 읽기를 담보할 수 있음을 의미한다. 즉 탈주적 읽기가 분자적 읽기를 이룰 수 있게 함을 함의한다. 이는 분자적 읽기는 탈주적 읽기와 닮을 수 있지만 탈주적 읽기는 분자적 읽기가 아님도 의미한다. 즉 탈주적 읽기는 분자적 읽기를 지향하는 읽기이다.

탈주적 읽기는 몰적 이해를 토대로 한다. 탈주는 탈신도주(脫身逃走)와 같은 말로 사전적으로 '몸을 빼쳐 달아남'을 뜻한다. '몸을 빼친다(탈신)'라는 말에는 몸이 사로잡혀 있거나 갇혀있음이 전제되어 있다. 읽기와 관련지어 보면, 독자의 텍스트 이해가 갇혀있거나 사로잡혀 자유롭지 못함을 의미한다. 즉 몰적인 텍스트 이해에 사로잡혀 갇혀있음을 뜻한다. 이에서 벗어나는 것은 '이해의 빼침'이라 할 수 있다. 이해의 빼침은 몰적 특성인 동일성·동질성·공통성·전체성·보편성의 이해에서 빠져나옴을 의미한다. 몰적 이해는 남들과 같이하는 일반적인 이해인데, 탈주적 이해는 이에서 빠져나오는 이해인 것이다. 몰적 이해에서 빠져나옴은 독자가 갇혀있음의 자각과 빠져나오려는 의지가 있어야 함을 전제한다. 또한 빠져나옴을 위해서는 수단이나 도움이 있어야 함도 전제한다.

탈신도주에서 '달아남'(도주)도 중요 요인이다. 달아나지 않으면 다시 사로잡혀 갇힐 수 있기 때문이다. 달아남은 위험을 '피함'과 거리상 '멀어짐'을 내포한다. 탈주적 읽기는 몰적 이해를 피함과 몰적 이해에서 멀어짐을 함의한다. 탈주적 이해를 위한 읽기는 몰적 이해에서 비롯된 것이지만 몰적 이해를 피하고, 다른 형식의 이해를 지향한다. 이는 탈주적 이해가 몰적 이해와는 함께할 수 없는 이해임을, 분자적 이해를 지향하고 함께하는 이해임을 의미한다. 즉 달아남의 방향과 목적지는 분자적 이해인 것이다. 탈주적 이해는 분자적 이해에 이르러 완결된다. 다른 말로 탈주적 이해는 분자적 이해를 향해 있다.

<동굴의 비유>를 통해 하이데거가 사유하고 있는 알레테이아는 어떤 진술이

나 명제의 속성 같은 것이 아니다. 그것은 은폐된 것에서 비은폐된 것으로 나아가는 탈은폐의 운동이다. 그러한 운동에 의해서 진리가 은폐로부터 벗어나 환히 드러난다. 따라서 알레테이아에 대한 논의가 제대로 이루어지려면, 은폐에서 비은폐로 나가는 운동이 반드시 함께 사유되어야 한다. 그 운동은 교육이다. 물론 교육이 아무렇게나 이루어지는 것이 아니다. 학시습자의 현재 수준과 관심을 기반으로 하여 그가 도전할 수 있을 만한 차선 차상의 진리를 모색하여 이를 향하는 학습이라야 한다. 회화자가 아무리 높은 깨달음의 경지에 있다고 하더라도, 학시습자의 관심과 수준을 고려하여 그가 몸담고 있는 세계로 하강한 뒤에 거기서부터 단계적으로 그를 이끌어 회화해야 한다. 이러한 학시습과 회화에 깃들어 있는 것이 수기의 원리이다. (엄태동, 2016: 186)

윗글은 진리를 교육하는 방법에 대한 내용이다. 학습자(학시습자)가 진리를 깨치도록 하는 교육의 방법이 '수기의 원리'라는 것이다. 이를 위해 저자는, 하이데거가 플라톤의 <동굴의 비유>로 진리의 드러남인 알레테이아를 설명하는 부분에 주목했다. 그래서 은폐된 진리가 비은폐되어 드러나는 탈은폐의 운동을 교육과 관련지어 설명한다. 교육자(회화자)가 학시습자가 진리를 깨치게 하려면 학생의 수준과 관심을 고려해야 한다. 그래서 학생이 도전할 수 있는 차선이나 차상의 진리를 과제로 제시해야 한다. 교사가 큰 진리를 깨치고 있다고 하더라도 학생이 깨칠 수 있게 이끌지 않으면, 즉 수기의 원리를 따르지 않으면 교육이 이루어지지 않는다는 것이다. 이 글의 저자는 하이데거가 알레테이아를 설명하는 내용을 이해하는 것에 머물지 않고 있다. 자기의 전공인 교육학의 입장에서 탈주적 이해를 실행하고 있다. 위 인용문을 토대로, 탈주적 읽기의 특성을 몇 가지 정리하면 다음과 같다.

첫째, 자각성이다. 탈주적 읽기에서 자각은 몰적 이해에 갇혀 있음을 깨쳐 아는 것이다. 몰적 이해 속에 있는 독자는 일반성과 보편성을 추구한다. 그렇기에 자기에 대한 의식을 갖지 않는다. 자기를 내세우지 않고 외부적 표준성을 따른다. 그 과정에서 자기의식을 상실하게 되고, 자기 과업의 실현이 보편성을 쫓는 것으로 충분하다고 착각하게 된다. 즉 독자는 자기를 잊게 되는 것이다. 탈주적 읽기는 몰적 텍스트 이해에서 자기성과 과업성을 자각하는 것에서 시작된다. 몰적인 텍스트 이해에 나인 것이 없음을 자각하고, 나인 것을 밝히거나 나인 것을 가져야 함을 자각하는 것이다. 이는 텍스트 읽기가 자기 과업 실현을 위한 것임을 아는 것에서 비롯된다.

둘째, 탐색성이다. 탈주적 읽기의 본질은 텍스트 이해의 새 길을 찾는 것이다. 몰적 이해에서 벗어나 분자적 이해로 나아가기 위해서는 새로움과 다름이 필요하다. 독자는 이를 위한 길을 찾아야 한다. 탈주적 이해는 몰적 이해에서 벗어나야 하는 목표와 분자적 이해를 이루어야 한다는 방향성이 있다. 이 목표를 이루고, 방향을 정하기 위해서 탐색이 필요한 것이다. 탈주적 읽기의 탐색은 매끈한 공간에서의 길 찾기이다. 몰적 읽기가 홈 패인 공간에서의 재현적 이해라면 탈주적 읽기는 유목적 공간에서의 새 길 내기인 것이다. 유목민이 사는 매끈한 공간에는 정해진 길이 없다. 목적과 필요에 따라 임시적으로 필요한 길을 낸다. 그 길은 한번 지나가고 나면 풀(초원)이나 모래(사막), 눈(빙원) 등에 의하여 사라진다. 그렇다고 새길을 내지 않으면 살아남을 수 없다. 탐색성은 자기만의 이해를 위한 텍스트 이해의 길을 찾는 일이다.

셋째, 실행성이다. 탈주적 읽기는 독자의 의지적 실천에 의하여 이루어진다. 몰적 읽기가 홈 패인 길을 습관적으로 따른다면, 탈주적 읽기는 홈 패인 길에서 이탈하여 진행해야 하는 주인으로서의 적극적 실천이 있어야 한다. 독자의 의지적 실천이 있을 때만 탈주적 읽기는 이루어진다. 독자가 의지를 갖지 않게 되면 탈주적 읽기는 언제든지 멈추게 되고, 몰적 읽기로 되돌아가게 된다. 탈주적 읽기는 독자의 의지적 실행이 있어야 한다. 독자의 탈주적 읽기의 의지는 나인 것의 선택에서 비롯된 자기 자신과 자기 과업에 대한 각성이다. 자신과 과업은 자기 삶의 현실에 대한 자각에서 비롯된다. 자기를 의식하고 있는 독자는 탈주적 읽기를 실행할 수밖에 없다. 탈주적 읽기를 위해 독자는 자신의 현실에 대한 적극적 인식이 있어야 한다. 이 인식을 바탕으로 의지적인 활동을 필요로 한다.

넷째, 구별성이다. 탈주적 읽기는 나누어 구별 짓는 것이 필요하다. 첫 번째 구분은 나인 것과 나 아닌 것의 구별이다. 독자는 텍스트를 읽고 이해하는 과정에서 여러 의미, 생각, 관점, 관념 등을 표상한다. 이들 중에서 어떤 것을 선택하고, 어떤 것을 제외해야 한다. 이때 탈주적 읽기를 하는 독자는 나인 것을 선택해야 한다. 둘째는 과업인 것과 아닌 것을 구별하는 것이다. 텍스트를 읽고 표상한 내용은 개념, 정보, 지식, 도리, 이치, 원리, 지혜 등이 있다. 독자는 이들 모두에 관심을 둘 수도 있지만, 이들을 구별해야 한다. 자기 과업 실현과 관련이 있는지 아닌지를 구분 짓고, 선택을 해야 한다. 셋째는 자기 삶의 것(자기 삶인 것)과 아닌 것을 구별해야 한다. 텍스트에는 많은 일, 사건, 사유, 의견, 주장, 상념, 논리, 신념, 지향 등이 있다. 이들은 자기의 현재적 삶에 도움을 주거나 필요한 것과 그렇지 않은 것이 있다. 독자는 이들 중에서 자기 삶에 필요한 것과 그렇지 않은 것을 구별해야 한다. 좋고 나쁨이나 옳고 그름, 보편이나 특수 등의 문제가 아니라 자기의 현재적 삶에 직접 도움을 줄 수 있는가 없는가를 구분해야 한다.

다섯째, 초월성이다. 초월은 현재 상태를 넘어섬이다. 여기서 현재 상태는 독자의 현재의 의식 상태이다. 몰적 이해의 상태일 수도 있고, 탈주적 이해의 상태일 수도 있다. 물론 분자적 이해의 상태일 수 있다. 초월성은 이들 현재적 상태를 넘어서는 것이다. 몰적인 이해의 상태를 넘고, 탈주적 이해의 현재적 상태를 넘고, 분자적 이해의 현재적 상태를 넘어서는 것이다. 물론 넘어섬의 기본은 몰적인 이해이지만, 탈주적, 분자적 이해의 상태도 초월이 필요하다. 초월은 달라지는 것이다. 독자가 텍스트 이해로 달라지는 것이다. 이 달라짐은 현재적 의식 상태를 기준으로 새로운 의식 상태에 이르는 것이다. 이 달라짐은 전환을 의미한다. 전환은 현재적 상태와 새로운 의식 상태의 바뀜을 뜻한다. 이러한 전환을 통하여 독자는 현재의 자기의식을 초월하여 새로운 존재가 된다.

3. 탈주적 읽기의 특성

탈주적 읽기는 몰적 텍스트 이해를 벗어나는 읽기이다. 몰적 텍스트 이해는 독자들이 이해의 동일성이나 전체성을 지향하는 읽기이다. 몰적 이해는 나인 것을 버리고, 나 아닌 것을 선택하는 읽기에서 비롯된다. 탈주적 이해는 나인 것을 선택하는 텍스트 이해를 지향한다. 나인 것을 선택하는 텍스트 읽기는 독자가 자기를 밝히고, 자기의 과업을 실현하는 텍스트 이해를 이루는 것이다. 이로써 자기 삶을 생성하는 것이다.

> 들뢰즈의 의미에서 '좋은' 교수법은 학생으로 하여금 이념의 차이생성 가운데로 더 적극적으로 빠져들 수 있도록 강렬하고 낯선 문제-장을 형성해 주는 것이다. 즉 학생이 기존의 방식으로 재인 가능한, 현실화된 앎, 관점, 인식능력을 보다 철저하게 와해하도록 해주는 것, 이념의 차이생성 바닷속으로 더욱 깊이 침잠하도록 해주는 것이 바로 좋은 가르침이다. 또한 학생으로 하여금 차이생성의 이념 세계를 경유하게 하여 보다 강도 높게 차이를 표현하도록 하고, 보다 강렬하게 새로움을 형성하도록 하는 것이 들뢰즈적 의미에서 좋은 가르침이라고 할 수 있다. (김재춘·배지현, 2016: 276)

이 인용문에서 보면, 저자들은 들뢰즈의 『차이와 반복』(김상환 역, 2004)에서의 논의를 토대로 교수법에 대한 새로운 접근 관점을 생성하고 있다. 교육학 전공자로서 '차이의 반복'의 의미를 이념의 차이생성을 위한 낯선 문제-장의 형성으로 구체화하여 인식한다. 그래서 좋은 가르침은 '기존의 반복적 이념의 재인 방식을 와해하고, 이념의 차이생성에 침잠하도록 하는 것이고, 차이생성의 이념 세계를 경유하여 강도 높게 차이를 표현하고 새로움을 형성하도록 하는 것'이라고 말한다. 이는 교육학자로서 『차이와 반복』을 탈주적 읽기로 이해를 실행한 것이다. 저자들은 교육학자로서의 과업을 실현하기 위한 텍스트 이해를 이루어내고 있다. 철학적 논의에 충실한 것이 아니라 교육학적 논의에 충실하고 있다.

탈주적 읽기는 몰적 읽기에서 벗어나는 것이다. 몰적 읽기가 독자의 의식을 포획하고 가두어 가로막는다면, 탈주적 읽기는 독자가 갇힘을 자각하고, 자유로운 의식으로 텍스트 내용을 탐구한다. 독자의 텍스트 읽기는 사회적 행위이고, 학습으로 익혀서 이루어진다. 이 과정에서 독자가 나 아닌 것을 선택하도록 한다. 읽기 교육에서 보면, 독자의 텍스트 이해는 보편성이나 논리성이 있어야 함을 강조하고, 객관성을 갖출 것을 요구한다. 그렇다 보니 독자가 개별적으로 해야 하는 읽기나 이해에는 관심을 두지 않는다. 실제로 개별 독자는 자기를 위한 텍스트 읽기를 어떻게 하는지를 배운 적이 없다. 독자가 자기를 위한 읽기를 하는 것이 아닌 데도, 자기를 위한 것이라는 착각을 한다. 몰적 읽기가 그렇게 하도록 이끌었다. 탈주적 읽기는 몰적 텍스트 이해에서 벗어나 독자가 자기를 찾고 지키게 하는 텍스트 이해를 하게 한다. 이를 위한 탈주적 읽기의 첫 번째 조건은 독자의 몰적 이해에 대한 자각이다.

독자는 자기가 몰적 이해에 갇혀 있다는 자각이 있어야 탈주할 수 있다. 독자의 몰적 이해에 대한 자각은 자기를 의식하는 것과 함께한다. 자기에 대한 의식이 있어야 몰적 이해에 갇혀 있음을 자각할 수 있다. 자기에 대한 자각은 자기 과업을 인식하는 것이고, 자기가 무엇을 위해 텍스트를 읽어야 하고, 어떤 이해를 해야 하는지를 아는 것이다. 독자는 누구나 자기 과업이 있다. 독자가 텍스트를 읽기 전부터 가지고 있기도 하고, 텍스트 속에서 새롭게 밝혀 가지게 될 수도 있다. 이 자기에 대한 인식이 있을 때, 독자는 몰적 이해에 갇혀 있음을 자각할 수 있다. 몰적 이해를 자각하는 것은 몰적 이해를 더욱 분명하게 하는 것이면서, 그 한계를 규정짓는 것이다. 이에서 탈주적 이해가 시작된다. 위 인용문에서 보면, 몰적 이해를 전제로 탈주적 읽기가 일어남을 알 수 있다. 이러한 탈주적 읽기의 특성을 위 인용문의 저자들이 실행한 들뢰즈의 텍스트 읽기를 토대로 몇 가지로 정리하면 다음과 같다.

가. 본질적 특성

탈주적 읽기의 본질은 생성에 있다. 생성은 독자가 텍스트를 읽는 본래적 이유다. 독자가 텍스트를 읽는 근원적 이유는 새로운 자기의 생성이다. 텍스트의 내용을 이해하는 본질이 자기 생성인 것이다. 독자의 텍스트 이해를 통한 생성은 다양할 수 있지만 그 근원에는 자기 생성이 있다. 독자의 텍스트 이해에서 외현적 생성은 다양할 수 있다. 자신에게 필요한 의미, 정보, 지식, 관점, 의식 등을 생성한다. 사실 생성이기보다는 텍스트에서 건네받은 것이다. 이것들은 독자에게 필요할 수도 있지만 실제로는 독자에겐 불필요한 것들이다. 그냥 텍스트에 주어져 있으니까 독자가 인식한 것에 지나지 않는다. 이것들에 독자의 관심이 머물지 않는다. 그런데 텍스트 이해 교육에서는 여기에 독자의 관심을 머물게 한다. 텍스트에 내재한 것들에 이러저러한 가치가 있는 것으로 여기기 때문이다. 그렇지만 독자가 관심을 두어야 하고, 생성하는 것은 이것들과 다른 것이다. 텍스트에 갇히는 것이 아니라 텍스트에서 벗어나기 위해서는 이것들에 대한 관심은 내려놓아야 한다.

독자의 생성은 독창성에 근거한다. 독창성은 나인 것의 선택에서 비롯된다. 독창은 본인이 직접 처음으로 생각해 내거나 만들었음을 의미한다. 그렇기에 다른 것과 비교할 수 없는 새로움이 있다는 것이다. 탈주적 읽기는 보편적이고 공통적인 것에서 벗어난 이해를 위한 것이다. 이 읽기에서는 다른 독자와 같은 이해는 있을 수 없다. 독자만의 과업에 기초하고, 나인 것을 선택하여 이루어지기 때문이다. 독자만의 과업과 독자인 것에 근거한 텍스트 이해는 누구와 닮거나 유사함이 존재할 수 없다. 닮거나 유사함은 몰성에서 비롯된 것이고, 이에서 벗어나는 이해가 탈주적 이해이다. 이 탈주적 이해는 독자의 텍스트 읽기가 자유롭고, 어떤 개별적 읽기로도 실현될 수 있음을 내포한다.

독자의 독창성은 고유함을 전제한다. 독자의 고유함은 독자에게 본디부터 있었던 것, 나인 것에서 연유한 특유의 것이다. 여기서의 독창성은 새롭고 신기한 것을 뜻하지 않는다. 탈주적 읽기에서의 텍스트 이해의 독창성은 독자만의 특유한 것이다. 이 특유함은 독자의 과업과 삶의 실현과 관련된 것이기에 진지하고 진정한 것이다. 무조건 새롭고 다르고 특이한 것이 아니라 독자의 과업 실현을 위한 것이기에 독특한 것이다. 텍스트 이해의 독창적 고유함이란 독자의 자기 과업 실현, 즉 나인 것을 선택함에서 비롯된 것이다. 그렇기에 같은 고유함이 있더라도 나인 것의 선택에서 비롯된 것이라면 고유의 것이 될 수 있다. 혹 독자 간에 독창적 이해의 내용이 같을 수 있지만 그 같음은 일시적이지 끝까지 같을 수는 없다. 즉 독자의 독창적 고유함은 독자의 것으로만 존재한다. 이 독창적 이해의 고유함이 분자적 이해와 맞닿은 지점이다.

독자의 탈주적 이해는 유동성을 갖는다. 텍스트 이해의 유동성은 하나로 고착되지 않고, 여러 형태가 될 수 있음을 의미한다. 탈주의 방향이 분자성으로 정해져 있지만 분자가 정해진 특정한 곳에 있지 않다. 몰적 이해를 벗어난 독자의 텍스트 이해는 어떤 방향으로도 이루어질 수 있다. 그렇기에 분자적 텍스트 이해는 고착될 수가 없다. 독자가 어떤 상황(과업)에 있는가에 따라 달라진다. 텍스트 이해가 특정한 논리로 고정된 형태가 되면 탈주적 이해가 될 수 없다. 그러므로 탈주적 텍스트 이해는 특정한 것으로 제한되거나 통제될 수가 없다. 독자가 나인 것을 선택할 때마다 일어나고, 그 형태가 변화한다. 이 이해의 유동성이 유목(유랑)적 읽기를 가능하게 한다.

나. 지향적 특성

탈주적 읽기를 하는 독자는 자기 찾기를 지향한다. 몰적 텍스트 이해에서 벗어나야 하는 근원적인 이유가 자기를 찾으려는 것이다. 몰적 읽기의 독자는 공통성을 요구받게 되면서 자기를 버리게 된다. 탈주적 읽기는 이와 대립적이다. 이해의 공통성에서 벗어나 자기성을 가지려는 것이다. 이해의 자기성은 세 가지 의미를 지닌다. 첫째는 독자만의 방식으로 텍스트를 이해하는 것이다. 이는 남과의 다름이나 자기만의 독특한 이해를 지향한다. 독자 중심 읽기의 배경지식을 활용한 텍스트 이해도 이의 일종일 수 있다. 둘째는 텍스트 이해를 통하여 자기를 이해하는 것이다. 텍스트 이해를 통하여 자신을 성찰함으로써 자기를 자각하고 이해할 수 있다. 해석학적 관점의 지평융합을 통한 텍스트 이해의 방식이 이의 일종이라 할 수 있다. 셋째는 독자가 나인 것을 선택하여 텍스트를 이해하는 것이다. 나인 것은 나의 과업이나 삶의 문제에 토대를 둔 텍스트 이해이다. 이 이해는 남과 다른 이해나 자기를 밝히는 것과는 다르다. 과업 실현을 통한 자기다움을 이루고, 자기 생성을 통한 고유한 자기 삶의 실행을 실천하는 것이다. 탈주적 읽기의 자기성은 이 셋째와 관련된다.

독자의 자기성은 특개성에 근거한다. 특개성은 독자 자기만이 가질 수 있는 특별함(이것임)을 의미한다.[7] 특개성은 나인 것의 선택과 관련된다. 특개성은 특정 개체가 지속적으로 지니는 성질인 개체성[8]과는 달리 특정 상황 속에서 드러나는 특성이다. 독자가 텍스트 이해를 통하여 실현해야 하는 과업과 삶은 지속성을 갖는다. 그렇지만 개별 텍스트 읽고, 텍스트에서 나인 것을 선택하여 해석하고 이해하는 일은 독특성을 갖는다. 탈주적 읽기에서의 특개성은 독자가 자기 과업의 실현을 위해 텍스트와의 배치에서 생성하는 의미의 특별함인 것이다. 이는 독자가 자기 과업의 어떤 과제에 중점을 두고 텍스트 이해를 이루는가에 따라 텍스트 이해가 달라질 수 있음을 의미한다. 그러면서 그 이해에 특별함이 내재함을 가리킨다.

탈주적 읽기에서 독자의 텍스트 이해의 특개성은 차이 그 자체를 지향한다. 차이 그 자체는 비교되어 다름이 드러나는 개념적 차이가 아니라 비교되지 않은 고유함을 지닌 다름이다. 탈주적 읽기는 내적으로 독자가 나임을 선택하여 자기의 고유함을 생성하는 이해를 추구한다. 이를 위한 이해는 무엇과 비교가 될 수 없는 이해를 요구한다. 매끈한 공간에서의 길 내기는 남을 따라 할 수 있는 것이 없다. 그렇기에 탈주적 읽기의 텍스트 이해에서 특개성은 차이 그 자체일 수밖에 없다. 독자가 이를 자각하는 일이 필요하다.

---

7   인칭, 주체, 사물 또는 실체의 양태와는 달리 전혀 상이한 개체화의 양태가 있다. 우리는 그것에 <이것임>이라는 이름을 마련해 놓았다. 어느 계절, 어느 겨울, 어느 여름, 어느 시각, 어느 날짜 등은 사물이나 주체가 갖는 개체성과는 다르지만 나름대로 완전한, 무엇 하나 결핍된 것이 없는 개체성을 갖고 있다. 이것들이 <이것임>이다. 여기에서 모든 것은 분자들이나 입자들 간의 운동과 정지의 관계이며, 모든 것을 변용시키고 변용되는 권력이라는 의미에서 말이다.(김재인 역, 2003: 494)

8   특개성이란 지속성을 갖는 특정한 성질들의 집합의 의미하는 통상적인 개별성(individuallité)과 달리, 어떤(un!) 개체에 고유한 것이지만 시간과 공간은 물론 이웃관계의 조건, 배치와 강밀도 등에 따라 그때마다 달라지는 것을 뜻하며, 그렇기 때문에 정의될 수 없고 그때마다 직관으로 포착할 수밖에 없는 어떤 감응입니다. 이는 비교에 의하여 만들어지는 것이 아니기에, 어떤 특개성도 다른 특개성과 비교할 수 없으며, 이런 점에서 종차적인 개체성과 다릅니다.(이진경, 2003b: 196)

자기 생성을 위한 이해는 자기 과업 실현을 위한 차이 그 자체인 텍스트 이해일 수밖에 없음을 깨쳐야 한다.

독자의 이러한 탈주적 이해는 자기 초월의 목표를 지닌다. 독자의 자기 초월은 현재적 의식을 새로운 의식으로 전환하는 것을 의미한다. 탈주적 읽기의 내재적 속성도 이를 전제한다. 독자의 새로운 의식 전환을 위해 탈주적 이해를 하는 것이다. 의식의 전환은 두 가지 의미를 갖는다. 하나는 의식의 내용을 다른 것으로 바꾸는 것이고, 다른 하나는 의식내용의 수준을 높이는 것이다. 탈주적 읽기에서의 독자의 텍스트 이해는 이 두 가지 모두를 목표로 한다. 독자의 텍스트 이해 탈주 자체가 나인 것을 선택함으로써 의식을 전환한다. 또한 독자가 탈주적 이해로 전환해야 하는 의식은 현재의 의식내용의 수준을 높이는 것이다. 독자의 텍스트 이해가 이 두 가지 의식 전환을 이루어냈을 때 탈주적 읽기를 수행하였다고 할 수 있다.

다. 원리적 특성

탈주적 읽기는 몰적 이해에서 이탈하는 읽기이다. 이탈은 소속되어 있거나 얽매여 있는 곳에서 분리되어 떨어져 나가는 것이다. 독자의 이탈은 동일성을 지향하는 이해에서 개별성을 지향하는 이해로의 이탈이다. 이 독자의 이탈은 읽기의 결과인 이해의 내용에 초점이 놓인다. 이해의 결과가 다른 독자와 동일성을 지니지 않는 것이다. 사실, 이해의 결과가 이탈의 속성을 지니기 위해서는 읽는 방법도 달라야 한다. 또한 읽기에 대한 접근 관점이나 독자의 이해 활동도 달라야 한다. 이는 탈주적 읽기의 방식이 이해의 동일성을 위한 읽기와 다른 관점의 읽기를 의미한다. 탈주적 읽기는 근원적으로 이해의 동일성을 강조하는 몰적 이해를 토대로 하기에, 이 몰적 이해에서 벗어나는 읽기의 방식이 필요한 것이다. 동일성이 나인 것을 버리는 방식이라면 개별성은 나인 것을 선택하는 방식인 것이다. 즉 텍스트를 탈주적으로 읽는 실제적인 방식은 독자마다, 텍스트마다, 읽는 상황마다 다를 수 있다.

탈주적 읽기를 위한 이탈은 방향성을 갖는다. 이탈의 방향은 의식 작용의 방향과 관련된다. 독자 이해의 동일성을 위한 의식 작용의 방향은 독자 의식 외부에서 구심성을 이루고 있는 텍스트이다. 이해의 개별성을 위한 독자의 의식 작용의 방향은 독자 의식 내부에서 구심점으로 작용하는 자기이다. 탈주적 읽기를 하는 독자의 텍스트 이해의 이탈은 의식 내부의 구심점을 향한다. 이는 탈주적 읽기의 텍스트 이해 방향이 텍스트의 내용을 향하거나 텍스트에서 다루어지는 대상을 향하는 것이 아님을 뜻한다. 따라서 독자가 탈주적 이해를 한다고 할 때의 의식이 향하는 곳은 자기의식인 것이다. 탈주적 읽기에서 독자의 의식이 자기를 향하지 않고 다른 곳을 향한다면 독자의 의식은 안착할 곳을 얻을 수 없다. 끊임없이 내닫기만 하는 독자의 의식은 어떤 곳에도 이를 수 없고, 아무것도 이룰 수 없다. 그렇기에 독자의 의식은 자기의식으로 향한다.

독자의 의식 작용의 방향이 독자 의식의 내부로 향함은 몰적 이해와의 단절을 의미한다. 단절은 절단과 달리 관계가 내재해 있지만 그 관계에 의미를 두지 않고 외면하는 것이다. 독자의 의식이 몰적 이해에서 탈주하여 자기 의식으로 향함은 의식 작용이 반대 방향으로 이루어짐을 요구한다. 이는 탈주적 이해를 위한 독자의 의식 작용이 몰적 이해와는 반대 방향으로 나아 감을 의미한다. 반대로 나아감은 현재의 의식 작용을 멈추고, 뒤로 돌아선 방향으로 진행하는 것이다. 이에는 현재의 몰적 이해를 인정하면서, 이를 발판으로 하여 지향하는 방향으로 나감을 뜻한다. 탈주적 읽기는 스스로 존재하는 것이 아니라 몰적 이해가 있어야 존재할 수 있다. 그렇지만 이해의 방향의 전환이 필요하고, 이 전환은 단절이 있어야 가능하다.

독자가 탈주적 읽기를 실행할 때의 단절은 개인성을 필요로 한다. 이해의 몰성이 독자 간의 공동성을 목표로 한다면, 이것과의 단절은 공동성의 부정, 즉 이해의 개인성을 목표로 한다. 개인성은 여러 구성원으로 이루어진 집단이나 단체를 전제한다. 집단이나 단체가 있어야 개인도 있을 수 있다. 이들 집단이나 단체를 인정해야 그와 대립적인 개인이 성립한다. 개인성은 단절이 존재하게 하는 근거가 된다. 텍스트 이해의 몰성과 단절한 독자는 자기 자신의 개인성에 집중해야 한다. 몰성과 단절한 것이 탈주성이듯, 이해의 몰성을 단절한 것은 독자의 개인성이다. 독자는 텍스트 이해에서 개인성을 갖게 됨으로써 진정한 탈주자가 된다.

라. 방법적 특성

탈주적 읽기를 위한 방법적 특성은 응용이다. 탈주적 이해를 하는 독자는 텍스트나 읽는 상황, 읽기 목적에 따라 읽는 방법을 선택한다. 그리고 그때그때의 필요에 맞게 운용한다. 탈주적 읽기의 토대이자 출발점은 몰적 이해이다. 읽기의 방법적인 면에서 보면, 독자는 몰적 텍스트 이해를 하면서 텍스트 이해에 필요한 방법은 충분히 익힌 상태이다. 그렇기에 탈주적 읽기에서는 이들 방법을 활용할 수 있다. 그렇다고 몰적 읽기의 방법을 그대로 사용하는 것은 아니다. 탈주적 읽기에서 이들 방법을 응용하기 위해 독자는 의식 작용의 방향을 자기 삶의 과업 실현으로 돌려야 한다. 또한 과업 실현에 필요한 자기 생성의 요인을 선택해야 한다. 그리고 자기 생성으로 현실적 과제를 해결해야 한다. 이에서 탈주적 읽기를 위한 방법 선택의 일차적 조건은 자기 생성 요인이다. 독자가 자기 생성의 요인을 결정하는 데에 필요한 특정한 방법이 따로 있을 수 있지만, 대개는 텍스트 이해 속에 구체적인 실행 방법이 내재되어 있다. 독자가 이 방법을 인식하여 응용하면 자기 생성을 이룰 수 있다. 독자가 좀 더 관심을 집중해야 하는 방법은 삶의 과업 실행과 관련된 과제를 해결하는 방법이라 할 수 있다. 이 방법도 독자가 이미 가지고 있거나 텍스트에서 밝혀내 응용할 수 있다.

탈주적 읽기를 위한 읽기 방법인 응용은 상대적이다. 상대적이라는 것은 읽기 방법이 따로 있는 것이 아니라 독자의 과업과 텍스트 내용의 관계 속에서 결정된다는 것이다. 탈주적 읽기에서 독자의 의식 작용 방향이 자기 삶의 과업으로 향하면, 텍스트에서 이해해야 할 내용은 이에 따라 드러난다. 또는 독자가 텍스트에서 특정 내용에 관심이 집중되면 독자의 삶의 과제가 이에 따라 결정된다. 이는 탈주적 읽기를 위한 구체적인 방법을 독자가 굳이 선택하거나 찾으려고 할 필요가 없음을 의미한다. 독자가 텍스트를 읽는 의식 작용의 방향이 자기 과업을 향해 있게 되면, 텍스트를 이해하는 방법은 텍스트와의 관계 속에서 결정된다. 그리고 그 방법은 텍스트에 내재되어 있다. 독자는 이 방법을 자기의 상황에 따라 응용하여 활용하면 된다.

읽기 방법의 상대성에는 개별성과 적소성이 내재한다. 개별성은 독자 각자마다 읽기 방법의 활용이 다르다는 것이다. 독자는 자기 고유의 과업 실현의 과제를 위해 텍스트 읽고 이해한다. 그렇기에 과제에 맞는 방법을 사용해야 필요한 이해를 할 수 있다. 특개성을 지닌 텍스트 이해는 독자만의 읽기 상황과 과업에서 비롯된 것이다. 특개성은 독자가 나인 것을 개별적으로 선택하여 이루어내는 텍스트 이해이다. 독자와 텍스트 이해의 일차적 상대성은 개별성에 있다. 적소성은 장소와 관련된 의미를 포함하는 데, 장소는 공간과 시간으로 이루어진다. 적소성의 공간은 상황을, 시간은 시점이나 시기를 의미한다. 탈주적 읽기를 위한 읽기 방법은 독자가 텍스트를 읽는 상황과 시점에 꼭 필요한 것이고 알맞은 것이어야 한다. 최고 읽기 방법이라도 적소성을 지니지 못하면 아무런 쓸모가 없다. 탈주적 읽기를 위하여 독자가 활용하는 읽기 방법은 개별성과 함께 적소성을 지닌 것이다.

탈주적 읽기를 위한 방법의 응용성은 발현적 특성을 지닌다. 발현은 내재되어 있거나 잠재되어 있던 것이 특정한 계기로 인해 밖으로 나타나는 것이다. 탈주적 읽기를 실행하는 읽기 방법의 응용은 발현적이라 할 수 있다. 이는 독자가 텍스트의 내용을 이해하고, 자기 과업을 자각하게 되면 탈주적 읽기를 어떻게 실행해야 할지를 스스로 구체화할 수 있음을 뜻한다. 탈주적 읽기 방법을 독자가 필요할 때마다 배우고 찾아야 한다면 탈주적 이해는 무엇보다 어려운 일이다. 앞에 예시로 제시한 '좋은 교수법'에 대한 인용문을 볼 때, 저자들은 탈주적 읽기를 실행하면서 특별한 읽기 방법을 외부에서 찾아 사용한 것이 아니다. 들뢰즈의 텍스트를 이해하는 과정에서 자기 과업의 자각으로써 발현된 방법을 사용했을 뿐이다. 의도적이고 계획적으로 특정 읽기 방법을 사용하려고 하지 않았지만, 발현된 읽기 방법이 상황에 맞게 활용된 것이다.

마. 실천적 특성

탈주적 읽기의 본질은 실용에 있다. 실용은 생활 현실에서 실제로 씀이다. 독자가 탈주적 읽기를 함은 현재 현실적 자기의 생활과 직접 관련된 이해를 하는 것이다. 몰적 텍스트 이해는 현재적 자기 생활과의 관계성이 분명하지 않다. 공통성이 전제되어 있어 독자와 삶과 관계가 간접적일 수 있음에서 비롯된 것이다. 몰적 읽기는 나인 것의 선택이 아니기 때문이기도 하다. 그렇기에 독자의 텍스트 이해는 막연한 나이거나 나와 관련이 없을 수 있다. 그렇지만 다른 독자가 그렇게 이해하니까 자기도 그렇게 이해하는 것을 당연시하는 것이다. 나인 것이 아니기에 몰적 이해는 독자 자신과 직접 관계가 없는 것이다. 이는 독자의 이해에 실용성이 없음을 의미한다. 독자와 직접 관련이 없는 텍스트 이해를 해야 하기에, 독자는 텍스트 읽기를 차순위의 과제로 미룰 수 있다. 이는 텍스트를 읽어도 텍스트 이해를 미루거나 집중하지 않아도 되는 것으로 여길 수 있게 한다. 독자가 텍스트 이해에 실용성을 의식한다면 텍스트를 읽는 일은, 탈주적 읽기를 하는 일은 다른 일보다 우선순위에 놓일 수밖에 없다.

텍스트 이해의 실용은 삶의 문제이다. 텍스트를 읽는 일은 에너지와 시간을 필요로 한다. 이는 인내와 희생이 있어야 함을 뜻한다. 독자가 되어 텍스트를 읽는 일은 표면적으로 원하지 않음과 즐겁지 않음이 있는 일이다. 다만 심층적으로 싫음과 괴로움을 상쇄할 만한 가치가 있을 수 있다. 독자는 심층적인 것이 분명하지 않을 때, 표면적인 것을 추구할 수밖에 없다. 그렇지만 심층적인 것이 분명할 때는 표면적인 것을 희생할 수 있다. 이 선택은 삶의 문제와 관련되어 있다. 독자는 자기의 삶에 적극적인 도움이 된다면 무엇이든 한다. 그런데 그렇지 않다면 하지 않으려고 한다. 몰적 텍스트 이해는 필요는 하지만 독자의 현실적 삶의 문제를 늘 유보하게 만든다. 독자의 현실적 삶의 문제에 집중하게 하는 것은 탈주적 읽기이다. 당장 독자의 삶의 과업 실행에 필요한 것을 찾게 만든다. 그리고 독자는 그렇게 텍스트를 읽고 텍스트 이해를 이루어야 한다.

독자의 삶의 과업을 위한 읽기에는 필요성이 내재한다. 독자의 텍스트 읽기는 언제나 필요성을 전제한다. 몰적 읽기도 읽기의 필요성을 강조한다. 탈주적 읽기도, 분자적 읽기도 마찬가지이다. 그런데 그 필요성을 누가 절실하게 여기느냐가 문제이다. 몰적 읽기에서 텍스트 읽기의 필요성에 대해 독자는 약간 관심만 보일 정도이다. 탈주적 읽기에서는 이해의 필요성에 대해 중간 정도의 관심을 갖는다. 분자적 읽기에서는 최고의 관심을 보인다. 독자의 텍스트 이해의 필요성은 독자의 현실적·현재적 자기 삶과의 관련성과 관계된다. 몰적 이해를 위한 읽기는 독자의 현실적·현재적 자기 삶과 관련성이 낮다. 탈주적 이해는 그 중간 정도를 차지한다. 그렇지만 탈주적 이해가 없다면 분자적 이해가 없기에 그 실제적 필요성은 분자적 이해보다

높다고 할 수 있다.

탈주적 읽기의 실천은 이런 이유로 독자의 자발성과 개방성을 갖는다. 자발성은 스스로 해야 할 것을 행하는 것이다. 그런데 자발성을 이야기하는 근저에는 수동성이 잠재한다. 탈주적 읽기는 독자의 의지가 있어야 실천할 수 있다. 몰적 읽기만으로 텍스트 이해에 만족감을 느낄 수도 있기 때문이다. 독자는 자기 삶의 고유성을 실현하지 않아도 생활에 문제가 없다. 자기를 잊고 남들과 같이 사는 것에서도 만족감을 느낄 수 있기 때문이다. 이때의 만족감은 상대적인 만족감에 지나지 않는다. 공허한 만족감인 것이다. 이런 만족감은 텍스트 이해를 필요로 하지 않는다. 텍스트 이해를 강조함은 독자가 진정한 삶의 만족감을 가져야 하기 때문이다. 이를 위한 것이 자발성이다. 독자는 스스로 탈주적 읽기를 실행할 수 있어야 한다. 물론 교육적인 도움이 필요하다. 이를 위해 필요한 것이 텍스트 이해의 개방성이다. 개방은 제한하지 않음 의미한다. 그렇다고 탈주적 읽기가 모든 것을 개방하는 것을 말하는 것은 아니다. 탈주적 읽기는 독자의 자발성에 기초한 자기 생성에 대한 개방성이다. 독자는 자기 과업에 필요한 텍스트 이해를 이루어야 한다.

4. 탈주적 읽기의 실행

탈주는 변화를 지향한다. 독자는 자기 변화를 위해 텍스트를 읽는다. 탈주적 변화는 나인 것에 기초한다. 탈주적 읽기는 나인 것을 밝히고, 구체화하고, 초월하기 위한 것이다. 텍스트는 이를 가능하게 해준다. 이 텍스트 이해는 당연하게 일어나는 것은 아니다. 독자의 자각과 실천을 위한 의지가 있어야 일어난다. 그렇다고 독자의 의지만으로 실행할 수 있는 것도 아니다. 교육을 통하여 탈주적 읽기를 실행할 수 있도록 알려주어야 한다. 그간 이루어진 읽기 교육은 표면적으로는 탈주적 읽기를 표방했다고 할 수 있다. 독자들이 각자의 방식대로 텍스트 이해의 길을 열어 놓았다고 말이다. 그렇지만 어떻게 탈주적 읽기를 해야 하는지에 대한 논리적 설득은 이루어지지 않았다. 결국 독자들은 탈주적 읽기를 실행할 수 있는 능력을 갖추지 못했다. 다시 말하면 몰적 읽기에 만족하는 읽기를 하도록 독자 교육을 실행한 것이다.

텍스트 이해에 대한 인지적 관점이나 독자 중심 읽기가 탈주적 읽기라고 강변할 수 있는 여지가 있다. 독자의 개인의 스키마나 배경지식이 이를 가능하게 하는 것이라 말할 수 있다. 그렇지만 스키마나 배경지식은 독자의 자기 삶이나 자기 생성과는 거리가 있다. 독자가 자기 방식대로 구성하는 의미가 독자의 삶을 이루거나 과업 실현을 위한 자기를 생성하는 것이 아니기 때문이다. 스키마나 배경지식으로 의미를 구성해야 한다는 텍스트 이해에 대한 몰적 인식을 강화한 것에 지나지 않는다. 그 실제적 현상은 독자 중심의 읽기를 교육받은 우리 자신을 보면 알 수 있다. 우리는 텍스트 이해를 통하여 자기 과업 실현을 위한 자기 생성을 하거나 자기 삶을 생성하고 있지 않다. 읽기는 사실적 이해, 추론적 이해, 비판적 이해, 창의적 이해, 평가적 이해 등을 위한 방법을 배우고, 스키마나 배경지식을 활용해 의미를 구성하는 것으로 여길 뿐이다.

이 장에서는 들뢰즈와 과타리의 『천 개의 고원』 12장(1227-유목론 또는 전쟁기계)에 근거를 두고, 탈주적 읽기와 탈주적 이해의 특성을 살폈다. 들뢰즈와 과타리의 논의에서 탈주는 여러 의미를 갖지만, 여기서는 이해의 몰성에서 분자성으로의 변화를 매개하는 특성을 텍스트 읽기와 관련지어 논의하였다. 텍스트 이해의 몰성이 보편적이고 전체적인 동일성을 강조하는 읽기 방식이라면 분자성은 독자만의 특별하고 개별적인 고유성을 강조하는 읽기 방식이다. 이를 매개하는 탈주적 읽기는 의지적이고 실천적인 자기성을 강조하는 읽기 방식이라 할 수 있다. 이 탈주적 읽기는 분자적 이해를 지향한다.

분자적 읽기는 독자만의 고유성을 실현하는 텍스트 이해를 이루는 것이다. 탈주적 읽기는 이를 위한 실천적 읽기 방법이라 할 수 있다.

탈주적 읽기의 관점에서 볼 때, 텍스트 이해는 독자의 과업과 삶을 위한 것이 되어야 한다. 텍스트를 위한 것이거나 다른 무언가를 위한 것은 읽기의 근원적 목적을 도외시한 것이다. 독자가 텍스트를 이해해야 하는 본질은 독자의 삶을 위한 자기 생성을 하는 것이다. 이를 통하여 독자는 자기를 새롭게 규정하고, 자기규정에 토대를 둔 자기 삶을 이루어낸다. 독자의 텍스트 이해가 이에 충실할 때, 그 가치가 실현된다. 읽기 교육에서는 탈주적 읽기에 대한 관점을 반영하고, 읽기의 궁극의 목적에 대한 내용을 읽기 학습자에게 구체적이고 실제적으로 지도해야 한다.

제12장 텍스트 이해 교육의 변화

1. 교육과 변화

텍스트 이해 교육의 변화에 내재된 원리는 무엇인가? 이 물음에 답하기는 쉽지 않다. 그렇다면 텍스트 이해 교육에는 어떤 변화가 있었는가? 이 물음에 대한 답은 어렵지 않다. 그 변화는 교육과정의 변화와 함께한다. 교육과정의 변화에는 분명한 모습이 있다. 우리의 교육을 보면 그렇다. 교육과정의 변화를 대강 구분해 보면, 70년대 이전 생활(경험) 중심 교육과정, 70-80년대 학문 중심 교육과정, 90년대 이후는 인간 중심 교육과정의 모습을 하고 있다. 텍스트 이해 교육도 이들 교육과정의 변화와 함께 해왔다. 70년대 이전의 텍스트 이해 교육은 필자의 의도나 사상을 밝혀 이해하는 것을 강조하는 모습이었고, 70-80년대는 텍스트 내용 분석으로 주제(중심 생각)를 찾아 이해하는 것을 강조하는 모습이었다. 90년대부터는 독자가 텍스트를 읽고 의미를 구성하는 것을 강조하는 모습을 하고 있다. 텍스트 이해 교육은 변화 속에서 진행되고 있다. 이러한 변화에는 내적 원리가 존재한다.

텍스트 이해 교육의 변화는 전체적이다. 교육과정이 생활 중심에서 학문 중심으로, 그리고 인간 중심으로의 변화함에 따라, 텍스트 이해도 필자의 의도(사상) 파악에서 텍스트의 주제 파악으로, 독자의 의미 구성으로 변화하였다. 이 텍스트 이해 교육의 변화는 부분적이거나 점진적이 아니다. 교육과정을 개정할 때마다는 아니지만 특정 교육과정의 개정에서는 전면적으로 변화하였다. 물론 과도기를 세분하면 점진적인 변화를 찾을 수도 있다. 그렇더라도 교육과정의 개정에 따른 텍스트 이해 교육의 변화는 내적으로 통일된 형태를 띤다. 현재의 텍스트 이해 교육에서는 독자 중심의 의미 구성 교육이 전면적으로 실행되고 있다. 이런 변화를 설명할 수 있는 내적 원리를 알아볼 필요가 있다.

텍스트 이해 교육의 모습은 계속하여 변화한다. 이 변화는 내부적인 요인에 의해서이기보다는 외부 요인과의 접속으로 이루어진다. 이런 변화는 사회적 의식의 흐름과 관련되어 있다. 들뢰즈와 과타리는 접속에 의한 변화의 원리에 대한 한 가지 아이디어를 『천 개의 고원』(김재인 역, 2003) 12장(유목론 또는 전쟁기계)의 마지막 부분에서 제공하고 있다. 전체적이고 획일적으로 이루어지는 텍스트 이해 교육은 들뢰즈와 과타리의 말로 하면, '국가장치'와 관련된다. 전체성을 이루게 하는 국가장치는 교육의 이면에서 작용한다. 이 국가장치는 영토를 갖는 국가-형식이나 도시-형식 체제 내에서 작용하는 의식의 흐름으로 내부성을 지닌다. 텍스트 이해 교육의 변화는 국가장치의 작용에 의하여 이루어진다. 국가장치의 변화와 그 작용은 외부 요인과의 관계로 이루어지는데, 그 외부 요인이 '전쟁기계'이다. 이 전쟁기계는 국가장치에 대하여 외부성을 지닌다. 내부성과 외부성의 의식 흐름의 속성은 절대적이기보다는 상대적이다. 다시 말해, 한때의 전쟁기계가 전체적인 의식적 지위를 얻게 되면 국가장치 속에 포함된다. 그렇지만 또 다른 전쟁기계가 있기에, 전쟁기계는 언제나 국가장치의 외부성으로 존재한다. 즉 국가장치의 구성 내용 변화와 그 작용을 가능하게 하는 것이 전쟁기계이다. 이 국가장치와 전쟁기계의 관계 속에 변화의 원리가 존재한다.

명제9-전쟁은 반드시 전투를 목표로 하는 것은 아니며, 특히 전쟁기계는 무조건 전쟁을 목표로 하고 있는 것은 아니다. (일정한 조건하에서) 전투와 전쟁이 어쩔 수 없이 전쟁기계로부터 유래하더라도 마찬가지이다. (김재인 역, 2003: 797-798)

이 '명제9'는 들뢰즈와 과타리가 『천 개의 고원』(김재인 역, 2003) 12장에서 전쟁기계의 외적 속성을 규정한 것이다. 전쟁기계는 전쟁, 전투와 관계 속에 있다. 이 전쟁기계는 무조건 전쟁을 목표로 하는 것은 아니며, 이에 따라 전쟁도 전투를 절대적 목적으로 하지 않는다. 피치 못해 전쟁기계에 의하여 전쟁과 전투가 일어나더라도 전쟁과 전투는 전쟁기계의 목표가 아니다. 이 말은 세 가지 의미를 내포한다. 첫째, 전쟁기계는 전쟁 및 전투와 관련을 맺고 있다. 둘째, 전쟁기계가 전쟁과 전투가 있게 한 것이 아니다. 셋째, 전쟁기계가 자발적으로 전쟁과 전투를 하지 않는다.

위 명제와 관련하여 들뢰즈과 과타리는 세 가지 질문을 한다. '전투는 전쟁의 목적인가?', '전쟁은 전쟁기계의 목표인가?', '전쟁기계는 어느 정도까지 국가장치의 목표가 되는가?'이다.(김재인 역, 2003: 798) 이들 질문은 목적과 목표의 차원에서 국가장치와 전쟁기계와의 관계, 전쟁기계와 전쟁, 전쟁과 전투의 관계를 묻고 있다. 이들 목적과 목표의 차원에서 전쟁기계와 국가장치가 관련될 때, 전쟁기계의 다른 속성(전쟁)이 작용함을 드러내려는 것이다. 전쟁기계와 국가장치가 의식의 흐름을 설명하기 위한 추상기계의 하위 요소라는 점을 상기하면, 이들의 관계를 어떻게 보는가에 따라 전쟁기계의 속성이 달라질 수 있다. 전쟁의 수행이라는 차원에서 전쟁기계와 국가장치와의 관계에 대한 논의는 텍스트 이해 교육의 변화에 내재한 원리를 짐작하게 해 준다. 즉 전쟁의 수행이라는 차원에서 전쟁기계와 국가장치의 관계로 텍스트 이해 교육의 변화 원리를 인식할 수 있다.

창조하는 도주선이냐 아니면 파괴선으로 전화하는 도주선이냐. 설령 한 조각 한 조각씩이라도 스스로 구성되어가는 고른판이냐 아니면 조직과 지배의 판으로 전환해버리는 고른판이냐. 이 두 가지 선 또는 판은 서로 교류하며, 서로 보완하면서 차용한다는 것은 우리가 끊임없이 인식해 온 사실이다. 최악의 세계적인 전쟁기계조차 지구를 둘러싼 환경을 관리하기 위한 매끈한 공간을 재구성한다. 그러나 지구는 새로운 지구를 향한 길을 개척하면서 앞으로 나길 수 있는 독자적인 탈영토화 역량과 도주선과 매끈한 공간을 만들어낸다. 중요한 것은 양적인 것이 아니라 양극에 따라 두 종류의 전쟁기계에서 서로 대결하는 통약 불가능한 질의 성격이다. 전쟁기계는 이 기계를 전유함으로써 전쟁을 주요 사업과 목표로 만드는 국가장치에 대항해 구성되어가며, 포획장치와 지배장치들의 대규모 결합접속에 맞서 다양한 연결접속을 만들어 낸다. (김재인 역, 2003: 811-812)

전쟁기계는 유목민이 발명한 것으로 이중의 속성을 지닌다. 이름에 드러난 것과 같은 '전쟁'의 속성과 매끈한 공간에서 유목민의 삶을 생성하는 속성이 그것이다. 유목민의 정복 전쟁과 유목적 삶이 전쟁기계 내에 함께 내재한다. 이들 두 가지 속성은 상호 교류하고 보완적으로 작용한다. 그래서 최악의 전쟁기계조차도 매끈한 공간을 재구성한다. 지구는 이로써 새로운 길을 향한 공간을 생성할 수 있다. 이를 가능하게 하는 것이 전쟁기계의 두 가지 속성이다. 이런 전쟁기계는 국가장치가 전유하여 사용하려는 힘에 대립하면서도 국가장치는 물론 다른 장치들과도 접속한다. 이로써 접속하는 장치들의 변화를 이루어낸다.

텍스트 이해 교육의 변화도 마찬가지이다. 변화를 위해서는 전쟁기계와 같은 외부적인 요인이 있어야 한다. 전쟁기계는 파괴적 속성과 창조적 속성을 함께 지닌 외부 요인이기에, 이와의 관계 맺음이 실제적인 변화가 일어날 수 있게 한다. 텍스트 이해 교육의 변화는 텍스트 이해의 전쟁기계를 필요로 한다. 그리고 전쟁기계의 창조적 속성만으로는 접속하는 장치의 변화를 이끌기 어렵다. 독자의 텍스트 이해 교육을 변화시키기 위해서는 국가장치로 작동하고 있는 교육과정의 실행적 현실과 전쟁을 해야 한다. 이 전쟁으로 기존의 텍스트 이해 교육을 파괴하고 새로운 교육의 실제를 실현해야 한다. 이를 통해 텍스트 이해 교육은 변화한다.

이 장에서는 들뢰즈과 과타리가 논의한 전쟁기계의 이중적 속성을 토대로 텍스트 이해 교육의 변화 원리를 검토한다. 독자의 생성적 텍스트 이해 교육의 접근이 어떻게 이루어져야 하는지를 외부 접속 요인인 전쟁기계의 작용성을 통하여 검토해 본다. 텍스트 이해 교육의 변화는 전쟁기계의 속성을 가진 외부 요인과 접속으로 이루어진다. 텍스트 이해 교육의 변화를 이루게 할 외부 요인으로서의 전쟁기계의 속성을 밝힌다. 이를 바탕으로 텍스트 이해 교육의 변화를 이루기 위한 접근 방향을 탐색한다.

2. 전쟁기계와 텍스트 이해 교육

유목민의 전쟁기계는 내적으로는 생성의 속성을 띠지만 외적으로 파괴의 속성을 갖는다. 이들 속성은 극적인 대립을 이룬다. 그렇다고 이들이 반드시 대립적으로만 작용하는 것은 아니다. 전쟁기계가 매끈한 공간에서는 유목민의 삶을 생성하는 속성을 드러내지만, 국가장치에 전유되어 홈 패인 공간에서의 정착민의 삶에 작용할 때는 파괴의 속성을 드러낸다. 전쟁기계의 양가적 속성을 텍스트 이해 교육과 관련지어 살펴본다.

가. 전쟁기계의 양가성과 텍스트 이해 교육

우리는 유목민이야말로 이러한 전쟁기계의 발명자라고 생각해왔다. 설령 전쟁기계가 수많은 양가성을 갖고 있기 때문에 처음부터 또 하나의 극과 타협하거나 그쪽으로 치중되도록 만들어졌음에도 불구하고 여전히 이 기계 자체는 유목민들에 의해 발명된 것이라는 것을 증명하려는 역사적 배려에서 그렇게 생각해 본 것이었다. 하지만 이 기계의 본질에 비추어 보자면 비밀을 쥐고 있는 것은 유목민들이 아니다. 예술적, 과학적, '이데올로기적' 운동도 잠재적인 전쟁기계가 될 수 있는데, 다름 아니라 문과 연동되면서 고른판, 창조적 도주선 또는 이동을 위한 매끈한 공간을 그리는 정도에 따라 그러한 기계가 될 수 있는 것이다. 유목민이 이러한 특징의 전체적인 배치를 규정하는 것이 아니라 역으로 이러한 배치가 유목민들을 그리고 동시에 전쟁기계의 본질을 규정한다. 게릴라전이나 소수자 전쟁, 인민 전쟁이나 혁명 전쟁이 전쟁기계의 이러한 본질에 합치하는 것은 이들 전쟁이 '보충적인 것'이기 때문에 그만큼 더 필연적인 목표로 받아들이기 때문이다. 설령 새로운 비조직적(=비유기적)인 사회적 관계라고 하더라도 동시에 다른 무엇인가를 창조할 때만이 전쟁을 일으킬 수 있기 때문이다. (김재인 역, 2003: 810-811)

이 인용 부분에서 들뢰즈와 과타리의 '전쟁기계'의 속성을 언뜻 알 수 있다. 전쟁기계는 유목민에게서 유래된 것으로 양가성을 갖고 있다. 그래서 이 전쟁기계는 하나의 극과 타협을 하면 그쪽에 치중하는 특성이 있다. 이 전쟁기계의 본질은 유목민의 생활에만 관련된 것이 아니라 예술적, 과학적, 이데올로기적 운동에도 관련되어 있다. 이 전쟁기계는 무엇[문]과 연동되느냐에 따라 매끈한 공간에서 창조적 탈주선을 그리기도 하고, 보충적인 것에 의하여 여러 가지 형태의 파괴적인 전쟁을 일으키기도 한다. 이 전쟁기계가 보충적인 것에 의하여 전쟁을 일으키는 것은 무엇인가를 창조할 때이다.

전쟁기계는 매끈한 공간에서의 삶을 가능하게 하면서 홈 패인 공간에서의 삶과는 대립한다. 구체적으로, 전쟁기계는 유목민의 잦은 이동에 의한 새 환경과의 접속과 배치에 따른 적응적 삶에서 비롯되었다. 즉 변화와 생성을 내포한다. 반면 국가장치는 정착적 공간에서의 부동성과 동일성에 토대를 둔 삶에 내재해 있다. 즉 동질적이고 전체성을 내포한다. 그렇기에 전쟁기계와 국가장치에는 서로 대립되는 속성이 있다. 매끈한 공간에서 유목적 삶을 추구하는 의식의 흐름과 홈 패인 공간에서 정착적 삶을 추구하는 의식의 흐름을 각기 지니고 있다. 이들 대립 현상은 우리의 삶 곳곳에 존재한다. 구체적으로 말하면, 독자의 텍스트 이해 교육에도 변화와 생성을 지향하는 전쟁기계와 같은 접근 관점이 있고, 동질적이고 전체성을 지향하는 국가장치와 같은 접근 관점이 있다.

이 장에서의 관심은 텍스트 이해 교육의 변화와 전쟁기계의 관계이다. 구체적으로 전쟁기계의 속성을 지닌 텍스트 이해 이론이나 관점의 양가적 속성 중 '전쟁'과 관련된 속성이다. 이것이 텍스트 이해 교육 변화의 내적 원리를 밝혀줄 것이기 때문이다. 앞의 논의로 볼 때, 전쟁기계의 양가성은 본질적 속성과 작용적 속성이다. 전쟁기계의 본질적 속성은 창조적 생성이다. 유목민이 초원, 빙원, 사막의 공간에서 창조적 생성을 하는 삶을 이루게 하는 것이다. 이 전쟁기계가 국가장치와의 접속으로 국가장치에 전유되면서 작용적 속성을 갖게 된다. 전쟁기계의 작용적 속성은 전쟁과 전투에 의한 파괴와 섬멸이다. 이 전쟁기계의 파괴와 섬멸은 특정 조건에서만 작용한다. 전쟁기계가 국가장치에 의해 전쟁의 수단이 되었을 때이다.

전쟁기계의 작용적 속성인 전쟁은 본질적 속성과 마찬가지로 생성과 변화를 내포한다. 단, 전쟁으로 파괴와 섬멸을 통한 생성과 변화는 그 내용이 다를 수 있다. 그렇기에 전쟁기계의 섬멸(파괴)과 창조(생성) 두 가지 속성은 분리되기도 하지만 함께한다. 실제 전쟁이 존재하는 공간에서의 섬멸은 생성과 함께한다. 전쟁은 파괴를 일삼지만, 그 파괴는 다시 생성으로 이어지는 것이다.[1] 물론 생성 속에는 예전과는 달라지는 변화가 존재한다. 전쟁기계의 전쟁은 섬멸을 지향하지만 그 섬멸은 절대적으로 파괴하여 없애버리기 위한 것이 아니다. 전쟁을 통하여 상대방을 새롭게 변화시키기 위한 것이다. 절대적 섬멸을 지향하는 전쟁은 피아(彼我) 누구에게도 의미가 없다. 그러기에 전쟁기계의 섬멸은 생성의 기반이나 조건을 마련하는 것으로 마무리된다.

전쟁기계와 전쟁의 관계에 대해 들뢰즈과 과타리는 두 가지로 설명한다. 첫째는 아리스토텔레스와 데리다의 언어 논의에서 비롯된 보충(supplément) 개념이다. 보충은 부족한 것을 채워주는 것을 의미하는데, 원래 없거가 현재 상태에 없는 것을 추가함을 뜻한다. 이는 전쟁이 전쟁기계에 원래부터 있던 것이라기보다는 외부에서 추가된 것임을 뜻한다.[2] 전쟁은 특정 조건에서 전쟁기계에 추가되었고, 이 특정 조건하에서 전쟁기계는 전쟁을 그 특성으로 가지게 된다.

전쟁기계는 전쟁이 되어 국가의 힘들을 섬멸시키고 국가-형식을 파괴하려고 한다. 아틸라나 칭기즈칸의 모험은 적극적인 목표로부터 소극적인 목표로의

---

1   최악의 세계적인 전쟁기계조차 지구를 둘러싼 환경을 관리하기 위한 매끈한 공간을 재구성한다. 그러나 지구는 새로운 지구를 향한 길을 개척하면서 앞으로 나갈 수 있는 독자적인 탈영토화 역량과 도주선과 매끈한 공간을 만들어낸다.(김재인 역, 2003: 811)

2   루소에 따르면, 문자언어는 음성언어를 표상하게 하는 대리/보충이란 겁니다. 즉 그것은 '음성언어의 무능과 불구를 보충하는 것일 뿐'인데 이러한 '보충은 [원래 있던 것에 무언가를] 추가하는 것이고, 이미 충만한 것을 더욱 충만하게 하는 과잉이라는 겁니다. 즉 문자언어는 음성언어로는 불가능한 저장과 보존기능을 추가하면서 음성언어를 보충하고 대리하지요. 하지만 이런 대리/보충이 음성언어의 현전을 자처하고 그 자체로 독립적인 기호로 행세할 때, 이는 음성언어 내지 언어의 본질 자체를 위협하는 위험한 것이 된다고 하지요. 물론 데리다는 문자에 대한 이런 루소의 생각을 비판하면서 음성중심주의에 반하는 글(écriture)의 우위성을 주장합니다.(이진경, 2003b: 452)

이러한 연속적 전환을 훌륭하게 표현하고 있다. 아리스토텔레스식으로 말하자면 전쟁은 전쟁기계의 조건도 목적도 아니지만 필연적으로 전쟁기계에 수반되거나 이 기계를 보충한다고 할 수 있다. 또한 데리다 식으로 말하면 전쟁은 전쟁기계의 '보충물'이라고 할 수 있을 것이다. 이러한 보완성은 점진적으로 고뇌에 가득 찬 과정을 통해 분명하게 드러날 수도 있다. (김재인 역, 2003: 800)

윗글에서 보면, 전쟁기계와 전쟁의 관계는 본질적이거나 필연적이 아니다. 전쟁기계는 국가의 힘을 섬멸하고, 국가-형식을 파괴하려 한다. 칭기즈칸의 군대는 홈 패인 국가를 정복하는 적극적인 전쟁을 수행하여 국가-형식을 섬멸하지만 그 국가-형식을 적극적으로 차지하지는 않는다. 전투는 적극적인 목적(섬멸)으로 하지만 전쟁이 끝나면 국가-형식은 그대로 존속할 수 있게 한다.[3] 이를 볼 때, 전쟁기계의 전쟁은 섬멸적 전쟁만을 목표로 하는 것이 아니다. 전쟁 이후의 일에 대해서는 관여하지 않는다. 이는 전쟁이 전쟁기계에 원래부터 있던 속성이 아니었음을 의미한다. 이를 데리다 식으로 말하면 '보충물'이라는 것이다. 이는 칭기즈칸이 정복 전쟁 이후에 각 국가-형식을 어떻게 처리하느냐에 대한 고뇌의 과정에서 확인할 수 있다는 것이다.

둘째는 칸트식으로 '종합적' 관계라고 말한다. 칸트의 종합적 관계는 '부분적' 관계와 대비되는 개념이다. 칸트가 말하는 부분적 관계는 하나의 낱말이 지시하는 대상과의 관계이다.[4] '교사'를 '학교에서 학생을 가르치는 사람'으

---

3   이진경(2003b: 456)이 하자노프의 <유목사회의 구조>(김동호 역, 1999)를 참고하여, 몽골 제국의 쿠릴타이 회의 내용에 대한 설명을 보면 다음과 같은 내용이 있다.
'역사가들은 보통 탈라스 강가에서 열린 1269년 쿠릴타이가 몽골 '국가' 수립을 결정한 중요한 쿠릴타이였다고 합니다. 그 쿠릴타이에서는 '정착민 지역의 행정에 개입하지 말 것, 특별히 지정된 경우를 제외하고는 세금을 징수하지 말 것, 일정한 목축 이동로를 따라 옮겨 다니며 초원과 산간에서 살지, 결코 가축을 데리고 경작지를 짓밟지 말 것'등을 결정했다고 합니다."(이진경, 2003b: 456)

로, '학생'을 '학교에서 공부하는 사람'으로 규정하는 것과 같은 관계이다. 이와 대비되는 관계를 들뢰즈와 과타리는 칸트의 말을 빌려 종합적 관계라고 말한다. "칸트식으로 말하자면 전쟁과 전쟁기계의 관계는 필연적이지만 '종합적'이라고 말할 수 있을 것이다."(김재인 역, 2003: 801) 종합적 관계는 (낱)말의 정의 속에 들어 있지 않은 것이어서, 말을 분석해서는 드러나지 않는 의미의 관계를 말한다.[5] 들뢰즈와 과타리가 사용하는 전쟁기계라는 용어의 정의 속에는 전쟁이 들어 있지 않기 때문에 전쟁기계의 정의를 분석해서는 전쟁과의 관계를 찾을 수 없다. 즉 전쟁은 전쟁기계 외부에서 덧붙여진 것이다. 이는 전쟁기계의 본래적 속성에는 전쟁의 속성이 포함되어 있지 않음을 뜻한다.

요컨대, 전쟁기계는 유목민의 삶에서 비롯된 매끈한 공간의 구성 요소이다. 초원, 빙원, 사막에서 유목민이 창조적인 삶의 생성을 이루어나가게 하는 요소이다. 이런 전쟁기계가 국가장치를 만나게 되면, 외부에서 보충적이거나 종합적 관계에서 전쟁이 덧붙여지게 된다. 전쟁기계 자체는 전쟁을 할 수는 없지만, 전쟁의 속성이 보충됨으로써 전쟁을 실행하게 된다. 전쟁기계의 양가성 중 전쟁은 전쟁기계의 내재된 본질적 속성이기보다는 국가장치와의 관계에서 보충된 것이다.

텍스트 이해 교육의 변화 측면에서 전쟁기계의 속성을 반영한 텍스트 이해 이론이나 관점을 찾을 수 있다.[6] 유목적 읽기는 독자의 현실적 삶의 문제를

---

4   '분석적'이라는 말은 가령 '과부'하면 '남편이 없는 여자' 식으로 어떤 말의 정의에서 도출되어 나오는 것을 뜻합니다.(이진경, 2003b: 453)

5   '종합적'이라는 말은 말의 분석으로는 얻을 수 없는 것, 밖에서 무언가 추가되는 경우를 뜻합니다. 즉 전쟁기계는 정의상 전쟁을 포함하고 있지 않다는 것입니다. 전쟁은 전쟁기계의 외부에서 추가되는 것이란 말이지요. 하지만 그것이 '필연적'이라는 말은 어떤 외적인 조건으로 인해 전쟁이 불가피한 것이 된다는 말입니다. 그 외적 조건이란 바로 국가장치겠지요.(이진경, 2003b: 453)

해결하기 위한 실제적 필요에 따른 텍스트 이해를 강조한다. 이 텍스트 이해는 매끈한 공간에서의 유목민의 삶과 같이 자기 삶의 생성을 위한 이해를 실행하게 한다. 이 관점을 텍스트 이해 교육에서는 아직 수용하고 있지 않다. 현재의 텍스트 이해 교육의 교육과정이 독자 중심 읽기 관점을 전유하여 실행하고 있기 때문이다. 이 교육과정(국가장치)의 작용에 의한 텍스트 이해 교육은 변화가 필요하다.[7] 이 변화는 내부 요인으로는 이룰 수 없기에 외부 요인이 필요하다. 그래서 국가장치는 전쟁기계를 찾게 된다. 텍스트 이해 교육의 교육과정(국가장치)이 새로운 관점의 텍스트 이해 이론이나 관점(전쟁기계)과 접속할 때 변화할 수 있다.

국가-형식 체제의 교육과정으로 실행되는 텍스트 이해 교육은 전쟁기계의 파괴와 섬멸의 속성으로 새로운 텍스트 이해 교육과 전쟁을 실행하게 된다. 기존의 텍스트 이해 교육의 이론이나 관점은 섬멸되고 새로 전유한 텍스트 이해 이론이나 관점이 적용된다. 이때는 본질적 텍스트 이해의 속성도 섬멸하는 방식으로 이루어질 수 있다. 현재 독자 중심 텍스트 이해의 관점도 교육과정(국가장치)에 전유되어 기존의 텍스트 이해 교육의 관점을 섬멸하였다. 그리고 다른 텍스트 이해 이론이나 관점과 전쟁 수행 중이다. 이때 텍스트 이해 이론이나 관점이 본래부터 전쟁의 속성을 지니고 있어 전쟁을 하는 것이 아니다. 교육과정에 의해 전유되면서 전쟁을 보충물로 가지게 된 것이다. 텍스트 이해 이론이나 관점이 교육과정(국가장치)에 전유되면, 텍스트 이해 교육의 사제[8](연구자, 전문가)들이 충실하게 전쟁을 수행한다. 독자 중심

6　관련된 텍스트 이해 이론이나 관점의 몇 가지 예시는 김도남·여수현·김예진(2022)를 참조할 수 있다.

7　텍스트 이해 교육은 현실적으로 사회, 정치, 과학, 기술, 문화 등의 변동에 따라 다양한 맥락에서 변화의 요구를 받는다.

8　들뢰즈와 과타리는 『천 개의 고원』 12장에서 사유형식과 관련하여 논의하면서, 공화국적 사유형식이 '사제'들에 의하여 이루어진다고 본다. 텍스트 이해 교육과 관련한 이에 대한

텍스트 이해의 방식은 텍스트 중심 이해 방식이나 필자 중심의 이해 방식 등을 섬멸하는 전쟁을 수행했다. 텍스트 이해 교육의 관점에서 보면, 교육과 정(국가장치) 개정은 새로운 관점의 텍스트 이해 이론(전쟁기계)을 수용하는 데, 이에 전쟁이 보충된다. 이로써 개정 교육과정에 전유된 텍스트 이해 이론 이나 관점은 이전 교육과정의 내용과 이의 실행에 작용한 이론이나 관점을 섬멸한다.

나. 국가장치의 전쟁기계 전유와 텍스트 이해 교육

전쟁기계는 스스로 전쟁을 하지 않는다. 전쟁기계가 전쟁을 실행하게 되는 조건은 국가장치의 전유에 의해서이다. 전유는 국가장치가 접속한 전쟁기계 를 소유하여 독점하는 일이다. 국가장치는 내적으로는 물론 작용적으로 변화 를 위해 전쟁기계를 전유한다. 전쟁기계의 전유로 국가장치는 목표하는 일을 수행할 수 있게 된다. 국가장치가 전쟁기계를 전유하면 전쟁기계는 전쟁을 그 보충물로 갖게 된다. 유목민의 매끈한 공간에서의 삶에는 전쟁이 없었다. 그러다 칭기즈칸이 국가를 세워 국가장치로 전쟁기계를 전유했을 때 전쟁이 있었다. 국가장치에 의한 전쟁기계의 전유는 전쟁기계가 강력한 전쟁 수행 역량을 발휘해 주변의 국가-형식을 섬멸하게 했다. 국가장치의 전쟁기계의 전유는 전쟁기계가 전쟁을 목표로 하게끔 만든다. 전쟁을 목표로 하는 전쟁 기계는 강력한 힘으로 대적하는 상대를 섬멸한다. 텍스트 이해 교육의 교육 과정이 특정 텍스트 이해 이론이나 관점(전쟁기계)을 전유하면 기존에 전유했 던 이론이나 관점은 섬멸된다.

전쟁기계는 국가장치에 의하여 전쟁을 보충적, 종합적 관계로 가지게 된

논의는 2장과 여수현·김도남(2022)을 참조할 수 있다.

다. 전쟁기계가 전쟁을 하기 위해서는 국가장치가 있어야 하고, 국가장치는 국가나 국가-형식이 있어야 존재할 수 있다. 국가장치는 전쟁기계를 어떻게 전유하게 될까? 들뢰즈와 과타리는 모든 국가의 국가장치가 전쟁기계를 전유하는 것은 아니라고 한다.[9](김재인 역, 2003: 801) 들뢰즈와 과타리는 국가장치의 전쟁기계 전유의 가설을 다음과 같이 정리한다.

1) 유목민의 발명품인 전쟁기계는 전쟁을 최우선 목표가 아니라 이차적이고 보충적인 또는 종합적인 목표로 한다. 즉 전쟁기계는 반드시 이 기계와 충돌하는 국가-형식과 도시-형식을 파괴하게 되어 있다. 2) 국가가 전쟁기계를 전유할 때 이 기계는 반드시 성질과 기능을 달리하게 된다. 국가가 소유한 전쟁기계는 이제 유목민과 모든 국가 파괴자들을 겨냥하거나 아니면 다른 국가를 파괴하거나 정복하려고 하는 국가들 간의 관계를 표현하게 되기 때문이다. 3) 그러나 이런 식으로 국가에게 전유되고 나서야 비로소 전쟁기계는 전쟁을 직접적이고 일차적인 목표, '분석적' 목표로 삼는 경향을 보인다.(그리고 전쟁은 전투를 목표로 삼는 경향을 지닌다) (김재인 역, 2003: 802)

국가장치가 전쟁기계를 전유하는 것, 국가 자신의 척도와 목적에 부합하게 전쟁기계를 구성하는 것(김재인, 2003: 802)은 첫째, 이차적이지만 충돌하는

---

[9] 최초로 전쟁을 한 것을 국가들이 아니었다. 물론 전쟁은 어떤 폭력처럼 <자연> 속에서 보편적으로 표출되는 현상이 아니다. 국가도 전쟁을 목표로 하는 것은 아니며 오히려 그 반대이다. 고대 국가들은 심지어 전쟁기계를 소유하는 것을 생각조차 할 수 없었을 뿐만 아니라 국가의 지배는 전쟁기계와는 전혀 다른 권력 기구(당연히 경찰과 감옥을 포함한다)를 통해 성립되었기 때문이다. 고대라고는 해도 아주 강력했던 국가들이 홀연히 사라진 신비한 이유 중의 하나는 다름 아니라 외부적인, 즉 유목적인 전쟁기계가 개입해 이러한 국가들에 반격을 가해 이들을 파괴해버린 데서 찾을 수 있을 것이다. 그러나 국가는 재빨리 이해한다.(김재인 역, 2003: 801)

국가-형식이나 도시-형식을 파괴하는 성질 때문이다. 둘째, 국가에 전유된 전쟁기계는 성질과 기능이 달라질 수 있어서 국가뿐 아니라 유목민도 정복·파괴하는 국가 간의 관계를 표현해 주기 때문이다. 셋째, 국가에 전유된 전쟁기계는 전쟁을 목표로 하기 때문이다. 이런 이유로 인하여 국가장치는 전쟁기계를 전유하여 전쟁과 전투를 벌여 대립하는 것을 섬멸하게 된다.

들뢰즈와 과타리는 국가장치에 전유된 전쟁기계는 몇 가지 변별적인 문제 영역이 있다고 말한다.(김재인 역, 2003: 802-804) 첫째 문제는 전유에 의한 조작 가능성이다. 조작 가능성은 전쟁기계가 보충적 또는 종합적 관계에서 비롯된 목적에서 유목민도 공격한다는 것이다. 이로 인해 유목민이 정복한 제국에 통합되기도 하는데 이는 국가장치가 전쟁기계를 전유하게 하는 강력한 요인이 된다. 또한 이는 국가를 위협하는 위험이기도 하다. 둘째 문제는 전유의 구체적 형태이다. 전유된 전쟁기계는 군대의 구성(용병과 토착, 직업군과 징집 군대, 전문군과 모병군, 혼합병 등)과 관련되지만 카스트화(encastement)의 특성을 지닌다. 즉 국가장치의 한 부분으로 존재하는 형태가 된다. 셋째 문제는 전유의 수단과 관련된다. 국가장치에는 영토성, 노동이나 공공사업, 세제 등 여러 요소가 관련되는데 전유된 전쟁기계도 영토를 필요로 하고, 영토 내에서의 봉사와 세금, 공공사업에의 참여를 요구받는다. 즉 전쟁을 수행해야 하는 역할의 요구받게 된다.

국가장치가 전쟁기계를 전유하고, 이것을 '정치적' 목적에 종속시키고, 이 기계에 전쟁을 직접적인 목표로 부여하는 일은 모두 동시에 일어난다. 그리고 전쟁기계를 카스트화하는 다양한 형태로부터 본래적인 의미에서의 전유 형태로 이행하고, 제한전으로부터 소위 총력적으로 이행하고, 그리고 목적과 목표의 관계를 변형시키는 등 3중의 관점에서 국가가 진화해 가는 것 또한 동일한 역사적 경향을 보여준다. 그런데 국가의 전쟁을 총력적으로 만드는 요인들은

자본주의와 밀접하게 결합되어 있다. (김재인 역, 2003: 807)

국가장치의 전쟁기계의 전유는 단순히 소유하기 위한 것이 아니다. 국가장치의 전쟁기계 전유는 직접적인 사용에 있다. 국가의 정치적 목적을 위하여 전쟁기계를 사용하게 되는데 이는 전쟁을 목표로 삼게 한다. 이 전쟁기계는 국가(장치)를 구성하는 카스트의 한 형태에서 전쟁을 수행하기 위한 형태로 전환되고, 전체 국가의 모든 것이 동원되는 전쟁의 형태로 이행하게 한다. 그리고 창조적 생성을 위한 본질적 목적을 벗어나 파괴적이고 섬멸을 위한 보충적인 전쟁(목표)을 하게 된다. 이는 국가가 진화해 가는 역사적 경향성으로 드러난다. 이런 국가가 전쟁에서 총력전을 벌이게 하는 것은 축적된 물적, 인적, 정신적 자본의 투자를 가능하게 하는 홈 패인 공간에서의 자본주의이다.[10]

텍스트 이해 교육에서도 텍스트 이해와 관련된 전쟁기계는 전유에 의해 파괴적이고 섬멸을 위한 보충적 목표를 수행한다. 텍스트 이해 교육의 교육과정이 텍스트 이해의 이론이나 관점을 전유하게 되면 그 이론이나 관점은 교육과정 내에 카스트의 한 계급이나 구성 요소로 자리 잡는다. 즉 교육과정을 구성하는 중요한 한 부분이 된다. 카스트화되는 텍스트 이해의 이론이나 관점을 구성하는 내적 요소는 한 가지의 요소이기보다는 혼합적이다. 텍스트

---

10 실제로 총력전은 단지 섬멸전일 뿐만 아니라 섬멸의 '중심'이 이미 적군이나 적대국뿐만 아니라 적국의 인구 전체와 경제가 되었을 때에서야 비로소 출현한다. 이러한 이중적 투자는 오직 앞서 제한전이라는 선행조건이 충족되어야만 가능하다는 사실은 자본주의가 어쩔 수 없이 총력전을 발전시키는 저항하기 어려운 성격을 가지고 있음을 잘 보여준다. 따라서 총력전은 국가의 정치적 목적에 종속되어 있으며, 단지 국가장치가 전쟁기계를 전유하기 위한 모든 조건을 최대한으로 실현하고 있을 뿐이다. 그러나 총력전이 전유된 전쟁기계의 목표가 되고, 이와 동시에 전유 조건 전체가 이와 같은 차원에 놓일 때 목표(object)와 목적(but)은 새로운 관계에 접어 들어가 양자가 서로 모순되는 것 또한 사실이다.(김재인 역, 2003: 807-808)

이해에 효율적이라고 판단된 여러 요소[11]가 종합된 형태이다. 교육과정(국가장치)에서는 이 전쟁기계의 속성을 지닌 텍스트 이해 이론(관점)을 전유하여 전쟁을 보충적 목표로 부여한다. 그래서 기존의 텍스트 이해 관점(이론)과 전쟁이 실행되고 파괴와 섬멸이 이루어진다. 그러면서 텍스트 이해 교육은 변화하게 된다. 이에는 텍스트 이해의 전쟁기계가 전쟁을 수행할 수 있게 하는 인적, 이론적, 정책적 자본의 뒷받침이 필요하다.

텍스트 이해 교육은 변화를 필요로 한다. 이는 일차적으로 교육과정의 내적 구성 내용의 변화에 의하여 이루어진다. 내적 구성 내용의 변화는 텍스트 이해 이론이나 관점의 전유에서 일어난다. 이차적으로는 교육과정에 의하여 전유된 텍스트 이해 이론이나 관점이 기존의 이론이나 관점과 교육 현장에서 벌이는 전쟁에서 일어난다. 교육 현장에서는 기존의 이론이나 관점을 지키려고 하지만 전쟁을 보충적으로 가지게 된 전쟁기계화된 새로운 이론이나 관점은 이들을 모두 섬멸한다. 우리의 교육 현실에서 국가장치(교육과정)에 전유된 전쟁기계(이론이나 관점)의 전쟁은 전면적이고 총력전의 형식으로 이루어진다. 그렇기 때문에 기존의 이론이나 관점은 모두 섬멸되고, 전유된 이론이나 관점으로 대치된다.

텍스트 이해 교육에 전유된 이론이나 관점은 카스트화된 형태로 존재한다. 카스트화는 신분이나 계급을 의미하는 것으로 전체 중의 한 부분으로 존재함을 함의한다. 국가장치로서의 교육과정은 그 내적으로 여러 구성 요소를 가지고 있다. 이들 구성 요소는 국가장치의 완전한 일부가 되는 것은 아니다. 국가장치가 전유하고 있을 때만 국가장치의 한 부분으로 존재하는 것이다. 국가장치가 다른 전쟁기계를 카스트화하게 되면 기존의 전쟁기계는 국가장

---

11   텍스트 이해 이론이나 관점은 교육의 목표, 내용, 방법, 평가뿐만 아니라 교과서, 자료, 교육 환경 등을 포함한다.

치에서 내쳐지게 된다. 내쳐진 전쟁기계는 그 역할이나 활용이 축소되고 제한된다. 기존의 전쟁기계의 상태로 되돌아 가지만 그 역할은 미미해진다. 텍스트 이해 교육의 변화는 교육과정에서 특정 텍스트 이해 이론이나 관점을 카스트화함으로써 이루어진다.

다. 전쟁기계의 전쟁과 텍스트 이해 교육

국가장치에 전유된 전쟁기계는 전쟁을 목표로 한다. 국가장치가 전쟁기계를 전유한 이유가 전쟁의 실행이기 때문이다. 국가장치에 의한 전쟁기계의 전쟁은 전투와 비전투를 통하여 이루어진다. 전쟁에서 전투는 적과 무기를 맞부딪히며 싸움을 벌이는 것이고, 비전투는 직접적인 맞부딪힘이 없지만 싸움을 벌이는 것이다. 이 전쟁은 상대를 파괴하고 섬멸하기 위한 실제의 활동을 뜻한다. 전쟁에서의 전투와 비-전투는 다양한 방식으로 이루어진다. 전쟁의 결과는 국가-형식이나 도시-형식뿐만 아니라 유목-형식에도 영향을 준다.

> 전쟁기계는 유목민이 발명한 것이다. 왜냐하면 전쟁기계는 본질상 매끈한 공간의 구성 요소이며, 따라서 이 공간의 점거, 이 공간에서의 이동, 또 이 공간에 대응하는 인간 편성의 구성 요소이기 때문이다. 바로 이것이 전쟁기계가 유일하고 진정한 적극적인 목표다(노모스). 즉 사막이나 스텝을 늘리되 그것에서 인간이 살 수 없게 만들지는 말라. 그와 정반대로 하라. 그래도 어쩔 수 없이 전쟁이 초래된다면 그것은 전쟁기계가 이 기계의 적극적인 목적에 대립하는 (홈을 파는) 세력으로서의 국가나 도시와 충돌하기 때문이다. 일단 이렇게 충돌하고 나면 전쟁기계는 국가와 도시, 국가적·도시적 현상을 적으로 간주하고 이들의 섬멸을 목표로 삼는다. (김재인 역, 2003: 799-800)

윗글에서 보면, 전쟁기계는 매끈한 공간을 구성하는 요소이다. 사람들이 매끈한 공간을 점거하고, 이 공간에서 이동하고, 이 공간에 대응한 삶을 위한 편성의 요소이다. 이 전쟁기계는 국가나 도시(폴리스)가 아닌 사막이나 스텝에서 사람이 살 수 있게 하는(노모스) 것을 목표로 한다. 그래서 홈을 파는 것을 목적으로 하는 국가나 도시와 충돌하고, 충돌 시 이들의 섬멸을 목표로 삼는다. 전쟁기계는 사막이나 스텝(초원), 빙원 등 매끈한 공간에서의 사람들의 삶을 구성하게 하고, 국가나 도시 등의 홈을 파는 공간에서 사는 세력들과 대립하여 전쟁을 하는 요소이다.

전쟁기계의 전쟁은 국가장치의 전유에서 비롯된다. 국가장치에 전유된 전쟁기계는 전쟁을 보충적인 것의 목표로 가지게 됨으로써 국가-형식이나 도시-형식과 전쟁을 하게 된다. 이 전쟁기계의 전쟁은 단일한 형태나 방식으로 이루어지지 않는다. 들뢰즈와 과타리는 이 전쟁에 대한 논의를 클라우제비츠의 정식을 바탕으로 설명한다.

> 그의 정식은 이론적이고 실천적인 또한 역사적이고 초역사적인 인식 전체로부터 도출된 것으로, 각각의 구성 요소는 상호 긴밀하게 관련되어 있다. 즉 1) 전쟁은 절대적이고 무조건적이라는 순수한 전쟁관, 즉 경험에서 찾아볼 수 없는 <이념>이 전쟁이라는 생각(적이라는 것 이외에는 어떠한 규정도 갖지 못한 적을 정치적·경제적·사회적 고려는 전혀 배제하고 타도해 버리는 것 또는 '몰살시켜버리는 것') 2) 국가의 목적에 종속된 실제의 다양한 전쟁들만이 주어진다. 국가의 목적은 잘하건 못하건 절대 전쟁과의 관계에서는 '지휘자'가 되는 것이며, 어쨌든 경험상 절대 전쟁의 실현을 조건 짓는다. 3) 실제 전쟁은 섬멸전과 제한전이라는 양극을 왔다 갔다 하는데, 이 두 극 모두가 국가장치에 종속되어 있다. 즉 섬멸전은 (섬멸의 목표에 따라) 총력적으로 상승될 가능성을 갖고 있으며, 극한을 향해 상승해 가다보면 무조건적인 전쟁이라는 절대 전쟁에 접근

해 가는 경향이 있는데 반해 제한전은 가능하면 '전쟁을 하지 않는다'는 의미에서가 아니라 제한적인 조건을 향해 하강적으로 접근하기 때문에 단순한 '무장 감시' 형태를 띨 가능성도 있다. (김재인 역, 2003: 805)

이 설명에 따르면 전쟁은 세 가지 관점이 있다. 첫째는 순수 전쟁관이다. 이 순수 전쟁관은 적이라고 규정되면 어떠한 고려도 하지 않고 섬멸(몰살)한다는 것으로, 경험에서는 찾아볼 수 없는 <이념> 형태의 전쟁관이다. 둘째는 절대 전쟁관이다. 이 절대 전쟁관은 국가의 목적에 종속된 형태로 이루어지는 전쟁으로 국가가 전쟁 지휘자가 되어 치르는 전쟁과 관련된 경험적 형태의 전쟁관이다. 셋째는 실제 전쟁관이다. 실제 전쟁관은 섬멸전과 제한전의 양극 사이에서 일어나는 다양한 형태의 전쟁과 관련된 전쟁관이다. 섬멸전의 극은 총력전의 형태로 절대 전쟁에 가까운 것이고, 제한전의 극은 최소한의 전쟁의 형태로 무장 감시 정도의 것이다. 이들 전쟁관은 국가장치에 전유된 전쟁기계의 전쟁의 형태를 인식하는 데 도움을 준다. 들뢰즈와 과타리는 클라우제비츠의 전쟁관 분석에서 순수 <이념>을 전쟁기계의 이념과 관련지어 전쟁기계의 속성을 논의한다.

순수 <이념>은 적의 추상적인 섬멸이라는 이념이 아니라 반대로 전쟁을 목표로 삼지 않으며 전쟁과는 잠재적이고 보충적이며 종합적인 관계만을 갖는 전쟁기계의 이념이다. 따라서 유목적인 전쟁기계는 클라우제비츠가 언급한 바와 같이 많은 현실 전쟁 중의 단순한 한 가지 사례처럼 보이지 않는다. 오히려 그것은 <이념>에 완전하게 적합한 내용으로, <이념>과 이 이념에 고유한 목표와 공간, 즉 노모스 공간과 구성의 발명이다. 그럼에도 불구하고 이것은 하나의 <이념>이며, 전쟁기계가 유목민에 의해 현실화되는 것이라 하더라도 이러한 순수 <이념>이라는 개념은 유지하지 않으면 안 된다. 오히려 유목민이야말로 하나의 추상, 하나의 <이념>, 즉 실재적이면서도 현재적(actuel)이지 않은 무엇이라 할 수 있다. (김재인 역, 2003: 806)

이 설명에서 보면, 순수 <이념>은 전쟁을 목표로 삼지 않는 전쟁기계의 본질적 이념이다. 들뢰즈와 과타리는 글라우제비츠의 순수 <이념>을 유목민의 전쟁기계와 관련지어 그 반대로 논증한다. 순수 <이념>은 전쟁과 잠재적, 보충적, 종합적 관계를 갖는 전쟁기계의 이념이 된다. 이 전쟁기계의 이념은 매끈한 유목적 공간의 구성 요소로 노모스의 공간을 구성하고 발명하는 것으로, 클라우제비츠의 순수 <이념>에 완전하게 적합한 내용이라는 것이다. 그럼에도 전쟁기계의 이념이 순수 <이념>인 것은 유목민의 실재적이고 현재적인 속성이기보다는 그들에게 내재된 본질적 속성이기 때문이다. 그렇기 때문에 유목민은 전쟁기계의 이념을 순수 <이념>으로 실제적으로 간직하고 있지만 비현재적(nonactuel)이다. 이로 인하여 전쟁기계가 국가장치에 전유될 수 있는 두 가지 조건을 갖추고 있다는 것이다.

우선 앞에서 살펴본 대로 실제의 유목 생활의 요소들이 이주나 이동이나 순회, 이동 목축의 요소들과 혼합되기 때문이다. 이러한 혼합이 유목민이라는 관념의 순수함에는 영향을 미치지는 않는다 하더라도 항상 이미 혼합되어 있는 대상들을 끌어들이거나 또는 처음부터 전쟁기계에 반작용하는 다양한 공간이나 구성의 조합을 끌어들인다. 두 번째로 유목적인 전쟁기계는 그 순수한 개념에서조차 필연적으로 보완물로서의 전쟁과 맺는 종합적 관계를 현실화하고, 이 관계를 파괴해야 할 국가 형식에 대항하는 것으로서 발견하고 전개하기 때문이다. 그러나 전쟁기계는 국가 없이는, 즉 국가가 전쟁기계를 전유할 수 있는 기회와 함께 전쟁을 이제 국가에 의해 전유된 전쟁기계의 직접적인 목표로 삼기 위한 수단을 발견하지 않고는 이처럼 보충적인 목표나 종합적인 관계를 현실화할 수 없다.(유목민의 국가로의 통합이 처음부터, 즉 국가에 맞서 처음으로 전쟁을 일으켰을 때부터 유목 생활을 관통하는 백터가 되는 것은 바로 이 때문이다.) (김재인 역, 2003: 806-807)

첫째는 유목민의 현재적 속성은 이동과 목축 등의 요소가 혼합되어 있다. 이러한 혼합이 유목민의 실재적 현실이기에 순수함과는 거리가 있을 수 있지만 유목민을 구성하는 본질적인 것이다. 그렇기 때문에 유목민에서 비롯된 전쟁기계는 혼합된 대상뿐만 아니라 전쟁기계에 반작용하는 공간이나 구성의 조합(국가장치)을 끌어들여 혼합될 수 있다. 둘째는 전쟁기계가 국가 형식(국가장치)에 대항하여 파괴하는 속성에서 비롯된 보충적, 종합적 관계에 있는 전쟁의 문제이다. 유목적 전쟁기계의 순수한 개념은 국가 형식에 대항하는 것이기에, 국가장치의 전유에 의해 전쟁기계는 보충적, 종합적 관계를 통해 전쟁을 현실화해야 한다. 이 전쟁기계는 전쟁을 자체적으로는 실행할 수 없기에 국가장치가 필요한 것이다. 전쟁기계가 국가 형식에 대항하는 이념을 실행하기 위해서는 국가장치가 필요한 것이다. 이런 이유로 전쟁기계는 국가장치에 전유될 수 있다. 국가장치에 전유된 전쟁기계는 전쟁을 실행하게 되고, 전쟁은 전투로 표현된다.

전투 문제는 곧 두 가지 경우를 구별할 것을 요구한다. 즉, 전쟁기계가 전투를 추구하는 경우와 전투를 본질적으로 피하려는 경우를 말한다. 하지만 이 두 경우가 공격과 방어와 일치하는 것은 결코 아니다. 그러나 게릴라전이 분명한 비-전투를 지향하는 반면 (포슈[Ferdinand Foch]에 의해 정점에 달하는 전쟁관에 따르면) 본래의 전쟁은 전투를 목적으로 하는 것처럼 보이는 것이 사실이다. 그러나 전쟁이 기동적으로 그리고 총력적으로 발전하면서 공격이라는 관점에서 보건 방어라는 관점에서 보건 전투라는 개념 자체가 의문시될 수밖에 없다.

그리고 비-전투라는 개념은 기습의 속도와 즉각적인 대응의 대항-속도를 표현하는 것처럼 보인다. 하지만 이와 반대로 게릴라전의 발전은 내외의 '거점(據點)'과 접속하면서 실제로 전투를 추구해야만 하는 계기와 형태를 포함하고 있다. 그리고 게릴라전과 본래적인 전쟁은 끊임없이 상대방의 방법을 빌려오며, 이러한 차용은 쌍방향으로 동등하게 이루어진다.(예를 들어 지상의 게릴라전은 해전에서 많은 힌트를 얻어왔음이 지적되어왔다.) 따라서 공격-방어라는 구별과도, 심지어는 본래적 의미의 전쟁과 게릴라전의 구별과도 일치하지 않는 기준에 따르자면 전쟁은 전투와 '비-전투' 모두를 목표로 하고 있다고만 말할 수 있을 뿐이다. (김재인 역, 2003: 798-799)

위 내용에서 보면, 전쟁은 전투로 이루어지는데 전쟁기계가 전투를 추구하는 경우와 피하려는 경우로 구분된다. 전투는 공격과 방어로 이루어진다. 전투에서 게릴라전은 비-전투를 지향하지만 전쟁은 전투를 목적으로 한다. 그러나 전쟁에서 기동전[12]이나 총력전[13]의 관점에서 보면 전투의 개념 자체가 의문시된다. 또한 비-전투를 지향하는 게릴라전은 상황에 따라 전투의 형태를 포함한다. 전쟁에서의 전투와 비전투는 그 형태를 규정하기 어려운 점이 있다. 그러함에도 전쟁은 전투와 비-전투를 모두 목표로 한다.

한 극에서 그것은 전쟁을 목적으로 하며 우주 끝까지 연장될 수 있는 파괴선을 형성하고 있다. 하지만 여기서 이 기계가 취하는 온갖 형태의, 즉 제한전,

---

[12] 적의 군사력을 물리적으로 파괴하기보다는 기동을 통하여 심리적 마비를 추구함으로써 최소의 전투로 결정적 승리를 달성하게 하는 전쟁 수행 방식.
(국방과학기술용어사전) https://100.daum.net/book/764/list

[13] 국가 각 분야의 총체적인 힘을 기울여 수행하는 전쟁.
(국방과학기술용어사전) https://100.daum.net/encyclopedia/view/196XXXXX12198)

총력전, 세계적 규모의 조직에서도 전쟁기계는 소위 전쟁기계의 본질이라고 규정할만한 것은 전혀 제시하지 않으며 이 기계의 위력이 아무리 대단하다 하더라도 그저 국가의 위험을 무릅쓰고 전쟁기계를 전유하는 조건의 총체를 보여주거나 (마지막 단계에서 국가는 전쟁기계를 세계적 지평으로 투사하기도 한다) 또는 국가 자신도 이미 일부를 구성하고 있는 지배 질서를 보여줄 뿐이다. 다른 한 극은 전쟁기계의 본질을 나타내는 것처럼 보인다. 여기서 전쟁기계는 첫 번째 극에 비하면 무한히 작은 '양'을 지니며, 전쟁이 아니라 창조적인 도주선을 그릴 것, 매끈한 공간을 편성하는 것을 목표로 한다. 전쟁기계는 이 극에서도 전쟁과 부딪치게 되지만 그것을 종합적이고 보충적인 목적으로 부딪힐 뿐으로, 이 경우 전쟁은 국가에 맞서 그리고 국가들에 의해 표현되는 세계적인 공리계에 맞서 이에 도전하는 것이다. (김재인 역, 2003: 810)

전쟁기계의 전쟁은 다양한 형태일 수 있다. 전쟁을 파괴의 관점에서 보면, 우주 끝까지 연장될 수 있는 조건을 갖는다. 그렇지만 실제적으로는 국가장치에 전유되어 국가의 조건에서 총체적인 형태를 드러낸다. 그래서 결국은 국가의 일부를 구성하는 지배 질서의 형태가 된다. 반면 생성의 관점에서 보면, 상대적으로 작은 '양'의 것이기는 하지만 매끈한 공간에서 창조적인 탈주를 이루어낸다. 생성의 관점의 전쟁기계는 국가에 맞서고 세계적인 공리계에 맞서는 형태를 드러낸다. 이는 전쟁기계가 보충된 전쟁의 속성으로 파괴를 하기도 하지만, 생성하는 본질적 속성으로 국가장치와 공리에 맞서는 작용을 한다는 것이다.

텍스트 이해 교육도 변화하기 위해 다양한 전쟁을 실행한다. 이 전쟁은 교육과정(국가장치)이 새로운 텍스트 이해 이론이나 관점을 전유하는 데서 시작된다. 이 전쟁도 순수 전쟁, 절대 전쟁, 실제 전쟁의 가능성을 내포하고 있다. 텍스트 이해 교육의 교육과정 변화와 그 작용의 관점에서 보면, 교육과정은 실제 학교 교육과의 전쟁을 지휘하여 절대 전쟁을 하면서 제한점과 섬멸전 사이의 여러 형태의 전투를 실행한다. 그렇지만 전쟁기계로서의 텍스트 이해의 이론이나 관점은 생성이라는 본질적인 속성을 품고 있다. 이들 전쟁기계로서의 텍스트 이해 이론이나 관점들은 혼합적 속성을 가지고 있고, 전쟁을 보충의 요소로 포함하고 있다. 그렇기에 교육과정에 카스트화되고, 전쟁을 실행할 수 있게 된다.

텍스트 이해 교육의 변화는 교육과정과 학교 교육의 변화가 필요하다. 이 변화를 위해서는 교육과정의 변화가 먼저 있어야 한다. 교육과정의 변화는 이론이나 관점의 전유를 통해 이루어진다. 텍스트 이해 교육과정에서 텍스트 이해 이론이나 관점을 교육과정의 구성 요소의 한 부분으로 카스트화하여 받아들일 때, 변화가 일어난다. 이 카스트화된 텍스트 이해의 이론이나 관점은 전쟁을 보충하여 변화되기 이전의 이론이나 관점과 전쟁을 하게 된다. 이 전쟁으로 기존의 이론이나 관점은 파괴되거나 섬멸된다. 파괴와 섬멸된 교육의 이론이나 관점은 새로운 텍스트 이해 이론이나 관점으로 대체된다. 이로써 텍스트 이해 교육은 변화를 이루게 된다. 이러한 변화는 한 번으로 끝나는 것이 아니라 차이가 내재된 반복을 계속한다.

3. 텍스트 이해 교육의 변화 기제

텍스트 이해 교육은 변화가 필요하다. 이 변화의 핵심은 전체성, 동일성에서 벗어나는 것이 아니다. 교육과정의 측면에서는 전체성과 동일성은 유지하되 그 내적인 특정 카스트를 바꾸는 것을 의미한다. 교육과정의 측면에서는 카스트화된 특정 이론이나 관점을 읽기 전쟁기계의 이론이나 관점으로 대체하는 것이다. 이로써 텍스트 이해 교육의 변화가 일어난다. 텍스트 이해 교육의 변화는 그 내적 요인에서는 이룰 수 없다. 외부적 요소인 읽기 전쟁기계가 필요한 것이다. 텍스트 이해 교육의 교육과정은 강력한 국가장치의 속성을 지니고 있다. 이 국가장치의 작동을 새롭게 하기 위해서는 전쟁기계를 전유해야 하고, 전유한 전쟁기계로 전쟁을 벌여야 한다. 이 전쟁은 텍스트 이해에 대한 국가-형식 또는 도시-형식의 홈 패인 전체성 자체를 파괴하는 것은 아니다. 전체성은 유지하되 부분적으로 카스트화된 기존의 이론(관점)과 관련된 요소를 파괴하거나 섬멸한다. 이와 관련된 텍스트 이해 교육의 변화 원리를 몇 가지 점에서 검토해 본다.

가. 전유와 보충

국가 교육과정에 의한 텍스트 이해 교육은 전체성을 띤다. 교육과정(국가장치)의 작용에 의한 교육의 실행을 당연히 여기기 때문이다. 교육과정에서 강조하는 교육적 지향은 언제나 타당하며 절대성이 내재된 신성한(마법적인) 것으로 받아들여진다. 교육과정의 성격과 목표, 내용과 방법에 대하여 의심하거나 비판적으로 문제를 삼지 않는다. 국가 교육과정이 지닌 권위의 절대성을 받아들인다. 국가장치의 강력한 마법적 포획력에 포획되기 때문이다. 국가장치에 포획된 이들이 자기 힘으로 국가장치의 포획 틀에서 벗어나는 것은 불가능한 일이다. 국가장치의 마법과 같이 강력한 힘에 대항할 수 없기 때문이다. 포획된 이들이 국가장치에서 벗어나게 되는 것은 국가장치의 내부에서 시작된다.

텍스트 이해 교육의 교육과정은 폐쇄적 국가장치이다. 폐쇄라는 말은 외부와의 교류를 끊거나 막는 것이다. 텍스트 이해 교육을 위한 교육과정은 한 가지 관점에 따른 지향과 논리, 성격과 목표, 내용과 방법을 가지고 있다. 교육의 접근을 한 가지 관점으로 홈을 파 효율성을 높일 수 있지만 그렇게 되면 다른 관점이 도외시된다. 전쟁기계의 역할을 하는 텍스트 이해의 관점이나 다른 관점에 대하여 벽을 쌓기 때문이다. 이 폐쇄적 속성은 교육과정에 대한 절대(마법)적 신뢰에서 비롯된 것이다. 또한 교육과정이 전쟁기계의 전유로 전쟁을 하여 섬멸한 결과에서 비롯된 것이기도 하다. 그렇다고 교육과정과 교육이 변하지 않을 수는 없다. 텍스트 이해 이론이나 관점이 국가장치의 전체성 속에서 실행되다가 국가장치에 전유된 새로운 전쟁기계의 전쟁으로 섬멸되고, 새롭게 전유된 전쟁기계가 단일한 국가장치가 되어 다시 전체성을 가지고 실행되는 것이다.

국가장치에 의해 섬멸되거나 도외시되는 전쟁기계에 절대적인 문제가 있는 것은 아니다. 이들 텍스트 이해 이론이나 관점도 내적인 타당성과 논리성이 있다. 다만 전쟁에서 섬멸되어 독자의 텍스트 이해 의식 전면에서 밀려나거나 선택받지 못하는 것이다. 현행 교육과정에 전유되지 못한 텍스트 이해 이론이나 관점은 국가장치의 외부에서 독립적으로 존재하면서 외부성을 품고 있다. 텍스트 이해 이론이나 관점이 완벽하거나 절대적으로 옳은 것은 있을 수 없다. 독자마다 삶의 과제가 다르고, 삶의 상황마다 필요한 것이 다르기 때문이다. 독자는 필요에 따라 텍스트 이해의 관점을 선택할 수 있어야 한다. 그래야 텍스트 이해가 독자에게 진정한 의미로 작용할 수 있다.

전쟁기계는 국가 없이는, 즉 국가가 전쟁기계를 전유할 수 있는 기회와 함께 전쟁을 이제 국가에 의해 전유된 전쟁기계의 직접적인 목표로 삼기 위한 수단을 발견하지 않고는 이처럼 보충적인 목표나 종합적인 관계를 현실화시킬 수 없다.(유목민의 국가로의 통합이 처음부터, 즉 국가에 맞서 처음으로 전쟁을 일으켰을 때부터 유목 생활을 관통하여 벡터가 되는 것은 바로 이 때문이다.) (김재인 역, 2003: 806-807)

텍스트 이해 교육의 교육과정(국가장치)은 전쟁기계의 전유로 변화한다. 전유된 전쟁기계는 보충물로 전쟁을 갖게 되고 전쟁을 실행한다. 전쟁의 실행은 단일한 방식이 아니다. 전투와 비전투를 모두 실행하면서 게릴라전과 기동전, 제한전과 총력전 사이에 존재하는 다양한 전투를 하게 된다. 이들 전투는 텍스트 이해 교육의 다양한 형태로의 변화를 이끈다. 파괴와 섬멸을 할 수도 있지만 부분적인 변화나 생성을 이룰 수도 있다. 국가장치에 의한 전쟁기계의 전유로 다양한 전쟁이 있을 때 변화를 기대할 수 있다. 총력전과 섬멸전을 실행하지 않아도 전쟁을 최고의 가치로 여기게 되면 텍스트 이해 교육은 현재 모습에서 변화할 수 있다.

교육과정(국가장치)에 의한 텍스트 이해 교육의 현재적 실행이 불필요한 것이 아니다. 어떤 형태의 교육과정에 의한 텍스트 이해 교육도 독자가 텍스트 이해를 할 수 있는 토대를 마련해 준다. 교육과정에서는 이를 중요 가치로 여긴다. 교육받은 학생(독자)들이 누구든지 갖추어야 하는 기본 역량의 성취를 추구한다. 국가장치에 의한 교육이 이를 이루어내게 하는 것이다. 마법적 포획의 힘은 여기서 비롯된다. 그렇지만 국가장치가 획일성의 지향이 있기에 이를 유의해야 한다. 이를 벗어나기 위한 방안이 전쟁기계의 전유이다. 전쟁기계의 전유는 두 가지를 요소가 필요하다. 전쟁기계에 전쟁을 목표로 보충하는 것과 전쟁기계의 이념을 존중하는 것이다.

전쟁기계에 전쟁을 목표로 보충하는 것은 국가장치의 변화를 위한 것이다. 텍스트 이해 교육의 변화는 이론이나 관점(전쟁기계)의 전쟁으로 이루어진다. 전쟁기계가 국가장치의 한 부분으로 카스트화되어 존재할 수 있지만 전쟁을 목표로 하지 않을 때는 존재 가치가 없다. 국가장치가 전쟁기계를 전유하려고 하는 이유는 변화를 통한 생성을 위한 것이다. 전유된 전쟁기계를 국가장치가 지휘하여 섬멸전을 하든, 제한전이나 총력전으로 하든 전쟁이 필요하다. 이는 국가장치도 변화를 이루어내야 하기 때문이다. 국가장치가 변화하지 않으면 독자의 텍스트 이해는 변화할 수 없다. 우리는 그동안 텍스트 이해 교육을 통하여 교육의 변화를 경험했고, 앞으로의 텍스트 이해 교육이 시대적 상황에 맞게 변화해야 함을 안다.

국가장치의 전쟁기계 전유는 전쟁기계의 이념을 존중하는 데서 비롯된다. 유목민에게서 비롯된 전쟁기계의 이념은 삶의 새로운 생성이다. 환경의 변화에 맞추어 삶의 생성을 이루게 하는 것이 전쟁기계의 본질 이념이다. 국가장치가 전쟁기계에 관심을 가지는 것이 이 이념 때문이다. 전쟁기계의 작용은 환경에 따라 변화하는 것이기에 정해진 형태가 없다. 그렇기 때문에 규정되거나 고정된 형태가 없다. 어떤 환경이냐에 의해 그 형태가 결정된다. 텍스트 이해의 전쟁기계도 마찬가지이다. 텍스트 이해 교육은 국가장치에 따라 그 형태를 알 수 있지만 텍스트 이해에 대한 전쟁기계의 형태는 환경에 따라 달라진다. 텍스트 이해 교육의 국가장치는 이 텍스트 이해의 전쟁기계가 존재함을 인식하고 이를 존중해야 전유할 기회가 생긴다.

나. 카스트화와 전쟁

현재 교육과정에서 전유한 텍스트 이해 교육의 관점은 독자 중심 관점이다. 독자 중심 관점은 교육과정에 카스트화되어 텍스트 중심 관점을 섬멸하였다. 그래서 텍스트 이해 교육에서는 텍스트 분석으로 주제를 찾아 이해하는 방법을 버리고, 독자의 스키마와 읽기 기능을 활용한 의미 구성을 강조한다. 텍스트 이해 교육은 의미 구성을 효율적이고 능률적으로 할 수 있도록 학생을 지도한다. 필자 중심 관점이나 텍스트 중심 관점에서 강조하던 텍스트에서 밝혀야 할 필자의 의도(사상), 주제, 중심 생각은 주목받지 못하고 있다. 국가장치에 카스트화된 독자 중심 관점이 필자 중심 관점과 텍스트 중심 관점을 총력전으로 섬멸해 버렸기 때문이다. 텍스트 중심 관점의 몇 가지 요소들이 남이 있기는 하지만 그것은 독자 중심 관점에서 필요로 해 선택적으로 활용되는 것이지, 텍스트 중심 관점을 인정하거나 수용하기 위해서가 아니다.

두 번째 유형의 문제는 전쟁기계의 전유가 이루어지는 구체적인 형태에 관한 것이다. 즉 용병인가 토착병사인가? 아니면 직업 군인인가? 또는 전문가 집단인가 아니면 전국적으로 모병된 국민군인가? 이러한 구별은 서로 미묘한 차이를 보일 뿐만 아니라 이들 간의 온갖 혼합형태도 존재한다. 따라서 가장 적절하고, 가장 일반적일 수 있는 구별은 아마 다음과 같을 것이다. 즉 단지 전쟁기계의 '카스트화(encastement)'일 뿐인가 아니면 본래적 의미에서의 '전유'인가. 실제로 국가장치에 의한 전쟁기계의 카스트화는 두 가지로 경로로 이루어진다. 즉 전사 집단(외부로부터 올 수도 있고 아니면 내부로부터 등장할 수도 있다)을 카스트화 하든지 아니면 역으로 시민 사회 전체에 대응하는 규칙에 따라 전사 집단을 창출하는 두 가지 방식으로 이루어진다. 물론 이 두 가지 경로 사이에는 이행이나 중간 형태들도 존재한다. (김재인 역, 2003: 804)

교육과정(국가장치)이 텍스트 이해의 특정 이론이나 관점을 전유하는 방식이 카스트화이다. 카스트화는 국가장치의 한 부분으로 차용한다는 것을 뜻한다. 카스트가 여러 계급과 종류로 구분되어 있듯이 국가장치가 특정 요소를 카스트화하는 것은 국가장치의 한 부분으로 채택함을 의미한다. 이는 전유된 전쟁기계가 국가장치와 동일시될 수 없음을 함의한다. 또한 국가장치에 카스트화되지 못한 다양한 전쟁기계가 있음을 가리킨다. 카스트화의 또 다른 특징은 카스트화된 전쟁기계가 선택에 따라 바뀔 수 있음을 뜻한다. 텍스트 이해 교육에서 보면, 현재의 교육과정은 독자 중심 관점을 선택하고 있는데 이는 카스트화된 것에 지나지 않는다. 교육과정의 한 부분으로 인정되고 있고, 독자 중심 관점 외에 다양한 관점은 국가장치 밖에 존재한다. 독자 중심 관점은 현재의 텍스트 이해 교육의 교육과정의 한 부분으로 자리잡고 있다. 이 독자 중심 관점은 국가장치가 다른 관점을 전유해 카스트화하면 섬멸되고 대체되게 된다.

국가장치가 전쟁기계를 카스트화하는 것은 전쟁을 실행하기 위한 것이다. 즉 국가장치의 변화를 실현하기 위한 것이다. 텍스트 이해 교육의 교육과정이 텍스트 이해 이론이나 관점을 전유하여 카스트화하면 텍스트 이해 교육의 현장에서는 전쟁이 일어난다. 텍스트 이해 교육의 국가장치에 카스트화된 전쟁기계의 전쟁은 단일한 형태로 일어나지 않는다. 전쟁에서 전투의 방식도 다양하지만 전투의 대상도 다양하다. 텍스트 이해 교육의 교육과정이 어떤 텍스트 이해 이론이나 관점을 카스트화했는가에 따라, 이론이나 관점의 어떤 점을 카스트화했는지에 따라 전쟁의 실행 형태가 달라질 수 있다. 텍스트 이해 교육의 전쟁기계의 전쟁을 크게 구분하면 제한전과 섬멸전으로 구분할 수 있다.

제한전은 텍스트 이해 교육의 교육과정이 특정 이론이나 관점을 부분적으로 카스트화하여 일어난다. 국가장치가 전쟁기계를 전유할 때 전유하는 목적을 설정하고, 그 목적에 맞게 전유하는 경우이다. 이때의 전쟁기계의 전쟁은 국가장치의 필요에 의하여, 또는 국가장치가 전유한 목적에 맞게 이루어지는 경우이다. 실제로 텍스트 이해 교육의 부분적인 변화는 이에서 비롯된다. 기존에 있던 텍스트 이해 교육의 요소를 부분적으로 교체를 하는 경우이다. 읽기 교육의 내용과 방법적인 측면에서의 변화를 이루어내는 것이다. 이런 부분적인 변화도 큰 변화를 일으킬 수 있다.

텍스트 이해 교육과 관련하여 독자 중심의 인지적 관점에서의 접근에서 비고츠키의 사회 인지적 관점은 텍스트 이해의 방식과 이해 능력에 변화를 이루었다. 인지적 관점은 개별 독자의 배경지식과 인지 기능이 텍스트 이해를 이루게 한다고 보았다. 그래서 독자의 배경지식을 활성화하고, 읽기 기능을 익히게 하여 텍스트 이해 능력을 높이려 했다. 한편 비고츠키의 사회 인지적 관점은 독자 간의 사회적 상호작용이 텍스트 이해를 이루게 한다고 보았다. 그래서 독자 간의 상호작용을 강조하고, 근접발달영역 내에서 비계 설정을 강조했다. 비고츠키의 사회 인지적 관점은 텍스트 이해 교육의 지향과 목표는 바꾸지 않았지만 교수-학습 방법과 텍스트 이해 활동의 변화를 이루게 했다.

섬멸전은 텍스트 이해 이론이나 관점 자체를 카스트화함로써 발생한다. 국가장치가 전쟁기계를 특정한 목적을 설정하지 않고 전유를 하고, 이를 통하여 전쟁을 실행할 때, 전쟁은 섬멸전이 된다. 섬멸전은 전면전이나 게릴라전, 기동전이나 총력전을 가리지 않고 섬멸을 목적으로 한다. 이는 텍스트 이해 교육의 전면적인 변화는 이에서 비롯되었다. 국가 교육과정에서 선택된 텍스트 이해 교육의 관점은 기존에 이루어진 텍스트 이해 교육의 관점을 전면적으로 대체한다. 텍스트 중심 관점에서 독자 중심 관점으로의 변화가 그 예이다. 새 교육과정은 기존에 실행되고 있던 교육의 관점을 섬멸한다. 그래서 기존 접근 관점을 도외시하고, 타당하지 않은 것으로 치부한다. 그리고 현재 교육과정에서 선택한 관점 외에 다른 관점의 가치와 의미를 부인한다. 텍스트 이해 교육은 현재 교육과정에서 카스트화된 이론이나 관점만을 인정하고 활용하게 한다.

특정 텍스트 이해 이론이나 관점을 교육과정의 한 부분으로 카스트화하고, 교육 현장(학교 등)에서의 전쟁은 교육과정(국가장치)을 주도하는 사제(전문가, 연구자)들에 의하여 이루어진다. 사제들은 계약적 관계의 정당성을 내세워 전쟁을 승리로 이끈다. 교육 현장은 교육과정(국가장치)을 수용하고 따라야 하는 계약적 관계 놓여있다. 전쟁에서 반격을 시도할 수 있지만 결코 카스트화된 전쟁기계를 이길 수 없다. 그렇기에 교육의 국가장치에 전유된 전쟁기계는 언제나 승리한다. 전쟁을 승리로 이끈 사제들은 카스트화된 전쟁기계에 대한 정당성을 강화한다. 사제들은 다른 전쟁기계들의 국가장치의 카스트화를 막는 역할도 한다. 카스트화된 전쟁기계를 보호하고 유지하기 위해서이다. 특정 이론이나 관점을 카스트화한 사제는 교육의 전체적인 변화로 새롭고 강력한 텍스트 이해 이론이나 관점을 다른 사제들이 국가장치로 전유할 때까지 기능한다. 텍스트 이해 교육의 변화를 위해서는 사제들의 교체도 필요하다.

다. 변화와 과제

텍스트 이해 교육은 변화를 실현해야 한다. 텍스트 이해 교육의 변화는 교육과정에서 새로운 텍스트 이해 이론이나 관점을 카스트화하여 교육을 실행하는 교사들의 의식과 전쟁의 수행으로 이루어진다. 교사 의식과의 전쟁에서 전투는 의도적이고 계획적으로 이루어질 수도 있지만 우연히 이루어질 수도 있다. 또한 전면전이나 게릴라전을 할 수도 있고, 기동전이나 총력전으로 할 수도 있다. 텍스트 이해 교육의 실제적 변화는 전쟁을 통한 파괴의 과정이 있어야 일어난다. 텍스트 이해 교육에서의 전쟁은 교육을 실행하는 교사 의식의 파괴와 관련된다. 국가장치인 교육과정은 이미 전쟁기계의 전유로 그 구체적 변화를 이루고 있기 때문이다.

텍스트 이해 교육의 변화는 생성을 특성으로 갖는데, 1차적으로 교육과정(국가장치)에서 일어난다. 교육과정의 변화는 전쟁기계의 전유로 이루어진다. 교육과정에서 새로운 텍스트 이해 이론이나 관점의 선택이 있어야 한다. 이 선택에서는 국가장치를 주도하는 사제들 간의 전쟁이 있다. 기존에 카스트화된 이론이나 관점(전쟁기계)을 옹호하는 사제와 새 전쟁기계를 옹호하는 사제들 간의 전쟁이다. 이들 간의 전쟁은 힘의 우위가 분명하지 않을 수 있다. 그래서 이들 간의 전쟁에서는 외부 상황(교육과정 총론이나 범교과 교육과정의 변화 등)이 중요하다. 외부 환경이 어느 쪽에 유리한가가 중요하다. 기존의 관점을 옹호하는 사제들에게 유리하면 변화가 없지만 새로운 관점에 유리하면 변화가 일어나게 된다. 이들의 전쟁도 제한전과 섬멸전으로 구분할 수 있다. 즉 텍스트 이해 교육의 교육과정 개정이 부분적으로 일어날 경우는 제한전이, 전체적으로 일어날 때는 섬멸전이 진행된다.

텍스트 이해 교육의 2차적 변화는 교사의 의식에서 일어난다. 교사의 의식 변화는 사제와 교사 간의 전쟁으로 이루어진다. 사제는 국가장치를 관리하고 운영하고 주체로서 전쟁의 주도권을 갖고 있다. 반면 교사는 국가와 계약적 관계로 을(乙)의 위치에 있어 전쟁의 주도권을 갖지 못한다. 이 전쟁은 제한전이든 섬멸전이든 교사들에게는 불리하다. 교사가 사제의 공격에 맞설 수는 있지만 전면적이나 전체적으로 맞서기는 어렵다. 또한 장기전으로 갈 수도 없는 것이 현실이다. 그렇기에 사제와 교사 의식과의 전쟁은 일방적이고 비교적 단기간 내에 이루어지게 된다. 이 전쟁에서 교사는 교육과정이 전유한 전쟁기계를 수용하여 교육에 대한 의식 흐름을 생성하게 된다.

텍스트 이해 교육의 3차적 변화는 학생(독자)의 의식과 활동에서 일어난다. 학생의 의식과 활동의 변화는 교육으로 이루어진다. 이 교육이 학생의 기존의 의식의 흐름(이론이나 관점)과 활동의 형식을 바꾸는 것이라면 전쟁이다. 파괴나 섬멸을 하고 새롭게 생성해야 하기 때문이다. 교사와 학생 간의 전쟁은 기동전의 형태이기 때문에 실제적인 전투는 일어나지 않는다. 다만 교사는 전쟁기계의 정당성과 가치를 무기화하여 학생을 설득하는 일이 중요하다. 그러면서 학생은 전쟁기계의 방법으로 텍스트 이해를 할 수 있는 능력을 갖추는 것이 필요하다. 텍스트 이해 교육의 실제적인 변화는 학생에게서 일어나게 된다. 학생이 교육과정에 카스트화된 전쟁기계의 방식으로 텍스트 이해를 할 수 있게 되었을 때, 텍스트 이해 교육의 변화는 일단락된다.

그럼에도 불구하고 이처럼 국가적 또는 '전세계'적 전쟁기계를 가능하게 해주는 조건들, 즉 고정 자본(자원과 물자)과 인적인 가변 자본이야말로 변이적, 소수자적, 민중적, 혁명적 기계들의 특징을 이루는 예상 밖의 반격이나 예기치 못한 주도권을 장악할 수 있는 가능성을 끊임없이 재창조하고 있다. <임의의 적>에 대한 아래와 같은 규정이 이미 이를 입증해주고 있다. 이들은 '다양한 형태를 취하고, 책략을 꾸미고, 경제적·반체제적·정치적·도덕적 영역 모두에서 편재하고 있다'는 것이다. '태만의 실천자, 또는 계속해서 모습을 바꾸는 도망자들.' 이론적으로 가장 중요한 요소는 전쟁기계는 정말 다양한 의미를 가진다는 사실이지만 그것은 전쟁기계가 전쟁 자체와 극히 다양한 관계를 맺고 있기 때문이다. 전쟁기계는 한 가지 형태로 정의할 수 없으며, 증가하는 힘의 양과는 다른 무엇인가를 포함하고 있다. (김재인 역, 2003: 809-810)

텍스트 이해 교육의 변화는 전면적이지 않아도 된다. 교육과정의 실현이 전체성을 근원적으로 벗어날 수는 없지만 전쟁기계와의 접속에서 유연성을 갖지 못하는 것도 아니다. 전쟁기계는 누구와 어떻게 접속하느냐에 따라 다른 힘을 갖는다. 텍스트 이해 교육의 교육과정(국가장치)은 단일 형태가 아닌 다질 형태로 이론이나 관점(전쟁기계)과 접속할 수 있다. 이는 전유를 위한 접속으로 전면전이 아니라 공유나 차용을 위한 접속으로 게릴라전이나 국지전의 형태로 전쟁을 하는 것이다. 텍스트 이해 교육의 변화를 전유를 통한 섬멸전보다는 국지전을 실행하는 것이다. 텍스트 이해 교육의 교육과정은 여러 외부적 요소(전쟁기계)와 소통이 가능하다. 물론 소통할 외부 요소의 선택이 어려운 과제일 수는 있지만 획일적인 교육의 실행보다는 낫다. 텍스트 이해에 대한 이론, 성격, 목적, 관점, 내용, 방법 등에서 필요한 요소를 다질적으로 선택하는 것이다. 텍스트 이해 교육이 어떤 하나의 관점을 전면적으로 실행하는 것에서 벗어날 필요가 있다.

텍스트 이해 교육의 변화를 위한 전쟁기계의 카스트화에는 수준의 위계가 있다. 교육과정은 성격, 목표, 내용, 방법, 평가 등으로 구분된다. 이들은 위계적 특성을 반영하고 있다. 수행평가와 같이 특정한 평가 방법이 교육과정에 카스트화될 수도 있지만, 학문 중심이나 인간 중심 교육과정과 같은 성격 차원이 카스트화될 수도 있다. 평가는 하위 수준에 속하기에 평가 관점만 변화하지만 상위 수준으로 올라갈수록 변화는 하위 수준을 포함하게 된다. 이는 교육의 변화가 어떤 수준에서 전쟁기계를 전유했는가에 따라 달라진다. 예로, 유목적 읽기는 읽기 교육의 성격과 관련된다. 독자의 자기 생성을 텍스트 이해로 보기 때문이다. 텍스트 중심 읽기나 독자 중심 읽기도 성격에 해당한다. 그렇기에 이 관점의 전유는 텍스트 이해 교육 전체의 변화를 가져온다.

텍스트 이해 교육의 변화를 국가장치의 작동 형태에 따라 단일적 전체성과 다질적 전체성으로 구분할 수 있다. 단일적 전체성은 전유에서 비롯된다. 특정한 전쟁기계를 선택하면 그것만으로 변화를 이루는 것이다. 그동안의 읽기 교육의 변화는 단일적 전체성에 기초하고 있었다. 전유만을 국가장치의 속성으로 보았기 때문이다. 유연하고 적극적인 변화를 위해서는 다질적 전체성이 필요하다. 다질적 전체성은 국가장치 자체가 유연하고 소통적 체제가 되도록 한다. 이를 위한 국가장치와 전쟁기계의 관계에는 빌리기도 하고 되돌려주기도 하는 접속이 필요하다. 이 접속을 차용적 공유라 할 수 있다. 차용적 공유는 선택적이고 부분적이며, 상황적이다. 이 접속은 혼합적이다. 차용적 공유는 연결되는 대상들의 변화를 일으키는 접속이다. 텍스트 이해 교육의 변화도 텍스트 이해 이론이나 관점의 차용적 공유를 필요로 한다. 텍스트 이해 교육이 단일적 전체성을 고수하고 외부 요소를 도외시해서는 변화가 쉽게 일어나지 않는다. 외부 요소에 관심을 기울이고 다름을 확인하고 다름을 나누기 위해서는 차용적 공유를 해야 한다. 의도적인 차용적 공유로 생성을 이루고 변화를 이루어내야 한다. 독자는 삶 속에서 텍스트를 읽고 텍스트 이해를 통하여 자기 삶을 생성해야 한다. 단일한 전체성을 고수하는 텍스트 이해 교육은 이들의 요구를 모두 반영할 수 없다. 텍스트 이해 교육 자체의 순수성을 지킬 수 있을지 몰라도 독자를 위한, 독자가 해야 하는 읽기를 위한 텍스트 이해 교육은 아니다.

다질적 전체성을 추구하는 국가장치의 텍스트 이해 교육은 독자의 자기 생성도 이끈다. 다질성을 지향하는 텍스트 이해 교육의 접근은 독자에게 유연할 수 있다. 독자에게 필요한, 독자의 삶에 충실한 텍스트 이해를 가능하게 한다. 여러 텍스트 이해 이론이나 관점과 접속하고 유연하게 차용하여 변화 있는 텍스트 이해 교육을 실현할 수 있다. 전유를 통한 파괴만이, 전면적 섬멸을 통한 새로운 국가장치만이 텍스트 이해 교육의 변화를 이끄는 것이 아니다. 진정한 변화는 소통적 접속을 통한 다질적 국가장치를 이룸에서 이루어진다. 구성원 전체의 의식의 흐름을 통일성 있게만 하는 국가장치가 아니라 구성원 각자의 삶을 생성할 수 있게 하는 국가장치가 필요하다.

4. 텍스트 이해 교육의 변화 과제

텍스트 이해 교육은 끊임없이 변화해야 한다. 이 변화는 하나의 관점이 전체성으로 작용하게 하기보다는 다양한 관점이 조화를 이루어 작용하도록 하는 것이 필요하다. 그렇다고 여러 관점이 반드시 화합하게 할 필요는 없다. 이질적이라도 허용하고 필요에 따라 선택적으로 활용할 수 있는 접근이 필요하다. 그러기 위해서는 텍스트 이해 교육과정의 구성은 다른 영역이나 다른 교과와는 다를 필요가 있다. 텍스트 이해라는 것이 다양한 텍스트를 다양한 상황에서 읽고, 독자의 삶에서 가치를 가질 수 있도록 하는 것이기 때문이다.

텍스트 이해는 텍스트 이해 이론에 충실한 것이 되어야 하는 게 아니라 독자의 삶에 충실한 것이 되어야 한다. 우리의 텍스트 이해 교육은 독자의 삶이 배제된, 독자의 진정한 과업을 고려하지 않은, 독자의 자기 생성을 이끌지 못하는 형태로 이루어져 왔다. 들뢰즈와 과타리의 전쟁기계의 전쟁에 대한 논의에서는 텍스트 이해 교육이 새로운 관점을 전유하여 이전의 관점을 섬멸하고, 단일한 특정 관점이 전체성을 갖도록 이루어져 왔음을 알 수 있었다.

이 논의에서는 텍스트 이해 교육의 변화 원리를 국가장치와 전쟁기계와의 관계 속에서 살폈다. 텍스트 이해 교육의 변화는 국가장치에 해당하는 교육과정이 전쟁기계에 해당하는 텍스트 이해 이론이나 관점을 전유하면서 일어난다. 교육과정에 전유된 텍스트 이해 이론이나 관점은 전쟁을 보충적 관계로 갖게 되면서 전체성으로 작용하는 텍스트 이해 교육의 실제와 전쟁을 실행하게 된다. 전쟁의 실행은 교육과정에 전유된 전쟁기계의 특성에 따라 다양한 형태로 일어난다. 이들 전쟁으로 기존의 텍스트 이해 교육은 부분적 파괴되거나 전체적으로 섬멸된다. 이 파괴와 섬멸된 자리에 전쟁기계의 속성을 지닌 텍스트 이해 이론이나 관점이 대체된다. 이로써 텍스트 이해 교육의 변화가 이루어진다.

텍스트 이해 교육의 변화는 언제나 필요하다. 이 변화는 단일한 전체성보다는 다질한 전체성을 이룰 필요가 있다. 교육과정이 국가장치의 성격을 갖기에 전체성을 그 속성으로 하기에 그 내부성을 유연하고 다질적이 되도록 하는 것이다. 이를 위해서는 국가장치와 전쟁기계가 전유의 관계를 갖게 하기보다는 차용적 공유 관계의 접속을 하는 것이 필요하다. 이는 국가장치가 하나의 전쟁기계만을 카스트화하기보다는 타당성 있는 텍스트 이해 이론이나 관점을 다양한 수준과 논리에서 수용하는 것을 말한다. 들뢰즈와 과타리도 국가장치의 유연성을 강조하고 있다.

참고문헌

강영계 역(1991), 에티카, 서광사.

교육부(2022), 교육과정 총론.

김도남(2014), 상호텍스트성과 텍스트 이해 교육, 박이정.

김도남(2019), 차이생성 읽기 방법 고찰, 청람어문교육학회, 청람어문교육 72집.

김도남(2020), 읽기 사건의 선분성, 한국초등국어교육학회, 한국초등국어교육 68집.

김도남(2021), 독자 현존재의 텍스트 이해 특성 고찰, 한국국어교육학회, 새국어교육 126집.

김도남(2021a), 기표체제와 독자의 텍스트 이해-의미 구성 읽기관 비판, 서울교육대학교초등교육연구소, 한국초등교육 32(2)집.

김도남(2021b), 독자의 탈기표체제 생성과 텍스트 이해-의미생성 읽기관 탐구, 서울교육대학교초등교육연구소, 한국초등교육 32집.

김도남(2022), 들뢰즈의 기호와 독자의 텍스트 이해, 청람어문교육학회, 청람어문교육 86집.

김도남(2023), 읽기 교육의 프라임, 역락.

김도남·여수현·김예진(2022), 읽기 교육의 프리즘, 박이정.

김상환 역(2004), 차이와 반복, 민음사.

김예진·김도남(2022), 수적 조직과 독자의 텍스트 이해 방식: 들뢰즈와 과타리의 '천 개의 고원' 12장의 조직 방식 논의를 기초로, 한국국어교육학회, 새국어교육 132집.

김재윤(2010), 바슐라르와 푸코의 인식론 비교: 과학적 인식론과 고고학을 중심으로, 고려대학교 철학연구소, 철학연구 41집.

김재인 역(2003), 천 개의 고원, 새물결.

김재인(2015), 여성-생성, n개의 성 또는 생성의 정치학: 들뢰즈와 과타리의 경우, 서울대학교철학사상연구소, 철학사상 56집.

김재춘·배지현(2016), 들뢰즈와 교육, 학이시습.

김학동(1987), 정지용 연구, 민음사.

서동욱(2000), 『차이와 타자』, 문학과지성사.

서동욱·이충민 역(2004), 푸르스트와 기호들, 민음사.

성백효 역(2004), 논어집주, 전통문화연구회.

엄태동(2016), 하이데거와 교육, 교육과학사.

여수현(2019), 들뢰즈와 과타리의 '되기' 개념에 기반한 '독자 되기' 고찰, 서울교육대학교초등교육연구소, 한국초등교육 33(3)집.

여수현(2020), 읽기의 리좀(rhizome)적 특성 고찰, 서울교육대학교 초등교육연구소, 한국초등교육 31(1)집.

여수현·김도남(2022), 사유의 형식과 독자의 텍스트 이해 특성 고찰-들뢰즈와 과타리의 사유의 형식에 대한 논의를 토대로, 한국초등국어교육학회, 한국초등국어교육 73집.

여수현·김도남(2021), 텍스트 이해와 추상기계의 유목성: 텍스트 이해 대한 거시적 접근 관점 고찰, 한국국어교육학회, 새국어교육 129집.

연효숙(2019), 들뢰즈에서 주름, 바로크 그리고 내재성의 철학, <시대와 철학> 30(2).

이정우(2008), 『천 하나의 고원』, 돌베개.

이진경(2003a), 노마디즘1, 휴머니스트.

이진경(2003b), 노마디즘2, 휴머니스트.

이진경·권해원 외 역(2000), 천의 고원: 자본주의와 정신분열증, 연구공간 '너머' 자료실(미간행).

이홍우(2010), 『교육과정 탐구』, 박영사.

최진석(2001), 노자의 목소리로 듣는 도덕경, 소나무.

추만호·안영길 역(1992), 선의 사상과 역사, 민족사.

한자경(2019), 초기 스토아 자연학에서 능동 근원의 물체서 검토, 한국서양고전학회, 서양고전학연구 58(1)집.

Massumi, B. trans(2005), A Thousand Plateaus: Capitalism and Schizophrenia, University of Minnesota Press.

[신문기사]

김봉수(2022), 우크라 전쟁에서 진가 드러난 '우주인터넷'…한국은 언제나?[과학을 읽다], 아시아경제 기사, 2022.3.1.

https://view.asiae.co.kr/article/2022030109532277464

노봉식(2020), 정지용 「향수」의 넓은 벌과 실개천에 대한 고찰(2)
http://www.okcheoni.com/news/articleView.html?idxno=4518

[기타]
https://100.daum.net/book/764/list(국방과학기술용어사전)
https://100.daum.net/encyclopedia/view/196XXXXX12198)(국방과학기술용어사전)

찾아보기

김도남

춘천교육대학교 졸업
한국교원대학교 대학원 졸업
서울교육대학교 교수

저서
상호텍스트성과 텍스트 이해 교육(2014)
읽기 교육의 프리즘(공저, 2022)
읽기 교육의 프라임(2023) 외 다수

논문
리토르넬로와 독자의 텍스트 이해(2022) 외 다수

읽기 교육의 고원들 ❶

유목적 읽기 교육론

초판 1쇄 인쇄 2023년 10월 13일
초판 1쇄 발행 2023년 10월 23일

지은이 김도남
펴낸이 이대현
편집 이태곤 권분옥 임애정 강윤경
디자인 안혜진 최선주 이경진 | **마케팅** 박태훈
펴낸곳 도서출판 역락 | **등록** 1999년 4월 19일 제303-2002-000014호
주소 서울시 서초구 동광로46길 6-6 문창빌딩 2층(우06589)
전화 02-3409-2060(편집부), 2058(영업부) | **팩스** 02-3409-2059
전자우편 youkrack@hanmail.net | **홈페이지** www.youkrackbooks.com

ISBN 979-11-6742-620-8 93370